GB

한길그레이트북스

인 류 의 위 대 한 지 적 유 산

KB207894

인류의 위대한 지적 유산

마르크 블로크

봉건사회 II

한정숙 옮김

한길사

GB
HANGILGREATBOOKS

인류의 위대한 지적 유산

Marc Bloch

La société féodale

Translated by
Hahn, Jeong-Sook

Published by Hangilsa Publishing Co., Ltd., Seoul, Korea, 2001

고등학교에서 교편을 잡고 있던 블로크는 제1차 세계대전이 일어나자 프랑스군에 입대하여 대위로 종군하였다 (사진 맨 오른쪽이 블로크). 유대인인 그는 드레퓌스 사건에서 군부·정계의 극우 보수파에 끝까지 맞서 싸우며 드레퓌스의 무고함을 밝혀내준 지식인들의 투쟁을 목격하면서 프랑스 지성계의 건강함을 신뢰하게 되었고, 이것이 그가 프랑스를 위해 참전하는 계기가 되었다.

미남왕 필리프 4세의 국왕재판 장면(위) 봉건사회에서 국왕은 최고 재판권자이기도 하였다. 프랑스 국왕 필리프 4세는 다수의 전문 법학자를 재판고문으로 기용하여 판결의 엄정성을 강화하였는데, 그는 국왕재판의 기능을 강화함은 물론 일반 행정에서도 유능한 전문 관료를 기용하여 왕국 행정의 효율성을 증대함으로써 왕권 강화를 위한 큰 발걸음을 내디뎠다.

마상 무술시합(아래) 완전무장한 기사들이 말을 탄 채 무술을 겨루는 마상경기는 중세 귀족층의 가장 중요한 여흥행사 중의 하나였다. 경기는 흔히 왕족·대귀족·귀부인들이 관람하는 가운데 큰 들판에서 벌어졌다.

기사 서임식 기사 서임식은 원래 세속적 의식이었으나 기독교 사회이던 중세 유럽에서는 여기에도 종교적 색채가 덧붙여졌다. 그림에서는 영주가 자신에게 충성을 맹세한 귀족 출신 젊은이의 허리에 기도로 축성된 검을 매줌으로써 그를 기사로 삼고 있다. 의식이 교회에서 거행되었다는 사실도 기사 서임식이 띠고 있던 종교적인 성격을 잘 보여준다.

귀족들의 스포츠인 매사냥 매를 가지고 야생동물을 잡게 하는 매사냥은 중세의 왕족·귀족들이 즐겨하던 스포츠로서 십자군 원정시대에 특히 유행하였다. 매는 주로 북유럽과 북아프리카에서 수입되었는데, 총이 발명된 이후에는 매사냥 풍습이 사라졌다. 그러나 궁정 스포츠로서의 야생동물 사냥은 오늘날까지도 유럽의 일부 왕실에서 행해지고 있다.

중세 유럽의 상인들(위) 11~12세기부터 유럽은 그동안의 경제적 침체에서 벗어나 도시와 상업의 부활을 이루게
되었다. 대도시의 교회와 시청 주변에 상점가가 형성되었으며 부를 축적한 대상인들은 도시의 행정을 좌우하였다.
중세의 대학(아래) 정치·경제적으로 안정을 되찾은 유럽 사회는 12세기에 이르러 학문과 예술의 부흥을 맞이하
였다. 교수와 학생의 동업조합으로서의 대학이 여러 곳에 설립되어 학문 연구의 새로운 중심이 되었다. 그림에서
는 교수가 학생들에게 인체 해부도를 가르치고 있다.

중세 유럽의 수공업자 수공업자들은 장원에 소속되어 영주의 일상적·군사적인 필요를 충족시켜주기도 하였다.
그러나 도시가 발달하면서부터는 도시에 정착하여 도제·직인·장인의 세 직급으로 구성된 위계체제와 폐쇄적 동
업조합을 특징으로 하는 독특한 직업세계를 형성하였다.

십자군 원정대의 예루살렘 점령(옆 그림) 십자군 원정은 서유럽의 대외팽창의 첫번째 물결을 의미하였다. 1098
년의 안티오키아 점령, 이듬해의 예루살렘 점령은 십자군이 거둔 최대의 승리였다. 십자군은 예루살렘에 기독
교 왕국을 건설하였다. 그러나 성공의 기쁨도 잠깐. 유럽인들은 1187년 이집트·시리아의 술탄인 살라딘에게
예루살렘을 다시 빼앗기고 말았다.

궁정식 사랑 사랑도 규칙을 따른다. 혼인관계에 있지 않은 두 남녀간에 오간 궁정식 사랑은 일반적으로 신분이 더 낮은 남자가 신분이 더 높은 귀부인에게 숭배와 함께 바치는 것이었으며 대개는 육체관계가 배제된 사랑이었다.

중세 유럽의 결혼(옆 그림) 개인주의가 발달하기 전 중세 유럽에서 결혼은 사랑하는 남녀의 결합의식이라기보다는 가문과 가문을 결합시켜주는 매개고리였다.

중세 후기의 대기근 14세기 유럽 사회는 농업생산고의 하락, 빈번한 농민반란, 전염병의 만연으로 이른바 봉건제의 위기에 직면하였다. 이 그림은 1335년의 대기근 사태 때 굶주린 도시주민들에게 곡물이 배급되는 모습을 보여주고 있다.

중세의 여성노동(옆 그림 위) 중세의 여성들은 수공업 작업장에 나와 일하는 경우가 드물었지만 방적·직조업의 경우는 예외였다.

성채의 건축(옆 그림 아래) 성채를 건축하는 일은 당대 최고의 건축기술이 동원되는 작업이었다. 15세기에 그려진 이 그림에서는 석공들이 마르세유의 시벽과 망루를 짓고 있다.

옮긴이 **한정숙**은 서울대학교 역사교육학과와 같은 학교 대학원
서양사학과를 졸업한 뒤 독일 튀빙겐 대학에서 혁명기 러시아의 경제사상사 연구로
박사학위를 받았다. 부산여대(현 신라대), 세종대 교수를 거쳐
지금은 서울대학교 서양사학과 교수로 있으며, 서울대 여성연구소 소장을 맡고 있다.
저서로 한길사에서 펴낸 『여성주의 고전을 읽는다』(공저)를 비롯해
『여성은 이렇게 말했다』가 있으며, 공저로 『독일 통일과 여성』『한 · 러관계사료집』
『유라시아 천년을 가다』『러시아는 우리에게 무엇인가』 등이 있다.
역서로 한길사에서 펴낸 『유랑시인』(타라스 셰브첸코),
『노동의 역사』(헬무트 슈나이더)를 비롯해 『영국 노동계급의 형성』(E.P. 톰슨, 공역),
『비잔티움 제국사』(게오르크 오스트로고르스키, 공역) 등이 있다.

GB

한길그레이트북스

인류의 위대한 지적유산

마르크 블로크

봉건사회 II

한정숙 옮김

한길사

봉건사회 II

계급과 통치

봉건사회 I

인적 종속관계의 형성

봉건사회 II

계급과 통치

머리말

　사회계층의 꼭대기에서 밑바닥에 이르기까지 그물처럼 펼쳐진 종속
관계의 유대가 유럽 봉건제의 문명에 그 가장 독특한 특징을 부여하였
다. 우리가 제1권에서 제시하고자 한 것은 그렇게도 특이한 이 구조가
어떻게 해서, 그리고 어떤 상황과 정신적 분위기의 영향 아래에서 발생
하고 진화할 수 있었으며, 또한 이것이 선행한 시대로부터 물려받은 것
은 무엇인가 하는 점들이었다.

　그러나 전통적으로 '봉건적'이라는 형용사가 붙어온 여러 사회에서
도 개개인의 운명이 단지 가까이 있는 사람에 대한 종속이나 직접적 명
령이라는 관계에 의해서만 규제되고 있었던 것은 결코 아니다. 봉건사
회의 사람들은 또한 전문적인 직업에 따라서, 그리고 권력이나 위신의
정도에 따라서 차이가 나는 몇 개의 집단으로 다시 나뉘어 있었으며,
이들 집단에는 각기 상하서열이 매겨져 있었다. 뿐만 아니라 셀 수도
없을 만큼 많은 온갖 종류의 소(小)지배권 위에는 이보다 광범한 영향
력을 미치며 성격도 이외는 다른 권력이 언제나 존속하고 있었다. 봉건
시대 제2기 이래 여러 계급은 점점 더 엄격하게 정비되어갔을 뿐 아니
라 이와 아울러 몇몇 거대한 권력과 몇 가지 큰 명분을 둘러싸고 세력
의 집결이 점점 더 강력하게 이루어지기도 하였다.

　우리가 지금 눈길을 돌려 살펴보아야 하는 것은 사회조직 가운데 이
두번째 측면에 대한 연구이다. 이 과제가 달성된다면, 맨 처음부터 우

리의 연구를 사로잡아왔다고 할 수 있는 물음에 대답하고자 하는 시도
가 마침내 허용될 수 있을 것이다. 그 물음이란, 이들 몇 세기가 과연
어떠한 기본적 특징들을 가졌기에——그 특징들이 서유럽의 어떤 특정
한 진화단계에만 고유하게 나타난 것인가 그렇지 않은 것인가 하는 문
제와는 상관없이——서유럽 역사의 다른 시기와 구분되는 봉건시대라
는 명칭이 이 시대에 당연히 주어질 수 있는 것인가, 그리고 봉건시대
의 유산 가운데 후대에도 계속 살아남은 것은 과연 무엇인가 하는 문
제이다.

제1장

사실상의 계급으로서의 귀족

1. 구(舊)혈통귀족의 소멸

처음으로 봉건제(féodalité)라는 이름을 명명한 저술가들, 다시 말해 봉건제를 붕괴시키려고 노력한 프랑스혁명의 사람들은 귀족(noblesse) 이라는 개념은 봉건제와 불가분하게 연결된 것이라고 생각하고 있었 다. 그러나 관념의 연상치고 이처럼 명백하게 잘못된 것도 거의 없다. 적어도 우리가 역사상의 용어를 다소나마 정확히 쓰려는 바람을 조금 이라도 가지고 있다면 이 잘못을 인정해야 된다는 뜻이다.

봉건시대의 여러 사회가 결코 평등주의적인 것이 아니었다는 점은 틀림이 없다. 그러나 모든 지배계급이 귀족이었던 것만도 아니다. 이 명칭을 제대로 부여받기 위해서는 귀족은 두 가지 특징을 아울러 지니 고 있어야만 했던 것으로 보인다. 첫째는 귀족이 갖추고 있다고 자처하 는 우월성을 실제로 확인해주고 구체화시켜주는 고유의 법직 신분을 지녀야 한다는 점이고, 둘째는 이 법적 신분이 혈통에 의해 영속화되어 야 한다는 점이었다. 단, 이때 이러한 자격은 몇몇 신흥 가문도 접근할 수 있는 것이기는 하였다.

하지만 그러한 가문의 수는 제한되어 있었을 뿐 아니라 이같은 자격 이라는 것 자체가 격식에 따라 확립된 규범에도 부합되어야 했다. 다시 말해서 귀족이 되는 데에는 사실상의 세력만으로는 충분하지 않았을 뿐 아니라, 심지어는 재산의 양도처럼 높은 지위에 있는 부모를 둔 덕 분에 그 자녀가 혜택을 누리게 되는 식의 그러한 형태의 세습도——비 록 실제로는 대단히 효과적이었던 것이 사실이지만——그 자체만으로는 충분하지 않았다. 사회적 특권과 세습권은 이러한 요인들 외에 법적인 승인도 받아야 했던 것이다.

오늘날 우리는 상층 부르주아지를 자본주의적 귀족이라 일컬을 수도 있기는 할 것이다. 하지만 빈정대는 뜻에서가 아니라면 이것이 과연 가 능할까. 우리가 살고 있는 민주체제처럼 법률상의 특권이 사라져버린 곳에서조차 계급의식을 북돋워주는 것은 바로 이같은 법률적 특권에 대한 기억이다. 즉 그의 조상이 법적 특권을 행사했음을 증명할 수 없 는 한 아무도 진정한 귀족으로서 인정받지 못하는 것이다.

그런데 이러한 의미에서의, 곧 유일하게 정당한 의미인 법률적 특권 의 혈연적 계승자라는 뜻에서의 귀족은 서유럽에서는 비교적 후기에 와서야 비로소 출현하였다. 이 제도는 12세기 이전에만 하더라도 아직 그 윤곽을 드러낼 기미조차 보이지 않았으며, 봉토와 가신제가 이미 쇠 퇴의 길에 들어서 있던 13세기가 되어서야 비로소 확립되었다. 봉건시 대 제1기 전체를 통틀어서도 또 그 직전의 시기에도 이 귀족제는 알려 져 있지 않았다.

이런 점에서 봉건시대 제1기는 먼 옛날의 유산을 물려주고 지나간 앞시대의 여러 문명과는 대조적인 성격을 띠고 있었다. 로마 제국 후기 에는 원로원 신분이 존재하였었다. 따라서 메로빙거 왕조 초기에만 하 더라도, 프랑크 국왕의 신민이 된 로마인 가운데 주도적인 위치에 있던 사람들은 그 옛날의 법률적 특권이 이미 사라졌다는 사실에도 아랑곳 하지 않고 자기네의 혈통상 계보가 이 원로원 신분으로까지 거슬러 올 라감을 그렇게도 자랑스러워하였다.

수많은 게르만 민족들 내부에서도 '귀족'으로 공인받은 몇몇 가문이 존재하고 있기는 하였다. 이들 가문은 속어로는 에델링게(edelinge)라

고 일컬어졌는데, 이 어휘는 라틴어 문헌사료에서는 노빌레스(nobiles)
라고 표현되었으며 프랑크-부르고뉴 방언으로는 아델렝크(adelenc)라
는 형태를 취하면서 오랫동안 지속되었다. 이들 귀족 신분은 바로 귀족
이라는 자격 덕택에 정확히 규정된 특권들, 특히 일반인들보다 높은 인
명배상금(wergeld)[1]의 특권을 누리고 있었다. 즉 앵글로색슨의 여러
문서에 보이듯이, 이 계층의 성원은 다른 사람들보다 '더 비싸게 태어
났던' 것이다.

　이들 귀족들은 어느 모로 보나 국지적 수장(首長), 곧 타키투스가 말
하는 '지구(地區) 통치자'의 유서 깊은 가계 출신인 것으로 생각된다.
그러나 국가가 군주정의 형태를 취한 곳에서는 이들 가운데 대부분이
왕실——사실은 이 왕실도 원래는 바로 국지적 수장 신분에서 출발하였
던 것이지만——에 더 많은 세력을 넘겨주면서 정치적 권력을 차츰 박
탈당해갔다. 그래도 역시 그들 귀족은 신성한 혈족으로서 당초에 가지
고 있던 위신의 흔적을 여러 가지로 지니고 있었다.

　그러나 이러한 우월한 위치도 '만족'(蠻族) 왕국시대를 넘어서서까
지 지속되지는 못하였다. 분명히 말하건대, 에델링게의 가계 가운데 상
당수는 일찌감치 단절되어버렸다. 그들의 부귀영화 자체가 사적(私的)
인 복수나 추방 그리고 전쟁의 과녁이 되기에 안성맞춤이었다. 작센족
의 경우를 제외하면 그들 가운데 만족의 침입 직후까지 계속 살아남은

---

*1 옛 게르만 부족의 관습법에서는 어떤 사람이 다른 사람에게 살인을 비롯한
　신체적 위해를 가했을 경우 가해자로 하여금 피해자의 친족에게 그 손상에
　대한 일정액의 배상금을 지불하게 하고, 이로써 형벌을 대신하도록 하였다.
　개인의 목숨값에 해당하는 이 배상금을 게르만어로 wergeld라고 했는데, 그
　액수는 피해자의 신분에 따라 달랐다. 곧 신분이 높은 피해자에 대해서는 많은
　액수의 배상금이, 신분이 낮은 피해자에 대해서는 적은 액수의 배상금이 지급
　되었다. 이 점에서 인명배상금의 액수에 관한 규정은 옛 게르만 사회의 신분적
　위계구조를 연구하는 데에 좋은 자료가 된다. 국가권력이 약했던 중세 서유럽
　이나 슬라브족의 여러 사회에서도 한동안 이 인명배상금 제도가 유지되었다.

가계는 극히 드물었다. 예를 들어 7세기의 바이에른족 사이에서는 단 네 개의 가계만이 존속하고 있었다. 프랑크족 사이에도 옛날 어느 시기엔가는 혈통귀족(noblesse)이 존재하고 있었다고 추정할 수도 있겠지만 그나마 이를 증명할 길은 없다. 하지만 설령 한때 귀족이 존재하고 있었다고 하더라도 그같은 귀족은 그후, 우리가 이용할 수 있는 최초의 문헌자료가 출현하기 이전에 이미 사라지고 없었다. 이와 마찬가지로 원로원 신분에 의해 구성된 과두지배체제라는 것도 짜임새가 엉성하고 취약한 것에 지나지 않았다.

그런데 옛날의 기억에서 자기네의 긍지를 끌어내고 있던 이들 카스트(caste)적인 집단은 당연한 노릇이겠지만 이제 더 이상 스스로 갱신된 모습을 가질 수 없게 되어 있었다. 신흥 왕국에서 자유인들 사이에 불평등을 유발하는 유력한 계기로 작용한 것은 그전과는 전혀 다른 유형이었기 때문이다. 즉 부(富)와 그것에 당연히 수반되는 권력 그리고 국왕에 대한 봉사가 바로 그러한 계기들이었다. 이들 두 가지 속성은 실제로는 흔히 아버지한테서 아들에게로 넘어간 것이 사실이다. 그러나 여기에는 갑작스러운 상승이라든가 또는 이 못지 않게 갑작스러운 몰락의 여지도 충분히 남아 있었다. 이설링(aetheling)이라는 단어는 그 뜻이 매우 의미심장하게 제한되었기 때문에 잉글랜드의 경우에 9, 10세기부터는 오로지 국왕의 근친만이 이 칭호를 지닐 권리를 보유하게 되었다.

어쨌든 봉건시대 제1기에 지배적인 가문들의 역사에서 가장 두드러진 특징은 바로 그들의 가계도(家系圖)가 짧다는 점이다. 최소한 이들에 관하여 중세 자체가 꾸며낸 가공(架空)의 이야기들을 오늘날 더 이상 받아들이지 않고, 또 우리 시대에 들어와서 여러 학자들이 고유명사의 전승에 관한 지극히 가설적인 규칙들에 입각하여 짜맞추어낸 추측들, 따라서 교묘하기는 하지만 근거가 박약한 그러한 추측들 같은 것도 선뜻 물리치기만 한다면 우리는 위에서 말한 가계도가 짧아지는 것을 금방 확인할 수 있다.

예를 들면 프랑스 서부에서 중요한 역할을 한 뒤 888년부터 1032년
까지 부르고뉴 왕국의 왕관을 쓰게 된 벨프(Welf) 가[*2]의 조상 가운데
우리가 알기로 가장 오래된 사람은 루트비히 경건왕(Ludwig der
Fromme)[*3]의 장인인 바이에른 백작이었다. 툴루즈 백작의 가계는 루
트비히 경건왕 치세에, 훗날 이탈리아의 국왕이 되었던 이브레아
(Ivrea) 후작의 가계는 샤를 대머리왕(Charles le Chauve)[*4] 치세에,
그리고 작센 공의 가문이면서 뒤이어 동프랑크의 국왕 겸 신성로마 제
국의 황제를 배출한 리우돌핑(Liudolfing) 가의 가계는 루트비히 독일
인왕(Ludwig der Deutsche)[*5] 치세에 각각 형성되었다.

카페 가문에서 갈라져 나온 부르봉 가는 아마도 오늘날 유럽에서 가
장 오래된 가문일 것이다. 그러나 이 부르봉 왕조의 선조, 곧 866년에
살해당하기는 했지만 그때 이미 갈리아의 권문세가 가운데 하나로 손
꼽히고 있던 로베르 강건백(強建伯, Robert le Fort)[*6]의 유래에 관해서
는 우리가 알고 있는 것이 대체 무엇이란 말인가. 알려진 것이라고는
기껏해야 그의 아버지 이름과, 그가 아마도 작센의 혈통을 이어받았으
리라는 점뿐이다.[1] 서기 800년이라는 결정적인 전환점에까지 일단 거

---

*2 독일의 명문으로 부르고뉴 왕 벨프 1세가 시조이다. 9세기에 바이에른에서
　일어나 12세기에는 작센 공국도 차지하였으며, 슈타우펜 가와의 다툼으로 쇠
　퇴하기 시작하다가 1634년 결정적으로 분열되었다.

*3 재위 814~840. 루트비히 경건왕은 샤를마뉴의 아들이었으며 샤를마뉴가 서
　로마 제국 황제로 재위한 기간은 800년부터 814년이었으니, 바로 다음에 나
　오는 바이에른 백의 생존연대도 대체로 짐작할 수 있을 것이다.

*4 루트비히 경건왕의 둘째 아들이며 서프랑크의 국왕으로, 재위연대는 843~
　877.

*5 루트비히 경건왕의 셋째 아들인 루트비히 2세. 재위연대는 843~876.

*6 카페 왕가의 시조. 루아르 강과 센 강 사이의 땅을 바이킹으로부터 수호하
　였다.

1) 이 문제에 관한 칼메트(J. Calmette)의 최근 해설은 *Annales du Midi*(1928)
　에 수록되어 있다.

슬러 올라가면 그때부터는 불가피하게도 모든 것이 어둠에 싸여버리는 듯하다. 그래도 알아낼 수 있는 것을 말해본다면, 이들 가계는 유달리 오래된 가문에 속해 있었다는 것, 그리고 카롤링거 왕조 초기의 여러 왕들에게서 제국 전역에 걸쳐 주요한 지배권을 부여받은 가계들——이들은 대부분 아우스트라시아 지방 또는 라인 강 동안(東岸) 출신이었다——과 멀게든 가깝게든 결부되어 있었다는 것 정도이다.

이탈리아 북부에서는 11세기에 아토니(Attoni) 가문이 광대한 지역에 걸쳐서 산야를 차지하고 있었다. 이 가문은 지크프리트(Siegfried)라는 사람의 후예였는데, 그는 루카(Lucca)*7 백작령에서 상당한 재산을 소유하고 있었으며 950년이 되기 얼마 전에 사망하였다. 하지만 그 이전으로 거슬러 올라가면 더 이상 아무것도 알아낼 수 없게 된다. 10세기 중엽은 또한 슈바벤 지방의 체링겐(Zähringen) 가문, 오스트리아의 진정한 창건자가 되었던 바벤베르크(Babenberg) 가문, 앙부아즈(Amboise)*8의 영주들이 출현한 시기이기도 하였다. 별로 보잘것없는 영주의 가계로 넘어가면 선조들의 역사를 거슬러 올라가 찾아볼 수 있는 기간이 이보다도 훨씬 더 짧아질 것이며, 그래서 우리 손에 쥐어진 실마리는 금방 끊겨버릴 것이다.

그런데 이 문제에 대해서는 이용할 수 있는 사료가 빈곤하다는 데에 책임을 돌리는 것만으로는 결코 충분하지 않다. 물론 9세기나 10세기의 증서가 그렇게 드물지만 않았다면 얼마간의 가계를 더 찾아낼 수도 있을 것이다. 하지만 놀라운 일은 우리가 이렇게 우연한 기회에나 발견되는 문서를 필요로 하고 있다는 바로 그 점이다. 여러 가문들 중에서도 특히 리우돌핑 가나 아토니 가 그리고 앙부아즈의 영주들은 한창 권세를 누리던 시절에 전속 역사가를 거느리고 있었다. 그런데도 이들 가문의 역사가인 성직자들이 그들 주인의 선조에 대하여 아무것도 말해

---

*7 피사 동북쪽의 지명.
*8 프랑스 중북부 멘 에 루아르 주의 지명. 옛 오를레앙 지방의 주요 도시.

줄 수 없었다거나 또는 말해주려고 하지 않았던 것은 어찌된 영문일까.

사실 몇 세기 동안을 순전히 구전으로만 전해져 내려온 아이슬란드 농민의 계보 쪽이 서유럽 중세 귀족의 가계도보다는 우리에게 훨씬 더 잘 알려져 있다. 중세 귀족에 관한 한, 그들 가운데 한 사람이 참으로 높은 지위에 처음으로 이르기 전까지는——이는 대개 상당히 후대의 일이 될 테지만——사람들은 그들 세대(世代)의 계승에 대해서 별로 관심을 가지지 않았음이 분명하다.

사람들은 이 선택받은 시점 이전에는 가계의 역사에서 특별히 빛나는 그 무엇이 전혀 없었다고 생각했던 것이고, 여기에는 틀림없이 그럴 만한 몇 가지 이유가 있었다. 즉 그 가문이 실제로 상당히 미천한 신분 출신이었다든지——노르망디의 유명한 벨렘(Bellême) 가문은 루이 두 트르 메르(Louis d'Outre-Mer) 왕[*9]의 일개 단순한 석궁사수(石弓射手)를 조상으로 하고 있었던 것으로 보인다[2]——또는 이보다 더 흔한 경우로서, 오랜 세월 동안 장원을 가진 군소영주들의 무리 가운데 반쯤 파묻혀 있었다든지 하는 따위이다. 이들 군소영주에 관해서는, 하나의 집단으로서의 그들의 기원이 어떠한 문제들을 제기하는가를 놓고 좀더 뒤에 살펴보기로 하겠다.

그러나 겉보기에 그토록 기이한 느낌을 주는 이러한 침묵의 주된 이유는 이들 실력자들이 말 그대로의 뜻에서 하나의 귀족계급을 형성하지는 못하고 있었다는 데에 있다. 귀족이란 곧 계보를 일컫는 것이다. 그런데 이 경우에는 귀족이 존재하지 않았기 때문에 계보가 중요하게 여겨지지 않았던 것이다.

---

*9 936~954년경까지 재위한 서프랑크의 국왕. 샤를 단순왕의 아들로, 잉글랜드에서 양육되었기 때문에 이 '바다 건너편에서 온 왕'이라는 별명을 갖게 되었다.

2) H. Prentout, "Les Origines de la maison de Bellême," *Études sur quelques points d'histoire de Normandie*, 1926.

2. 봉건시대 제1기의 '귀족' 이라는 말의 다양한 의미

그렇다고 해서 9세기에서 11세기에 걸쳐 '귀족'(noble, 라틴어로는
nobilis)이라는 낱말을 문서에서 그리 자주 찾아볼 수 없다는 이야기인
가 하면 그런 것은 아니다. 다만 이 낱말은 아무런 정확한 법적 의미도
지니지 못한 채, 단지 시시때때로 뒤바뀌고 있던 갖가지 기준에 따른
사실상의 우월성 또는 여론상 인정되는 우월성을 가리키는 데에 그치
고 있었다.

이 '노빌리스' 라는 낱말은 거의 언제나 출생의 탁월성이라는 관념을
함축하고 있었지만 또한 상당한 정도의 재산이라는 관념도 내포하였
다. 8세기에 파울루스(Paulus) 부사제(副司祭)*[10]가 성 베네딕투스(St.
Benedictus)*[11]의 「계율」에 주석을 붙였을 때 다른 부분에서는 훨씬 큰
명쾌함을 보여주던 이 사람이 이 '노빌리스'에 관한 대목에서는 앞서의
두 가지 해석 사이에서 얼마나 망설이며 혼란스러워하고 있었던가를
보더라도 그것을 알 수 있다.[3] 이 낱말의 용법은 이미 봉건시대의 시
초부터 정확한 정의를 내리기 어려울 만큼 뒤흔들리고 있었다. 그렇기
는 하지만 그 용법들은 최소한 몇 가지 주요한 동향에 대응하고 있었는
데, 이들 동향이 어떤 식으로 변화했던가를 살펴보면 그 자체만으로도
많은 것을 시사받을 수 있다.

수많은 사람들이 영주한테서 토지를 받아 보유하는 데에 동의할 수
밖에 없던 시절에는 그러한 종속을 피할 수 있었다는 단 하나의 사실
자체만도 이미 우월의 표징으로 여겨졌다. 따라서 때로는 자유토지
(alleu, allod)를 가졌다는 것——설사 그것이 단순한 농민 재산의 성격
을 벗어나지 못하는 경우라고 하더라도——하나만으로도 노블(noble)

---

*10 이탈리아의 수도사이자 역사가.
*11 480~543?. 유럽 최초의 수도원 창설자.
 3) *Bibiliotheca Casinensis*, t. IV, p.151.

또는 에델(edel) 칭호를 지니기에 충분한 자격으로 여겨지기도 했는데, 이 또한 놀라운 일이 아닐 것이다.

그렇지만 여기에는 주목할 만한 다른 면이 있다. 즉 이러한 귀족 칭호를 지닌 소(小)자유토지 소유자가 등장하는 문헌사료를 살펴볼 때, 그들은 대부분의 경우 자기네가 과시하던 이 칭호를 금방 포기하고 유력자의 토지 보유농이나 농노가 되어버렸던 것이다. 이러한 '귀족'들은 실제로는 상당히 미천한 혈족 출신에 불과하였던 터이고, 그나마 11세기 말부터는 더 이상 거의 눈에 띄지 않게 된다. 이는 그 당시 귀족이라는 개념이 전혀 다른 가계에 따라 확고히 정착하게 된 데에도 기인하기는 하지만, 이유는 단지 그것만이 아니었다. 서유럽 대부분의 지역에서는 그와 같은 사회적 범주 자체가 단절되고 아예 전반적으로 소멸되어버렸던 것이다.

프랑크 시대에는 수많은 노예가 신분상의 자유를 얻었다. 당연한 일이겠지만, 일찍이 한번도 예속의 낙인이 찍힌 적이 없었던 가문의 사람들은 이 난데없는 침입자들을 그리 쉽게 자기네와 동등한 존재로 받아들이려고 하지 않았다. 그 얼마 전까지만 하더라도 로마인들은 해방된 옛 노예를 일컬을 수도 있고 또는 해방노예의 아주 가까운 자손을 일컬을 수도 있는 '피해방민'(被解放民, libre, 라틴어로는 liber)을 순수한 '자유인'(ingénu, 라틴어로는 ingenuus)과 대립되는 존재로 파악하고 있었다. 그러나 퇴폐기의 라틴어에서는 이 두 낱말이 거의 동의어가 되어 있었다. 그런데 귀족이라는 용어가 일반적으로 지니고 있던 막연한 의미로 따져볼 때는, 아무런 오점이 없는 가계야말로 진정한 귀족이 아니었던가. "귀족이란 그 선조들 가운데 노예상태에 빠졌던 사람이 포함되어 있지 않음을 말한다"——11세기 초 무렵에만 하더라도 이탈리아의 한 주석에는 이같은 표현이 등장했는데, 이는 다른 곳에서도 종종 그 흔적을 찾아볼 수 있는 한 용법을 체계화한 말이었다.[4] 하지만 사회적

---

4) *Mon. Germ. LL.*, t. IV, p.557, col.2, 1. 6.

계급의 분류에 전환이 일어나자 이러한 용법의 사용은 더 이상 명맥을 유지할 수 없게 되었다. 우리가 이미 살펴본 것처럼 옛 해방노예의 자손은 대부분, 오래 지나지 않아 다시금 아주 간단하게 농노가 되어버렸기 때문이다.

그러나 다름아닌 미천한 출신의 사람들 중에도, 비록 토지에 관해서는 영주에 종속되어 있지만 그래도 자신의 인신적인 '자유'(liberté)만은 지켜갈 수 있었던 개별적인 인물들이 존재하였다. 그 시절은 이 자유인이라는 신분이 정말 드물어진 상황이었기 때문에 여기에 특수한 명예의 감정이 결부되는 것은 어쩔 수 없는 일이었으며, 이 신분을 '귀족'이라고 부르는 것은 이 시대의 관습과 모순되지 않았다. 사실 몇몇 문헌사료만 하더라도 여기저기에서 이 양자의 등가성(等價性)을 인정하는 경향을 드러내고 있는 것으로 보인다.

하지만 이러한 등가성은 결코 절대적인 것이 될 수 없었다. 이른바 자유인 무리 중에는 토지 보유농으로서 무겁고 굴욕적인 부역(corvée)을 감당하지 않으면 안 되는 수많은 사람까지 포함되어 있었는데, 이같은 무리를 과연 귀족이라고 할 수 있을까. 이러한 사고방식은 사회적 가치에 대하여 세상사람들이 품고 있던 이미지와 너무나 상반되었기 때문에 일반적인 여론의 인정을 얻을 수 없었다. 이렇듯 '귀족'과 '자유인'이라는 두 낱말은 잠시 동일시되기도 하였으나, 이같은 어법은 '군사적 가신제'라는 특수한 형태의 종속관계를 나타내는 어휘를 제외하고는 더 이상 어디에도 지속적인 흔적을 남기지 못한 채 소멸되고 말았다.

그런데 가신의 충성 의무는 농민 신분이거나 가복(家僕) 신분인 수많은 종속민들의 경우와는 달리 결코 세습되지 않았으며, 그들의 봉사는 자유에 대한 가장 엄격한 정의와도 아주 잘 양립할 수 있는 것이었다. 영주의 모든 '복속인들' 중에서도 그들은 단연코 영주의 '자유인 신분의 복속인'(francs hommes)이었다. 주지하다시피 다른 봉토보다 우월한 지위를 차지하고 있던 그들의 봉토야말로 응당 '자유인 봉토'(自由

人封土, francs-fiefs)라고 불릴 만하였다. 나아가서 그들은 우두머리의 그늘 아래 살고 있던 잡다한 무리의 사람들 중에서도 자신들이 담당했던 무장수행원이자 조언자라는 역할 덕택에 통치귀족(aristocratie)*12으로서의 면모를 부여받게 되었으며, 그 때문에 또한 고귀한 신분(noblesse)이라는 듣기 좋은 이름으로 불리면서 다른 무리와 구별되고 있었다.

9세기 중엽에 생 리키에(Saint-Riquier) 수도원*13 수도사들이 수도원장 관저에서 부양되는 가신들의 예배용으로 유지하고 있던 작은 교회당은 수공업 장인들이나 또는 이들과 마찬가지로 수도원 주변에 모여들어 있던 하급직무 수행자들이 미사를 드리는 '평민의 예배당' (chapelle du peuple vulgaire)과 대비되어 '귀족의 예배당' (chapelle des nobles)이라는 이름을 지니고 있었다. 루트비히 경건왕은 켐프텐(Kempten)*14의 수도사들에게 소속된 토지 보유농들의 군역을 면제해주면서 이 면제가 수도원에서 '은대지' (bienfaits)를 받고 있는 '더욱 고귀한 사람들' 에게는 적용되지 않는다고 규정하고 있었다.5) 귀족이라는 용어에 함축되어 있는 모든 의미 중에서도 가신 신분과 귀족 신분이라는 두 개념을 동일시하는 경향을 가진 이 맨 마지막 의미야말로 장차 가장 오랫동안 살아남을 것을 약속받고 있었다.

끝으로, 더 높은 차원으로 옮아가서 이야기할 때 이 귀족이라는 만병

---

*12 aristocratie는 그리스어 어원을 살펴볼 때 '최량의 인물들의 통치' 라는 의미를 가진다. 이는 특권을 가진 소수집단이 정치적 지배권을 행사하는 정치체제를 가리키므로 이 책에서는 단순히 고귀한 출생을 의미하는 'noble' 과 'aristocratie' 를 개념적으로 구분하여 전자를 '혈통귀족', 후자를 '통치귀족' 이라고 번역하였다.

*13 이 수도원은 프랑스 북부해안에 위치한 아브빌 근처에 있다.

*14 독일 바이에른의 지명으로, 이곳에는 베네딕투스회 수도원이 있었다.

5) Hariulf, *Chronique*, éd. Lot, p.308. 또 p.300도 참조하라 ; *Monumenta boica*, t. XXVIII, 2, p.27, n° XVII.

통치적 어휘는 노예 신분으로 태어난 것도 아니고 굴욕적인 종속의 유대에 매여 있지도 않은 수많은 사람들 중에서도 가장 강력하고 가장 유서 깊고 또한 가장 큰 위세를 지닌 가문들을 여느 사람들로부터 구분하는 데에 쓰일 수도 있었다. 한 연대기 저작자가 전하는 바에 따르면 서프랑크 왕국의 '권문세가들'(magnats)은 샤를 단순왕(Charles le Simple)*15이 만사를 그의 총신인 아가농(Haganon)*16의 조언에만 의존하여 처리하는 것을 보고, "이제 왕국 안에는 더 이상 귀족이 없는가"라고 말하고 있었다.[6)]

그런데 이 아가농이라는 벼락출세자는 비록 백작들을 배출하는 대가계에 비하면 출신이 미천했던 것이 사실이지만 그래도 생 리키에 수도원측이 개설해준 귀족 예배당의 주인공이었던 가내전사(家內戰士)들보다 더 낮은 신분 출신이 아니었던 것만은 분명하다. 문제는 이 '고귀한'이라는 형용어가 항상 상대적 우월성을 연상시키는 말로 사용되었기 때문에 일어나는 것이었다. 이 말이 종종 비교급, 즉 이웃보다 '더 고귀한'(plus noble)이라는 뜻을 가진 형태(nobilior)로 쓰이고 있었다는 것은 의미심장하다.

하지만 봉건시대 제1기가 경과하는 동안 이 말의 여러 의미 가운데 변변치 못한 신분층까지 포함해서 지칭하는 용법은 점점 사라져갔다. 또한 국가가 혼란에 빠지고 보호의 유대관계가 일반적으로 확산됨에 따라 이 말은 점차 사회 내에서 더욱 우월한 지위로 상승할 수 있었던 유력자 집단에 한해서 쓰이는 경향을 보이게 되었다. 이 경우에도 여전히 이 말은 신분(status)이나 카스트의 엄밀한 규정과는 전혀 상관없이

---

*15 재위 893~923. 왕위에 있던 로베르 가문 출신 외드를 물리치고 즉위하여 통치했으나, 신하들의 반발로 폐위되었다.

*16 아가노(Hagano)라고도 한다. 로렌의 평범한 가문에서 태어난 인물인데, 샤를 단순왕의 총애를 받아 귀족층의 반감을 삼으로써 귀족들의 반란과 샤를 단순왕의 폐위를 몰고 온 한 원인이 되었다.

6) Richer, *Histoires*, I, c. 15.

아주 막연한 의미로 쓰이고 있었다.

그러나 이 말이 이러한 명칭으로 불리는 계층의 우월성에 대한 아주 강렬한 의식을 불러일으켰던 것은 사실이다. 위계서열이라는 이미지는 1023년에 '귀족여성'을 습격하지 않기로 맹세하는 평화협약에 참여했던 사람들의 정신 속에서도 끊임없이 힘차게 감지되고 있었음이 분명하다. 도대체 다른 신분의 여성들에 관해서는 한마디도 언급되지 않았으니 말이다.[7] 요컨대 법적 계급으로서의 귀족이라는 것은 아직 존재하지 않는 상태였다고 하더라도, 용어의 의미를 약간 단순화시킨다는 대가만 치른다면 이제 이 시점부터는 충분한 타당성을 가지고 귀족이라는 사회적 계급이 존재하고 있었다고, 그리고 짐작하건대 무엇보다도 특히 귀족적 생활양식이 형성되어 있었다고 말할 수 있게 된다. 왜냐하면 이 귀족이라는 집단의 정의(定義)는 주로 이 집단이 소유한 부(富)의 성격, 지배권의 행사 그리고 이 집단의 풍습에 의해서 내려졌기 때문이다.

3. 귀족계급 · 영주계급

이 지배계급은 때때로 토지 소유 계급(classe terrienne)이라고 일컬어져왔는데 과연 그것은 타당할까. 만일 이것이 본질적으로 이 계급의 성원이 토지에 대해 행사되는 지배권으로부터 자기네의 수입을 이끌어냈음을 뜻하는 말이라면 그것은 정말이다. 하긴 또, 그들이 이것말고 어떤 수입원으로부터 수입을 기대할 수 있었겠는가. 물론 가능한 경우에 통행세를 거두어들인다거나, 시장세를 거두어들인다거나 또는 일부 수공업자 집단을 쥐어짜서 공조를 징수하는 것 따위가 사람들이 거들떠보지도 않을 만큼 미미한 재원에 그친 것은 결코 아니었음도 덧붙이

---

7) Pfister, *Études sur le règne de Robert le Pieux*, 1885, p.LXI에 수록된 보베의 평화서약.

기는 해야 하겠다.

하지만 그럼에도 불구하고 특징적인 면모는 아무래도 바로 토지경영 형태에 있었다. 농경지가, 또는 그보다 훨씬 예외적인 경우에 가게나 작업장이 귀족의 생계를 지탱해주었다 하더라도 그것은 언제나 타인의 노동에 의한 것이었다. 다시 말해서 귀족은 무엇보다도 우선 영주였다. 생활양식 면에서 귀족적이라고 일컬어질 수 있는 사람들 모두가 영주지(장원, seigneurie)를 소유하는 행운을 누리지는 못했지만―주인의 저택 안에서 부양되는 솔거가신(率居家臣)이라든가 또는 종종 영락없는 방랑전사 생활로 일생을 마치곤 하던 차남 이하 귀족 자제들을 생각하면 된다―적어도 영주로 존재하는 자는 누구를 막론하고, 바로 영주라는 그 사실에 의해 사회의 상층부에 자리잡을 수 있었던 것이다.

그런데 여기에서 문제가 하나 발생한다. 이는 서유럽 문명의 발생에 관해 제기되는 모든 문제들 중에서도 가장 불분명한 문제이다. 영주 가문들 가운데 몇몇은 무일푼 상태에서 벗어난 모험가들, 곧 주인의 재산 가운데 일부를 떼어받음으로써 그의 봉신이 되었던 무인들의 자손임이 분명하였다. 또 나머지 몇몇 가계는 10세기의 몇몇 문서들을 통해 엿볼 수 있듯이, 일군(一群)의 보유지를 가지고 여기에서 지대를 거두어들이는 존재로 전환해갔던 부유한 농민들을 조상으로 하였을 가능성도 있다. 그러나 분명히 이러한 예는 일반적인 경우는 되지 못하였다.

장원은 원래 다소간 초보적인 형태를 띠면서 서유럽 대부분의 지역에서 아주 오래 전부터 존재하고 있었다. 서로 섞이고 되섞이고는 했다 하더라도, 영주계급 자체도 이에 못지 않게 오래된 것임에 틀림없다. 하기야 봉건시대의 소토지 보유 농민들에게 공조와 부역의 의무를 부과하고 있던 인물들 가운데 얼마나 많은 사람들이, 설령 그들이 그렇게 할 줄 알았다고 하더라도, 자기네 가계도 안에 유럽의 수많은 촌락 이름의 시조가 되었던 저 신비스러운 인물들―이를테면 베르네(Bernay)의 브레누스(Brennus) 가(家), 코르닐리아노(Cornigliano)의 코르넬리우스(Cornelius) 가, 군돌프스하임(Gundolfsheim)의 군돌프(Gundolf)

가, 앨버섐(Alversham)의 앨프레드(Aelfred) 가와 같은——의 이름을
써넣을 수 있었겠는지, 또는 타키투스가 묘사했듯이 농민들의 '선물'로
유복해졌다는 게르마니아의 국지적 수장들 가운데 몇 명을 서슴없이
써넣을 수 있었겠는지, 그거야 우리가 도대체 어떻게 알 수 있겠는가.
그것을 알아낼 가계의 실마리는 완전히 끊겨버렸으니 말이다. 그러나
장원의 영주들과 보유지를 가진 무수한 민중 사이의 근본적인 대립을
통해, 서유럽 사회에서 가장 오래된 사회적 균열의 기준선 가운데 하나
를 접한다는 것은 불가능하지 않다.

4. 전사(戰士)의 소명

  장원의 보유야말로 참으로 귀족적인 위엄의 표징이며 화폐 또는 보
석의 비장(秘藏)과 더불어 상류계층에 걸맞다고 여겨진 부의 유일한 형
태였는데, 이는 무엇보다도 그것이 전제로 하고 있던, 타인에 대한 지
배권 때문이었다. 위광(威光)을 과시하는 데에 "내 뜻이다"라고 말할
수 있는 권능보다 더 확실한 근거가 있을 수 있겠는가. 그러나 이렇게
된 또 하나의 이유는 바로 귀족의 소명 자체가 그들에게 일체의 직접적
인 경제활동을 금지하고 있었다는 점이었다. 귀족은 몸과 마음을 바쳐
고유의 직무, 곧 전사로서의 직무에 전념해야만 되었다.
  이 마지막 특징이 가장 중요한 것으로서, 중세 귀족의 형성에서 군사
적 가신들이 맡았던 역할이 무엇인가는 이것으로 설명할 수 있다. 물론
중세의 귀족은 전적으로 군사적 가신으로만 구성되지는 않았다. 왜냐
하면 다른 한편으로는 자유소유 장원(seigneurie alleutière)의 영주들
도 존재하였기 때문인데, 이들은 비록 사회적 풍습에 따라 봉토를 받은
가신들에게 신속히 동화해가기는 했지만 때로는 이들 봉신보다 더 강
력한 존재이기도 하였다. 이러한 영주들도 중세 귀족의 대열에서 제외
할 수는 없는 것이다.
  하지만 중세 귀족의 기본요소를 이루고 있었던 것은 어디까지나 가

신집단이었다. 여기에서도 우리는 다시 한번 앵글로색슨어의 어휘 진화를 살펴봄으로써, 신성한 혈족으로서의 귀족이라는 낡은 개념으로부터 일정한 생활양식에 따라 형성되는 존재로서의 귀족이라는 새로운 개념으로의 이행이 이루어졌음을 멋들어지게 알 수 있다. 옛날의 여러 법전에서는 에올(eorl)과 케올(ceorl)——이 명칭들은 게르만어로 각각 귀족과 단순한 자유인을 의미하였다——이 대비되어 있었던 데에 반하여, 후대의 법전에서는 이 두 대립되는 용어들 가운데 두번째 것(ceorl)은 그대로 보존되었으되, 첫번째 것(eorl)은 수행인(gesithcund)이나 가신(thegn)——이는 특히 국왕의 가신을 가리킨다——또는 가신의 자손(thegnborn)이라는 말들로 대치(代置)되어 있었다.

물론 전투를 할 능력과 의무를 지니고 있고 또 전투를 사랑했던 사람이 오로지 가신들뿐이었던 것은 아니다. 사회의 꼭대기에서 맨 밑바닥에 이르기까지 온통 폭력취향 또는 폭력에 대한 공포로 물들어 있던 봉건시대 제1기에는 그러한 것이 결코 가능하지 않았다. 하층 여러 계급 성원들의 무기휴대를 제한하거나 금지하고자 노력하는 법률은 12세기 후반 이전까지만 하더라도 출현하지 않고 있었다. 이들 법률은 법적인 위계서열의 확립이 진전되고 혼란이 상대적으로 경감되자 그때 가서야 비로소 제정되었다. 프리드리히 바르바로사(Friedrich Barbarossa) 황제[*17]의 한 법령에 등장하는 것처럼 대상(隊商), 곧 편력상인은 '안장에 칼을 얹고' 각지를 오갔던 것이다. 일단 자기 거점으로 되돌아온 경우라고 하더라도 그는 그 당시의 상업활동에 수반되게 마련이었던 이 모험생활의 와중에서 몸에 밴 습관을 계속 유지하였다. 질베르 드 몽스(Gilbert de Mons) 주교가 생 트롱(Saint-Trond)의 시민들에 대하여 말한 것처럼, 도시의 재건이 이루어지던 소란스러운 시기에 수많은 부르

---

*17 재위 1152~90. 독일 왕이자 신성로마 제국의 황제로, 학예에 관한 이해도 깊었으며 기사의 전형이라고 일컬어졌다. 제3회 십자군 원정에 출정했다가 소아시아에서 사망하였다.

주아들은 "무기를 들면 아주 강력해졌다"고 할 수 있었다. 순전히 꾸며
낸 이야기 속에서라면 모를까, 그렇지 않은 한 전투를 싫어하는 상인이
라는 전통적인 유형은 정주(定住)상업의 시기에나 속하는 것으로서, 이
들은 '흙 묻은 발'(pieds poudreux)*18을 한 상인들이 영위하였던 옛
날식 방랑생활에 대립되는 존재였으며, 아무리 빠르게 잡아도 13세기
가 되어서야 출현한다.

　일반인들의 무장과 관련하여 또 한 가지 고려할 사항이 있는데, 중세
의 군대가 비록 소규모였다고는 하지만 그래도 그 충원이 오로지 귀족
출신에 의해서만 이루어진 것은 아니었다. 즉 영주는 휘하의 보병을 자
기 농민들 중에서 징집하였던 것이다. 그리고 12세기부터 농민의 군역
의무가 점점 줄어든 것은 사실이지만, 또 특히 군역봉사의 기간이 하루
로 제한되는 경우가 대단히 빈번해짐에 따라서 농촌 주민의 징병이 지
방의 단순한 치안업무를 맡긴다는 목적에 국한되게 된 것도 사실이지
만, 이같은 전환은 봉토에 부과된 봉사의무 자체가 경감된 것과 시기적
으로 정확히 일치하는 현상이었다.

　게다가 이때에도 농민 출신 창병(槍兵)이나 궁병(弓兵)이 자기네 자
리를 가신들에게 물려주지는 않았다. 농민병사가 무용한 존재가 되어
버린 것은 용병이 모집됨에 따라서였다. 동시에, 용병은 봉토를 수여받
은 기사의 부족을 보충해주는 구실도 하였다. 하지만 이 모든 것에도
불구하고, 가신이건 또는 심지어는──아직 그러한 사람이 존재하는 경
우의 이야기이긴 하지만──자유소유 장원의 영주이건 간에 봉건시대
제1기의 '귀족'은 임시 고용병사와 비교해볼 때 한층 더 우수한 질의
무장을 갖춘 전사, 즉 직업적인 전사라는 점을 그 고유의 성격으로 지
니고 있었다.

　귀족은 말을 타고 싸웠다. 좀더 정확하게 말하면 전투하는 도중에 때

---

*18 앵글로 노르만 지역에서 리옹 북쪽의 마코네 지방에 이르기까지 각지를 순
　회하면서 교역활동을 한 상인들에게 이러한 이름이 붙여졌다.

때로 땅에 내려서는 경우도 있기는 했으나, 최소한 이동할 때에는 반드시 말을 탔다. 더구나 그는 완전무장을 한 채로 전투에 임하였다. 공격용 무기로는 창과 검 그리고 때로는 철퇴 등을 사용하였고, 방어를 위해서는 머리를 보호하는 투구와 아울러 전부 또는 일부가 금속으로 만들어져 몸을 감싸게 되어 있는 갑옷 등을 착용하였으며, 마지막으로 손에는 삼각형 또는 원형으로 된 방패를 들었다.

엄밀하게 말하자면 기사를 기사이게끔 하는 것은 단지 말(馬)뿐만이 아니었다. 군마를 보살피고, 노정(路程)을 따라가는 동안 교체용 말을 관리할 임무를 진 인물로서 기사보다 미천한 신분의 수행인인 종자에게도 역시 말이 필요하지 않았는가 말이다. 때때로 부대 안에는 기사들의 중장비 기병대와 함께, 보통 '하사'(下士, sergent)라고 불리던 좀더 가벼운 무장의 기병들이 포함되어 있기도 하였다. 따라서 전사 가운데 최고계급을 특징짓고 있던 징표는 군마와 완전무장, 이 두 가지의 결합이었다.

프랑크 시대 이후로는 장비의 개량이 이루어지면서 장비가 더욱 비싸지는 동시에 다루기도 더 어려워졌는데, 그렇게 되자 부자가 아니거나 부자의 심복이 아닌 사람 또는 직업적 전사가 아닌 사람에게는 이러한 양상의 전투에 접근할 길이 점점 더 철저하게 가로막혀버렸다.

말의 등자를 이용하게 되면서부터 사람들은 무장에서도 이 마구의 이점을 최대한으로 활용하게 되었으니, 곧 10세기경의 전사들은 얼마 전까지 사용되던 단창(短槍)——투창(投槍)처럼 팔을 끝까지 뻗어 휘두르게 되어 있던 무기——을 버리고 그 대신 길고 무거운 최신형 창을 사용하게 되었다. 전사는 백병전을 펼 때에는 이 장창을 겨드랑이에 끼었으며, 휴식을 취할 때에는 바로 등자에 기대어놓았다. 투구에는 코가리개가 부착되었고 나중에는 면갑(面甲)도 덧붙여졌다. 그리고 마지막으로, 가죽이나 천으로 만들어진 일종의 콤비네이션[*19]으로서 그 위에

---

*19 위아래가 연결된 옷.

쇠사슬이나 철판을 누벼 붙여 만든 '사슬갑옷'(brogne 또는 broigne)
이 오베르(haubert) 갑옷——이는 아마도 아랍인들의 갑옷을 모방한 것
인 듯하다——에 밀려나게 되었다. 옷 전체가 금속제 고리로 짜여 있던
이 오베르 갑옷은 반드시 수입하지 않으면 안 될 정도까지는 아니었지
만, 어쨌든 훨씬 더 정교한 제조기술을 요하는 것이었다.

　더욱이 무기를 휴대할 수 있는 권리를 귀족계급이 독점하는 것은 처
음에는 단순한 실제적 필요에 따라 부과된 데에 지나지 않았으나 점차
법률상으로도 이같은 규정이 나타나기 시작하였다. 장원에 딸린 직무
수행자들을 온순하고 범용한 상태로 유지하는 데에 신경쓰고 있던 볼
리외(Beaulieu)의 수도사들은 970년이 조금 지났을 때 이들에게 방패
와 검의 휴대를 금지하였다. 같은 무렵, 생 갈(Saint-Gall, 장크트 갈
렌) 수도원의 수도사들은 너무 훌륭한 무기를 지니고 있다는 이유로 자
기네 영지의 가령(家令)들을 견책하였다.[8]

　여기에서 본질적으로 이중적인 구조를 가지고 있던 당시의 군대를
머릿속에 그려보기로 하자. 한편에는 공격용으로나 방어용으로나 장비
를 제대로 갖추지 못한 채 돌격할 때에나 도주할 때에나 느릿느릿 뛰어
다니며, 험준한 도로를 따라 또는 들판을 가로지르면서 장시간에 걸친
행군을 해야 되기 때문에 급속히 지쳐버리는 보병부대가 있다. 다른 한
편에는 한 기사도(騎士道) 로망(roman courtois)[*20]에서 표현하고 있는
것처럼, 준마 위에 올라앉아, '꼴사납게도' 진흙과 먼지에 빠져 발을
질질 끌며 걸어가고 있는 가련한 패거리들을 내려다보면서 재빠르고
능숙하게 효과적으로 싸우고 기동할 수 있음을 자랑으로 삼는 강건한
병사들이 있었다. 르 시드(le Cid)의 전기 작가가 우리에게 이야기해주

　8) Deloche, *Cartulaire de l'abbaye de Beaulieu*, n° L. ; *Casus S. Galli*,
　　c. 48.
*20 무훈시가 쇠퇴한 뒤 12세기 후반부터 13세기에 걸쳐 개화했던 문학상의 한
　　장르로서, 기사의 사랑과 모험을 주제로 하고 있다.

는 바로는, 이들이야말로 진정 유일한 군사력이자, 군대의 병력수를 헤아릴 때에 애써서 계산할 만한 값어치가 있는 존재였다.[9] 전쟁이 매일처럼 일어나고 있던 한 문명권 내에서 이보다 더 실감나는 대조란 있을 수 없었다.

가신이라는 말과 거의 동의어가 되어 있던 '기사'(chevalier)라는 말은 또한 귀족(noble)이라는 말과도 동의어가 되었다. 이와는 정반대로 미천한 부류를 가리키고자 할 때 페도네스(pedones), 곧 '도보병사'(fantassin)——이 라틴어는 차라리 '자갈을 걷어차며 가는 자'(pousse-cailloux)라고 옮기기로 할까——라는 경멸적인 명칭을 거의 법률적인 용어의 위치로까지 끌어올린 사료도 적지 않았다. 프랑크인들 사이에서는 "모든 우월권은 기병들의 것이다. 진정 기병이야말로 고려할 가치가 있는 유일한 사람들이다. 조언을 하는 것도 그들에게 속하는 일이며 재판을 하는 것도 그들에게 속하는 일이다"라고 아랍의 에미르[*21] 우사마(Ousâma)[*22]는 말하고 있었다.[10]

그러니 여러 가지 이유에서 가장 원초적인 형태의 힘(force)을 극도

---

9) Fritz Meyer, *Die Stände······dargestellt nach den altfr. Artus-und Abenteuerromanen*, 1892, p.114 ; *Poema del mio Cid*, éd. Menendez Pidal, v.918.

*21 ?~1188. 저작자이자 시리아 북부의 영주. 그의 비망록은 일종의 자전 문학이다.

*22 아랍어로는 아미르(amir)라고 하며, 이슬람권에서 수령·지도자·고관대작 등을 지칭하는 말이다. 에미르라는 사람들의 권한은 시대와 상황에 따라 달랐다. 이들은 중앙권력의 대리인으로서 일정한 구역에 대한 군사적 명령권이나 재정적 행정권을 행사하는 데에 그치기도 했으나, 어떤 경우에는 중앙권력과는 단지 명목상으로만 결부된 채 사실상의 독립적 통치자로서 한 지역을 다스리기도 하였다. 여기에서는 일정한 영역을 다스리는 사실상의 독립적 지배자를 말한다.

10) H. Derenbourg, *Ousâma Ibn Mounkidh*, t. I(Publications Écoles Langues Orientales, 2ᵉ série, t. XII, I), p.476.

로 높이 평가할 수밖에 없는 형편이었던 그 당시 사람들의 관점에 비추어볼 때 아주 뛰어난 전사가 모든 사람들 중에서 가장 경외되고, 가장 열렬히 물색되고, 가장 크게 존경받았다는 것이 어찌 당연한 일이 아니었겠는가. 그 당시 대단히 널리 받아들여지고 있던 한 이론에 따르면 인간사회는 세 가지 '위계'(ordo, ordre), 곧 기도하는 사람, 싸우는 사람 그리고 경작하는 사람으로 나뉘어 있는 것으로 생각되었다. 제2등급을 제3등급보다 훨씬 상위에 올려놓는 데에는 어느 누구도 반대하지 않았다.

그러나 서사시가 전하는 바를 볼 때 사정은 이보다 훨씬 멀리까지 진전되어 있었다. 즉 전사는 자기의 사명을 전문적으로 기도하는 사람들의 사명보다도 더 우월한 것으로까지 여기는 데에 별로 주저하지 않던 것이다. 자존심이라는 것은 어떠한 계급의식에서도 본질적인 구성요소 가운데 하나이다. 봉건시대 '귀족'의 자존심은 무엇보다도 전사로서의 자존심이었다.

또한 그들에게 전투란 단지 영주·국왕·가문 등을 위하여 수행하는 우발적인 의무에만 그치는 것이 아니었다. 전투는 그 이상의 것, 곧 그들의 생존의 이유 자체였다.

귀족의 생활

1. 전쟁

나뭇잎이 무성해지고 온갖 꽃이 피어나는
떠들썩한 부활절 무렵이 내 맘에는 꼭 드네.
작은 덤불 사이사이
노랫소리 메아리치게 하는
새들의 명랑한 지저귐도 듣기에 좋아라.
그러나 풀밭 가운데 천막이며 막사가 늘어섬을 볼 때도
내 기분은 유쾌하네.
들판 질러 정렬한
무장기사와 군마를 볼 때엔
내 마음 큰 희열에 넘치나니.
기마척후병 서슬에 사람이며 짐승떼며
허둥지둥 도망가고,
뒤따라 구름 같은 대군 밀어닥치는 광경은
보기에도 멋지네.
철옹성이 포위되어
성벽이 부서지고 무너져내리니,

그 모습은 가슴 가득 즐거움 주네,

빈틈없이 해자(垓字)로 둘러싸인 물가,

단단한 한 줄 말뚝 엮어 세워진 곳,

그곳에서 군대가 둔덕 위에 진을 친 모습도 못지 않은 즐거움……

창이며 검, 갖가지 빛깔 투구며

방패가 전투 초입부터 부러지고 박살나며,

수많은 가신들 한데 나둥그러짐을

우리 눈앞에 보게 될지니.

죽은 자, 다친 자의 말들이

그 사이를 함부로 쏘다니게 될지니.

전투에 참여하면,

가문 좋은 이들은 누구나

머리를 깨뜨리고 팔을 꺾어버릴 생각에만 골몰할 뿐이네.

잡혀 살아남느니 죽는 편이 낫기 때문.

내 그대에게 말할 것은

먹고 마시고 잠자는 일인들 이만큼은 즐겁지 못하다는 것.

양쪽에서 내지르는 "돌격" 함성 듣는 것만큼은.

주인 잃은 기병군마가 그늘 아래 울어대고,

"살려줘, 살려줘" 비명 오를 때 이 소리 듣는 것만큼은.

높고 낮은 사람들이 해자 저편으로 떨어져

　　풀섶 위에 나둥그라짐을 보는 것만큼은.

드디어는 방패무늬 삼각깃발 달린 창 아직도 옆구리에 꽂은 채

숨겨 누운 사람들을 보는 것만큼은.

12세기 후반에 한 음유시인(troubadour)——페리고르(Périgord)[*1] 지

[*1] 프랑스 서남부의 옛 지역. 아키텐의 엘레오노르와 잉글랜드 왕 헨리 2세의 결혼에 의해 1182년부터 잉글랜드령이 되었다가 14세기 말 프랑스에 반환되었다.

방의 시골귀족인 베르트랑 드 보른(Bertrand de Born)*2과 동일인이라
고 생각하면 아마 틀림없을 것이다——은 이렇게 노래하였다.1) 대체로
이보다 더 상투적이게 마련인 시편들에 따르는 무미건조함과는 크게
대조되는 정확한 관찰과 아름다운 활력은 뛰어난 재능의 면모를 보여
준다. 그러나 여기에서 표출된 감정은 결코 유별난 것이 아니다. 이 시
가 표현된 것과 동일한 환경에서 나왔고, 이 시에 비해 볼 때 예술적인
활기는 분명히 덜하지만 자연발생적인 그 성질에서는 다를 바 없는 여
러 시편들이 이 점을 증명해주고 있다.

　좀더 멀리 떨어진 위치에서 바라볼 수밖에 없는 현대인 가운데 어느
누군가라면 영락없이 '활기차고 즐거운' 전쟁이라고 표현했음직한 이같
은 전쟁에서, 귀족은 무엇보다도 어린 시절부터 끊임없이 이어진 훈련
을 통해 빈틈없이 유지되어온, 마치 당당한 동물의 그것과도 같은 체력
을 과시하기를 좋아했다. 독일의 한 시인은 옛 카롤링거 시대의 격언을
되뇌며 이와 같이 읊고 있다. "열두 살이 될 때까지 말을 타본 적도 없
이 학교에만 머물러온 자는 성직자가 될 수밖에 다른 길이 없네."2)

　서사시를 가득 채우고 있는 단독대결에 대한 끝없는 서술은 심리학
적 분석에 유용한 웅변적 자료이다. 그 서술의 단조로움에 따분해하는
오늘날의 독자로서는 옛날의 청중이 이 서사시를 들으면서 분명히 그
토록 큰 기쁨을 맛보곤 했다는 것을 납득하기 어려울 지경이다. 그것은
마치 서재에 묻혀 사는 사람이 운동경기 이야기를 들으면서 나타내는
태도와도 같다.

　창작된 작품에서나 또 연대기에서나, 훌륭한 기사에 관한 형상 묘사

*2 ?~1215?. 남프랑스 출신의 소영주이자 음유시인. 전리품을 얻기 위한 전쟁
　을 몹시 좋아하여 전쟁을 찬미하는 시편을 많이 썼다.
1) Ed. Appel, nº 40. 예를 들어 *Girart de Vienne*, ed. Yeandle, v.2108 이
　하와 비교하라.
2) Hartmann von Aue, *Gregorius*, v. 1547~53.

는 다른 무엇보다도 경기자로서의 그의 자질을 강조하고 있다. 이를테면 그는 '골격이 크고' '사지가 튼튼하며', 신체는 '균형이 잘 잡혀 있으면서' 명예스러운 상처의 흔적이 패어 있고, 어깨는 우람하며, '가랑이' 또한—말 타는 사람에게 어울리게끔—우람하다는 식이다. 그리고 이러한 활력은 식사를 통해 유지되어야 했으므로, 왕성한 식욕조차 용사의 징표로 여겨졌다. 그 음조(音調)에서 대단히 거친 면모를 보이고 있는 저 옛날의 『기욤의 노래』(Chanson de Guillaume)에서 귀부인 기부르크가 성채에 마련된 커다란 식탁에서 남편의 조카인 젊은 지라르에게 음식을 제공한 뒤, 자기 남편에게 말하는 것을 들어보자.

> 맹세코, 나리! 그는 정녕 당신의 혈족입니다.
> 저 큰 돼지허벅살도 저렇듯 먹어치우고
> 몇 말짜리 포도주도 단 두 모금에 마셔 없애니,
> 이웃에게 싸움을 걸면 얼마나 거셀까요.[3]

거의 두말할 나위조차 없는 일이겠지만, 유연하고 근육이 잘 발달한 신체만으로는 이상적인 기사가 되기에 충분하지 않았다. 여기에 용기까지 겸비하고 있어야 되었다. 말하자면 대담함과 죽음을 두려워하지 않는 태도를 직업상 미덕으로 여기고 있던 사람들의 마음에 전쟁이 그토록 크나큰 희열을 안겨주었던 것도 따지고 보면, 전쟁을 통해 이 용기라는 미덕을 발휘할 수 있는 기회가 마련되었기 때문이다. 물론 이러한 용기가 있다고 해서 광기 어린 공포가 전혀 발생하지 않았던 것은 아니며—바이킹족과 마주쳤을 때 그같은 예를 찾아볼 수 있었다—또한 원시적인 야비한 속임수가 전혀 쓰이지 않았던 것도 아니다. 하지만 어떻게 싸워야 하는가를 기사계급이 알고 있었다는 것, 이 점에서는 역사도 전설과 의견을 같이하고 있다.

---

3) *La chanson de Guillaume*, éd. Suchier, v. 1055 et suiv.

아무튼 기사계급의 영웅주의 자체에는 이의의 여지가 없으며, 이는 차례차례 등장하는 각양각색의 많은 요소들에 의하여 함양되었다. 곧 건강한 인간의 단순한 체력의 발산 또는 절망적인 분노(다름아닌 "현명한" 올리비에[3]조차 "치명적인 부상을 입었다"고 느꼈을 때에는 "최대한 복수를 하기" 위해 그렇게도 무서운 일격을 가하였던 것이다), 우두머리에 대한 헌신 또는 성전(聖戰)에 참여한 경우에는 대의(大義)에 대한 헌신, 개인적 또는 집단적인 명예에 대한 열정 혹은 피할 길 없는 운명에 부딪쳤을 때 이를 숙명으로 받아들이는 자세——문학작품 가운데 이에 대한 가장 통절한 실례가 제시된 것은 『니벨룽겐의 노래』 마지막 부분에 나오는 몇몇 노래들 속에서이다——, 그리고 마지막으로 하느님을 위해 죽은 사람에게뿐 아니라 자기 주인을 위해 죽은 사람에게도 약속되고 있던 저 세상에서의 보상을 얻으려는 희망 따위가 바로 그러한 요소들이었다.

기사들은 죽음을 두려워하지 않는 일에 습관이 되기도 했거니와, 그것말고도 또 다른 매력을 전쟁에서 찾아내고 있었다. 곧 전쟁은 권태를 달래는 치유책이었다. 왜냐하면 오랫동안 초보적인 교양밖에 지니지 못한 상태에 머무르고 있었으며 또한——몇몇 고급 제후나 그들의 주변 인물들을 제외한다면——행정이라는 아주 무거운 짐에 시달리는 일도 별로 없던 이 사람들의 입장에서 볼 때, 일상생활은 회색빛 단조로움 속에 빠져들기 쉬운 것이었기 때문이다. 이리하여 기분전환을 바라는 욕구가 생겨났으며, 고향 땅에서 이를 충족시킬 방도를 얻지 못할 때에 사람들은 먼 고장에서 이를 채우려 들었다. 자기 가신들이 성실한 자세로 근무해주기를 바라던 윌리엄 정복왕은 자기 가신 가운데 한 사람이 감히 자신의 허락도 받지 않은 채 에스파냐 십자군에 참가하기 위해 떠난 데에 대한 벌로 그에게서 봉토를 몰수한 직후, 그에 대해 이와 같이 말하였다.

---

[3] 무훈시 『롤랑의 노래』의 등장인물. 롤랑의 절친한 친구이며 용사.

무장을 갖추었을 때 저 사나이보다 더 훌륭한 기사를 찾을 수 있으리라고는 생각되지 않는다. 하지만 그는 절제가 없고 낭비가 심하며 여러 곳을 가로질러 쏘다니는 일로 시간을 보내는 위인이다.[4]

그는 무수히 많은 사람들에 대하여 똑같은 말을 되풀이할 수 있었을 것이다. 이러한 방랑벽은 프랑스인들 사이에 특히 널리 퍼져 있었음이 분명하다. 왜냐하면 절반쯤 이슬람 세력에 의해 지배되고 있던 에스파냐와는 달리, 또 정도가 그보다는 덜하겠지만 슬라브인들과 국경을 같이하고 있던 독일과도 달리, 그들의 조국은 그들에게 바로 근처에 있는 정복 대상 지역이나 약탈장소를 제공해주지 못했기 때문이며, 또한 다시 한번 독일과는 달리, 황제 주도의 대원정이라는 속박이자 즐거움을 제공하지도 못했기 때문이다. 또한 추정하건대 프랑스에는 다른 곳보다도 기사계급의 수가 더 많았으며, 그들이 좁은 지역에 갇혀 살고 있었다는 점도 이유 가운데 하나가 될 터였다.

누차 지적되어왔듯이, 프랑스 자체 내에서도 모든 지방(province) 가운데 노르망디 지방이야말로 대담한 모험가들이 가장 많이 들끓는 곳이었다. 독일 사람인 오토 폰 프라이징(Otto von Freising)은 일찍이 "잠시도 가만히 있지 못하는 노르망디 사람들" 이야기를 한 바 있다. 그것은 이들이 바이킹들의 혈통을 이어받았기 때문일까. 아마 그럴지도 모른다. 그러나 이는 무엇보다도, 두드러지게 강력한 중앙집권화를 이루고 있던 이 공국 내에서 공작들이 일찍부터 비교적 평화로운 상태를 유지해온 결과일 것이다. 따라서 기사들이 갈망하던 칼싸움의 기회는 공국 바깥에서 구할 수밖에 없었다. 노르망디와 정치적인 상황이 그리 다르지 않던 플랑드르에서도 거의 같은 수효의 편력무사들이 쏟아져나왔다.

이같은 방랑기사들(chevaliers errants)──이 용어는 그 당시에 쓰였

---

4) Orderic Vidal, *Histoire ecclésiastique*, éd. Le Prevost, t. III, p.248.

제2장 귀족의 생활 59

다[5]——은 에스파냐에서는 기독교도가 이슬람 교도를 몰아내고 이베리아 반도 북부를 탈환하는 것을 도왔으며, 남부 이탈리아에서는 노르만계 국가들을 세웠고, 제1차 십자군 원정이 시작되기도 전부터 이미 용병으로서 비잔티움 제국에 고용되어 동방으로 진군해갔으며, 드디어는 기독교 성묘(聖墓)의 정복과 방어에서 안성맞춤의 활동장소를 찾아내었다. 에스파냐에서건 시리아에서건 성전(聖戰)은 모험이라는 매력에 덧붙여 성스러운 사업에 참여한다는 매력을 배가시키지 않았는가 말이다. "가장 엄격한 승단(僧團)에 들어가 고된 생활을 견뎌야 할 필요는 이제 없어졌나니"——라고 어느 음유시인은 읊고 있다——"명예로운 공훈을 이룩하면서 그것으로써 동시에 지옥을 피할 수도 있으니 여기에 더 이상 무엇을 바라리오."[6]

이러한 이동의 물결은 머나먼 거리와 극심한 대조점들 때문에 서로 격리되어 있던 사회들 사이에 유대를 맺어주는 데에 이바지하였으며, 서유럽의 문화, 그 중에서도 특히 프랑스 문화를 고유한 영역 밖으로 널리 전파하였다. 이를테면 1057년 반(Van) 호반(湖畔)[*4]에서 군대를 지휘하던 중 아랍의 한 에미르에게 체포된 에르베(Hervé), 곧 '프랑코풀'(Francopoule)[*5]이라는 별명으로도 불리던 이 기사의 운명은 적지 않은 것을 시사해준다.

이와 동시에 서유럽에서도 가장 말썽 많은 분자들 사이에서 이러한 사혈(瀉血)작용이 이루어진 덕택에 유럽 문명은 게릴라전의 와중에서 질식되어 소멸당해버리는 운명을 면하게 되었다. 역사가 오래된 나라들의 국민은 십자군 원정이 시작되면 언제나 다소나마 평화를 회복하

---

5) *Guillaume le Maréchal*, éd. P. Meyer, v. 2777과 2782(또한 이 대목은 마상 무술시합에 열중하고 있는 기사의 이야기이기도 하다).

6) "Pons de Capdeuil"(Raynouard, *Choix*, IV, pp. 89, 92).

*4 반 호수는 터키의 동쪽 끝, 이란과의 국경 근처에 있다.

*5 프랑스 암탉이라는 뜻.

면서 좀더 탁 트인 공기를 숨쉴 수 있었다는 사실을 연대기 작가들은 잘 알고 있었다.[7]

전쟁은 때로는 법률적 의무였고, 그보다는 오락인 경우가 잦았지만, 또한 명예에 관한 문제로서 기사들에게 부과될 수도 있었다. 12세기에 자기 이웃 귀족 가운데 하나가 대장장이 같은 모습을 하고 있다고 생각한 어느 영주가 악취미스럽게도 그 이야기를 떠벌리고 다니는 바람에 페리고르 지방이 온통 피로 물들지 않았던가.[8] 그러나 전쟁은 더 나아가 수익의 원천이었으며, 아마 무엇보다도 그러했을 것이다. 사실 전쟁이야말로 귀족들의 주된 생업이었다.

우리는 이미 앞에서 베르트랑 드 보른의 서정적인 감정 토로를 인용한 바 있다. 그런데 베르트랑 자신도 무엇보다도 "평화에서 즐거움을 찾지는 않으리라고 스스로" 마음먹게 하는 그리 명예롭지 못한 이유를 숨기지 않았다. 그는 어느 구절에선가 이렇게 말하고 있다. "왜 나는 부자들이 서로 미워하기를 바라는가. 그것은 전쟁이 나야 부자들이 평화시보다 더 고상하고 너그럽고 상냥스러워지기 때문이다." 그리고 전쟁이 일어났다는 기별에 접하자 그는 더욱 노골적으로 이렇게 말한다. "우리는 즐거워지게 된다. 귀족들이 우릴 심히 아껴줄 터이므로……. 또 우릴 자기네 곁에 놓아두고자 할 땐, 바르바랭 화[*6]를 우리 손에 쥐어줄 터이므로." 그러나 전투를 향한 열렬한 애호에는 또 다른 하나의 동기가 깃들여 있었다.

　　나팔, 북, 사령기며 삼각깃발과 군기들,
　　그리고 흰 말들, 검은 말들,

---

7) C. Erdmann, *Die Entstehung des Kreuzzugsgedankens*, 1935(*Forschungen zur Kirchen-und Geistesgeschichte*, VI), pp.312~13.

8) Geoffroi de Vigeois, I, 6(Labbe, *Bibliotheca*, t. II, p.281).
*6 리모주 지방의 화폐.

이같은 것이 우리 이제 곧 눈앞에 보게 될 것들.

즐거운 나날이 찾아오리라. 고리채꾼 재산을 우리가 차지할지니.

짐 실은 짐승도 한길을 오가진 못하리, 대낮에조차 안전하게는.

부르주아도 두려움 없인 못 지나가리라.

프랑스 길 향해 오는 상인도 마찬가지.

그러나 그이는 부자가 되리, 용기에 가득 찬 바로 그 사람은.

이 시인은 소규모 봉토의 보유자 계급──그가 스스로 칭했듯이 '배신'(陪臣, vavasseur)계급──에 속하는 사람이었다. 조상한테서 물려받은 장원에서 보내는 그들의 생활은 유쾌하지 못했을 뿐 아니라 반드시 그렇게 안온하지도 않았다. 그러한 그들 앞에 전쟁은 대수장(大首長)들의 너그러운 씀씀이와 수지맞는 노획물을 제공해주는 기회로 등장하고 있었다.

심지어 대귀족은 단순히 원래의 규정대로 봉사의무를 수행하기 위해 자기 휘하에 모여든 가신들에게까지 아낌없이 하사품을 내려주곤 하였는데, 이는 자기 이익을 위해서는 물론 자기의 위광에 대한 배려에서라도 필요한 것으로 보였다. 대귀족이 가신들을 규정된 기간 이상 자기 곁에 두려고 하는 경우, 또는 점점 더 엄격해지고 있던 관습의 허용범위 이상으로 가신들을 멀리까지 대동해간다거나 자주 소집하려 하는 경우에는 어떠하였을까. 이럴 때에는 시혜품이 배가되기 마련이었다.

결국 가신으로 구성되는 전사집단의 수효가 점점 줄어들게 되자 방랑무사늘의 도움을 받지 않고는 더 이상 군대를 유지할 수도 없게 되었다. 이들 무리는 대규모 칼싸움을 벌일 수 있고 게다가 돈벌이까지 할 수 있는 기회만 생긴다면 주저없이 모험의 강렬한 매력에 이끌려 나서곤 했던 것이다. 우리가 앞에서 이야기한 베르트랑은 푸아티에 백작에게 이죽거리면서 다음과 같은 수작을 걸고 있었다. "나리를 도와드릴 수 있습죠. 제 목에는 이미 방패를 걸고, 머리에는 벌써 투구를 쓰고 있소이다……. 하지만 돈 없이야 어떻게 출정할 수 있답니까?"[9]

그러나 우두머리가 내려주는 시혜 가운데에서도 가장 좋은 것은 분명히, 전리품 분배로 한몫 보는 것을 허용하는 일이었다. 기사가 스스로의 목적을 위해 소규모 국지전을 벌일 때 그가 이 전투에서 기대하던 주된 이득도 바로 동일한 것이었다. 더구나 전리품은 사람과 물건, 두 가지나 되었다. 물론 기독교 국가의 법률상으로는 포로를 노예로 전락시키는 것이 더 이상 허용되지 않았으며, 어쩌다가 몇 명의 농민이나 수공업자가 강제로 이주당하고 하는 일이 고작이었다.

하지만 포로의 몸값을 받아내는 일은 널리 성행되었다. 윌리엄 정복왕처럼 견실하고 사려깊은 통치자의 입장에서 볼 때에는 자기의 수중에 굴러떨어진 적(敵)은 죽을 때까지 결코 풀어주지 않는 편이 유리하였다. 그러나 여느 전사들은 그렇게 멀리까지 앞을 내다보지는 못하였다. 광범하게 통용되고 있던 이 몸값 받아내기 관행은 때로는 고대의 노예화 관습보다 더 잔혹한 결과를 초래하기도 하였다. 한 시인은 전투가 끝난 저녁, 지라르 드 루시용(Girard de Roussillon)[*7]과 그 부하들이 금화나 은화로 몸값을 치를 수 있는 유일한 사람들인 '성채 소유자들'만을 남기고 신분 낮은 포로나 부상자 무리는 대량으로 살육해버렸던 일을 읊고 있는데,[10] 이 시인은 자기가 직접 목격한 사실에서 영감을 받았음에 틀림없다.

약탈로 말하자면 이는 전통적으로 극히 정규적인 수입원이었기 때문에, 문서 작성이 습관화된 시대가 되자 법률문서에서도 태연히 이를 정규수입으로 다룰 정도였다. 이런 점에서 볼 때에는 중세를 통틀어, 중

---

9) Bertrand de Born, éd. Appel, 10,2 : 35, 2 : 37, 3 : 28, 3.
*7 샤를 대머리왕에게 항거한 영주이며, 860년경에는 파리 남동부의 베즐레에 수도원을 건립하기도 하였다.
10) Guibert de Nogent, *De vita*, éd. Bourgin, I, c.13, p.43 ; *Girart de Roussillon*, trad. P. Meyer, p.42.

세 초기 '만족'의 법과 13세기의 종군계약이 이구동성인 셈이다. 노획물을 실을 목적으로 무거운 수레가 군대 뒤를 따라다니곤 했는데, 가장 중요한 사실은, 아주 단순한 정신의 소유자들이던 당대인들은 거의 알아차리지도 못했지만, 일련의 이행과정이 진행됨에 따라 거의 합법화해 있던 갖가지 형태의 폭력——병참부가 설치되지 않은 군대에는 필수불가결한 일이었던 물자 징발행위, 적이나 그의 신민들에게 가해지는 보복행위 등——이 야만적이고도 비열한 적나라한 도적행위로 이어졌다는 점이다. 즉 13세기 초 카니구(Canigou) 수도원*8 부근에 사는 이웃사람들을 끈덕지게도 괴롭히던 카탈루냐의 한 영주가 자행한 것처럼 대로상에서 상인을 약탈하기, 양·치즈·닭 따위를 양우리나 닭장에서 훔쳐가기 등의 일이 벌어졌던 것이다.

가장 훌륭하다는 사람들에게도 기묘한 습관이 붙어다녔다. 윌리엄 마셜(William Marshal)*9은 용감한 기사임에 틀림없었다. 그러나 그 윌리엄에게도 젊은 시절에는 이러한 일화가 있었다. 즉 그가 아직 영지도 가지지 못한 채 기마 무술경기마다 찾아다니며 프랑스 각지를 떠돌아 다니던 무렵, 귀족의 딸과 함께 달아나고 있던 한 수도사와 길거리에서 마주친 적이 있었다. 그때 수도사는 그것만으로도 부족하다는 듯, 자기 돈을 고리채로 내놓을 것이라는 구상까지도 숨김없이 털어놓았다. 그러자 윌리엄은 수도사를 벌준다는 핑계로 서슴없이 이 불쌍한 녀석의 돈을 강탈해버렸다. 그의 종사 가운데 한 사람은 한술 더 떠서, 말까지 빼앗을걸 그랬다고 그에게 핀잔을 주었다.[11]

---

*8 피레네 산맥에 있다.

*9 1146?~1219. 제1대 펨브룩(Pembroke) 백작. 윌리엄 원수(William the Marshal)라고도 한다. 잉글랜드의 무인이자 정치가로, 십자군에 참가해서 큰 공을 세웠으며, 헨리 1세 때부터 헨리 3세 때까지 국왕의 자문으로 활약하였다.

11) 전리품에 관해서는 예를 들어, *Codex Euricianus*, c. 323 ; Marlot, *Histoire de l'église de Reims*, t. III, P. just. nº LXVII(1127)을 참조하라.

이러한 풍습이 인간의 생명과 인간의 괴로움을 정말 대수롭지 않게 여기는 데에서 생겨난 것이라는 점은 말할 나위도 없다. 봉건시대의 전쟁은 결코 레이스로 장식된 전쟁[*10]은 아니었다. 오늘날의 우리가 보기에 결코 기사도적이라고 할 수 없는 처신방식이 이 시대의 전쟁에 따라다녔다. '너무 오랫동안' 저항한 적군 수비대원들을 몰살시킨다가 불구로 만들어버리는 일 따위가 걸핏하면 벌어진 것이 그러한 예이다. 이러한 일은 때로는 서약을 저버리면서까지 자행되었다.

중세의 전쟁에서 적군의 영토가 쑥밭이 되는 것은 당연히 따라다니는 현상이었다. 『위옹 드 보르도』(*Huon de Bordeaux*)의 작자 같은 시인도 그랬고, 또 나중에는 루이 성왕 같은 경건한 왕이 그러했던 것처럼 사람들이 여기저기서, 무고한 백성들에게 참담한 재난을 몰고 오는 이러한 전원의 '초토화'에 항의한 것도 충분히 있을 수 있는 일이었다. 독일어로 된 것이건 프랑스어로 된 것이건 간에 당대 현실상의 충실한 전달자이던 서사시는 사방으로 '연기를 내뿜으며 타는' 마을의 광경에 대한 묘사로 가득 차 있다. "불과 피가 없는 것은 진짜 전쟁이 아닐세"라고, 저 거짓 없는 베르트랑 드 보른은 말하고 있다.[12]

『지라르 드 루시용』의 시인과 하인리히 4세 황제의 전기를 쓴 익명의 전기 작가는 서로 아주 유사한 두 글귀 가운데에서 평화의 회복이 '가

차량에 관해서는 *Garin le Lorrain*, éd. P. Paris, t. I, pp.195, 197을 보라. 카니구의 수도사가 했다는 탄식에 관해서는 Luchaire, *La société française au temps de Philippe Auguste*, 1909, p.265를 참조하라.

*10 18세기 유럽 각국에서 빈발했던 전쟁을 가리킨다. 대개 왕위계승 문제와 같은 왕실의 이해관계를 놓고 일어나 협상에 의해 종결되었다. 기본적으로 총력전이 아닌 소규모 국지전이었고, 외교와 병행하여 유럽 각국의 세력균형 회복의 수단으로 자주 사용되었으므로 이렇게 명명되었다.

12) *Huon de Bordeaux*, éd. F. Guessard, p.41, v.1353~54 ; Louis IX, *Enseignemens*, c.23(Ch. V. Langlois, *La vie spirituelle*, p.40) ; Bertrand de Born, 26, v.15.

없은 기사들'에게 무엇을 뜻하였는가를 보여주고 있다. 더 이상 그들을 필요로 하지 않게 된 대귀족들이 이제부터 그들에게 보여줄 경멸에 대한 두려움, 고리대금업자의 재촉, 혈기 넘치는 군마를 대신하는 둔중한 노역용(勞役用) 말, 황금박차를 밀쳐내고 들어서는 철제박차——한마디로 말해 경제적 위기와 위신상의 위기가 바로 그것이었다.[13] 이에 반해 상인과 농민에게는 평화의 회복이란 노동하고 생계를 유지할 수 있는 가능성, 요컨대 삶의 가능성이 되돌아온 것을 의미하였다.

『지라르 드 루시용』을 지은 저 총명한 음유시인에게 다시 한번 귀를 기울여보자. 지라르는 파문당한 채 참회하는 심정에 젖어 부인과 함께 시골마을을 두루 헤매고 다녔다. 그런데 그들이 몇몇 상인들과 마주치는 일이 벌어졌고, 이 순간 상인들은 이 추방자가 누구인지 알겠다는 태도를 보였다. 그러자 공작 부인은 그들에게 추방자가 실은 그들이 생각하는 그 인물이 아니라고 믿게끔 하는 것이 현명하리라고 생각하였다. "지라르 님은 돌아가셨어요. 땅에 묻히신 것을 내 눈으로 보았지요." 그러자 상인들이 대답하였다. "하느님께 찬미"라고. "그자는 언제나 전쟁을 일삼았기 때문. 그자 탓에 우리는 숱한 고생을 겪어야 했기 때문." 이 말에 지라르는 상을 찌푸렸다. 그가 칼만 차고 있었더라도 "그자들 중 한 놈은 베어넘겼을 터"였다.

이것은 실제 경험에 입각한 에피소드이며, 이를 통해서 우리는 각 계급을 구분짓고 있던 대립관계를 간파할 수 있다. 이 대립관계는 양날의 칼과도 같은 의미를 지니고 있었다. 왜냐하면 용기와 무예를 자랑 삼고 있던 기사들은 자기들대로 전쟁과 거리가 먼 사람들, 곧 군대만 마주쳤다 하면 '사슴처럼' 도망가버리는 농민들을, 그리고 시대가 좀더 지나서는 부르주아들, 곧 불가사의하기도 할뿐더러 기사의 고유한 활동과는 직접 대립되는 수단을 통해 획득된 것인 만큼 기사에게는 더욱더 가

---

13) *Girart de Roussillon*, trad. P. Meyer, §633, 637 ; *Vita Heinrici*, éd. W. Eberhard, c. 8.

증스럽게 여겨지는 그러한 경제적 힘을 장악하고 있던 이 부류의 사람들을 경멸하고 있었기 때문이다. 유혈행위를 일삼는 경향이 널리 퍼져 있을 때—수도원 내의 반목에 희생되어 죽어간 수도원장조차 하나둘이 아니었다—명예의 원천으로서 그리고 호구지책으로서 필요한 전쟁이라는 관념이야말로 정녕 '귀족' 집단이라는 소(小)사회를 다른 집단으로부터 분리시키는 것이었다.

2. 집에서의 귀족

그토록 인기있던 이 전쟁도 시들해지는 때가 있었다. 하지만 바로 그러한 기간에도 기사계급은 그들에게 고유한 귀족적 생활양식에 의해 이웃한 집단들과는 구분되고 있었다.

이러한 존재방식에 우리 멋대로 완전히 농촌적인 틀을 씌우려 들지는 말자. 로마 제국에 의하여 체계적인 구조를 갖추게 된 지중해 문명의 천 년에 걸친 흔적은 이탈리아에도, 프로방스에도, 랑그도크에도 계속 남아 있었다. 이들 지역에서는 전통적으로 소규모 주민집단이, 행정 중심지이자 시장일 뿐 아니라 성소(聖所)의 구실까지 한꺼번에 겸하고 있던, 따라서 유력자들의 정주지가 되고 있던 도시 또는 대촌락의 둘레에 각기 모여 살고 있었다. 이 유력자들이 오래된 도시적 중심지에 거주하는 일은 그뒤로도 여전히 계속되었으며, 그들은 도시적 중심지에서 진행된 모든 변혁에 참여하였다.

13세기에는 이같은 도시적 성격이 프랑스 남부지방 귀족들의 기본적인 특질 가운데 하나로 여겨졌다. 파르마(Parma)[*11] 태생으로 루이 성왕 치하의 프랑스 왕국을 방문한 적이 있던 프란체스코회[*12] 수도사 살

---

*11 북부 이탈리아의 도시.
*12 1209년 아시지의 프란체스코가 중부 이탈리아의 산중에서 창시한 수도회. 프란체스코 사후 재산 소유 여부를 놓고 분열하게 되었다.

림베네(Salimbene)는 이탈리아와 달리 프랑스의 여러 도시(ville)에는 부르주아들만이 살고 있다고 말한 바 있다. 곧 프랑스의 기사계급은 자기네 영지에서 살고 있었다는 말이다. 그러나 두 지역의 사정을 이렇게 대조적으로 파악하는 것은 이 선량한 수도사가 저술하고 있던 당시에는 대체로 틀림없는 것이었겠지만, 그렇다고 해서 봉건시대 제1기에도 그대로 들어맞는 이야기는 아니었을 것이다.

순수한 상인도시들, 특히 저지대와 라인 강 동쪽의 독일에서 거의 전적으로 10세기 또는 11세기 이후에 세워진 이들 도시들——강(Gand, 또는 Ghent)·브뤼주(Bruges)·조스트(Soest)·뤼베크(Lübeck) 및 다른 수많은 도시——의 성벽 안에 거주하는 지배계급은 거의 언제나 교역으로 치부한 사람들이었음이 분명하다. 그러나 왕후(王侯) 신분의 성주가 주재하는 경우에는 봉토를 받지 못한, 또는 정규적으로 자기 차례의 봉사의무를 수행하러 오는 소수의 가신집단이 때때로 도시 내에 머무르고 있기도 하였다. 이에 반해 랭스(Rheims)나 투르네(Tournai)처럼 로마 제국에 연원을 둔 옛 도시들에서는 기사집단이 오랫동안 거주해왔던 것으로 보이는데, 그들 가운데 다수가 주교나 수도원의 쿠리아(curia, cour)*13에 소속되어 있었음에 틀림없다.

이탈리아와 남부 프랑스를 제외한다면 기사사회가 본래적 의미의 도시적 생활에서 거의 완전히 멀어지는 일은 서서히 일어났을 뿐이며, 그것도 계층분화가 더욱 현저해짐에 따라 그렇게 되었을 뿐이다. 귀족이 도시로의 발길을 끊어버린 것은 분명 아니었다. 하지만 그는 이제 설령 도시에 오더라도 거의 언제나, 즐기기 위해서 또는 어떤 용무를 보기

---

*13 curia는 원래 고대 로마 시민의 구분단위에서 나온 말로, 여기에서는 종교적 예배 장소라는 의미로 쓰이고 있다. 하지만 그 프랑스어 형태인 cour는 그밖에도 다양한 의미를 가지고 있었는데, 이 책에서는 개별적인 경우에 따라 원어를 그대로 쓰기도 하고, 법정·궁정회의·궁정 등의 말로 각각 옮기기도 하였다.

위해서 우연히 들르곤 하는 데에 지나지 않았다.

더구나 모든 것이 귀족을 전원으로 몰아넣는 데에 한몫 하고 있었다. 봉토라는 수단을 사용하여 가신에게 보수를 주는 관습이 점점 더 널리 퍼지게 되었는데 대부분의 경우 이러한 봉토는 농촌의 장원으로 이루어져 있었다는 점, 이 시기부터는 봉건적 의무의 고삐가 완화됨에 따라 '토지를 지급받는' 무장수행인들이 도시의 영주인 국왕이나 고위 제후 또는 주교들에서 멀리 떨어져 각자 자기 집에서 사는 경향을 점점 더 강하게 드러내게 되었다는 점, 끝으로 그들의 스포츠 애호벽에 어울리는 당연한 현상으로서 그들이 야외를 좋아하는 성향을 지니고 있었다는 점 등등이 바로 그러한 요인들이었다.

자기 가족의 결정에 따라 수도사로서의 생활에 몸을 바치게 된 어느 백작 아들이 처음으로 엄격한 수도원의 규칙에 따르게 된 바로 그날 "이제 더 이상 누비며 달릴 수 없게 된 산과 들의 광경을 바라봄으로써 방황하는 자신의 영혼을 조금이라도 달래기 위해" 수도원의 가장 높은 탑 위에 올라갔다는, 어느 독일 수도사가 전해주는 이야기는 정말 감동적이지 않은가.[14] 자기들의 활동과 이해관계에 무관한 요소가 자기네 공동체 내에 끼여드는 것을 거의 조금도 바라지 않고 있던 부르주아지 쪽으로부터의 압력도 이같은 움직임을 촉진하였다.

그러나 귀족계급이 원래부터 오로지 농촌적 존재였다는 관념은 이처럼 수정하는 것이 마땅하다 하더라도, 기사계급이 존재하게 된 이래 북부지방에서는 그들 가운데 대부분이——그 수는 점점 더 늘어나고 있었다——, 그리고 지중해 연안의 여러 지방에서도 역시 수많은 기사들이 전원의 저택을 평상시의 거주지로 삼았던 것은 여전히 틀림없는 사실이었다. 영주의 저택은 대개의 경우 밀집취락 안이나 그 가까이에 세워졌다. 때로는 한 촌락 내에 여러 채의 영주 저택이 있기도 하였다. 영주의 저택은 단지 더 훌륭하게 축조되었다는 점에서뿐 아니라, 특히 거

---

14) *Casus S. Galli*, c.43.

의 언제나 방어를 위한 시설들을 갖추고 있었다는 점에서도 주변의 초 가집들과는 뚜렷이 구분되었다. 마치 도시에서도 그들의 주택은 미천한 사람들의 주거지와 구분되었듯이 말이다.

당연한 일이겠지만, 자기들의 주택을 공격으로부터 보호하려는 부자들의 염려는 사회적 혼란 자체만큼이나 오래된 것이었다. 4세기 무렵 갈리아 전원지방에 출현함으로써 이제 로마의 평화가 기울었음을 증명하고 있던 저 요새화한 빌라(villa)들이 바로 그 증거이다. 이러한 전통은 프랑크 왕국 시대에도 여기저기에서 명맥을 유지할 수 있기는 하였다. 그러나 부유한 토지 소유자가 거주하는 대부분의 '궁'(宮, cour)¹⁴은 물론이고 심지어는 국왕의 대궐조차도 오랫동안 항구적인 방어수단을 거의 갖추지 않은 채 지내고 있었다. 그러다가 아드리아 해부터 북부 잉글랜드의 평원에 이르기까지, 수리되거나 재건된 도시의 성벽과 함께 농촌 어디에서나 '성채'가 세워지게 된 것은 노르만인들과 헝가리인들의 침입 때문이었다. 그뒤로 이들 성채는 유럽의 평원 위에 끊임없이 그 검은 그림자를 드리우게 되었다. 더구나 내부의 전란이 발생함으로써 이들 성채의 수는 곧 늘어나게 되었다.

성채를 건립하는 데에 국왕이라든가 영역제후 같은 대(大)세력이 담당했던 역할, 성채 건설을 통제하기 위해 그들이 기울였던 노력 등은 나중에 살펴보기로 하자. 그것은 지금 여기서 우리가 시간을 소비할 문제가 아니다. 왜냐하면 산과 골짜기 여기저기에 산재해 있는 군소영주들의 요새화한 저택은 대부분 상부의 인가를 받지 않은 채 세워진 것이기 때문이다. 이들 저택은 기본적인 필요에 따라 축조된 것으로서, 이러한 필요는 자발적으로 감지되고 또한 저절로 충족된 셈이었다. 한 성인전(聖人傳) 작가는 이것에 관하여 무척이나 정확한──그러면서도 동

---

*14 엄밀하게 말하면 저택 정도가 될 것이다. 여기에서는 왕실 일가나 제후가 아닌 단순히 부유한 토지 소유자의 대저택도 비유적으로 '궁'이라고 칭한 것으로 보인다.

정이 깃들이지는 않은 기분으로—보고를 해주고 있다. "언제나 전쟁과 몰살에 정신이 사로잡혀 있던 이 사람들에게 그같은 저택은 적으로부터 스스로를 보호하고, 동류(同類)들에게 승리를 거두며, 그들보다 낮은 사람들을 억누르기 위한 것이었다."[15] 한마디로 말해 스스로를 보호하고 남을 지배하기 위한 것이었다.

이들 건축물은 대개 아주 간단한 형태로 되어 있었다. 적어도 지중해 연안을 제외한 다른 여러 지방에서 오랫동안 가장 널리 보급되어 있던 것은 목조의 탑이었다. 11세기 말쯤 씌어진『성 베네딕투스의 기적』[*15] 속의 한 구절에는 이들 가운데 하나라고 할 수 있는 극히 원시적인 성채의 구조가 그려져 있다. 즉 탑의 이층에는 큰 방이 하나 있어서 "유력자가 자기 가속(家屬)들과 함께 살고, 이야기를 나누며, 식사를 하고, 잠을 자게 되어 있었다." 일층에는 식량을 저장해두는 창고가 있었다.[16] 그리고 대개는 탑 둘레에 해자를 파놓았다. 때로는 탑에서 조금 떨어진 곳에 방책이라든가 밟아서 다진 흙으로 쌓은 성벽을 두르고 그 바깥에 다시 해자를 파기도 하였다. 이것은 여러 종류의 작업장과 부엌—이들은 불이 날 위험 때문에 멀리 떨어진 곳에 지어져 있었다—을 안전하게 지키기 위한 것이었다. 이는 또 필요할 때면 아랫사람들의 피난처 구실을 하기도 했으며, 탑에 대한 직접적인 공습을 막아주었고, 성채 본건물을 공격하려는 사람들이 사용할 수 있는 가장 효과적인 방법인 방화가 여간해서는 가능하지 않게끔 해주었다. 그런데 말이 그렇지, 이런 성채 하나를 방비하는 데에도 일반적인 기사의 능력으로 거느릴 수 있는 것 이상으로 많은 무장수행인을 데리고 있어야만 하였다.

---

15) *Vita Johannis ep. Teruanensis*, c.12(*SS.*, t. XIV, 2, p.1146).
*15 대략 1065~1120년경에 씌어진 것으로 알려져 있는, 라틴어 운문으로 된 성인전.
16) *Miracula S. Benedicti*, éd. Certain, VIII, c.16.

그리고 끝으로 탑과 성벽은 언덕 위에 세워지는 경우가 아주 흔했는데, 그러한 언덕은 때로는 천연 그대로의 것이지만 또 때로는——적어도 그 일부분이——사람의 손으로 쌓아올린 것일 수도 있었다. 이렇게 하는 것은 경사면이라는 장애물을 형성함으로써 적의 공격을 가로막고 또 주변을 더 잘 살피기 위해서가 아니었을까.

건축을 하는 데에 처음으로 석재를 이용한 것은 권문세가들이었다. 베르트랑 드 보른이 묘사한 대로 "석회며 모래며 허드레 돌 따위로 울타리문이며 망루며 탑이며 둥근 천장이며 나선형 계단을 만들고는" 좋아하던 그 "돈 많은 거물들" 말이다. 석재가 중소기사들의 집을 짓는 데에 쓰이기 시작한 것은 12세기, 아니 13세기를 거쳐가면서 천천히 나타난 현상에 지나지 않았다. 산림의 대대적인 개간이 수행되기 전의 시기에만 하더라도 채석장보다는 산림을 이용하는 쪽이 더 편할 뿐 아니라 비용도 덜 드는 것으로 보였기 때문이다. 그런데다가 석공의 일은 전문적인 일손을 반드시 필요로 하는 데에 반해서 토지 보유 농민들은 거의 모두가 다 웬만큼은 나무꾼 노릇도 하고 동시에 목수 일도 할 수 있었는데, 기사들은 이러한 농민들에게 언제건 부역을 부과할 수 있었으니 말이다.

영주의 작은 성채가 농민에게 때때로 보호와 피신처를 제공해주기도 했다는 것은 틀림없는 사실이다. 하지만 당대 사람들은 영주의 성을 무엇보다도 위험한 소굴이라고 여겼는데 여기에는 충분한 이유가 있었다. 평화를 지키기 위한 제도의 편에서 볼 때에는, 그리고 자유로운 교통·통신을 확보하고자 애쓰고 있던 도시민들, 국왕 및 영역제후의 입장에서 볼 때에는 수많은 촌뜨기 '폭군배'가 농촌지역을 온통 뒤덮어버릴 만큼 숱하게 세워놓은 저 성채들을 부숴버리는 것보다 더 절박한 관심사가 없을 정도였다. 또한 이 문제에 관해 사람들이 그 동안 무어라고 말해왔는지는 모르겠지만, 크건 작건 간에 성채들마다 지하 감방이 갖춰져 있었다는 것은 비단 앤 래드클리프(Ann Radcliffe)[16] 여사의 소설에만 나오는 이야기가 아니었다. 랑베르 다르드르(Lambert d'Ardres)[*17]만 하더라도 12세기에 세워진 투르냥(Tournehem)의 성에 대해 서술하면서 "갇힌 사람들이 어두움과 해충들과 그리고 허섭쓰레기들 속에서 비탄의 빵을 먹는" 지하감방 바닥을 잊지 않고 언급하고 있었으니 말이다.

거주하는 집의 성격을 보아도 알 수 있다시피 기사라는 사람은 끊임없는 경계상태 속에서 살아가고 있었다. 서사시에는 물론이고 서정시에도 곧잘 등장하곤 하는 인물인 망보기꾼이 매일 밤 탑 꼭대기에서 주변을 살피곤 하였다. 그 아래쪽, 좁아빠진 성채 내의 두세 칸쯤 되는 방 안에서는 이 집의 상주인구 전부가, 다시 말해 그 작은 세계가 온통, 묵어가는 길손들 무리와 한데 섞여 끊임없는 뒤죽박죽 상태 속에서 몸을 맞대고 살고 있었다.

이러한 사정은 물론 장소가 모자라는 탓에 생기기도 했지만, 또한 그 당시 비교적 유력한 사람들의 경우에조차 그러했던 것처럼 우두머리라는 사람들의 모든 생활을 유지하는 데에 필요하다고 여겨지고 있던 습관의 탓이기도 하였다. 제후들은 문자 그대로 한시도 쉬지 않고 종자들에게 둘러싸여 살았으니, 무인, 남녀하인배, 솔거가신, '피양육자'(被養育者, nourri)로서 제후에게 맡겨진 젊은 귀족들 등으로 이루어진 이들 종자들은 그를 섬기고, 그를 지켜보며 그와 이야기를 나누었으며, 마침내는 잠잘 시간이 되어 그가 자기 부인과 함께 자리에 누워도 계속해서 곁에 지켜 서서 그를 보호했던 것이다.

13세기 영국에서만 하더라도 아직도 영주가 혼자 식사하는 것은 걸맞지 않은 일이라고 지적되고 있었다.[17] 널찍한 실내에는 길다란 식탁이 놓여 있었고, 의자들은 거의 한결같이 벤치 모양을 하고 있었는데,

*16 1764~1823. 영국의 소설가. 신비와 공포에 찬 이른바 '암흑소설'로 유명하다.
*17 『긴(Guines) 백작의 역사 918~1203』의 작자.
17) Robert Grossetête, *Règles*(Walter of Henley, *Husbandry*, éd. E. Lamond).

이것은 사람들이 나란히 앉을 수 있게 하기 위한 것이었다. 계단 아래에서는 가난뱅이들이 자기네 묵을 장소를 차지하고 있었다. 전설상의 인물인 성 알렉시우스(St. Alexius)*18와 역사적으로 실재한 인물인 시몽 드 크레피(Simon de Crépy) 백작이라는 두 유명한 참회자들이 죽은 것도 바로 계단 밑자리에서였다. 명상의 생활에는 전혀 어울리지 않는 이와 같은 풍습이 그 당시에는 일반적이었다. 수도사들조차 독방이 아닌 공동침실을 쓰고 있었다.

  이러한 사실을 통해 볼 때 우리는 왜 일부 사람들이 그 당시 고독을 누리게끔 허용해주고 있던 유일한 형태의 생활방식인 은둔자(ermite)・두문불출거사(杜門不出居士, reclu)・방랑자(errant) 등의 생활방식으로 도피해갔던가를 알 수 있다. 귀족들 사이의 이같은 풍습은 지식의 전달이 독서나 연구를 통해서 이루어지기보다는 큰소리로 낭독하거나 운율에 맞추어 낭송하기, 또는 개인적인 접촉 등을 통해서 훨씬 더 많이 이루어지고 있던 당시의 문화적 생활의 양상에 부합되는 것이었다.

3. 직업과 오락

  귀족은 사는 집이 농촌에 있다는 사실만으로 따지면 대체로 농촌사람이라고 할 수도 있겠지만, 그러면서도 농경자로서의 면모는 전혀 지니지 않고 있었다. 괭이와 삽에 손을 댄다는 것은 귀족의 입장에서 보면 마치 일화집(逸話集) 속의 이야기에 나오는 가난뱅이 기사들이 처한 것과 같은 영락의 신호로 여겨질 터였다. 귀족이 들판에서 일하는 경작자들이나 자기 영지에서 자란 황금빛 수확물을 찬찬히 바라보며 흐뭇해하는 일이야 간간이 있었겠지만, 대체로 그는 농장 바로 가까이에서 직접 경영관리를 했던 것 같지는 않다.[18]

---

*18 4세기경 라키아 지방에 살았다고 전해지는 인물.

영지를 잘 관리하기 위한 편람이 씌어지는 경우가 있었다 하더라도 이는 영주를 위한 것이 아니라 그의 관리인들을 위한 것이었다. 농촌향신(農村鄕紳, gentilhomme rural ; country gentleman)이라는 유형은 중세의 귀족 영주들과는 전혀 다른 시대, 곧 16세기에 재산상의 혁명이 일어난 이후 시대에 속하는 사람들이다. 촌락의 영주가 자기 휘하의 토지 보유농에 대해 가지는 재판권은 그의 권력의 본질적인 원천 가운데 하나였지만, 그럼에도 불구하고 대체로 영주가 이를 직접 행사하는 경우보다는 집사(執事, sergent)들——그들 자신도 농민 출신이었다——에게 맡겨버리는 경우가 훨씬 더 많았다.

물론 재판권의 행사는 분명히 기사가 낯설어하지 않으면서 처리하는 몇 안 되는 평화시의 업무 가운데 하나였던 것이 사실이다. 그러나 대부분의 경우 기사가 재판에 전념하는 것은 자신이 속해 있는 계급의 테두리 내에서뿐이었다. 즉 자기에게 속한 가신의 소송을 재판할 때라든가, 또는 자기의 봉주(封主)가 소집한 법정에 자신의 동신분인(同身分人)을 재판하는 사람으로서 출정할 때, 또 다른 경우로 말하자면 잉글랜드나 독일에서처럼 국가재판소가 존속하고 있던 곳에서 주(州, county, comté)나 백인조(百人組, centaine)의 법정에 자리한다든가 하는 식이었다. 어쨌든 법률정신이 기사계층 사이에서 가장 일찍 보급된 문화형태의 한 가지가 되게끔 하는 데에는 이것으로도 충분하였다.

귀족들은 유흥에서도 단연코 몸에 밴 전사적인 기질을 드러내고 있었다.

그 예로서 먼저 사냥을 들 수 있다. 이미 말했듯이 이것은 단순히 유희에만 그치는 것이 아니었다. 왜냐하면 그 무렵 유럽 지방에 살던 사람들은 오늘날처럼 야수가 전멸된 덕에 전혀 위협이 없어진 이러한 자연환경 속에서 생활하지는 못하고 있었기 때문이다. 게다가 가축이

---

18) Marc Bloch, *Les caractères originaux de l' histoire rurale française*, 1931, p.148.

충분히 사육되지도 못했고 품종 선별도 제대로 이루어지지 않았을 뿐
아니라 고기맛도 신통치 못하던 시대에는 특히 부유한 사람들 집안에
서는 사냥한 짐승고기가 식용육류로서 아주 중요한 몫을 차지하고 있
었다.

　사냥은 이렇듯 거의 필요 불가결할 정도의 활동이었으므로 엄밀히
말하자면 귀족계급의 독점물이기만 한 것은 아니었다. 비고르
(Bigorre)*19 같은 곳에서는 이미 12세기 초부터 농민들에게 사냥이 금
지되기도 했지만19) 이는 예외적인 경우라고 생각된다. 그렇기는 해도
국왕이니 영역제후니 영주니 하는 사람들은 어디서나 제각기 자기네
권력의 범위 안에서 몇몇 사냥 금지구역의 사냥감을 몰이하는 권리를
독점하려 들었다. 즉 그들 '소유림'(forêt)*20 안의 덩치 큰 짐승이나
'토끼의 군서지(群棲地)'에서 자라는 집토끼와 산토끼 따위를 몰이하는
권리를 말한다. 이러한 요구를 할 수 있는 법적 근거가 어디에 있었는
지는 모호하다. 짐작하건대, 그 근거라는 것은 흔히 영주의 포고 이외
의 아무것도 아니었던 것 같다. 그리고 종종 보듯이 경작지를 희생시켜
가면서까지 왕실 소유림을 설정하고 이를 보호하는 일이 기이할 만큼
심하게 행해진 것은, 극히 당연한 노릇이겠지만 정복국가, 곧 노르만
왕조 치하의 잉글랜드에서였다.

　이러한 권리남용은 취미의 강도(强度)를 말해주거니와, 이는 바로 귀
족계급의 특징이기도 했다. 개집을 만들어 영주의 사냥개 무리를 재워
주고 먹이는 의무라든가, 사냥의 일대 접전이 벌어지는 계절에 사냥꾼
의 산막(山幕)들을 숲속에 짓는 일 등, 토지 보유농에게 부과된 여러
요구들에 대해서도 같은 이야기를 할 수 있다. 생 갈 수도원의 수도사

---

*19 피레네 산맥 가운데 위치한 프랑스의 지방 이름.
19) *Fors de Bigorre*, c. XIII.
*20 이 용어는 원래 나무가 있건 없건 간에 이런 식으로 관리되던 지역 전체를
　　가리켰다.

들은 자기네 가령들이 귀족의 지위에 기어오르려 한다고 그들을 비난했는데, 그 으뜸가는 이유라는 것이 무엇인고 하니 가령들이 산토끼를 몰려는 목적으로, 아니 더 몹쓸 노릇은 이리니 곰이니 멧돼지를 몰 작정으로 개들을 기르고 있다는 점이 아니었던가 말이다.

더구나 이 유희를 가장 멋들어진 형태로——그것은 달리는 산토끼의 사냥, 그리고 무엇보다도 매사냥 등을 말하는데, 이 매사냥이라는 것은 다른 많은 기여물(寄與物)들과 함께 아시아 평원의 기마문명(騎馬文明) 사회에서 유럽 쪽에 전수된 것이었다——벌이려면 재산과 여가 그리고 하인들이 필요하였다. 어느 긴(Guines) 백작을 두고 그 집안의 연대기 작가가 "백작께서는 설교하는 성직자보다 세차게 날갯짓하며 공중을 나는 참매를 더 중시하셨다"고 말한 것이라든가, 또는 어느 음유시인이 암살당한 주인공을 둘러싸고 사냥개 무리가 죽은 이를 향해 슬프게 짖어대는 광경을 묘사하면서 한 등장인물의 입을 빌려 "고귀하신 분이었도다. 개들은 이분을 그지없이 따랐었나니"[20]라고 소박하고도 매력적인 구절을 읊은 것 등은 비단 한 기사에 대해서만 이야기될 수 있는 것은 아닐 것이다.

사냥은 이들 전사를 자연에 가까이 해줌으로써 그렇지 않았더라면 틀림없이 결여되었을 요소들을 그들 마음속에 일깨워주었다. 그들이 자기 집단의 전통에 따라 '숲과 냇가를 알도록' 키워지지 않았더라면 기사계급에 속하는 시인들, 곧 프랑스 서정시나 독일 미네장(Minnesang, 연애시)에 스스로 그렇게도 크게 이바지했던 이 시인들이 동틀녘이나 5월의 기쁨을 노래하는 데에 그토록 박진감 넘치는 음조를 찾아낼 수 있었겠는가.

다음으로는 기마 무술시합이 있다. 중세에는 이 기마 무술시합이라는 것이 비교적 새로 생긴 제도로 생각되기 일쑤였으며, 이른바 1066년에

---

20) Lambert d'Ardres, *Chronique*, c.LXXXVIII ; *Garin le Lorrain*, éd. P. Paris, t.II, p.244.

죽었다는 조프루아 드 프뢰이(Geoffroi de Preuilly)라는 사람이 바로 그 사람이라는 식으로, 이 제도의 창시자라고 상정되는 사람의 이름까지 이야기되고 있을 정도였다. 그런데 사실 이 모의전투 관습은 분명 훨씬 옛날로 거슬러 올라가는 것이었다. 895년 트리부르(Tribur)*21의 종교회의에서 죽음을 초래하는 일이 종종 일어나곤 하는 '이교도(異敎徒)의 경기'에 대하여 언급한 것을 보아도 이를 알 수 있다.

이 관례는 일반 사람들 사이에 퍼져서, 기독교적이라기보다는 차라리 기독교화되었다고나 해야 할 몇몇 축제에서 지속되었다. 1077년에 방돔(Vendôme)*22에서 한 제화공의 아들이 다른 젊은이들과 함께 참가했다가 치명상을 입었던 또 다른 '이교도의 경기'——이 말이 되풀이되는 것은 의미심장하다——도 그러한 관례의 한 가지이다.21) 젊은이들의 격투경기는 거의 보편화한 민속의 특징이 아닌가 말이다. 더욱이 군대에서 모의전투는 여흥감으로도 제격이었지만 군단의 훈련을 위해서도 늘 쓸모가 있었다. '스트라스부르의 서약'*23으로 유명한 저 회담에서 샤를 대머리왕과 루트비히 독일인왕은 이런 종류의 구경거리를 개최하여 즐겼을 뿐 아니라 이에 친히 참가하는 것도 마다하지 않았다.

군사적이건 민중적이건 간에 이러한 마상시합을 발전시켜 규율이 비교적 잘 잡히고, 대개의 경우 상(賞)이 걸리며——무엇보다 중요한 사실로서——말을 타고 기사로서의 무장을 갖춘 검객들에게만 허용되는 모의전의 한 형태를 다듬어낸 것은 봉건시대의 독자성을 잘 보여준다. 바로 여기에서 귀족사회가 다른 어느 것에도 비할 수 없을 만큼 활기

---

*21 독일 중부 헤센 지방의 지명.

*22 프랑스 중부 오를레앙 서쪽의 지명.

21) Ch. Métais, *Cartulaire de l'abbaye……de la Trinité de Vendôme*, t. I, n° CCLXI.

*23 프랑크 왕국을 동 · 중 · 서 프랑크의 삼국으로 나누는 것을 결정한 서약.

넘치게 즐기는 계급 특유의 진정한 유흥이 생겨났다.

이러한 회전(會戰)은 상당한 비용 없이는 개최될 수 없어서 국왕이나 제후들이 때때로 소집하는 대규모 '궁정회의' 때에나 열렸기 때문에 애호가들은 이 경기에서 저 경기를 찾아 세상을 돌아다녔다. 그들 중에는 때때로 서로 모여 '무리'를 짓곤 하던 가난한 기사들뿐 아니라 아주 지체 높은 영주들도 있었다. 이를테면 에노(Hainaut)*24 백작 보두앵 4세라든가 또 잉글랜드의 왕자들 중에서는 '젊은 왕'이라고 불리던 헨리*25 같은 사람이 그러한 예였거니와, 헨리 왕자는 시합에서 별 두드러진 활약은 하지 못하였다.

오늘날의 스포츠 경기에서나 마찬가지로 기사들은 대개 지역별로 무리를 이루고 있었다. 구르네(Gournay)*26 근처에서 기마 무술경기가 벌어지고 있을 때, 하루는 에뉘예 사람들(Hennuyers)*27이 통례대로 하면 최소한 그 지역에서는 자기네 동맹자가 되었어야 할 플랑드르 사람들이나 베르망두아(Vermandois)*28 주민들 편에 가담하는 대신 프랑스 본토 사람들의 진영에 가세하는 바람에 큰 말썽이 빚어졌다. 이렇게 경기를 위해 패를 이루는 것이 지역별 연대의식을 다지는 데에 공헌했음에는 의심의 여지가 없다. 그것은 이러한 경기가 마냥 유흥을 위한 모의전이기만 했던 것은 아니기 때문에——그렇기는커녕 오히려 그 반대였다——더욱 그러하였다.

참가자가 부상당하는 일이 발생하는 것은 물론이고——『라울 드 캉브레』(Raoul de Cambrai)*29를 지은 시인이 표현한 대로 마상시합이 "여

---

*24 현재 벨기에 남서쪽에 자리잡은 지방. 중세 초에는 메로빙거 왕조의 영토였다가 로타링기아의 영토가 되기도 했으며, 그뒤에는 한동안 독립적인 백작령이 되었다. 그후 여러 차례의 변화를 거쳐 1831년 벨기에령이 되었다.

*25 헨리 2세의 차남.

*26 프랑스 서북부의 도시 이름.

*27 에뉘예는 원래 고대 지리에서 벨기에의 에노 지방 사람들을 가리킨다.

*28 파리 분지 북쪽의 지명.

차 잘못되면"――치명적인 타격이 가해지는 경우 또한 드물지 않았다.
가장 사려 깊은 군주들이 가신들의 피가 철철 흘러넘치는 이러한 야단
법석을 못마땅하게 여긴 것도 이 때문이었다. 플랜태저넷 왕조의 헨리
2세는 영국에서 이를 정식으로 금지하였다. 기독교 교회도 같은 동기
에서――그리고 여기에 이들 마상경기가 '이교'의 기미를 띤 민간축제
에서의 행락과 관련되어 있다는 이유까지 곁들여졌다――마상경기를 아
주 엄하게 금지했으며, 그에 따라 이같은 경기에서 죽은 기사에 대해서
는 설사 그가 임종 때 회개를 했더라도 봉헌된 신성한 묘지에 매장하는
것을 거부할 지경이었다. 그러나 세속정치적인 또는 종교적인 법률이
아무리 제정되어도 이 관습은 실제로 뿌리뽑힐 수 없는 것으로 드러났
으니, 이 사실이야말로 그것이 당시의 뿌리깊은 취향에 얼마나 잘 들어
맞았는가를 보여준다.

하지만 사실은, 진짜 전쟁의 경우와 마찬가지로 기마 무술경기를 향
한 정열도 이해관계와 마냥 무관하지만은 않았다. 승리자는 패배자의
장비와 말을 차지하는 경우가 종종 있었으며, 때로는 패배자의 인신까
지 구금하여 몸값을 받지 않고는 풀어주지 않기도 했으니, 그런 이유에
서라도 연마된 무예와 체력은 그 자체가 그들의 보물단지였다. 자기의
전투술을 문자 그대로 직업으로, 그것도 아주 수지맞는 직업으로 삼는
'기마 무술경기 순회' 기사도 하나둘이 아니었다. 그럴 정도로 무술에
대한 귀족의 애호에는 '낙'(樂)이라는 요소와 이익에 대한 욕구가 떼려
야 뗄 수 없을 만큼 밀접히 결합되어 있었다.[22]

---

*29 10세기의 사실에 바탕을 두고 왕과 영주, 영주와 영주 간의 봉토를 둘러싼
 분쟁·갈등을 그린 프랑스의 무훈시.

22) 마상 무술시합에 관해서는 참고문헌에 제시된 것 외에 Waitz, *Deutsche
 Verfassungsgeschichte*, t. V, 2ᵉ éd., p.456 ; *Guillaume le Maréchal*,
 éd. P. Meyer, t. III, p.XXXVI et suiv. ; Gislebert de Mons,
 Chronique, éd. Pertz, pp.92~93, 96, 102, 109~110, 128~30, 144 ;
 Raoul de Cambrai, v.547을 참조하라.

4. 행위의 준칙

귀족은 생활양식과 사회적 우위라는 측면에서 이렇게도 뚜렷이 구획되는 계급이었던 만큼, 이들이 어느 시점에 이르자 드디어 스스로에게 적합한 행위의 전범(典範)을 지어내게 되었다는 것은 당연한 노릇이었다. 그러나 이러한 규범은 모든 면에서 의식이 각성된 시기였던 봉건시대 제2기에 이르러서야 비로소 정확히 규정되었고, 그와 동시에 가다듬어졌다.

1100년 무렵부터 귀족적 특질을 한데 묶어 지칭하는 데에 일반적으로 쓰이게 된 '쿠르투아지'(courtoisie)[30]라는 용어는 무척이나 특징적이다. 이 말은 쿠르(cour, 당시에는 어미에 t자를 붙여쓰고 또 발음하였다)[31]에서 유래한 것이다. 사실 이러한 행위의 법규들이 생겨나게 된 것은 대제후나 국왕 주변에 일시적으로 또는 항구적으로 형성되었던 사람들의 집결체에서였다. 기사가 자기의 '탑' 안에 갇혀 있었더라면 이러한 발전은 결코 이루어질 수 없었을 것이다. 여기에는 경쟁의식과 인적 교류가 필요하였다. 윤리적 감정의 이같은 진전이 대영역제후령이나 왕정의 공고화와 더불어, 그리고 상호교류의 생활방식 회복과 더불어 함께 이루어진 것도 이 때문이었다.

또 다른 용어로는 '프뤼돔'(prudhomme)[32]이라는 것이 있었는데, '쿠르투아'(courtois)라는 말이 그 원래의 의미에 걸맞게 차츰 순전히 세속적인 성격을 띠어가게 되자 그에 반해 이 말이 점점 더 자주, 그리고 더 고귀한 의미를 담고 쓰이게 되었다. 이 프뤼돔이라는 말은 너무나 위대하고 너무나 좋아서 그저 입에 올리기만 해도 "입이 그득해질"

---

[30] 궁정식이라는 뜻. 여기에서는 군주의 궁정신하들 사이에서 형성되고 유행하였던 특유의 예법·어법·행동양식을 총칭하는 말이다.

[31] 여기에서는 궁정이라는 뜻.

[32] 공명정대하고 사려 깊은 사람이라는 뜻.

정도라고 루이 성왕은 단언한 바 있는데, 이때 그는 그렇게 말함으로써 수도사의 미덕을 겨냥하여 세속적 미덕을 복권시키고자 꾀했던 것이다. 이 프뤼돔이라는 말의 경우에도 의미론상의 진화는 특히 많은 것을 시사해준다. 왜냐하면 '프뤼돔'은 실제로는 '프뢰'(preux)와 같은 말이며, '프뢰'란 처음에는 '쓸모있는'이니 '뛰어난'이니 하는 어지간히 막연한 의미를 띠고 출발했다가 마침내는 무엇보다도 전사의 용감성을 가리키기에 이르렀기 때문이다.

그런데 힘과 용기만으로는 완전무결한 기사가 될 수 없다는 생각이 떠오르게 되자 이 두 말은 서로 갈라지게 되었고, 프뢰는 그 전통적 의미를 계속 지니게 되었다. 필리프 오귀스트 왕은 어느 날 "용감한 사람과 공정하고 사려 깊은 사람 사이에는 큰 차이가 있다"고 말한 적이 있거니와, 그로서는 후자를 전자보다 훨씬 뛰어난 것으로 여기고 있었던 것이다.[23] 그냥 겉만 슬쩍 보아서는 내가 지금 시시콜콜한 문제를 따지고 있다는 생각이 들지도 모르겠다. 그러나 일의 근본까지 내려가서 살펴본다면 이것은 기사의 이상(理想)이 어떻게 진화했나를 가르쳐주는 귀중한 증언이다.

그것이 단순한 예의범절의 관례이건, 순전히 도덕적인 계율이건, 또는 좁은 의미에서의 '쿠르투아지'이건, 그렇지 않으면 '프뤼돔'을 뜻하건 간에 이 새로운 전범은 의심할 나위 없이 프랑스의 궁정과 뫼즈 지방*[33]의 궁정에서 생겨났거니와, 이 뫼즈 지방의 궁정이라는 것도 언어며 풍습에서 완전히 프랑스적이었다. 11세기에는 이미 프랑스에서 들어온 풍속을 이탈리아 사람들이 흉내내고 있었다.[24] 그 다음 2세기 동안에는 이같은 영향이 더욱더 뚜렷해져만 갔다.

이를테면 독일 기사들의 어휘가 에노, 브라반트 또는 플랑드르를 거

---

23) *Joinville*, c. CIX.
*33 프랑스 동북쪽에 위치하며, 15세기 중엽까지 신성로마 제국에 속했던 곳.
24) Rangerius, *Vita Anselmi*(*SS.*, XXX, 2, p.1252, v.1451).

처 들어온 '외래의' (welches) 말들—무기며 의류며 풍속의 특징을 나
타내는 언사들—로 온통 채워지게 된 것도 그 증거이다. 회플리히
(höflich)*34라는 말 자체도 쿠르투아의 모방에 지나지 않는다. 이러한
차용은 단지 문헌들을 통해서만 이루어지지는 않았다. 젊은 '독일인'
(thiois) 귀족 가운데에는 프랑스 군주의 측근에서 언어와 함께 아취(雅
趣) 있는 행동규범을 배우기 위해 찾아온 사람도 하나둘이 아니었다.
시인 볼프람 폰 에셴바흐(Wolfram von Eschenbach)*35만 하더라도 프
랑스를 "올바른 기사도의 나라"라고 부르지 않았던가. 사실대로 말하자
면 이렇게 귀족문화의 한 형태가 사통팔달로 퍼져나간 것은 그 당시 프
랑스 문화 전체가 유럽 전지역에—물론 이때에도 주로 상류계급에게
라고 하는 것은 말할 나위조차 없는 일이지만—미치고 있던 영향, 즉
예술과 문학 양식의 전파, 샤르트르(Chartre) 학교*36와 그후에 세워진
파리 학교*37가 누리던 명성, 프랑스어가 거의 국제어처럼 받아들여져
쓰이던 일 등등의 단 한 가지 측면에 지나지 않았다.

　그렇게 된 이유를 몇 가지 찾아내기란 분명 불가능한 일이 아닐 것이
다. 즉 기사들 중에서도 가장 모험을 즐기는 이들은 오랫동안 유럽 지
방을 가로질러 돌아다녔다는 것, 또 프랑스가 독일보다 훨씬 일찍(물론
이탈리아보다 빠르지 않은 것은 사실이지만) 교역발달의 영향을 받아
비교적 번영하고 있었다는 것, 기사계급과 무술에는 걸맞지 않은 자들
(imbelles)의 오합지졸 사이에 아주 일찍부터 뚜렷한 구분이 이루어져
있었다는 것, 또 프랑스에서는 비록 국지적인 전쟁은 있었다 하더라도

---

*34 Hof는 cour를 뜻하는 것이니 höflich는 곧 '궁정식의'라는 의미를 가진다.
　　그러나 오늘날 이 말의 가장 중요한 의미는 '예의바른'이다.
*35 중부 독일 프랑켄 출신의 귀족이며 중세 독일 최고의 시인 가운데 하나
　　이다.
*36 990년경 주교 퓔베르가 세워 11세기에 특히 발달했으며, '12세기 르네상
　　스'의 중심이 된 학교의 이름.
*37 1253년 루이 성왕이 창설한 파리 신학대학을 가리킨다.

황제와 교황 간의 대단한 분쟁으로 말미암아 신성로마 제국 안에서 빚어졌던 내분에 견줄 만한 싸움은 전혀 없었다는 것 등이 그것이다. 그러나 말이야 이렇게 했지만 우리는 인간에 관한 우리의 현재 인식상태로서는 설명할 수 없는 영역에 속한다고 생각되는 것들, 곧 한 문명의 지속적 풍조와 그 흡인력을 설명하려 드는 것이 공연한 노력에 그치는 것은 아닌지 물어보아야 될 것이다.

　"우리는 훗날 이날의 일을 귀부인의 방 안에서 이야기하게 될 것이다"라고 수아송(Soissons)*38의 백작은 알 만수라(al-Mansūrah)*39 전투 때 말한 적이 있다.25) 비록 무훈시(chanson de geste)에서는 이에 해당하는 구절을 찾아볼 수 없겠지만, 이같은 발언은 12세기 이후로는 로망스의 수많은 주인공들이 입에 담았음직한 것이었으며, 세속적 사교생활이 등장하면서 여성들이 영향력을 가지게 되었던 한 사회의 특징을 보여주고 있다. 물론 그 이전에도 귀족부인이 규방에만 갇혀 지낸 적은 한번도 없었다. 귀족부인은 하인들에 둘러싸여 집안을 다스리기도 했지만 봉토를 다스리는 경우도 있었으며, 그것도 때로는 혹독하게 다스렸다. 그러나 교양 있고 살롱을 열 수 있는 지체 높은 귀부인이라는 유형이 등장하려면 12세기까지 기다려야 했다.

　어쨌든 옛 서사시의 시인들이 즐겨 묘사했던 것처럼, 주인공들이 여성들에게, 심지어는 왕비에게조차 참 유별나게도 거친 태도를 취하여서 그들에게 무지막지한 모욕을 가하는가 하면 이 때문에 기승스러운 부인한테 두드려 맞기까지 하는 장면들이 등장하곤 했던 것—이런 시가 낭송될 때 청중이 크게 껄껄거리고 웃는 소리가 귀에 들리는 것만 같다—을 염두에 두면 아주 큰 변화가 아닐 수 없다. 궁정의 청중이 그런 어설픈 익살을 즐기는 취향을 완전히 잃어버린 것은 아니었다. 하

---

*38 파리 동북쪽의 지명.
*39 카이로 북쪽의 지명.
25) *Joinville*, c. CLIX.

지만 이제 그들은 파블리오(fabliaux)*40에서처럼 농부나 부르주아를 웃음거리로 삼을 때에만 그같은 익살을 받아들였다. 왜냐하면 예절이라는 것은 본질적으로 상류계급에 관련되는 일이었기 때문이다. 고귀한 '부인의 내실'은, 그리고 좀더 일반적으로 말해 궁정은 바야흐로 이때부터는 기사가 드높은 무훈의 명성으로써뿐만 아니라 점잖은 예법을 충실히 따르는 행동으로써 그리고 또한 문학적 재능으로써 두각을 나타내고 자기의 경쟁상대를 무색하게 만들고자 하는 장소가 되었다.

앞서 살펴보았듯이 귀족집단은 그전까지도 결코 완전한 문맹은 아니었으며 비록 자기가 읽기보다는 다른 사람이 낭독하는 것을 듣는 형태이기는 했지만 문학의 영향을 전혀 받지 않은 것은 더구나 아니었다. 그러나 이제는 기사 스스로 작가가 되었으며, 이는 거대한 일보 전진이 이루어진 것을 뜻하였다. 13세기까지 그들이 다른 장르는 거의 다 물리치다시피 한 채 열을 올린 문학장르가 서정시였다는 것은 의미심장한 일이다.

우리가 알고 있는 가장 오래된 음유시인은——분명히 그가 최초의 음유시인은 아니었다는 점을 덧붙이는 편이 좋겠다——프랑스 왕국에서도 가장 강력한 영역제후 가운데 한 사람, 곧 아키텐(Aquitaine)*41의 후작 기욤 9세(1127년 사망)였다. 그에 뒤이어 나타난 프로방스의 가인(歌人)들 명부에는——남프랑스 서정시인들의 경쟁상대로서 조금 뒤에 모습을 보인 북프랑스 시인들의 경우에도 마찬가지이지만——상·중·하의 각 계층에 속하는 기사들이 숱하게 모습을 보이고 있다. 그들 외에 권세가의 후원을 받아 살아가는 직업적 유랑가객들이 있었던 것은 물론이다.

길이는 짧되 일반적으로 고도의 기교로 씌어진——이는 때로는 저 유명한 '비가'(秘歌, trobar clus)*42처럼 일부러 알기 어렵게 시를 쓰는

---

*40 풍자적이고 익살스러운 짧은 이야기로, 13세기에 널리 퍼졌다.
*41 프랑스 왕국의 서남지방에 자리잡은 중세의 대제후령.

폐쇄주의에까지 이르곤 하였다――이 시들은 귀족들의 모임에서 낭송하기에 감탄할 만큼 잘 어울리는 것이었다. 뿐만 아니라 귀족계급은 너무나 세련되어 농노들로서는 제대로 감상할 수도 없는 즐거움을 이렇게 누릴 수 있다는 데에 만족스러워했고, 그 즐거움이 아주 생생하고도 진미(珍味)스러운 것이었다는 점에서 그만큼 더 두드러진 우월감을 가지게 되었다.

이런 시는 흔히 가락을 붙이고 반주를 붙여 불렀기 때문에 음악적 감수성은 시어의 매력과 밀접히 결부되어 시어 못지 않은 매력을 발휘하였다. 그토록 광포한 무인이었던 윌리엄 마셜도 임종하는 자리에서 스스로 노래를 부르고 싶은 욕구를 강렬히 느꼈으나 차마 그렇게 할 수는 없고 해서, 딸들이 노래하며 읊는 몇 절의 '로트루앙주'(rotrouenge)[43]의 '달콤한 울림'을 마지막으로 듣고서야 비로소 그들에게 작별인사를 했다고 한다. 어디 그뿐인가, 『니벨룽겐의 노래』에 나오는 부르군트 왕국[44]의 영웅들이 고요한 밤에 이 지상에서 그들이 누릴 마지막 잠 속으로 빠져들어갈 때 들었던 것도 폴커가 타는 교현금(絞絃琴)[45]의 가락이었다.

육체적 쾌락을 대하는 기사계급의 일반적 태도는 실제로는 솔직할 만큼 현실적이었던 것 같다. 그것은 그 시대 전체의 태도이기도 하였다. 교회는 교회 구성원들에게는 금욕주의를 강요하였으며 일반 속인들을 위한 지침으로는 성적 교섭은 결혼한 사람들 사이에만, 그리고 자녀 출산을 목적으로 하는 경우에 한해서만 허용된다고 명하였다.

그러나 교회는 실제로는 스스로의 교시를 제대로 지키지 않는데, 이는 특히 재속(在俗) 성직자들 사이에서 더욱 그러하여, 그레고리우스

---

*42 직역하면 '폐쇄된 문체'라는 뜻이다.
*43 북프랑스의 음유시인들이 지은 후렴이 붙은 단시.
*44 게르만의 한 부족이 세운 왕국. 534년 프랑크 왕국에 의해 멸망하였다.
*45 바퀴를 돌려 연주하는 중세의 현악기

7세의 개혁[46]조차도 그들 가운데 주교층 이외의 인물들의 생활을 정화하는 데에는 거의 영향을 미치지 못하였다. 성직에 종사하는 사람들, 곧 교구의 사제라든가 심지어는 수도원장의 경우에까지, '듣자 하니' 그들이 동정을 지킨 채 죽었다는 데 대하여 사람들은 감탄하면서 말하지 않았던가 말이다. 성직자의 이러한 예는 금욕이 일반 사람들에게 얼마나 심한 반발을 불러일으켰던가를 증명해준다. 성직자들은 신도들에게 금욕을 고취시키기에 분명 그리 적합한 존재가 되지는 못하였다.

바른 대로 말하자면——『샤를마뉴의 순례』[47]에 나오는 올리비에가 사나이다운 허풍을 떤 것처럼 의식적으로 익살을 부린 에피소드를 제외한다면——서사시의 내용은 꽤나 순결한 것이었다. 하지만 그것은 서사시가 사실상 서사시적인 특성이 전혀 없는 남녀간의 수작을 묘사하는 데에는 큰 의의를 두지 않았기 때문이다. 이러한 문제에 관해 거리낌이 덜했던 궁정풍 시대의 이야기에서조차 육욕은 흔히 영웅의 탓이라기보다는 오히려 여성의 탓으로 제시되곤 하였다.

그렇기는 하지만 여기저기에서 독특한 필치의 글들이 베일의 한 귀퉁이를 살짝 쳐들어 그 안을 보여준다. 이를테면 저 오랜 무훈시 『지라르 드 루시용』에서는 사자를 환대하라는 소임을 맡은 가신이 밤에 아름다운 소녀로 하여금 그 사자를 수청들게 하는 것을 볼 수 있다. 그런데 로망스들에 따르면 성(城)에서는 그러한 기회가 아주 손쉽게 제공되었다니까 이들 '희희낙락한' 만남이 전적으로 허구가 아니라는 것은 틀림없는 사실이다.[26] 역사적 사실이 제공하는 증거는 더욱더 뚜렷하다.

---

*46 성직자의 결혼을 금지하는 등, 흐트러진 교회의 기강을 다시 확립하기 위해 교황 그레고리우스 7세가 주도한 개혁.
*47 12세기 중엽까지 성립된 명작을 흉내내어 풍자한 무훈시.
26) *Girart de Roussillon*, trad. P. Meyer, S. 257, 299. *La Mort de Garin*, éd. E. du Méril, p.XL을 참조하라. 그리고 무엇보다도 『랑슬로』(*Lancelot*)에서 우미하게 묘사된 육감적인 정경을 보라(Sommer, *The Vulgate Version of the Arthurian Romances*, t.III, p.383).

주지하다시피 귀족의 결혼은 단순한 거래인 경우가 예사였다. 영주의 가문에는 서자들이 득실거렸다. 얼핏 보기에는 쿠르투아지의 출현도 이러한 풍속을 크게 바꾸어놓은 것 같지는 않다.

아키텐의 기욤이 지은 몇몇 시는 육욕의 즐거움을 병영풍(兵營風)으로 노래하고 있으며, 그를 뒤이은 시인들 중에서도 이러한 시풍을 흉내 낸 이가 하나둘이 아니었다. 기욤은 우리로서는 그 기원을 찾아낼 수 없는 하나의 전통을 계승한 사람으로 생각되지만, 그러한 그에게서도 이미 사랑에 관한 또 다른 관념이 나타나 있었다. 그것은 기사의 윤리적 전범이 만들어낸 묘한 소산의 하나임에 틀림없는 '궁정식의' 사랑을 뜻한다. 우리가 둘시네아를 떼어놓고 돈키호테를 생각할 수 있을까.

궁정식 사랑의 특징적인 양상은 아주 간단하게 요약할 수 있다. 그것은 결혼과는 전혀 아무런 관계도 없는, 아니 좀더 제대로 말하자면 차라리 결혼의 규율과는 정면으로 대립되는 것이었다. 왜냐하면 사랑받는 여성은 대개 기혼의 부인이었는데, 그를 사랑하는 남성은 그의 남편이 결코 아니었기 때문이다. 이 사랑은 흔히 사랑하는 남성보다 지체가 높은 부인에게 바쳐졌으며 언제나 여성에 대한 남성의 헌신이라는 색채를 강렬하게 띠게 마련이었다. 이 사랑은 번번이 좌절되고 쉽사리 질투에 빠지며 사랑의 고통으로 가득 찬 그러한 물밀듯한 정열에 몸을 내맡기는 것이었다.

그러나 이처럼 판에 박은 듯한 사랑의 전개에는 일찍부터 무언가 의례적인 성격이 따르지 않을 수 없었다. 이 사랑은 시시콜콜한 도덕적 논의에도 전혀 위배되지 않았다. 마침내는, 거꾸로 풀이되어 저 유명한 「머나먼 나라 공주」의 전설을 낳게 되었던 한 시에서 음유시인인 조프루아 뤼델(Jaufroi Rudel)이 말했듯이 그것은 그것이 나타낸 편향성으로 볼 때 '머나먼 사랑'이었다.[48] 그렇다고 해서 이 사랑이 육체적 쾌

*48 조프루아 뤼델이라는 시인은 머나먼 사랑이라는 주제를 즐겨 다루었는데, 그 가운데 한 시가 빌미가 되어, 시인이 리비아 공주의 이야기를 소문으로

락을 원칙적으로 거부한 것은 아니며, 이 문제를 이론적으로 논한 앙드
레 르 샤플랭(André le Chapelain)[49]의 말을 빌리면 이같은 연사(戀
事)는 비록 '지고의 열락'은 단념하지 않을 수 없다 하더라도 최소한
가벼운 육체적 즐거움마저 바라지 않았던 것은 분명 아니었다.

하지만 연인이 옆에 없다거나 장벽이 가로놓여 있다거나 하는 점도
이 사랑을 파괴하기는커녕 시적인 멜랑콜리로 사랑을 아름답게 장식해
줄 뿐이었다. 연인을 차지하기 위해 끊임없이 노력하는데도 그것이 전
혀 불가능하다는 것이 분명하다면 도대체 어떠할까. 그래도 감정은 수
그러들지 않은 채 마음의 흥분상태로서, 그리고 가슴을 에는 듯한 '기
쁨'으로서 여전히 지속되었던 것이다.

이런 것은 '궁정식 사랑'에 관하여 시인들이 우리에게 전해주는 이미
지이다. 왜냐하면 우리는 문학작품을 통해서밖에는 궁정식 사랑에 관
해 알지 못하기 때문이며, 또 바로 그런 까닭에 어디까지가 궁정식 사
랑의 실체이고 어디까지가 허구인가를 구분하기 어렵기 때문이다. 이
궁정식 사랑은 어느 정도까지는 감정과 육욕을 구분하는 경향이 있었
지만, 그렇다고 해서 육욕이 계속 상당히 노골적인 방식으로 채워지곤
하는 것을 막으려 들지는 않았으며, 그렇기는커녕 오히려 반대였음이
분명하다. 도대체, 주지하고도 남다시피 대다수 사람들에게는 감정상
의 성실함이란 여러 가지 차원에서 존재하게 마련인 것이다.

어쨌든 연애관계에 관한 이러한 관념은 얼핏 보더라도 오늘날 우리
에게 낯익어진 수많은 요소들을 안고 있지만 그것이 처음 착상되었을
때에는 참으로 독창적인 생각이 아닐 수 없었을 것이다. 이것은 고전고
대의 연애술에서 물려받은 바가 거의 없었고 심지어는 그리스·로마
문명의 사람들이 남성간의 우정을 분석하는 데에 소중히 바쳤던, 언제

듣고 사랑에 빠져 그녀를 만나기 위해 십자군에 참가했으며 마침내 공주에
게 안겨 죽었다는 전설이 태어나게 되었다.
[49] 『올바른 연애작법』의 저자.

나 조금 모호한 성격을 띤 논의들에서도——아마도 앞서 말한 것보다는 차라리 이것이 궁정식 사랑에 관한 관념에 더욱 가깝기는 할 테지만—— 영향받은 것이 거의 없었다.

사랑하는 남자의 헌신이라는 것은 특히 새로운 태도였다. 그것이 가신의 신종선서라는 어휘에서 차용된 말로 종종 표현되곤 하였다는 것은 우리가 이미 알고 있는 터이다. 옮아간 것은 비단 낱말만이 아니었다. 사랑받는 대상과 주군(主君)을 한데 묶어 생각한다는 것은 전적으로 봉건사회에 특징적인 집단윤리라는 한 경향에 잘 들어맞는 것이었다.

사람들은 흔히 사랑에 관한 이같은 전범이 종교사상에서 영향을 받았다는 식으로 말하곤 하지만, 실제로는 종교사상이 미친 영향이라는 것은 더욱더 적었다.[27] 양자 사이에는 외형상의 몇 가지 피상적인 유사점이 있기는 하다. 그러나 이는 고작해야 양자가 같은 환경에 처해 있었다는 표시밖에 되지 않으며, 따라서 이 유사점들만 무시한다면 오히려 이러한 사랑의 전범이 종교사상과는 정면으로 대립되는 것이라는 사실까지 깨닫지 않을 수 없을 것이다. 하기야 이 전범의 신봉자들이 그러한 대립을 분명히 인식했던 것 같지는 않지만 말이다.

이 전범은 남녀간의 사랑을 거의 으뜸가는 미덕의 하나로 삼고, 분명히 더할 나위 없는 즐거움으로 여기지 않았던가. 특히 이 사랑의 전범은 육체적 쾌락을 단념했을 때조차도 원리상 육체적 욕구에서 빚어진 마음의 충동을 격상시켜 이것이 존재를 충만하게 해주는 것인 양 주장하게까지 되지 않았던가. 그런데 이 육체적 욕구에 대하여 기독교는 결혼——궁정식 사랑은 이를 깊이 경멸하였다——이라는 수단을 통해 억제

---

27) '궁정식 사랑'과 이를 묘사한 서정시에 관해서는 아랍의 영향이라는 문제가 거론되는 경우 또한 자주 있었다. 그러나 오늘날까지 결정적인 논증은 이루어져 있지 않다. Al. Jeanroy, *La poésie lyrique des troubadours*, t. II, 1932, p.366과 뉘클(A. R. Nykl)의 책에 관한 아펠(C. Appel)의 서평 (*Zeitschrift für romanische Philologie*, t.LII, 1932, p.770)도 참조하라.

하면서, 또한 종의 번식——궁정식 사랑은 여기에는 거의 생각이 미치지 못했다——을 그 타당한 구실로 제공해주면서, 그리고 끝으로, 아무리 해봐야 이는 도덕적 체험에서 부차적인 것에 불과하다고 치부하면서, 겨우 그 정당성을 인정해주지 않았던가 말이다.

이 시대의 성적(性的) 생활에 관한 기독교적 감각을 진정하게 반영하고 있는 것을 찾아보고 싶어도 기사도적 서정시에는 그러한 것이 담겨 있지 않다. 그러한 것은 경건하면서도 성직자풍(風)으로 씌어진 작품인 『성배(聖杯)의 탐색』(*Queste du Saint-Graal*) 속에, 곧 아담과 이브가 '정의의 사람 아벨'을 잉태하기 위해 생명의 나무 아래서 서로 맺어지기 전에 수치심을 '달래기' 위해 짙은 밤의 장막을 그들에게 내려주십사 하고 주님께 빌고 있는 모습을 묘사하는 바로 그 구절 가운데 일체의 타협을 배제한 모습으로 표현되어 있다.

하여간 이 문제를 둘러싼 두 가지 실천윤리의 대립은 아마도, 사랑에 관한 이같은 세세한 논의가 사회적 지리지(地理誌)상의 어느 계층에서 일어났는가 하는 문제를 풀 열쇠를 우리에게 제공해줄 수 있을 것이다. 이러한 사랑의 논의를 표현한 글을 담아 우리에게 전해주는 서정시의 성립과 마찬가지로, 그러한 논의 자체도 일찍이 11세기 말에 남프랑스의 궁정사회에서 일어났다. 그 조금 뒤 북프랑스에서 여전히 서정시의 모습이나 기사 이야기라는 표현매체를 통해 다시 등장한 것, 또는 계속해서 독일의 미네장으로 이어지면서 전수된 것 등은 남프랑스 서정시의 반영물에 지나지 않았다.

그러나 이러한 사정을 이유로 랑그도크(Languedoc)*50 지방의 문명에 무엇인가 우월성의 기미를 인정해주려고 한다면 그것은 터무니없는 짓일 것이다. 예술적·지적·경제적 분야 그 어느 것을 보아도 그러한 주장은 역시 뒷받침받을 수 없을 것이다. 그것은 프랑스어로 표

---

*50 또는 langue d'oc. 원래는 오크(oc)어(語)라는 뜻으로, 랑그도크 지방이란 이 말을 쓰는 남프랑스 지방을 가리킨다.

현된 서사시, 고딕 예술, 루아르 강과 뫼즈 강 사이의 여러 학교에서
이루어졌던 철학에 관한 초기의 노력, 샹파뉴의 대(大)정기시장 그리
고 플랑드르의 도시적 취락 등등을 모두 통틀어 부정하는 짓과 같을
것이다.

　오히려 그 반대로 남프랑스에서는 특히 봉건시대 제1기를 통해서 교
회가 북프랑스 여러 지방의 교회만큼 부유하지도 못하고 교양도 덜했
으며 그 활동 또한 신통치 못하였음에 틀림없다. 성직자 문학의 위대한
작품 가운데 그 어느 것도, 또 수도원 개혁을 위한 대대적인 운동 가운
데 그 어느 것도 남프랑스에서 비롯된 것은 없었다. 이렇게 종교적 중
심체가 비교적 약했다는 사실 하나만으로도, 그 자체가 하나의 국제적
움직임이었던 이단(異端)운동이 왜 프로방스부터 툴루즈에 이르는 지
방에서 그토록 유례없는 성공을 거두었던가를 설명할 수 있다.

　또한 교회가 이같이 허약했던 사정으로 말미암아 세속인(世俗人) 상
류계급에 대한 성직자의 영향력이 상대적으로 더 약한 편이었기 때문
에 세속인 상류계급이 비교적 자유롭게 그들의 더욱 현세적인 윤리를
발달시켰던 것도 분명한 사실이다. 더구나 기사적 사랑의 계율들이 계
속해서 그토록 손쉽게 널리 퍼졌다는 사실은 그것이 한 계급의 새로운
필요에 얼마나 잘 부응하는 것이었던가를 보여주고 있다. 이 사랑의 계
율은 그들 계급에게 스스로를 자각하도록 도와주었다. 서민과 같은 식
으로 사랑하지는 않는다는 것, 이것은 곧 자기들이 서민과 다르다고 느
낀다는 것을 의미하지 않는가 말이다.

　기사가 약탈품이나 인질의 몸값을 꼼꼼하게 셈하는 것이라든가, 자
기 영지의 농민들에게 과중한 '타유'를 매기는 일은 전혀 또는 거의 전
혀 비난의 대상이 되지 않는다. 이득을 얻는다는 것은 정당한 일이다.
그러나 거기에는 한 가지 조건이 있다. 즉 그 이득은 당장 아낌없이 흩
뿌려져야 한다. 한 음유시인은 산적행위를 한다고 사람들이 꾸짖자 "염
려 마시오. 내가 빼앗더라도 이것은 내가 간직하기 위한 것이 아니라
남에게 주기 위한 것이라오"[28]라고 대꾸하고 있다. 유랑가객들은 직업

적 식객이었다는 점을 생각해볼 때 그들이 다른 모든 미덕을 제쳐놓고 아낌없는 증여(largesse)야말로 '모든 미덕을 밝게 비추어주는 귀부인이자 여왕'이라고 격찬하고 있는 데에 대해 우리는 틀림없이 조금은 의심쩍어해도 좋을 것이다.

중소영주 가운데, 아니 어쩌면 고급제후들 중에도 재산을 흩뿌리기보다는 희귀한 금은화나 보석류를 금고 안에 쌓아두는 데에 더 마음이 쏠렸던 구두쇠라든가, 그저 단순히 말해 신중한 사람이 결코 없었던 것은 분명히 아니다. 그러나 귀족이 쉽게 얻은 재산을 손가락 사이로 쉽게 흘려보내 탕진하는 것으로써, 자기 장래에 대해 그리 자신이 없는 계급의 사람들이나 장래에 대해 좀더 조심스러운 배려를 하는 사람들에 대한 자기의 우월성을 확고히 한다고 생각했던 것 또한 그에 못지않은 사실이었다.

이러한 칭찬할 만한 낭비벽은 언제나 아낌없는 증여나 호사라는 형태로만 머물러 있지는 않았다. 어느 연대기 작가는 어느 날 리무쟁에서 열린 대규모 '궁정회의'를 무대로 하여 펼쳐졌던 한 기묘한 낭비경쟁의 기록을 우리에게 전해주고 있다. 한 기사는 미리 갈아놓은 밭에 작은 은화조각을 씨 뿌리듯 뿌리게 하였고, 다른 기사는 양초에 불을 붙여서 요리를 하도록 하였으며, 제3의 기사는 '호기롭게도' 말 서른 필을 산 채로 구우라고 명령하였다.[29] 이렇게 무절제한 낭비를 통해서 위세를 겨루는 일—이런 이야기를 들으면 우리는 어쩔 수 없이 민속학자들이 종족들의 특이한 풍속에 관해 이야기하는 것을 떠올리게 된다—을 장사꾼이었다면 어떻게 생각하였을까. 여기에서도 또다시 무엇을 명예로 생각하는가 하는 것이 인간집단을 가르는 구분선이 되고 있음을 알 수 있다.

---

28) Albert de Malaspina(C. Appel, *Provenzalische Chrestomathie*, 3ᵉ éd., nᵒ 90, v.19 et suiv).

29) Geoffroi de Vigeois, I, 69(Labbe, *Bibliotheca*, t. II, p.322).

　이렇게 해서 그 권력, 그 부(富)의 종류와 생활방식 그리고 그 윤리
에서까지 독특한 성격을 띠게 된 귀족이라는 사회계급은 12세기 중엽
에는 법률적이고 세습적인 계급으로 굳어질 채비를 완전히 갖추고 있
었다. 그 무렵부터는 이 계급의 구성원을 가리키기 위해 장티욤(gentil-
homme)——훌륭한 사람, 즉 가문이 좋은 사람——이라는 용어가 점점
더 자주 쓰이게 된 것으로 보이는데, 이는 혈통의 자질에 점점 더 큰
중요성이 부여되고 있었음을 가리킨다. 귀족계급이 확고한 형태를 갖
추게 된 것은 기사 서임식(騎士敍任式)이라는 하나의 의식을 중심으로
해서였다.

제3장

기사제도

1. 기사 서임

　11세기 후반부터는 마침 이때부터 수효가 급격히 늘어나게 된 각종 문헌사료에 '기사로 삼기'(faire un chevalier)를 목적으로 한다고 일컬어지는 의식이 여기저기에서 행해졌다는 기록이 나오기 시작한다. 이 의식은 여러 가지 행위로 이루어져 있다. 대개 사춘기를 갓 벗어난 기사 지망자에게 연장자인 기사가 먼저 지망자의 장래 신분을 상징하는 무기를 넘겨준다. 이때 이 연장자는 지망자에게 칼을 차게 한다. 그 다음 순서로는 거의 언제나 이 보증인이 손바닥으로 젊은이의 뺨이나 목을 세차게 내려치게 마련인데, 프랑스어 사료에서는 이것을 '손바닥으로 치기'(paumée) 또는 '목 두드리기'(colée)라고 칭하고 있다.

　힘을 시험해보기 위해서일까, 아니면 조금 나중의 일이기는 하지만 그래도 이미 중세 당시부터 몇몇 해설자들이 생각해낸 것처럼——라이몬 룰(Raimon Lull)[*1]의 말을 빌리면——젊은이가 '맹세'를 평생토록 되살려낼 수 있도록 기억을 확고히 하기 위해서일까. 아닌 게 아니라, 옛

[*1] 1235?~1315?. 에스파냐의 신비주의자이자 시인. 에스파냐식으로는 라몬 룰 (Ramon Lull)이라고 한다. 근대 논리학의 발전에 많은 영향을 미쳤다.

시들에는 주인공이 이 거친 뺨 때리기에도 결코 꺾이지 않으려고 안간힘을 쓰는 모습이 자주 그려져 있는데, 한 연대기 작가에 따르면, 이 뺨 때리기는 기사가 평생을 통해 얻어맞고도 되받아칠 수 없게 되어 있는 유일한 구타였다.[1]

한편 우리가 알고 있다시피 이 뺨 때리기는 당시 법률적 관습상으로는 법적 행위의 증인들에게—사실 법적 행위의 당사자에게라기보다는 오히려 증인에게이기는 하지만—이 행위를 기억시키기 위하여 대단히 자주 가해지는 절차의 하나였다. 그런데 기사 서임의식에서는 원래 이 뺨 때리기 동작이 아주 핵심적인 것으로 여겨졌기 때문에 이 의식 전체가 통례적으로 '아두브망'(adoubement, '치다'라는 뜻의 옛 게르만어 동사에서 파생된 말)이라는 이름을 가지게 되기는 했지만, 이 동작의 본래의 의미는 그것과는 매우 다르고 또 그렇게 순수하게 합리적이지도 않았던 것 같다. 뺨을 치는 사람의 손바닥과 얻어맞는 사람의 몸 사이에 이렇게 해서 접촉이 이루어지면 한 사람한테서 다른 사람에게로 일종의 영향의 흐름이 전해졌다. 이것은 주교가 성직자를 사제로 서품할 때 그에게 가하는 또 한 종류의 따귀 때리기와 꼭 같다.

끝으로, 이 기사 서임식은 종종 경기행사로 그 막을 내리곤 했는데, 새로 기사가 된 젊은이는 말에 올라타고 달려가서 장대에 달려 있는 갑옷 한 벌을 창으로 일격에 찔러 꿰뚫거나 부수어버렸다. 이를 '과녁 찌르기'(quintaine)라고 불렀다.

기사 서임식은 그 기원으로 보나 또 그 본성으로 보나, 고대세계뿐 아니라 원시적인 사회에서 그 실례를 풍부하게 찾아볼 수 있는 성인식(成人式, cérémonie d'initiation)[*2]과 명백히 결부되어 있다. 이 관행

---

1) Raimon Lull, *Libro de la orden de Caballeria*, éd. J. R. de Luanco. 프랑스어 번역 P. Allut, *Étude biogrophique et historique sur Symphorien Champier*, Lyon, 1859, IV, 11 ; Lambert d'Ardres, *Chronique*, c.XCI.
*2 성인식은 전사집단에 가입하는 가입식(加入式)이기도 하였다. 기사 서임은

은 비록 형태는 다양했지만, 그 모두가 일정한 나이가 될 때까지 제외
되어오던 젊은이를 집단의 완전한 구성원의 지위로 받아들이는 것을
공통된 목적으로 삼는다.

게르만인들 사이에서 이러한 의식은 전사적(戰士的) 문명에 걸맞은
모습을 띠어갔다. 몇몇 다른 특징들—이를테면 나중에 잉글랜드에서
기사 서임과 결부되어 이따금씩 그 모습을 다시 나타내곤 하던 머리카
락 자르기와 같은 것—도 밀려나지는 않았으나, 이 의식은 본질적으
로 무기를 건네주는 행위로 구성되어 있었다. 이는 타키투스가 묘사해
놓은 대로이며, 민족대이동의 시대에도 지속되고 있었음이 몇몇 문헌
사료를 통해 입증되고 있다. 게르만적인 이 의식과 기사 서임식 사이에
연속성이 있다는 것은 의심할 여지가 없다. 그러나 똑같은 행위라도 환
경이 바뀌자 인간사회에서의 의미 또한 달라졌다.

게르만인들 사이에서 모든 자유인은 전사였다. 따라서 자유인 중에
는 무기를 건네받는 의식을 통해 결사에 가입하는 권리를 가지지 못한
사람이 아무도 없었다. 최소한 이같은 관행이 인민집단의 전통으로서
필수적으로 부과되고 있던 곳에서는—이것이 보편적으로 퍼져 있던
현상인가는 우리도 알지 못하지만—그러하였다. 반면에, 주지하다시
피 봉건사회의 특징 가운데 하나는 무엇보다도 특히 군사적 의무를 지
닌 가신과 그들의 수장으로 이루어지는 직업적 전사집단의 형성이었
다. 저 옛 의식의 실시가 이들 무인(武人) 그 자체인 사람들에게만 국
한될 수밖에 없었음은 당연한 일이었다. 바른 대로 말하면 이 의식은
이렇게 옮아가는 동안에, 어느 정도 고정되어 있던 사회적 기층(基層)
을 송두리째 잃어버릴 위험마저 안게 되었다. 왜냐하면 이 의식은 원래

이러한 가입식에 해당하는 것이므로, 앞으로는 본문에서 cérémonie d'
initiation이라는 동일한 용어가 사용될 때 이를 '가입식'으로 번역하기로 한
다. 일반적인 용법에서 성인식이라는 말이 가지는 한정된 의미가 오해를 불
러일으킬 수도 있기 때문이다.

인민집단에 가입하는 의식 역할을 하고 있었는데, 그러나 고전적 의미에서의 인민—자유인의 소규모 집합체(集合體, civitas)—은 이제 더이상 존재하지 않았으니 말이다. 이 의식은 이제 오직 한 계급에 가입하는 의식의 역할을 하기 시작하였다. 하지만 이 계급도 아직은 뚜렷한 윤곽을 가지지 못하고 있었다. 곳에 따라서는 이 관례가 아예 사라져버리기도 했는데 앵글로색슨족의 경우가 그러했던 것 같다. 반면 프랑크족의 관습이 우세했던 곳에서는 이 의식도 살아남았다. 비록 오랜 세월동안 보편적으로 받아들여지지는 못한 상태에 머물러 있었고 또 어느정도로건 의무로서 부과되었던 것도 아니었지만.

그후 기사사회가 자기네를 '무장하지 않은' 대중과 구별해주고 또 대중보다 높이 올려세워주고 있는 것이 무엇인가를 더욱 명확히 깨닫게됨에 따라, 이렇게 분명히 규정된 집단에 가입하는 것은 형식을 갖춘행위로써 재가해야 된다는 필요가 더욱더 강렬히 느껴지게 되었다. 이점은 새로운 가입자가 '귀족' 집안에 태어나 성인사회에 들어가는 것을허락받은 젊은이이건 또는 방금 막 휘어잡은 권력이라든가 체력 또는기량으로 해서 오래된 가문의 성원들과 맞먹는다고 여겨지게 된 운 좋은 몇몇 벼락출세자—그런 경우는 물론 훨씬 드물기는 했지만—이건다를 바 없었다. 이미 11세기 말부터 노르망디에서 나타난 현상을 예로 들자면, 상급 가신의 아들에 대해 "그는 기사가 아니다"라고 말하는것은 그가 아직 어린아이든가 사춘기 소년임을 뜻하는 것과 마찬가지였다.[2]

모든 계약행위가 다 마찬가지였지만 법적 신분의 변화 일체를 이처럼 눈에 보이는 동작을 통해 나타내려는 배려는 확실히 중세사회의 특징적 경향에 부응하는 것이었다. 장인(匠人) 동업조합에 가입하는 의식도 흔히 그림처럼 성대하게 거행되었다는 것이 이를 증명해준다. 그러나 또 한편 이러한 형식주의를 확고히 부과하기 위해서는 신분상의 변

---

2) Haskins, *Norman Institutions*, 1918, p.282, c.5.

화가 그 자체로서 뚜렷이 인지되어야만 하였다. 기사 서임식의 보편화가 실제로는 기사제도의 개념에 심대한 변화가 발생했다는 징조로 나타나게 된 것도 이 때문이다.

봉건시대 제1기 동안에는 기사 신분이라는 용어가 뜻하는 것은 무엇보다도 때로는 사실상의 상황에 따라서, 또 때로는 법적 유대관계에 따라서 정해지는 지위였는데 어쨌든 이 신분은 순전히 개인적인 성격의 것이었다. 어떤 사람이 기사(chevalier)를 자칭하는 것은 그가 완전무장을 한 채 말(cheval)을 타고 싸웠기 때문이었다. 어떤 사람이 이러한 무장복무의 의무를 진다는 것을 조건으로 하여 그 누군가에게서 봉토를 수여받았을 때 그는 스스로를 그 누군가의 기사라고 칭하였다.

그러나 이제 봉토를 보유한다는 기준도, 또 어쩔 수 없이 어딘가 모호한 성격을 띠었던 생활방식이라는 기준도, 기사의 칭호를 받는 데에는 더 이상 충분하지 못하게 되었다. 이 모든 것에 덧붙여 일종의 성별(聖別)절차가 필요해진 것이다. 이같은 전환은 12세기 중엽에 완료되어 있었다. 1100년 이전에 이미 쓰이고 있던 한 표현법을 통하여 우리는 이러한 전환의 중요성을 좀더 잘 파악할 수 있게 된다. 기사란 그저 '삼아지는 존재'(fait)에 불과한 것이 아니라 '서임되는 존재'(ordonne)였다. 이를테면 1098년에 미래의 루이 6세에게 무장을 갖추어줄 채비를 하면서 퐁티외 백작이 바로 그러한 표현을 썼다.[3]

서임된 기사 전원은 하나의 '위계'(ordo)를 이루게 된다. 이 위계라는 낱말은 학자들의 용어이며 교회용어였지만 세속인들도 처음부터 입에 올렸다. 적어도 그들이 처음 이 말을 쓸 때에는 성직자의 위계와 기사의 위계를 동일시하려고 한 것은 결코 아니었다. 기독교 저작자들이 고대 로마에서 빌려온 어휘용법상으로는 위계란 교회뿐 아니라 속세도 포함해서, 사회의 한 구분을 뜻하는 것이었다. 하지만 그것은 정규적이고 명확히 구획이 정해져 있을 뿐만 아니라 신의 계획에 일치하는 그러

---

3) *Rec. des Histor. de France*, t.XV, p.187.

한 구분이었다. 실로 그것은 하나의 제도였으며, 단순히 하나의 적나라한 현실에 불과하지는 않았다.

그런데 무기를 넘겨주는 의식은 처음에는 순전히 세속적인 것이었지만, 아무리 그렇다고 하더라도 초자연적인 표적 아래에서 살기에 익숙해져 있던 중세사회에서 어떻게 여기에 종교적 절차라는 도장이 새겨지지 않은 채 배겨날 수 있었겠는가. 두 가지의 아주 오래된 관례가 교회의 개입을 초래하는 출발점 구실을 해주었다.

첫째는 검(劍)을 축복하는 관습이었다. 원래 이 관습은 기사 서임과는 별다른 관련이 없었다. 그 당시에는 인간에게 쓸모있는 모든 물건은 이렇게 축복받음으로써 악마의 올가미에서 벗어날 필요가 있다고 여겨지고 있었다. 농민들은 자기의 수확물·가축떼·우물에 축복을 받았다. 신랑·신부는 새 원앙금침에, 순례자는 순례지팡이에 축복을 받았다. 전사 또한 당연히 자기 직업상의 용구에 축복을 받았다. 롬바르디아의 옛 법에는 이미 "성별(聖別)된 무기에 걸어서"라는 맹세가 알려져 있지 않았던가.[4]

그러나 다른 어떤 무기보다도 젊은 전사가 처음으로 몸에 차는 무기야말로 당연히 이러한 축성(祝聖)을 받아야 하는 것으로 여겨졌다. 거기에서는 접촉의 의식이 불가결한 특징이었다. 앞으로 기사가 될 젊은이는 잠깐 동안 제단 위에 칼을 올려놓았고, 이 행위와 동시에 또는 그 뒤에 기도가 올려졌다. 이러한 것들은 축성식의 일반적인 절차에서 착상을 얻기는 했지만 일찍부터 최초의 착의식(着依式)에 특히 알맞은 형태로 행해졌음을 알 수 있다.

---

4) *Ed. Rothari*, c.359. 기사 서임의식은 오늘에 이르기까지 충분한 연구의 대상이 되지 못하고 있다. 내가 이용한 저서와 사료집의 목록에 관해서는 참고문헌에 수록된 것을 보면 된다. 문헌 내용을 분류하려는 이 첫 시도는 아주 초보적이기는 하지만, 그나마 스트라스부르 대학의 동료 미셸 앙드리외(Michel Andrieu) 신부의 기꺼운 도움을 받음으로써 비로소 가능해졌다.

950년을 갓 지났을 무렵 이미 마인츠의 성 알바누스 수도원에서 편찬된 주교용 전례서(典禮書)에는 이 절차가 그러한 형태로 제시되어 있었다. 이 편찬서는 그 대부분의 내용을 좀더 오래된 전거에서 차용한 것임에 틀림없었지만 어쨌든 삽시간에 독일 전체, 북프랑스, 잉글랜드에 이어 로마에까지 퍼져나갔다. 로마에서는 오토(Otto) 왕조[*3] 궁정의 영향 때문에 이를 받아들이지 않을 수 없었다. 이 전례서는 '새로 차는' 칼에 대한 축성의 본보기를 멀리까지 보급시켰다. 그러나 이같은 성별 절차는 그 당시에는 아직 의식의 도입부 같은 것에 불과했다는 사실을 알아두는 편이 좋겠다. 그후 기사 서임식은 특유의 형식에 따라 진행되었다.

그러나 여기에서도 다시 교회는 그 나름대로의 구실을 다할 수 있었는데, 이것이 두번째 관습이다. 원래 젊은이에게 무기를 차게 돌보아주는 임무는 신분상 이미 기사의 칭호를 확고히 지닌 사람에게만 한정되어 있었다. 이를테면 그 젊은이의 아버지나 영주 같은 사람이었다. 하지만 이 임무가 고위 성직자에게 맡겨지는 경우도 있었다. 일찍이 846년에 교황 세르기우스(Sergius) 2세는 카롤링거 왕조의 루트비히 2세에게 칼을 차는 어깨띠를 건네주었다. 마찬가지로 훗날 윌리엄 정복왕은 자기 아들 가운데 한 사람을 캔터베리 대주교한테서 서임받게 하였다.

이런 식으로 경의를 표하는 것은 틀림없이 보통 사제에게보다는 수많은 가신의 수장인 교회령 대제후에게 더 어울리는 일이었다. 그런 판국인데 교황이나 주교가 종교적인 성대한 예식에 둘러싸이는 것을 거부할 수 있었을까. 이리하여 종교적 의식은 말하자면 기사 서임의식 전체에 스며들게끔 부름받았던 셈이다.

이러한 것은 11세기에는 기정사실이 되어 있었다. 실제로, 그 시대에 편찬된 브장송의 주교용 전례서에는 한결같이 칼에 대한 아주 간단

---

*3 신성로마 제국의 초대 황제였던 오토 대제부터 이어지는 왕조.

한 두 가지 축성기도밖에는 들어 있지 않다. 그런데 그 중에서도 두번
째 것을 보면 의식을 집전하는 성직자가 몸소 무기를 넘겨주게끔 되어
있었다는 것을 알 수 있다. 하지만 기사 서임에서 진정한 종교적 의식
을 찾아보려면 더 북쪽, 즉 센 강과 뫼즈 강 사이의 지방에 눈길을 돌
려야 한다. 이들 지방이야말로 고유한 의미에서 봉건적인 대부분의 제
도가 태어난 참된 요람이었다.

여기에서 우리가 가지고 있는 가장 오래된 증거는 랭스 지방의 주교
용 전례서이다. 이것은 착상은 전적으로 마인츠에서 편찬된 전례서를
통해 얻었으면서도, 지방색 짙은 관례에서도 이에 못지 않게 풍부한 내
용을 끄집어내어 11세기 초에 한 수도사가 편찬한 것이다. 이 의전서
에는 먼저 라인 지방의 원형을 재현한 칼에 대한 축복과 더불어 다른
무기나 휘장에 대하여, 곧 박차—이것을 넘겨주는 권리는 끝끝내 세
속인에게만 한정되어 있었다—만을 제외하고 군기(軍旗), 긴 창, 방
패 등등에 대하여 적용될 수 있는 같은 뜻의 기도도 기술되어 있다. 그
다음 앞으로 기사가 될 젊은이 자신이 축복을 받는다. 끝으로 주교가
서임받는 이에게 검을 매어준다고 언명되어 있다.

뒤이어 2세기쯤의 공백을 거친 후 다시 프랑스에서 1295년 무렵에
망드(Mende)의 주교 기욤 뒤랑(Guillaume Durant)이 편찬한, 그러
나 그 본질적 요소들은 루이 성왕 시대의 것으로 보이는 주교용 전례
서 안에서 이 의식은 충분히 발달된 모습으로 나타나 있다. 여기에서
는 성별의식 집전자로서의 성직자의 역할이 그 극한에까지 올려세워져
있다. 그는 이제는 그저 검을 매어줄 뿐만 아니라 손바닥으로 뺨을 치
기도 한다. 이 문헌에 따르면 그는 기사 지망자에게 "기사적 성격을
뚜렷이 새겨넣는 것이다." 원래 프랑스풍인 이 의식절차는 14세기에
'로마 주교용 전례서'에 받아들여짐으로써 기독교권의 공식적인 의전
이 되었다.

부수적인 관행—세례 지망자의 경우를 본뜬 정결·목욕·철야기도
식[*4] 등—은 12세기 이전에는 채택조차 되지 않은 듯하고, 또 예외적

인 절차 이상의 것은 결코 되지 못한 듯하다. 더구나 철야기도식은 반드시 전적으로 경건한 명상에만 바쳐진 것도 아니었다. 보마누아르(Philippe de Beaumanoir)*5가 쓴 시의 내용에 따르자면 철야기도식은 바이올린 소리에 맞춰 세속적으로 진행되기까지 하였다.5)

오해는 하지 않는 편이 좋겠다. 이러한 종교적 행위 가운데 그 어느 것도 기사 서임의식에서 빠져서는 안 되는 것이었던 적은 결코 없다. 더구나 상황 때문에 이를 제대로 실행하지 못하고 마는 경우도 아주 잦았다. 전투에 앞서서 또는 전투가 끝난 뒤 전장에서 기사가 탄생하는 것은 언제나 있어온 일이 아닌가 말이다. 마리냐노(Marignano)의 전투*6가 끝난 뒤 바야르(Bayard)*7가 칼로 가볍게 어깨를 두드려 (colée)——이는 중세 말의 관례에 따른 것이다——자기의 국왕*8을 기사로 서임했던 것도 역시 이를 증명해준다.

또 1213년에 시몽 드 몽포르(Simon de Monfort)*9는 자기 아들의 기사 서임식을 십자군 전쟁의 영웅인 자신에게 걸맞은 아주 화려한 종교적 의식으로 거행하였는데,「창조주여 오소서」(Veni Creator)의 선율에 맞추어 두 사람의 주교가 그리스도에게 봉사하게 하기 위하여 이 아들을 기사로 서임시켜주었다. 이 의식에 참석하였던 수도사 피에르 데

---

*4 기사에 임명될 사람이 그 전날 밤 예배당에서 기도하며 밤을 밝히는 의식.

*5 1246~96. 프랑스의 법학자이자 시인. 관습법의 권위자로 로마법과 교회법에 조예가 깊었으며, 약간의 시와 짧은 이야기도 썼다.

5) *Jehan et Blonde*. éd. H. Suchier (*Œuvres poétiques de Ph. de Rémi*, t. II, v. 5916 et suiv.)

*6 1515년 프랑스군이 밀라노·스위스군을 쳐부수고 대승을 거둔 싸움. 나폴리에 대한 권리를 회복하기 위해 앙주 가문이 감행한 원정의 일환이었다. 원정의 목적 자체는 실패로 끝났다.

*7 프랑스 동부 바야르의 영주를 말한다.

*8 프랑스 왕 프랑수아 1세를 말한다.

*9 1160~1218?. 남프랑스 툴루즈의 백작. 내란을 주도하고 의회를 구성한 것으로 유명한 잉글랜드의 정치가 시몽 드 몽포르의 부친이다.

보 드 세르네(Pierres des Vaux de Cernay)는 이 의식에 대해 독특한 감탄의 외침을 올리지 않을 수 없었다. "오! 새로운 식의 기사도로다. 지금까지 알지 못했던 방식이로다"라고. 솔즈베리의 존(John of Salisbury)[*10]이 증언한 바로는[6] 12세기 중엽까지만 하더라도 더욱 간소한 칼의 축성식조차 아직 일반화되어 있지 않았다고 한다.

하지만 그러한 축성식은 그 당시(13세기―옮긴이)에는 이미 아주 널리 보급되어 있었던 것으로 보인다. 한마디로 교회는 전부터 있어왔던 관례인 칼을 건네주는 의식을 '성사'(聖事, sacrement)로 전환시키고자 꾀했던 것이라고 할 수 있는데, 성직자들의 저서에서 찾아볼 수 있는 이 성사라는 낱말은 신학이 아직 스콜라 철학적인 엄밀성과는 거리가 멀었고 걸핏하면 성사의 이름 아래 모든 종류의 성별 행위가 뒤섞여 취급되는 일이 그치지 않았던 그 시대에는 이런 식으로 쓰이더라도 아무 거리낌이 없었다. 하기야 교회는 이같은 노력에서 전면적인 성공을 거두지는 못하였다. 그렇지만 어떤 지방에서는 꽤 널리, 또 어떤 지방에서는 제한된 범위로 하는 식으로 받아들여져서, 교회가 적어도 스스로 한몫을 차지할 수는 있었다.

교회의 이러한 노력은 기사 서임의식에 중요성을 부여하고 이를 부각시킴으로써, 기사 신분이라는 것이 비전(秘傳)을 전수받은 사람들의 사회라는 느낌을 부채질하는 데에 크게 기여하게 되었다. 또한 기독교의 모든 제도가 전설적인 기록에 따라 인준받을 필요가 있었기 때문에, 성자전(聖者傳)이 여기에 도움이 되어주었다. 한 전례(典禮)학자는 이렇게 말하고 있다. "미사에서 바울 사도의 서간이 봉독될 때 기사는 경의를 표하기 위하여 기립해 있어야 한다. 왜냐하면 바울 사도는 기사였으므로."[7]

---

*10 1115?~80. 잉글랜드 남단 솔즈베리 출신으로, 프랑스 샤르트르의 주교가 되었던 신학자.

6) *Policraticus*, VI, 10(éd. Webb, t. II, p.25).

2. 기사도의 전범

그러나 종교적인 요소가 일단 무대에 등장하자 그 효과는 기사사회 내에서 집단정신을 강화시키는 데에만 그치지 않게 되었다. 그것은 집단의 윤리적 법규에도 마찬가지로 강력한 영향력을 발휘하였다. 기사가 될 젊은이가 제단에서 칼을 다시 집어들기 전에 흔히 그는 앞으로 지켜야 할 여러 가지 의무를 정확히 규정한 맹세를 하도록 요구받았다.[8] 기사 서임을 받는 모든 사람이 무기를 축복받은 것은 아니었으므로 그들 모두가 맹세를 하지는 않은 셈이다. 그러나 기독교회의 저작가들은 흔히들 솔즈베리의 존과 의견을 함께하였는데, 그들의 견해로는 이같은 맹세를 입밖에 내어 말하지 않은 사람이라 하더라도 기사 신분을 받아들였다는 사실 하나만으로도 일종의 준(準)계약에 따라 '암암리에' 이 맹세에 승복하게 되는 것이었다.

이렇게 해서 확립된 준칙들은 차츰 다른 문서에도 스며들어갔다. 이것은 처음에는 기도문에 삽입되었는데, 이 기도문은 종종 매우 아름다운 것이었으며, 의식의 진행순서에 따라 이 준칙들을 반주에 맞추어 노래하게 되어 있었다. 나중에는 속어로 씌어진 여러 가지 저작물 속에도——이 경우에는 이본(異本)이 발생하는 것을 막을 수 없었다——이러한 준칙들이 등장하게 되었다. 이를테면 1180년이 조금 지나서 크레티앙 드 트루아(Chrétien de Troyes)[*11]에 의해서 씌어진 『페르스발』(*Perceval*)[*12] 가운데 한 유명한 구절도 그같은 예이다. 뒤이어 그 다음 세기(13세기 — 옮긴이)에는 산문으로 된 기사 이야기인 『랑슬로』(*Lancelot*) 중의 몇 페이지, 독일의 미네장 가운데 '마이스너'(Meissner)[*13]

---

7) Guillaume Durand, *Rationale*, IV, 16.

8) Pierre de Blois, ep. XCIV.

*11 프랑스 기사도 문학의 창시자.

*12 성배를 찾아나섰다는 전설상의 기사 파르치팔을 말한다.

의 작품 한 편, 마지막으로 특히 중요한 것으로 『기사의 서임』(*L'Ordene de Chevalerie*)이라는 제목이 붙은 프랑스어로 된 교훈적인 단시 등에 그러한 준칙들이 제시되어 있다. 이 소품은 눈부신 성공을 거두었다.

이 작품은 얼마 지나지 않아 이탈리아어로 된 일련의 소네트에서 자세히 읊어졌는가 하면 또 카탈루냐에서는 라이몬 룰에 의한 모작까지 낳게 되었다. 더 나아가 『기사의 서임』은 이렇게 하면서 다른 수많은 문학작품들, 곧 중세 말 몇 세기 동안에 기사 서임의 상징적 의미 해석을 찌끼만 남도록 말라비틀어버리게 하고, 또 그 지나친 극단성으로 인해 이 제도가 계율이라기보다는 그저 한낱 에티켓에 불과한 상태로까지 전락해버렸다는 사실과, 그렇게도 고귀하게 울려퍼지는 것인 양 표방되던 바로 그 이상 자체마저 빈 껍데기가 되어버렸다는 사실을 적나라하게 보여주게 될 그러한 문학작품들을 출현시켰다.

그러나 기사 서임이 표방하던 이상이 애당초부터 생명력을 지니고 있지 않았던 것은 아니다. 이 이상은 계급의식의 자연발생적인 발로로서 이미 그전부터 형성되었던 행동준칙들, 곧 가신의 충성의 전범 위에 한데 겹쳐졌다——양자가 이렇게 겹쳐지게 되는 과정은 11세기 말경 수트리(Sutri)의 주교 보니조(Bonizo)가 쓴 『기독교적 생활의 서(書)』(*Liber de vita Christiana*)에 분명히 나타나 있는데, 그가 보기에 기사란 여전히 다른 무엇보다도 봉토를 받는 가신이었다. 이러한 이상은 특히 출신성분이 고귀하고 '궁정식인' 사람들의 계급적 전범이었다. 이 새로운 십계명은 넓은 도량, 명예와 '찬양'의 추구, 휴식이니 고통이니 죽음이니 따위에 대한 경멸 등——독일의 시인 토마친(Thomasin)은 "안락하

---

*13 여기에서 저자 블로크가 가리키는 것은 13세기 후반 독일의 유랑가객이었던 마이스너(Meissner, '마이센 사람'이라는 뜻)인 것으로 보인다. 마이스너는 1260년 무렵부터 1284년 무렵까지 예나·뷔르츠부르크·포메른·뉘른베르크 등 각지의 궁정을 돌아다니며 다른 시인들을 모방하거나 패러디하거나 공격한 시들을 썼다.

게 살기만을 바라는 자는 기사의 직분을 수행하고자 하지 않는 사람이
다"라고 말하고 있다[9]——종교적 사상에도 아주 기꺼이 받아들여질 만
한 원칙을 이들 세속적인 윤리에서 빌려왔다.

그런데 이렇게 하면서 이들 규범 자체가 기독교적 색채로 물들게 되
었으며, 더 나아가 이같은 규범에서 그렇게도 큰 자리를 차지해왔고 실
제로 계속 그러한 자리를 차지하고 있던 극히 세속적인 성격의 여러 전
통적 요소들이 씻겨나가게 되었다. 곧 성 안셀무스에서 성 베르나르에
이르는 수많은 엄격주의자들로 하여금 성직자가 속세에 대해 품는 경
멸의 느낌이 가득 담긴 말장난인 "신(神)의 군대가 아니라 사악한 것
(non militia, sed malitia)"[10]이라는 구절을 입에 올리게끔 하였던 저
잡동사니들은 제거된 것이다. 이 말은 '기사도라는 것은 사악한 짓거리
이다'라는 뜻이었지만 교회가 기사의 덕목들을 결정적으로 받아들인
이상, 이후로 어떤 저술가가 감히 이같은 등식을 되뇌려 했겠는가. 이
렇게 해서 정화된 옛 법규들에는 마침내, 오로지 영적인 성격만을 띤
배려가 뚜렷이 새겨진 다른 법규들이 덧붙게 되었다.

따라서 성직자도 속인도 한결같이 기사에게는 경건함을 요구하고 있
었으며, 필리프 오귀스트 왕 자신도 이 경건함이 없이는 진정한 '프뤼
돔'이 될 수 없다고 생각하였다. 기사는 '날마다' 또는 적어도 '자주'
미사에 참석해야 하며 금요일에는 단식해야 한다. 그렇지만 이 기독교
적 영웅이 그 본성에서 기사라는 점에는 변함이 없다. 사람들이 무기를
축복한 것은 그러한 축복이 무기의 효능을 크게 해주리라는 기대에서
가 아니었던가. 기도문에는 이러한 믿음이 뚜렷이 드러나 있다.

그러나 기사가 이렇게 성별된 칼을 받는 것은——물론 자기 자신의
적이나 자기 주군의 적에 대해 필요상 칼을 빼는 것을 마다할 사람은

---

9) *Der Welsche Gast*, éd. Rückert, v. 7791~92.

10) Anselme, *Ep.* I(*P. L.*, t. CLVIII, col.1147) ; S. Bernard, *De laude novae militiae*, 77, c. 2.

하나도 없겠지만——무엇보다도 먼저 대의를 위해 이를 쓰기 위해서였다. 10세기 말에 출현한 오래된 축성문에서도 이미 이러한 주제가 부각되고 있는데, 후대의 의식에서는 이것이 더욱 크게 발전하였다. 이렇게 해서 전쟁을 위한 전쟁 또는 이득을 위한 전쟁이라는 옛 관념은 무척이나 중대한 수정을 겪게 되었다. 서임받은 기사는 이 칼로써 특히 이교도에 맞서서 성스러운 교회를 지키게 되리라. 기사는 과부, 고아 그리고 가난한 사람을 보호해주게 되리라.

세속적인 문헌들에서는 이같은 일반적인 법규에다 좀더 특수한 몇몇 권고를 덧붙이고 있다. 그것은 전투에서의 행동에 관한 내용(저항할 힘이 없는 패배자는 결코 죽이지 말 것), 또는 재판과 공적 생활의 실행에 관한 내용(그릇된 판결이나 반역행위에는 결코 끼여들지 말 것, 만약 이를 미리 막지 못한다면『기사의 서임』가운데 한 구절에서 조심스럽게 덧붙이고 있는 대로 그 자리를 떠나버릴 것), 그리고 마지막으로 일상생활의 여러 가지 일들에 관한 내용(부인에게 악의 있는 조언을 하지 말 것, 곤경에 빠진 이웃을 '될 수 있는 한' 도울 것) 등을 담고 있다.

현실은 수많은 권모술수와 폭력으로 짜인 것이어서 이러한 열망에 항상 부응할 수는 결코 없었으니, 그것이 어찌 놀라운 일이겠는가. 그런 한편으로는 '사회적' 착상에서 비롯된 윤리의 관점에서 보나 좀더 순수하게 기독교적인 전범이라는 관점에서 보나, 이러한 덕목의 일람표는 무언가 좀 소략(疏略)하다는 느낌을 준다고 지적하는 것 또한 있을 수 있는 일일 것이다. 그러나 이렇게 되면, 역사가는 이해하는 것을 유일한 본분으로 삼고 있음에도 불구하고 더 나아가 판단까지 내리는 꼴이 되고 말 것이다. 우리로서는 기사적 덕목의 일람표가 교회의 이론가나 전례학자에게서 속세의 통속적 보급자로 옮아감에 따라 그 내용이 아주 우려할 정도로 희박해지는 경우가 자주 있었던 것 같다는 점에 주목하는 편이 더 중요하다.

"신께서 만드시고 또 명하신 최고의 위계는 기사의 위계이다"라고 크레티앵 드 트루아는 그의 버릇인 호방한 어법으로 말하고 있다. 하지만 이 거창한 머리말에 뒤이어, 시인 자신이 염두에 두고 있던 바로 그 프뤼돔이 자신으로부터 무기를 건네받은 젊은이에게 내린 교시는 당혹스러울 만큼 보잘것없었다는 점도 인정하지 않을 수 없다. 사실 크레티앵은 다음 세기인 13세기에 루이 9세 주변에서 성행한 것처럼 종교적 정열로 가득 찬 '프뤼돔 정신'보다는 오히려 12세기 군주들의 대궁정을 무대로 펼쳐졌던 '쿠르투아지' 쪽을 묘사했는지도 모르겠다.

이 성인(聖人) 기사(루이 9세-옮긴이)가 살고 있던 바로 그 시대, 그 환경에서 기욤 뒤랑의 주교용 전례서에 실려 있는 저 숭고한 기도문, 곧 샤르트르 성당의 현관이라든가 랭스 대성당의 정면 안쪽 벽에 성상(聖像) 조각가가 새겨놓은 석조(石彫) 기사상에 대하여 그에 걸맞은 전례상의 주석을 달아주고 있다고 할 만한 다음과 같은 기도문이 지어진 것은 분명 우연이 아니었다. "지극히 거룩하신 주, 전능하신 아버지시여……. 사악한 자의 악한 마음을 억누르고 정의를 지키기 위해 칼을 쓸 것을 이 땅 위에 허락하신 당신, 백성을 지키기 위해 기사 신분을 마련하기로 원하옵신 주여……. 여기 머리 조아리는 당신의 머슴에게 그 마음을 선하게 하시어, 어떤 사람인가를 부당하게 상처입히기 위해 이 칼이나 다른 칼을 쓰는 일은 절대 없도록 하옵시고, 이 칼은 언제나 의로운 이와 올바른 이를 지키는 일에 쓰게 하시옵소서"라는.

이처럼 전사들은 치안질서가 잘 잡힌 사회에서 필요한 구획집단으로 간주되어 시간이 갈수록 서임받은 기사집단이라는 성격을 띠게 되었고, 교회 또한 이렇게 해서 마침내 그들에게 일종의 이상적인 과제를 부여함으로써 이 전사 '신분'의 존재를 정당한 것으로 승인하게 되었다. "오 신이시여! 원죄의 타락 후 전(全)자연 안에서 인간 사이에 세 가지 위계를 설정하신 분이시여"라고 브장송의 전례서에 수록된 한 기도문에는 적혀 있다. 이는 동시에 이 계급에게, 이미 오래 전부터 사실로서 인정되어온 사회적 우위성을 정당화해주는 것이기도 하였다. 지극히 정통파적인 내용을 담은 『기사의 서임』에서만 하더라도 기사들은 성직자를 제외한 다른 모든 사람들보다 더 큰 존경을 받아 마땅하다고 이야기되고 있지 않은가 말이다.

로망스의 하나인 『랑슬로』의 경우에는 이보다도 훨씬 노골적이다. 이 작품은 "힘없고 평화로이 사는 사람들을 보호하기 위하여" 어떻게 기사계급이 설정되었는가를 설명한 뒤, 계속해서 이러한 문학작품 전체에서 공통적으로 나타나는 상징 취향을 보여주고 있지 않은가. 그래서 다름아닌 기사가 타고 있는 말을 일컬어 기사가 "정당한 권리에 따라 복속시키고 있는 백성"의 상징 바로 그 자체라고까지 말하고 있지 않은가. "왜냐하면 기사는 백성 위에 앉아야만 하기 때문이니. 또한 말에 박차를 가하고 말 위에 올라앉아 원하는 곳 어디로든 말을 몰아가는 것과 하나도 다름없이, 기사는 원하는 곳 어디로든 백성을 이끌어가야 할지니"라고 말이다.

그보다 나중에 라이몬 룰은 자기 휘하의 백성들이 "곤핍과 고통"을 겪으면서 제공해주는 것에서 기사가 "자신의 안락"을 얻어내는 것은 미풍양속과 조화된다고 단언하였는데, 그러면서도 그는 이것이 기독교적인 감정을 거스르는 말이라고는 생각하지 않았다.[11] 이러한 사고방식은 귀족계급의 의식구조를 그대로 보여주거니와, 이같은 의식구조야말로 가장 엄밀한 의미에서의 귀족계급이 전성기를 맞이하는 데에 다시 없이 유용하였다.

---

11) Raimon Lull, *Libro de la orden de Caballeria*, I, 9. 이 구절 전체에는 비길 데 없는 향기가 감돌고 있다.

제4장

사실상의 귀족에서 법적인 귀족으로의 전환

1. 기사 서임과 귀족 서임의 세습

1119년경 성지 예루살렘에 세워진 식민지들을 지키기 위하여 창설된 성전기사단(聖殿騎士團, Ordre du Temple)*1은 복장·무기·지위에 따라 구분되는 두 부류 전사들의 집결체로 이루어져 있었다. 즉 위에는 기사가 그리고 밑에는 단순한 하사(sergent)가 있었는데, 기사는 흰 망토를, 하사는 갈색 망토를 입었다. 이러한 차이가 처음부터 가입자들의 사회적 출신성분의 격차에 따라서 생긴 것임은 의심할 나위가 없다. 그러나 1130년에 편찬된 가장 오래된 『규칙』(Règle)에는 이 문제에 관한 아무런 명확한 조건 규정도 들어 있지 않다. 이 경우 어떤 전사를 어떤 등급에 가입시키는가를 결정짓는 것은 명백히 그 사람의 사실상의 상태였으며, 이 사실상의 상태라는 것은 일종의 여론에 따라서 정해지는 것이었다.

---

*1 십자군 시대의 유명한 기사단 가운데 하나. 제1회 십자군 때 예루살렘의 솔로몬 성전, 곧 템플에 본부를 두고 창설되었는데 순례 경호단체 구실을 했을 뿐 아니라 전유럽의 재정·금융 기관으로도 크게 활약하였다. 1312년 프랑스의 필리프 미남왕에 의해 해산되었다.

그런데 1세기가 조금 지나서 두번째로 편찬된 『규칙』에서는 이와는 반대로 전적으로 법률적인 엄격성을 가지고 이 문제가 처리되고 있다. 흰 망토를 입을 권한을 가지려면 지망자는 이 기사단에 들어오기 전에 이미 기사 서임을 받은 사람이어야 한다는 것이 무엇보다도 필요한 조건이었다. 게다가 그것만으로도 충분하지 않았다. 그는 그 위에 '기사의 자제이거나 또는 부계 쪽으로 기사의 혈통을 이어받은 후손'이어야 하였다. 바꾸어 말하면 다른 구절에서 표현되고 있듯이 '장티욤'이어야 하였다. 왜냐하면 이 문서에서 다시 정확하게 규정하고 있듯이 기사의 지위를 '획득해야만 하고 또 획득할 수 있는 것'은 오직 이 신분에 한해서였기 때문이다.

그뿐이 아니다. 어떤 신입자가 자기가 기사 신분이라는 사실을 숨기고 하사들 사이에 끼여들었다면 어떻게 될까. 진상이 일단 밝혀지면 그는 쇠사슬에 묶일 것이다.[1] 이 13세기 중엽에는 기사수도사(騎士修道士)들 사이에서조차 카스트에 대한 자부심이 기독교적 겸손보다 더 중요하게 여겨져서, 자발적으로 카스트를 낮추는 것은 어떤 경우를 막론하고 죄악으로 취급되었다. 도대체 1130년과 1250년 무렵이라는 두 시점 사이에 어떤 변화가 있었다는 말인가. 일어난 변화란 기사 서임을 받을 수 있는 권리가 세습적 특권으로 전환되었다는 사실 바로 그것이었다.

과거의 입법 전통이 조금도 사라지지 않았거나 또는 다시 살아난 지역에서는 여러 법령문서에 따라 새로운 법이 명확하게 규정되었다. 1152년 프리드리히 바르바로사 황제가 제정한 평화령(平和令, constitution

---

1) 옛 규칙에 대해서는 G. Schnürer, *Die urspriingliche Templerregel*, 1903 ; 프랑스어 번역은 H. de Curzon, *La règle du Temple*(Soc. de l'hist. de France), c.431, 445, 446, 448을 보라. ; 호스피탈 기사단의 경우에도 1262년 9월 19일자 총회의 결정에 비슷한 규정이 있다. Delaville le Roulx, *Cartulaire général*, t. III, p.47, c.19.

de paix)*2은 '농투성이들'이 기사의 무기인 긴 창과 검을 휴대하는 것을 금지하고 있으며, 이와 동시에 본인 이전에 조상이 이미 기사였던 사람들만을 '정당한 기사'로 인정하고 있다. 1187년에 공포된 또 하나의 평화령에서는 농민의 아들이 기사로 서임되는 것을 명백하게 금지하고 있다. 시칠리아의 국왕 루지에로 2세는 이미 1140년에, 그리고 아라곤의 왕 하이메 1세는 1234년에, 또 1294년에는 프로방스 백작 샤를 2세가 각기, 오로지 기사의 자손만을 기사로 인정한다고 포고하고 있다.

당시 프랑스에서는 이것이 법령으로 제정된 바는 거의 없었다. 그러나 루이 성왕 치하의 국왕법정의 판결은 이 점에 관하여 단호한 태도를 취하고 있다. 관습법의 경우에도 마찬가지였다. 국왕이 특별히 은사(恩賜)를 베푸는 경우를 제외하고는, 기사 서임자의 부친이나 부계(父系) 선조가 일찍이 기사가 아니었을 경우에는 어떠한 서임도 합법적인 것이 될 수 없었다(하지만, 아마도 그 무렵부터 비롯되었는지도 모르고 어쨌든 그보다 조금 나중의 시기에는 분명히 해당되는 일인데, 샹파뉴 지방의 적어도 한 지역의 관습법에서는 이 '귀족 신분'이 모계의 '태' 〔胎〕를 거쳐서도 전해질 수 있다고 인정하고 있었다). 1260년 무렵 알폰소 현명왕(賢明王)*3의 명에 따라 편찬된 카스티야법의 위대한 개론인 『시에테 파르티다』(Siete Partidas)의 한 구절에도——실상 그렇게까지 정확하지는 않지만——같은 관념이 깔려 있는 것으로 보인다.

이 문서들 상호간에는 그리고 또한 이들 문서와 국제적 기사단인 성전기사단의 규칙 사이에는 시간적으로 거의 일치가 이루어지고 있을

---

*2 폭력과 유혈을 억제하고 평화를 정착시키기 위하여 국왕 또는 영역제후들이 내린 칙령. 계급별로 무기휴대, 폭력이 허용되는 범위 등을 규정하고 있는 것이 특징이다. 이 평화령의 성립배경에 관해서는 이 책의 제2부 제4장 「무질서와 이에 맞선 싸움」을 참조하라.

*3 재위 1254~84. 신성로마 황제로서는 1267~72. 역사서·법전·천문학서 등의 편찬에 크게 기여한 왕이다.

뿐만 아니라 이들의 내용도 완전히 일치하고 있는데, 이것만큼 주목을
끄는 일도 없다. 적어도 대륙에서는——앞으로 살펴보게 되듯이 잉글랜
드는 따로 다루어야 할 터이므로——상류계급의 진화가 근본적으로 균
일한 리듬에 따라 이루어진 셈이다.[2]

통치자들이나 재판소는 이러한 장벽을 뚜렷하게 올려세우면서도 자
기네가 혁신을 이루고 있다는 느낌은 거의 가지지 않았음에 틀림없다.
어느 때이건 늘 기사로 서임받는 사람들의 대부분은 기사의 자손이었
기 때문이다. 점점 배타적이 되어가고 있던 귀족계급의 견해에 따르면
오직 높은 가문 태생——이것이야말로 나중에 라이몬 룰이 말하게 되듯
"옛 시대의 명예를 이어가는 보증"이었던 셈이다——의 사람만이 무기
를 건네받음으로써 자신에게 부과된 생활의 전범을 준수할 만한 자격
을 갖추고 있다고 생각되었다. "오, 신이시여, 훌륭한 기사가 예농
(vilain)의 아들을 기사로 삼아주었을 때 그에게 돌아오는 보상이란 그
얼마나 못되어먹은 것이온지요"라고 1160년 무렵 『지라르 드 루시용』
의 시인은 절규하고 있다.[3]

그러나 이같은 새치기가 비난의 대상이 되었다는 바로 그 사실이야

---

2) *Constitutiones*, t. I, p.197, c.10, p.451, c.20 ; H. Niese, *Die Gesetzgebung der norm. Dynastie*, p.67 ; Marca, *Marca Hisp.*, col. 1430, c.12 ; Papon, *Histoire générale de Provence*, t. III, p.423 ; *Siete Partidas*, Part II, t. XXI, I. 2 ; 포르투갈에 관해서는 E. Prestage, *Chivalry*: a series of studies to illustrate its historical signifiance and civilizing influence, by members of King's College, *London*, Londres(1928), p.143을 보라 ; 프랑스에 관해서는 참고문헌이 너무나 많기 때문에 여기에서는 열거하지 않겠다. Petit-Dutaillis, *L'Essor des États d'Occident*, p.22 이하를 참조하라.

3) Raimon Lull, *Libro de la orden de Caballeria*, éd. I. R de Luanco III, 8 ; *Girart de Roussillon*, trad. P. Meyer, p.28(또한 éd. Foerster, *Roman. Studien*, t. V, v.940 et suiv. 참조).

말로 이러한 새치기가 드물지 않았다는 것을 증명해주고 있다. 어떠한 법률로도 어떠한 관습으로도 이러한 새치기를 몰아낼 수는 없었다. 더구나 이는 병력 충원에 거의 필요한 현상으로까지 여겨진 적도 한두 번이 아니었다. 왜냐하면 같은 계급적 편견 때문에, 사람들은 말을 타고 전신무장을 한 채 전투할 수 있는 권리를 가지려면 반드시 기사 서임을 받아야만 한다고 생각하였기 때문이다. 1302년 쿠르트레(Courtrai) 전투[*4] 전야에, 기사부대를 편성하고자 하던 플랑드르 영역제후들이 필요한 군마와 장비를 마련할 만한 부를 소유한 몇몇 유복한 부르주아들에게 기사 서임을 베풀었던 것[4]을 우리는 알고 있지 않은가.

따라서 오랫동안 수많은 구멍을 가진 채 그저 사실상의 세습적 직무에 불과한 상태로만 머물러 있던 기사 신분이 법률적으로 규정된 엄격한 특권으로 바뀌었다는 것은——비록 당시 사람들은 명확하게 의식하지 못했다 하더라도——지극히 중요한 전환점을 이루는 것이었다. 그 당시 기사사회의 언저리에서 진행되고 있던 깊디깊은 사회적 변화가 이렇게 준엄한 드라콘[*5]식 조치를 불러일으키는 데에 큰 몫을 했다는 것도 틀림없는 사실이다.

12세기에는 하나의 새로운 세력이 태어났다. 그것은 곧 도시벌족(閥族, patriciat) 세력이었다. 이들 부유한 상인들은 서슴지 않고 영주 소유지를 사들였을 뿐 아니라, 또 개중에는 자기 자신이 직접 또는 자기 아들이 '기사의 칼띠'를 차게 되기를 바라는 사람도 상당히 많았다. 세습적 기사가문 출신 전사들은 이들이야말로 그때까지만 하더라도 혈통 좋은 집안에서 태어난 사람들을 빼놓고는 거의 유일하게 기사 서임 지

---

*4 코르트레이크 전투라고도 한다. 필리프 미남왕이 이끄는 프랑스군이 플랑드르의 여러 도시를 공격했다가 이 전투에서 플랑드르군에게 패하였다.

4) P. Thomas, *Textes historiques sur Lille*, t. II, 1936, p.237.

*5 고대 아테네의 입법자. 그가 입법한 법률은 준엄하고 가혹하다고 정평이 나 있다.

망자들을 내놓고 있는 계층이었던 벼락출세 군인이나 영지 관리인들에 비해 자신들의 의식구조나 생활방식에 훨씬 더 생소하며 또 수적으로 보아 훨씬 더 위협적인 분자라는 사실을 깨닫지 않을 수 없었다.

오토 폰 프라이징 주교의 글을 읽어볼 때, 북부 이탈리아에서 '공장 (工匠)바치들'에게 너무나 쉽게 기사 서임을 허락해준다고 생각한 독일 의 제후들이 이 문제에 대해 어떤 반응을 보였던가 하는 것도 잘 알 수 있다. 또한 보마누아르의 글을 보면, 프랑스에서도 신흥계층이 열나게 토지에 자본을 투입해대자 이같은 물밀듯한 기세에 놀란 국왕들이 단 순히 봉토만 구입한다고 해서 모든 벼락부자들이 기사가문 자손들과 동등해질 수는 없게끔 하기 위해 이에 필요한 예방책을 마련할 수밖에 없게 되었다는 사정을 아주 분명하게 알 수 있다. 어떤 계급이 유독 똘똘 뭉치게 되는 것은 그 계급이 스스로 위협받고 있다고 느꼈을 때 이다.

하지만 그러한 장애가 원칙상 뛰어넘을 수 없는 것이었다고 생각하 지는 말자. 유력자 계급이 세습적인 카스트로 완전히 전환하게 되면 이 계급은 새로운 여러 세력—이같은 세력들의 분출을 막을 수 없다는 것은 생명의 법칙 바로 그것이다—을 자기네 반열에서 억지로 몰아내 지 않을 수 없게 되며, 그리하여 하나의 사회적 세력으로서 치명적인 균열을 겪지 않을 수 없는 법이리라. 봉건시대 말기에 법률적 견해는 전체적으로 보아 기사계급에 새로운 인적 요소들이 가입하는 것을 가 차없이 금지한다기보다는 차라리 이를 꼼꼼하게 통제하는 방향으로 진 전되었다.

그전에는 기사는 누구든지 딴 사람을 기사로 서임할 수 있었다. 13 세기 말경 보마누아르가 그의 저서에 등장시킨 세 인물만 하더라도 아 직까지 그렇게 생각하고 있었다. 그들 자신 모두 기사였던 이 세 사람 은 어떤 소송행위를 하는 데에 관례상 꼭 들러리로 참석해주어야 할, 같은 신분의 사람 또 한 명이 필요하였다. 그까짓 것 무슨 문제랴. 이 들은 도중에서 농부 한 사람을 덥석 붙들어 그의 목덜미를 두드리며 말했다. "기사가 될지어다!"라고.

그러나 이 시대에 이러한 행동은 법률의 전진에 위배되는 짓이었다. 이같은 시대착오적 행위에 대한 정당한 징벌은 바로 무거운 벌금이었다. 왜냐하면 '서임받은 기사'에게는 다른 사람에게 기사 신분을 부여할 수 있는 자격이 있었던 것이 사실이지만, 이때부터 이 자격은 오로지 지망자가 이미 기사가계 출신인 경우에 한해서만 행사될 수 있었기 때문이다. 사실대로 말하자면 그렇지 않은 경우라도 기사 서임이 여전히 가능하기는 하였다. 하지만 그것은 당시에 일반적으로 퍼져 있던 관념에 따라 관습적 규정의 적용을 면제시킬 수 있는 이례적인 권한을 지니고 있던 유일한 권력, 곧 보마누아르가 말하는 '새로운 제도'를 부여해줄 수 있는 유일한 존재인 국왕의 권력에 의해 특별히 허락되는 경우뿐이었다.

앞에서 살펴보았듯이 루이 성왕의 시대부터 이미 프랑스 국왕법정의 법률 해석은 그렇게 이루어지고 있었다. 그런데 그후 얼마 안 지나 카페 왕조의 측근에서는 이 기사 서임 허가를 처음부터 귀족 서임증서라 불리는 상서부(尙書部) 증서의 형태로 내려주는 관습이 나타나게 되었다. 기사 신분을 부여받도록 허락받는다는 것은 나면서부터의 '귀족'과 동등한 자격을 인정받는다는 이야기가 아닌가 말이다. 뒤이어 수없이 쏟아져나오게 되어 있던 이같은 종류의 문서들 가운데 현존하는 최초의 사례는 필리프 3세나 필리프 4세 시대의 것이다.

때때로 국왕은 옛 시절부터의 관습에 따라, 전장에서 용맹한 행위를 보인 사람에 대한 보상으로 자신의 이 권한을 행사하기도 하였다. 이를테면 필리프 미남왕은 몽상 페벨(Mons-en Pevèle)의 싸움[*6]이 있던 날 밤, 한 푸줏간 주인에게 이러한 은사를 베풀었다.[5] 그러나 왕에 의한 이러한 기사 서임은 오랜 봉사라든가 사회적으로 현저한 지위를 인

---

*6 이 싸움에서 프랑스군은 적군인 플랑드르군을 격파하였다.

5) *Rec. des Hist. de France*, t. XXII, p.18.

정해줄 목적으로 베풀어지는 경우가 가장 많았다.

귀족 서임증서는 한 사람의 새로운 기사를 만드는 것을 허락하는 데에만 그치지 않았다. 기사 서임을 받을 수 있는 자격은 그 본성상 대대로 이어지는 것이었으므로 이는 동시에 새로운 기사가문을 열어주는 셈이었다. 시칠리아 왕국의 입법이나 관행은 이와 똑같은 원칙에 따라 고취된 것이었다. 에스파냐에서도 마찬가지였다.

신성로마 제국으로 말하자면 사실 프리드리히 바르바로사 황제의 법령에는 이러한 것에 관한 규정이 전혀 마련되어 있지 않다. 그러나 다른 사료를 볼 때 이 황제는 자기가 단순한 병사를 기사로 서임할 권리를 가진다고 생각하고 있었음을 알 수 있다.[6] 그러니까 이 황제는 자기가 정한 법률에 포함된, 겉보기에는 마치 절대적인 것처럼 보이는 금지조항이라 할지라도 이것이 자신까지 구속한다고는 생각하지 않았던 것이다. 더구나 독일의 군주들은 다음 치세부터 반세기 이상이나 시칠리아 왕국과 신성로마 제국의 왕관을 겸해서 쓰게 되었으니, 시칠리아의 본보기가 이들에게 영향을 미치지 않을 수 없었다. 콘라트 4세—이 사람은 1250년에 친정(親政)을 시작하였다—이후로 독일의 군주들은 출생이라는 면에서 보면 그럴 자격이 없는 사람들에게 증서를 수여함으로써 그들이 ‘기사의 칼띠’를 받을 수 있게 허락해주었다.

분명코, 왕들이 이같은 기사 서임의 독점권을 아무런 어려움도 없이 손에 넣었던 것은 아니었다. 시칠리아의 루지에로 2세만 하더라도 카바(Cava)의 수도원장에게는 예외적인 특권을 인정해주었다. 프랑스의 경우, 세네샬[*7] 관할구(sénéchaussée)인 보케르(Beaucaire)[*8]에 살던 귀족이나 성직자들은 1298년에도 아직—얼마나 성공했는지는 모르지만—자기네는 부르주아 중에서 자유로이 기사를 임명할 수 있는 권리

---

6) Otton de Freising, *Gesta*, II, 23.

*7 세네샬(sénéchal)은 남프랑스에서 지방의 재무·사법 업무를 겸했던 지방 수령.

*8 남프랑스 해안 가까운 론 강 어귀의 삼각주 근처 지방.

를 가지고 있다고 자처하였다.[7]

상급 봉신들 편에서의 저항은 특히 맹렬하였다. 필리프 3세 치하에서 국왕법정은 제멋대로 '예농'—실제로 그들은 아주 부유한 사람들이었다—을 기사로 임명했다는 죄로 플랑드르 백작과 느베르(Nevers) 백작에 대해 소송을 제기해야만 하였다. 더 나중에 왕족영지(apanagé)[*9]를 가진 영역제후들은 발루아 왕조(1328~1589) 시대의 혼란을 틈타서 어렵지 않게 이 특권을 가로챘다. 당연한 일이겠지만, 신성로마 제국에서는 마침내 수많은 사람들이 신흥인물을 이런 식으로 기사 신분에 넣어줄 수 있는 권능을 가지게 되었다. 즉 스트라스부르의 주교가 1281년부터 그러했던 것에서 볼 수 있듯이 영역지배제후들이 이러한 권능을 가졌다.[8] 그뿐 아니라 이탈리아에서는 1260년부터 피렌체 같은 도시 코뮌까지도 이러한 권리를 가지고 있었다.

하지만 이와 같은 현상이 곧 국왕 특유의 권리의 해체를 뜻한다고 볼 수 있을까. 이 장벽을 낮출 수 있는 권리는 국왕에게만 인정된다는 원칙은 여전히 손상되지 않았다. 더 중요한 것은 사실상의 지위를 이용해서 기사의 대열에 부당하게 슬며시 끼여든 어지간히도 많은 침입자들의 사례였다.

귀족이라는 것은 대체로 권세와 특유의 생활방식을 가진 계급이라는 성격을 유지하고 있었다. 그러한 이상, 아무리 법의 규정이 있다고 할지라도 군사적인 봉사를 조건으로 수수되는 봉토를 소유한 사람이라든가 농촌장원의 주인 같은 사람들, 또는 하고많은 세월을 갑옷 아래 지내온 전사들이 그 출생이야 어떻든 간에 귀족의 칭호를 받지 못하고 따라서 기사 서임을 받을 권리를 가지지 못한다는 것은 있을 수 없는 일

---

7) *Hist. de Languedoc*, 2ᵉ éd., t. VIII, col. 1747.

*9 본인의 사망이나 가계의 단절 때에는 군주에게 반환한다는 조건으로 왕족에게 수여되는 영지.

8) *Annal. Colmar.*, *SS.*, t. XVII, p.208, I. 15, p.224, I. 31을 참조하라.

이라는 것이 거의 일반적인 견해였다. 그런데다가, 일반적으로 그러하듯이 오랜 기간에 걸쳐 관습적으로 사용한 끝에 칭호가 태어나고 나면 몇 세대 후에는 다른 어느 누구도 그 가족이 이 칭호를 가지는 데 대해 시비를 걸 생각을 하지 않게 되었다. 결국 정부에 남아 있는 유일한 희망은 이같은 권리남용을 자진하여 인가해줌으로써 수혜자들한테서 약간의 금전을 받아내는 일이었다.

이러한 관행상의 세습에서 법적인 세습으로의 전환은 물론 자연발생적인 오랫동안의 발생과정을 거치면서 준비된 것이기는 하다. 그러나 이러한 전환은 국왕권 또는 영역제후(princier) 권력——이는 사회적 치안질서를 엄격하게 확립할 수 있을 뿐 아니라, 동시에 불가피하면서도 유익한 현상인 신분간의 이동을 인가해주면서 이를 조정할 수 있는 유일한 권력이었다——이 강화됨으로써 그때에야 비로소 가능해졌다는 것도 이에 못지 않은 사실이다. 파리 고등법원이 없었거나 또는 고등법원이 판결을 집행할 힘을 가지지 못했더라면 아무리 하잘것없는 영주라도 왕국 안에서 자기 마음대로 목 두드리기를 베풀어서 기사들을 계속 양산했을 것이다.

정부가 끊임없이 돈에 굶주리고 있던 그 당시에는 정부 손에 걸려들어 크건 작건 간에 돈을 만들기 위한 기구로 변하지 않은 제도가 거의 없었다. 기사 서임 허가도 이같은 공통된 운명에서 벗어나지 못하였다. 상서부에서 발송하는 다른 문서들과 마찬가지로 국왕의 기사 서임증서도 드문드문 예외가 있기는 했지만 거저 주어지는 것이 아니었다. 사람들은 때로는 자기 출신성분을 증명하지 않아도 될 권리를 가지기 위해서 돈을 지불하기도 하였다.[9]

필리프 미남왕은 공공연히 기사 신분을 흥정거리로 삼았던 최초의

---

9) A. de Barthélemy, *De la qualification de chevalier*(*Revue nobiliaire*, 1868, p.123)과 *Études sur les lettres d'anoblissement*(*Revue nobiliaire*, 1869), p.205.

군주였다. 그가 쿠르트레 전투에서 패한 후인 1302년에는 귀족 서임을 매입하라고 사람들을 부추기는 일과 왕령지 농노에게 자유를 파는 일을 임무로 하는 파견위원들이 각 지방을 누비고 다녔다. 하지만 이 방법은 당시의 유럽에서도, 심지어는 프랑스 자체 내에서도 아주 일반적으로 행해졌거나 많은 실수입을 가져다 준 것으로는 보이지 않는다. 나중에 프랑스 국왕들은 '예농의 화장비누'(savonnette à vilains)*10라는 것을 자기네 금고를 규칙적으로 채워줄 하나의 재원으로 삼는 법을 터득했으며, 또 부유한 납세자들은 목돈을 한꺼번에 내고 그 대신 세금—귀족들은 이를 면제받고 있었다—에서 벗어날 의도에서 그 수단으로 이 제도를 이용하는 법을 배웠다.

그러나 14세기 중엽까지만 해도 귀족의 재정적 특권은 국가의 세제 자체가 그러했던 것과 마찬가지로 아직 그리 확실하게 규정되지 못한 채로 남아 있었다. 또한 기사사회—군주들 자신도 이 사회에 속한다는 의식을 지니고 있었다—에서는 '집단정신'이 몹시 강했던 만큼, 그들이 특혜수여가 늘어나는 현상을 혈통의 순수성에 대한 모욕이라고 느껴 잘 허용하지 않으려 했다는 것도 틀림없는 일이다. 엄밀히 말하자면 세습적 칭호를 가진 기사집단이 그 문호를 닫아버린 것은 아니었으나 문은 겨우 조금밖에 열려 있지 않았으며, 그전보다도 또 그후보다도 바로 이 당시에 이 문을 빠져나가기가 훨씬 더 어려웠다는 것은 분명하다.

그리하여 맹렬한 반(反)귀족적 반동이 일어났다. 적어도 프랑스에서는 14세기에 이같은 반동이 폭발적으로 일어났다. 그 계급을 겨냥하여 가해지는 공격의 격렬성보다 더 웅변적으로 한 계급의 공고한 구성과 그 배타성을 보여주는 징후를 생각할 수 있을까. 자크리 농민봉기(la jacquerie)*11가 발생하던 시대에 공식적으로 쓰이다시피 했던 '귀족에

___

*10 귀족이 되기 위해 평민이 사들였던 직책.
*11 1358년 프랑스 북동부에서 일어난 대규모 농민봉기. 오랜 전쟁으로 인한 농

대한 비귀족(非貴族)의 반란'이라는 표현은 시사하는 바 크다. 전투에 가담했던 사람들의 명단도 이에 못지 않게 시사적이다. 부유한 부르주 아이며 특권도시 가운데 으뜸가는 도시(파리─옮긴이)의 최고행정관이 었던 에티엔 마르셀(Étienne Marcel)은 명백하게 귀족에 적대적인 태 도를 취하였다. 그는 루이 9세나 루이 14세 치하였다면 자신이 바로 귀족 가운데 한 사람이었으리라. 사실 1250년에서 1400년에 걸치는 시기는 유럽 대륙에서 사회계층이 가장 엄격하게 위계서열을 이루게 된 시기였다.

2. 기사의 자손이 특권계급을 이루게 되다

그러나 기사의 직분에 속한다는 것을 이미 확고하게 인정받은 가계 의 구성원이나 예외적으로 은총을 받은 사람들에게만 기사 서임을 허 용해주었다고 하더라도 그것만으로는 진정한 귀족계급을 형성하기에 충분하지 못했을 것이다. 왜냐하면 이렇게 되면, 귀족의 개념에 입각해 볼 때 고귀한 출생과 결부되어 있을 수밖에 없다고 여겨지던 특권을, 집행되기도 했다가 집행되지 않기도 했다가 하는 하나의 의식(儀式)에 따라 좌우되는 것으로 만들어버리는 꼴이 되기 때문이다.

또한 귀족계급의 형성은 단순한 위신의 문제만도 아니었다. '서임받 은' 전사인 동시에 전투와 조언이라는 아주 고도의 사명을 띤 가신이기 도 했던 기사에 대해 한결같이 인정되고 있던 탁월한 지위는 차츰 명확 한 법률적 전범으로서 구체화해가는 경향을 띠게 되었다. 이제 11세기 말에서 13세기 초에 이르기까지 똑같은 규칙들이 봉건적 유럽 사회를 가로질러 퍼져갔다. 이같은 이득을 누리려면 먼저 당사자가 가신으로 서의 의무를 효율적으로 수행할 것, "무기와 말을 가지고 있을 것, 나

경지의 황폐화와 귀족의 착취에 불만을 품은 농민층이 유례없는 큰 규모로 봉기했으나, 조직과 지도력·전술 등의 결핍으로 인해 곧 진압되고 말았다.

이 들어 은퇴한 경우 외에는 봉건군역(封建軍役, ost et chevauchée)*12
을 수행할 것, 재판집회와 궁정회의에 참석할 것"이 필요하다고 『카탈
루냐 관습법』에서는 규정하고 있다. 또한 당사자는 기사로 서임되어 있
어야 하였다.

　가신의 봉사의무가 일반적으로 쇠퇴해간 결과, 첫번째 조건(무기와
말을 가질 것—옮긴이)은 점점 강조되지 않게 되었다. 가장 후기에 작
성된 문서들은 첫번째 조건에 관하여 아무런 언급도 하지 않고 있다.
반면 두번째 조건은 오랫동안 매우 활발하게 살아남았다. 1238년이 되
어서도 아직 제보당(Gévaudan)*13의 라 가르드 게랭(La Garde-
Guérin)의 성채를 공동으로 소유하고 있던 '공동상속인'들 사이의 규
정인 한 사적(私的) 가족규약에서는 차남이 이미 기사 신분이 되어 있
고 장남이 그렇지 못한 경우에는 차남에게 우선권을 주고 있다.

　하지만 어느 곳이건 간에 기사의 아들이 기사 서임의식을 받지 못하
는 일이 생기면 어떻게 되었을까. 그런 사람은 단순한 '에퀴예'
(écuyer, 시동이라는 뜻)*14—이는 기사로서의 경력 면에서 앞서는 사
람들을 측근에서 모시는 젊은 귀족이 전통적으로 수행하던 역할에 빗
대어, 그러한 시종(侍從)의 지위를 가리키기 위해 관례적으로 사용되어
오던 용어에 따른 것이다—상태에 머물렀지만, 언제까지나 마냥 그럴
수는 없었다. 일단 나이가 들어 더 이상 그러한 태만이 허용되지 않는
연령(플랑드르와 에노에서는 25세, 카탈루냐에서는 30세)을 넘어서면
그는 무자비하게도 '농투성이들' 사이로 내쫓기게 되었다.[10]

---

*12 ost는 장기의 군역, chevauchée는 단기간의 기마군역이며, 양자를 합쳐 봉
　건군역의 통칭으로 삼는다.
*13 남프랑스 지중해 연안의 지역 이름.
*14 영어의 esqire 또는 sqire에 해당.
10) *Usatici Barcin.*, c.9 et 8 ; Ch. Porée, *Études historiques sur le
　Gévaudan*, 1919(또한 *Bibl. Éc. Chartes*, 1907), p.62, c.1 ; 에노의 평
　화증서(1200), *SS.*, XXI, p.619.

그러나 가문에 대한 긍지의 감정이 너무나 강력했기 때문에 이같은 엄격한 요구가 영구적으로 지속될 수는 없었다. 이러한 요구는 단계적으로 자취를 감추게 되었다. 1235년의 프로방스의 경우 그리고 거의 같은 무렵의 노르망디의 경우, 기사 서임을 받아야 한다는 의무와 전혀 상관없이 부친의 신분에 따른 혜택을 인정받을 수 있는 것은 아직까지는 아들 대(代)에만 한정되어 있었다. 이 아들에게 다시 아들이 생긴다면 어떻게 될까. 이런 경우 이 아들의 아들이 그러한 특권을 누리려면 자신이 직접 기사 서임을 받아야만 한다고 프로방스의 문헌에서는 못박아 규정하고 있다. 그 시절의 사정을 그보다 더 웅변적으로 말해주는 것은 독일에서 오펜하임(Oppenheim) 주민들에게 국왕이 내린 일련의 특허증서이다. 즉 1226년에는 기사에게, 1269년부터는 '기사와 그 아들'에게, 1275년에는 '기사와 그 아들과 손자'에게 같은 권리가 주어졌으니 말이다.[11]

그러나 이렇게 세대를 일일이 따져 셈하는 일에 어찌 싫증이 나지 않았겠는가. 물론 젊은 귀족이 격식을 차려 무기를 받는(즉 기사 서임을 받는─옮긴이) 것은 기사계급의 의무라고 계속 여겨졌으며, 그렇게 하지 못하면 어느 정도 사회적 지위가 떨어지지 않을 수 없었음은 분명하다. 하기야 프로방스 백작 문벌이나 바르셀로나 가문에서는 이상한 미신 때문에 기사 서임의식을 다가오는 죽음의 전조라고 여겨 이를 될 수 있는 대로 늦추려 했다지만, 이런 것은 놀라운 이야기일 뿐이었다.[12]

기사 서임이란 군사적 봉사를 양호하게 수행하는 데에 필요한 완전무장을 차리는 것을 보장해준다고 생각되었기 때문에 필리프 오귀스트

---

11) *Summa de legibus*, Tardif, t. II, XIV, 2 ; F. Benoit, *Recueil des actes des comtes de Provence*, t. II, nᵒ 246, c : IX *a*, 275, c : V *a*, 277, 278(1235~38) ; P. Guilhiermoz, *Essai Sur les origines de la noblesse en France au moyen âge*, 1902, p.481, n.5.

12) *Annales Colonienses max.*, SS., t. XVII, p.845.

왕부터 필리프 미남왕에 이르기까지 프랑스 왕들은 기사가문 출신의 신하들에게 이 의식을 거행할 것을 강요하려고 애썼다. 하지만 그들은 이 일에서 별로 성공을 거두지 못하였다. 그 결과, 벌금의 징수라든가 기사 서임 면제증서의 판매를 통해 수지맞는 재정적 이득을 끌어낼 힘도 없던 국왕 행정부는 결국 전쟁이 이미 지평선 저쪽에서 모습을 드러낸 때가 되어서야 비로소 기사계급에게 그저 무기를 들라고 명령하는 것으로 그칠 수밖에 없었다.

13세기 말엽에는 이러한 진전은 거의 어느 곳에서나 완료되어 있었다. 이제 귀족을 만드는 데에는 저 낡은 가입식, 곧 이 당시에는 이미 의례적인 형식주의의 상태로 떨어져 있었던데다가 대개의 경우 막대한 비용을 잡아먹는 까닭에 적어도 대다수 사람들 사이에서는 제대로 준수조차 되지 않고 있던 기사 서임의식이라는 행위가 더 이상 먹혀들지 않았다. 이 의식을 활용하든 그렇지 않은 간에 이 의식에서 비롯되는 혜택을 받을 수 있다고 주장할 수 있는 세습적 자격이 그 사람을 귀족으로 만드는 것이다. '기사의 가계'에 속하는 사람은 누구라도 장티욤으로 불린다고 보마누아르는 적고 있다. 또한 1284년이 조금 지나서 프랑스 국왕의 상서부가 기사가계에서 태어나지 않은 한 인물에게 내린 가장 오래된 기사 서임 허가증에서는 아무런 조건도 붙이지 않은 채 한꺼번에 "부계·모계가 모두 귀족인 사람들이 관례적으로 누리는 특권, 권리 및 면제조치"를 이 수혜자의 모든 후손에게 부여하고 있다.[13]

3. 귀족의 권리

귀족의 전범은 이렇게 확립되어 성(性)의 차이가 허락하는 범위 안에서는 '귀족남자'에게나 '귀족여자'에게나 마찬가지로 적용되고 있었지만 그 세부사항에서는 지방에 따라 아주 많은 차이가 났다. 더구나 이

---

13) A. de Barthélemy, *Étude sur les lettres d'anoblissement*, p.198.

전범은 느린 속도로 정밀하게 다듬어져갔으며, 시간의 경과 속에서 중요한 변화를 겪었다. 여기에서는 13세기가 경과하는 동안 나타난 가장 보편적인 성격을 지적하는 것으로 그치기로 하자.

전통적으로 가신제도의 유대는 상류계급에 고유한 종속의 형태였다. 다른 경우와 마찬가지로 여기에서도 사실상의 상태가 법적 독점으로 자리바꿈하게 되었다. 그전까지는 어떤 사람이 귀족으로 여겨지는 이유는 곧 그가 가신이기 때문이었다. 그러나 이제부터는 관계의 순서가 완전히 뒤바뀌어, 태어나면서부터 귀족계급에 끼여 있지 않으면 원칙적으로 가신일 수 없게 되었으며, 이는 다시 말해 군사적 의무가 따르는 봉토, 즉 '자유인'의 봉토를 보유할 수 없게 되었다는 뜻이다. 이것이 13세기 중엽에 거의 모든 곳에서 공통적으로 받아들여지고 있던 현상이었다.

그러나 부르주아지의 재산은 불어나는 데에 반해 유서 깊은 가문들은 너무나도 자주 화폐부족에 시달려온 까닭에 이러한 규칙이 전면적으로 엄격하게 지켜질 수는 없었다. 실제로 이 규칙은 자주 위반되었을 뿐 아니라——그 때문에 사람들이 귀족의 지위를 멋대로 손아귀에 넣는 일이 수없이 벌어졌다——법률 자체로도 이에 관한 예외조항을 만드는 일이 불가피해졌다. 그러한 예외조항에는 이를테면 귀족인 모친과 귀족이 아닌 부친 사이에서 태어난 사람에게 혜택을 주는 규정처럼 일반성을 띠는 것도 몇 가지 있었다.[14] 그러나 주류를 이루는 것은 특정한 개인에 대한 혜택이었다. 후자는 또다시 왕권에 이득이 되었다. 왕권은 사회질서의 이러한 변칙을 정당화시킬 수 있는 유일한 존재였는데, 은총을 공짜로 베푸는 적은 좀처럼 없었기 때문이다.

봉토는 대부분의 경우 장원이었으므로, 비(非)귀족에게 이처럼 봉토의 보유권을 인정해줌에 따라 (장원에 거주하는-옮긴이) 평민에 대한 지배권과 귀족 신분이라는 것은 서로 별개의 것이 되어가는 경향이 나

---

14) Beaumanoir, t. II, §1434.

타났다. 반면에 배신(陪臣)의 복종이라는 조건이 봉토에 포함되어 있었다면 어떻게 될까. 배신이 장티욤인 경우에는 봉토를 구매한 비귀족에게는 배신에게 신종선서를 요구할 권리가 대개 인정되지 않았다. 봉토 구매자는 배신의 충성서약 행위를 요구하지 않고 공조(貢租)와 봉사만으로 만족스러워해야 하였다. 또한 이 봉토를 산 비귀족이 봉신들처럼 상급영주에게 신종선서의 의식을 올리는 것도 기피되었다. 의식은 단순히 충성의 서약으로 축소되거나, 또는 최소한, 너무나 평등주의적인 성격을 가진 것으로 생각되던 입맞춤만큼은 의식에서 제외되거나 하였다. 복종을 청원하거나 계약하는 데에서조차 태생이 미천한 사람에게는 몇몇 형식이 금지되었던 것이다.

군무(軍務)를 지는 가신들은 오랫동안 일반적인 규칙과는 다른 법으로 다스려져왔다. 그들은 여느 종속민과 같은 재판소에서 재판받지 않았다. 그들의 봉토도 다른 재산과 같은 식으로 세습되지는 않았다. 그들 가족의 법적 지위 또한 그들 신분 특유의 뚜렷한 특징을 띠고 있었다. 군사적 의무가 따르는 봉토의 보유자들 사이에서 귀족층이 탄생하게 됨에 따라, 원래는 어떤 직능의 행사에 결부된 관습이던 것이 그대로 그 가족집단의 관습이 되어버리는 경향이 생겼다.

이런 점에서 볼 때 명칭의 변화는 많은 것을 시사해준다. 예전에는 '봉건적 후견'(bail féodal)이라는 용어가 사용되었으나—이 제도에 관해서는 이 책 앞부분에서 정의를 내린 바 있다[15]—이제 프랑스에서는 그 대신 '귀족적 보호'(garde noble)라는 말을 쓰게 되었다. 아주 오래된 제도들을 재현하는 것을 스스로의 독자성의 근원으로 삼고 있던 계급에게서는 당연히 그러한 현상을 찾아볼 수 있듯이, 귀족의 사법(私法)은 흔히 고풍스러운 경향을 그대로 지니고 있었다.

이 계급이 지닌 전사 신분이라는 성격도 마찬가지 구실을 하기는 했지만, 이 계급의 사회적 우위를 오히려 이보다도 훨씬 강력하게 부각시

---

15) 이 책 제1권 p.468~70 참조.

켜주고 있던 일련의 다른 특징들도 있다. 혈통의 순수성을 보장하는 것
이 문제인 경우에는 어떻게 하였을까. 그렇다면 말할 나위도 없이, 신
분이 낮은 사람과의 결혼을 완전히 금지하는 것보다 더 효과적인 방법
이 없었다. 그러나 이것이 제대로 지켜진 곳은 봉건제도가 이식되었던
곳(키프로스)과 봉건적 위계서열화가 엄격했던 독일뿐이었다. 그나마,
앞으로 살펴보겠지만 귀족계급 자체 내에서까지 아주 철저한 계층구분
이 이루어짐을 특징으로 하고 있던 독일에서조차, 이러한 폐쇄성이 유
지된 것은 예전의 영지 관리인 출신인 하층기사를 제외한 상층귀족의
경우뿐이었다. 다른 곳에서는 자유인들이 일찍이 누려온 평등에 대한
기억이 남아 있어서, 결혼에 관한 한 현실적으로는 그렇지 않을지 몰라
도 법률상으로는 이 기억이 계속 효력을 미치고 있었다.

하지만 그 대신 그전까지만 해도 자기네의 귀족적 정신을 자랑하는
문제와 관련해서는 단지 노예출신의 성직 지망자를 받아들이지 않는다
는 원칙을 고수하고 있을 따름이던 몇몇 큰 종교단체들이 이제는 귀족
계급의 자손에게만 성직을 허용하기로 결정하는 사태가 도처에서 벌어
졌다.[16] 또한 지역에 따라 빠르고 늦은 차이는 있었지만, 어쨌건 귀족
은 자신의 신체를 비귀족에 의한 위해로부터 특별히 보호받는다든가,

---

16) 슐테(A. Schulte)의 노작 *Der Adel und die deutsche Kirche im
Mittelalter*, 2ᵉ éd., Stuttgart와 베를리에르(Ursmer Berlière) 신부의 노작
*Le recrutement dans les monastères bénédictins aux XIIIᵉ et XIVᵉ
siècles*(Mém. Acad. royale Belgique, in-8ᵒ, 2ᵉ série, t. XVIII) 또한 이
문제에 관하여 많은 지식을 제공해주고 있다. 그러나 연대가 좀 불확실하고
사료 비판이 충분하지 못하다는 아쉬움이 있다. 슐테가 어떻게 생각하건 간
에, 여기에서 인용된 문헌사료를 볼 때 용어의 정확한 의미에서의 귀족의
독점——초기에는 nobiles니 ignobiles니 하는 말이 아주 서서히 사용되기
시작했다는 사실을 차치하고——은 어디에서나 비교적 새로운 현상이었다는
것이 분명해졌다. 부자유민의 가입문제는——그들의 가입이 인정되었건 그
렇지 않았건 간에——전혀 별개의 문제이다.

귀족은 대개 일반인보다 더 무거운 벌금이 붙는 별도의 형법의 적용을 받는다든가, 무기휴대와 불가분하게 결부되는 것으로 여겨지는 사적 복수를 행할 수 있는 권리가 귀족에게만 계속 허용된다든가, 또 사치금 지령에서 귀족들은 특별대우를 받는다든가 하는 등등의 현상이 마찬가지로 도처에서 나타났음을 확인할 수 있다.

혈연이 특권의 근원으로서 얼마나 중요한 것이었던가를 보여주는 하나의 전환과정이 있다. 그것은 곧 당초에는 '식별'용으로 기사의 방패에 그려지기도 하고 도장에 새겨지기도 하였던 개인적 표징이 문장(紋章)으로 전환되어서 때로는 봉토와 함께 전해지고, 그보다 더 흔한 일이기는 했지만 재산과 결부되지 않고라도 어쨌건 대대로 세습되기에 이르렀음을 말한다. 면면한 가계의 상징인 문장의 사용은 가문에 대한 자부심이 특히 강한 왕조와 영역제후 가문에서 시작되어 곧 그보다 지체가 낮은 많은 가문에서도 채택되기에 이르렀는데, 이제부터는 이것이 귀족이라고 분류되는 가문의 독점물로 여겨지게 되었다.

마지막으로 면세의 특권은 아직 엄밀하게 규정된 바가 전혀 없었으나, 일찍이 가신의 의무였던 군사적 의무가 이제는 단연코 귀족의 의무가 됨으로써 이것이 이때부터 '장티욤'을 일반적인 금전적 부담에서 면제시켜주는 결과를 가져왔다. 즉 귀족에게는 금전적 부담 대신 대검(帶劍)의 직분이 부과되었던 것이다.

그러나 훌륭한 가문 태생이라는 이유로 주어지는 권리가 아무리 강력한 것이었다고 할지라도 그것이 그 신분의 존대함에 걸맞지 않는다고 여겨지는 몇몇 직업에 종사하는 경우에조차 상실되지 않을 만큼 강력했다고 할 수는 없다. 하긴 귀족 신분의 지위 격하에 관한 생각이 무르익는 단계는 아직 멀었던 것이 사실이다. 당시 귀족에게 상업에 종사하지 못하도록 한 금지령은 무엇보다도 몇몇 도시법규에 의해 부과된 것으로, 이것은 이해가 대립되는 귀족 카스트의 긍지를 살리기 위한 것이라기보다는 오히려 상업에 관한 부르주아지의 거의 실질적인 독점을 보호하려는 배려에서 이루어진 것이었다.

그러나 농업노동이 무사의 명예에 용납될 수 없는 것이라는 데에는 의견이 일치되어 있었다. 기사는 비록 자기 자신이 동의하여 예농 자격의 보유지를 얻었다고 하더라도 농업부역의 의무를 져서는 안 된다고 파리 고등법원은 결정하고 있다. "쟁기로 밭 갈기, 괭이로 땅 파기, 나무나 퇴비를 나귀 등에 실어 운반하는 일" 따위는 프로방스 법령에 따르면 모두 자동적으로 기사 특권의 박탈을 초래하는 행위에 해당하였다. 더욱이 프로방스에서는 귀족의 부인을 두고 "빵 굽는 화덕에도, 세탁장에도 그리고 물레방앗간에도" 가지 않는 사람이라고 그 특징을 규정하지 않았던가.[17]

귀족계급은 이제 더 이상 하나의 직능, 곧 무장한 충성서약자로서의 직능을 행사하는 것에 따라 정의되지 않게 되었다. 귀족은 이제 더 이상 가입식(기사 서임식)을 치렀다는 것을 공통된 특징으로 하는 계급이 아니었다. 반면 귀족은 여전히 생활방식으로 구별되는 계급이었으며, 또 앞으로도 계속 그러할 것이었다.

4. 잉글랜드의 예외적 경우

잉글랜드는 가신제도나 기사제도가 모두 이식된 나라였지만 이 사회에서 사실상의 귀족이 거쳐나아간 진화의 노선은 처음에는 대륙과 거의 같았다. 하지만 그것은 13세기에 이르러 아주 다른 방향으로 쏠리게 되었다.

노르만 왕조의 왕들과 그뒤를 이은 플랜태저넷 왕조의 왕들은 아주 강력한 군주들로서, 잉글랜드라는 섬 왕국이야말로 무엇보다도 진정으로 제국적인 야심을 추구하는 자기네 노력에 수단을 제공해주기로 되

---

17) *Olim*, t. I, p.427, n° XVII(Chandeleur, 1225) ; F. Benoit, *Recueil des actes*, 앞(p.124의 주 11)에서 든 여러 조항 ; M. Z. Isnard, *Livre des privilèges de Manosque*, 1894, n° XLVII, p.154.

어 있다고 여기면서 이 땅을 통치했는데, 이에 따라 그들은 군사적 의무의 영역을 극한에 이르기까지 확대시키는 일에 골몰하였다. 이 목적을 위해 왕들은 각기 출현시대를 달리하는 두 개의 원리를 한데 이용하였다. 그 두 가지란 모든 자유인의 총동원과, 가신에게 요구되는 특별 군무봉사를 말한다.

헨리 2세는 일찍이 1180년에 우선 프랑스에 있는 자기 영지의 신민들에게 각자 자기의 사회적 지위에 알맞은 무기를 지니고 다니도록 강요했으며, 그뒤를 이어 1181년에는 잉글랜드에서도 이를 명령하였다. 잉글랜드의 '무기휴대령'(Assize of Arms)[15]은 그 중에서도 특히 기사 봉토의 보유자에게 요구되는 무기를 일일이 지정하였다. 거기에는 '기사 서임'에 관해서는 아무 말도 없다. 그러나 주지하다시피 기사 서임 의식은 장비의 구비를 확실히 보증해주는 것이라고 생각되고 있었다. 따라서 1224년과 1234년에 헨리 3세는, 이번에는 그러한 봉토의 보유자에게 모두 지체없이 이 가입식을 거치도록 의무화하는 것이 현명하다고 판단하였다. 적어도—이 제한규정은 제2차 무기휴대령에 도입된 것인데—국왕에게 직접 신종선서가 바쳐지고 있을 때에는 이 규정이 적용되어야 한다고 여겨졌다.

그런데 사실대로 말하자면, 그때까지만 해도 이러한 조치에는 같은 시기 카페 왕조의 입법과 눈에 띄게 다른 점은 없었다. 그러나 강력한 행정적 전통을 가진 잉글랜드 정부는 봉토를 받은 자의 봉사라는 낡은 제도가 그때 이후 차츰 능률이 낮아져가고 있다는 사실을 깨닫지 않을 수 없었다. 많은 봉토가 이미 세분화되어 있었다. 또 토지조사는 끊임없이 되풀이되면서도 언제나 불완전했기 때문에 이 조사의 망을 빠져나가는 봉토들도 있었다. 그리고 결국에는 아무리 해봐야 봉토의 수효는 필연적으로 한정되어 있게 마련이었다.

---

*15 비봉건계급까지 포함한 전국민에게 국왕에 대한 군역의무를 지고 무기를 휴대하도록 규정한 법령.

그러므로 훨씬 더 구체적인 현실에 입각하여, 어떤 성격이든 간에 토지재산은 모두 가신의 봉사의무, 따라서 무장의무를 진다고 규정하는 편이 훨씬 사리에 맞지 않았을까. 더구나 이것은 이미 1180년에 헨리 2세가 잉글랜드나 노르망디 공국에 비하여 봉건조직이 그다지 잘 정비되어 있지 못하던, 대륙에 있는 자신의 여러 영방(領邦)에 적용하려고 애쓴 바 있는 바로 그 원칙이기도 하였다. 그 자세한 내용은 여기에서 별로 중요하지 않지만, 1254년부터는 여러 가지 경제적 기준에 의거하여 잉글랜드 섬 왕국에서도 같은 조치가 실시되었다.

그런데 헨리 2세는 무장에 대해서만 논의했었음에 반해 이제부터는 이미 뿌리내리고 있던 관습에 따라 일정한 면적의 자유토지를 가진 자유토지 소유자도 기사 서임을 받아야만 하게 되었다. 이 조치는 위반사례가 있을 것임을 예상하고, 그같은 위반의 경우 상당한 벌금을 받아내 국왕의 금고를 채워줄 전망을 약속하는 것이었던 만큼, 이는 의심할 여지없이 더욱 기꺼운 것이었다.

하지만 잉글랜드에서조차 당시에는 이같은 조치를 철저하게 준수하도록 보장할 만큼 충분히 잘 조직되어 있는 국가기관이 전혀 없었다. 이들 조치가 거의 효력을 발휘하지 못하게 된 것은 이미 13세기 말부터였던 것으로 여겨지며, 14세기에는 의심할 여지도 없을 만큼 그러하였다. 그래서 이 조치를 실시하는 것은 단념하지 않을 수 없었고, 기사 서임의식은 점점 더 불규칙적으로 시행되면서 마침내는 대륙에서처럼 낡아빠진 에티켓의 장식물들 가운데 하나로 떨어져버렸다.

그러나 이러한 국왕의 정책—그 필연적인 귀결로 첨가된 것은 봉토의 매매를 막는 장벽을 세우려는 시도가 전혀 나타나지 않았다는 점이다—에서 하나의 지극히 중대한 결과가 생겨났다. 곧 잉글랜드에서는 기사 서임이 토지 세제(稅制)상의 제도로 바뀌어버렸기 때문에 세습제에 바탕을 둔 하나의 계급을 형성하는 초점 구실은 할 수 없게 되었다.

사실 그러한 계급은 잉글랜드에서는 아예 생겨나지도 않았다. 프랑스나 독일적인 의미에서 보면 중세 잉글랜드에는 혈통귀족(noblesse)

이 없었다. 혈통으로 전해지는 특수한 권리를 지니는, 본질적으로 우월한 집단이라는 것은 자유인들 사이에 형성된 적이 없다는 뜻이다. 겉보기에는 참 놀랄 만큼 평등주의적인 구조가 아닌가!

그러나 심층으로 내려가보면 이 사회구조는 유달리 엄격한 위계서열적인 경계─다른 곳보다는 그 경계선이 좀더 아래쪽에 그어져 있었던 것이 사실이지만─가 존재하는 위에 세워져 있었다. 실제로 다른 고장에서는 어디서나 '자유인'이라 불리는 대중의 인구가 점점 불어나고 있고 그 위에 귀족의 카스트가 세워져 있던 바로 그 시대에, 잉글랜드에서는 이와는 거꾸로 농민 대부분에게 예속민이라는 낙인이 찍힐 정도로 예속의 개념이 확대되었다. 잉글랜드에서 단순한 자유인은 법적으로 장티옴과 거의 구별되지 않는다. 자유인 자체가 하나의 과두적 계급인 것이다.

하지만 다른 한편으로는, 그렇다고 해서 유럽의 나머지 지방에서처럼 강력한 권한을 지닌 통치귀족(aristocratie)조차 영불 해협 건너 잉글랜드에는 존재하지 않았던가 하면 그렇지는 않다. 오히려 이곳에는, 농민의 땅을 더욱더 자기네 마음대로 다룰 수 있기 때문에 아마도 더 강력하다고 할 수 있는 통치귀족이 있었다. 그것은 장원의 소유자들, 전사(戰士)나 무장(武將)들, 국왕의 관리들, 왕권에 대해서 주(州)의회를 정식으로 대표하는 사람들 등으로 이루어진 하나의 계급이었다. 즉 그 생활방식이 여느 자유인과는 크게 다르면서 또한 그러한 사실을 의식하고 있던 사람들을 망라한 무리였다. 그 정점에는 백작과 '배런'(baron)이라는 소규모 집단이 있었다. 사실은 이 최상위집단을 위해서 13세기를 통해 아주 명확한 특권들이 정밀하게 다듬어지기 시작하였다.

그러나 그것들은 거의가 다 전적으로 정치적이며 명예적인 성격의 것이었다. 특히 '명예봉'(名譽封, honneur, honor)과 결부된 이 특권은 장남에게만 계승되었다. 한마디로 말해 잉글랜드에서 이 장티옴 계급은 전체로서는 '법적'이라기보다는 '사회적'인 계급으로 머물러 있었다. 그래서 이 집단은 당연히 대개의 경우 권력과 수입이 상속되었으며, 또 대륙에서와 마찬가지로 혈통의 위신도 아주 강력하게 감지되었음에도 불구하고 그 윤곽이 너무나 희미했던 까닭에 줄곧 문호가 크게 열려 있을 수밖에 없었다.

13세기에는 기사 서임을 허락하는 데에는, 아니 차라리 기사 서임을 의무화하는 데에는 토지재산만으로 충분하였다. 그때부터 1세기 반 정도가 지난 다음에는 토지재산——이는 독특한 규준에 따라 언제나 '자유인의' 보유지에만 국한되어 있었다——이 있는 사람이면 누구에게나 각 주에서 '지역공동체'(Commons of the Land)의 대표를 선거할 수 있는 권리가 공식적으로 주어지게 되었다. 주기사(州騎士, knights of the shire)라는 의미심장한 이름으로 일컬어지던 이들 대표들은 사실 원래는 서임받은 기사들 사이에서 뽑히게 되어 있어서 중세 말에 이를 때까지 원칙적으로 세습적인 문장(紋章)의 증명을 제시할 수 있어야 한다는 요구를 받기는 하였다. 그러나 실제로는 부와 사회적 탁월성이 공고하게 확립된 가계라면 어느 경우건 이러한 문장의 사용을 인정받기에 큰 어려움을 겪지는 않은 듯하다.[18] 이 당시 잉글랜드 사람들에게는 귀족 서임증서라는 것이 아예 없었다(재정적으로 다급해진 스튜어트 왕조의 왕들이 준남작 작위를 창설한 것은 프랑스의 관습을 뒤늦게 흉내낸 것에 지나지 않는다). 그럴 필요가 없었던 것이다. 사실상의 지위만으로 충분했기 때문이다.

잉글랜드의 통치귀족은 사람들에게 참된 영향력을 미치는 현실적 실체에 이렇게도 가까이 밀착되어 있었던 덕분에, 그리고 너무나 뚜렷하게 경계지어져 있고 너무나 철저하게 출생신분에 의존하게 되어 있는 계급들에게는 자칫 덮쳐오기 쉬운 관절마비증을 피할 수 있었던 덕분에, 숱한 세월을 헤치고 나아갈 수 있는 최상의 힘을 여기에서 끌어낼 수 있었음에 틀림없다.

---

18) E. et A. G. Porritt, *The Unreformed House of Commons*, 2ᵉ éd., 1909, t. I, p.122 참조.

제5장

귀족층 내부에서의 계층분화

1. 권력과 지위의 위계서열

비록 군사적 직분과 생활방식이라는 면에서 공통된 특징들을 지니고 있기는 했지만, 사실상의 귀족집단은 물론이고 그보다 나중에 형성된 법적인 귀족집단도 내부적으로는 결코 동등한 사람들의 사회구성을 보여주지 않았다. 부와 권력의 차이 그리고 이에 따른 위신상의 깊디깊은 차이로 말미암아 그들 사이에서는 진짜 위계서열이 이루어졌으며, 이것은 처음에는 여론이라는 형태로 다소 어설프게, 그리고 나중에는 관습이나 법률로써 표현되었다.

가신의 여러 의무가 아직도 그 효력을 고스란히 유지하고 있던 시대에는 사람들은 이 계층분화의 원리를 무엇보다도 신종선서 행위의 사다리에서 찾았다. 이 사다리의 맨 아래에는 우선 배신(陪臣)이 있는데, 이는 자기는 많은 가신의 가신(vassus vassorum)이면서도 결코 스스로 다른 어떤 전사(戰士)의 영주가 될 수는 없는 사람이다. 적어도 로망스어 사용 지역 전체에 걸쳐 공통으로 쓰이던 이 '바바쇠르'(vavasseur)라는 용어가 엄밀한 뜻에서 받아들여지고 있던 시대에는 그러하였다. 다른 사람에게 지배권을 행사할 수 없다든가 농군 따위에게밖에는 지배권을 행사할 수 없다는 것, 이것은 시덥잖은 고려의 대상밖에 되지 않는다는 말이다.

실제로 이 배신이라는 법적 지위는 모험에 몸바친 피라미 시골귀족의 극히 보잘것없는 재산 및 옹색한 생활과 거의 언제나 일치하고 있다. 크레티앵 드 트루아의 작품 『에레크』(Erec) 속에 나오는 여주인공 아버지의 모습——"그의 가택은 매우 초라했다"는——이나 무훈시 『게동』(Gaydon)에 나오는 도량은 넓되 촌스러운 갑옷차림을 한 배신의 모습을 생각하면 된다. 지어낸 이야기가 아닌 경우로는 로베르 기스카르(Robert Guiscard)*1 같은 인물이 전쟁이나 약탈품을 찾아 도망치듯 빠져나갔던 그 극도로 가난한 집안살이, 베르트랑 드 보른 같은 사람의 거렁뱅이 생활, 또는 프로방스의 한 기록문서집에 들어 있는 수많은 증서가 보여주듯이 봉토를 모두 합해봐야 1망스(manse),*2 다시 말해 1농민 보유지에 해당하는 땅밖에 안 되었다는 그 기사들을 보면 된다.

때로는 거의 같은 뜻으로서 '바슐리에'(bachelier)라는 말이 쓰이기도 했는데, 이는 문자 그대로 '젊은이'를 뜻하는 것이었다. 왜냐하면 아직 봉토를 전혀 받지 못하거나 충분할 만큼 받지 못한 많은 젊은이들의 생활상태가 대개 그러했기 때문이다. 하지만 그러한 상태가 훨씬 나중까지 오래 계속되는 수도 있었다.[1]

---

*1 1015?~85. 노르망디 출신으로 남이탈리아의 아풀리아와 칼라브리아의 백작령 및 후작령을 다스리고 시칠리아 왕국을 세웠다.

*2 농가 한 호(戶) 몫의 경작지와 부속가옥·용익지 등을 총칭하여 일컫는 단위. 이는 경작 단위이자 동시에 지대납부 단위이기도 하였다. 장원의 성격·토질 등에 따라 1망스의 절대면적에는 차가 많았다. 라틴어 원어는 mansus이며, 복수형은 mansi이다. 독일어의 Hufe에 해당한다.

1) 프로방스에 관해서는 F. Kiener, *Verfassungsgeschichte der Provence seit der Ostgothenherrschaft bis zur Errichtung der Konsulate*(510~1200), Leipzig, 1900, p.107. 'bacheliers'에 관해서는 E. F. Jacob, *Studies in the Period of Baronial Reform*, 1925(Oxford Studies in Social and Legal History, VIII), p.127 et suiv. 참조.

귀족이 다른 귀족의 우두머리가 되면 갑자기 위엄이 붙곤 하였다. 『바르셀로나 관습법』(*Usages de Barcelone*)은 얻어맞거나 구금당하거나, 어떤 형태로든 학대받은 기사에게 지불되는 갖가지 배상금을 일일이 열거한 다음 "하지만 그 기사가 스스로 그의 봉토에 두 사람의 기사를 살게 하고 자기 가구 내에서 또 한 사람의 기사를 먹이고 있다면 배상금은 두 배가 된다"고 규정하고 있다.[2] 그러한 인물이 자기의 군기 아래 무장한 충성서약자들로 이루어진 대규모 군단을 거느리고 있는 경우는 어떠한가. 이 사람이 곧 '군기 소유 기사'(軍旗所有騎士, banneret)이다. 위쪽을 향해 보아 이 사람한테서 직접 신종선서를 받은 국왕이나 영역지배제후와 이 사람 사이에 아무런 다른 신종선서 단계가 없이 양자가 바로 연결되어 있음이 확인되면 그는 군주의 직속봉신(tenant en chef, tenant-in-chief), '카프탈'(captal) 또는 바롱(배런, baron)[*3]이라고 불리기도 하였다.

게르만어에서 빌려온 이 맨 끝의 용어(바롱—옮긴이)는 먼저, '사람'이라는 원래의 의미에서 '가신'이라는 뜻으로 바뀌었다. 영주에게 충성을 맹세한 이상 그것은 자기가 영주의 '복속인'(사람, homme), 곧 부하임을 자인하는 것 아닌가. 그후에는 이 낱말을 좀더 특별히 대수장(大首長)의 주요 가신에게 적용시키는 것이 관례가 되었다. 이런 뜻에서 이 말은 같은 집단의 다른 충성서약자들과 비교하여 전혀 상대적인 우위를 표현하고 있을 뿐이었다. 체스터(Chester)의 주교나 벨렘(Bellême)의 영주는 국왕과 꼭 같이 자신들의 바롱을 거느리고 있었다. 하지만 권력자 중의 권력자, 국왕의 가장 중요한 봉신들도 일상용

---

2) *Usatici Barc.*, c. 6.

*3 이 바롱이라는 말을 이 책에서는 대개의 경우 제후라고 옮겼다. 그러나 원어의 뜻 자체가 다양하므로(자유인, 가신, 장원영주, 군주의 직속봉신), 오히려 원어를 그대로 쓰는 편이 더 정직할 수도 있다. 군주의 직속봉신이라는 의미로는 따로 haut baron이 쓰이기도 하였다.

어로는 그저 '바롱'이라 일컬어졌다.

'바롱'과 거의 동의어이기는 하지만——실제로 몇몇 문헌에서는 이 말의 정확한 동의어로 쓰였다——처음부터 좀더 명확한 법률적 의미를 지니고 있었던 것이 '페르'(pair, 동료)[4]라는 용어인데, 이는 원래 사법제도에서 쓰이는 어휘 가운데 하나였다. 가신이 누리는 가장 소중한 특권 하나는 자기 영주의 법정에서 오직 자기 영주의 다른 가신들에 의해서만 재판을 받는다는 것이었다. 유대의 동일성에서 평등한 관계가 생겨나게 되었고, 그에 따라 이처럼 '동료'가 '동료'의 운명을 결정하였던 것이다.

그러나 같은 주인한테서 직접 봉토를 받아 보유하는 인물들 중에도 그 권력과 존중도에서 크게 두드러진 사람들이 있었다. 아주 낮은 기사가 이른바 복종의 동일성이라는 논거를 끌어내어 부유한 '군기 소유 기사'에게 자기 판결에 복종하도록 강요하는 일이야 어찌 허용될 수 있었겠는가. 법적 지위에서 이끌어진 결과는 좀더 구체적인 현실에서 생겨나는 감정과 또다시 상충하게 된 것이다. 그래서 충성서약을 한 가신들 중에서도 주요한 인물들에게는 위신이라는 면에서 자신과 진정으로 평등한 사람들에 관한 재판에 참석하는 권리와 아울러 또한 중대한 문제에 조언을 할 권리를 확보해주는 관례가 일찍부터 여러 곳에서 생겨났다.

이리하여 이의의 여지없는 '동료'의 범위는 종종 전통적으로 즐겨 쓰인 수효나 신비적인 뜻을 가진 수효만큼으로 제한되곤 하였다. 이를테면 카롤링거 왕조 시대 공공재판소의 참심원(參審員, échevin, scabinius)처럼 일곱 명이거나 사도들처럼 열두 명인 식이었다. 그러한 핵심집단은 플랑드르 같은 대영역제후령에도, 중위(中位)의 영주지에도——예를 들어 몽 생 미셸(Mont-Saint-Michel) 수도원의 영주지 같은 경우에도——존재하였다. 그리고 서사시에는 프랑크의 '페르'가 사도의 수만

---

*4 영어로는 피어(peer)라고 한다.

큼 무리를 이루어 샤를마뉴를 둘러싸고 있는 것으로 그려지고 있었다.

그러나 연대기 작가나 시인들이 대귀족의 모습을 표현할 때에는 오로지 권력과 부를 강조하는 것으로 일관하는 다른 명칭들도 곧잘 쓰이곤 하였다. 그들에게는 '권문세가'(magnats) · '세도가'(poestatz) · '호족'(demeines)이 아주 높은 곳에서 기사의 무리를 내려다보고 있는 듯싶었던 것이다. 실제로 귀족층 자체 내에서 지위상의 대립은 무척이나 격심했기 때문이다. 어떤 기사가 다른 기사에게 손해를 입혔을 때, 가해자가 피해자보다 '상급자'라면 피해자는 자기가 직접 그에게 속죄의 신종선서를 강요할 수는 없을 것이라고 『카탈루냐 관습법』은 밝히고 있다.[3]

『르 시드의 노래』에서, 백작가계 출신으로 주인공의 사위가 된 사람들은 자기네가 단순한 충성서약자의 딸들과 결혼한 것을 '낙혼'(落婚, mésalliance)이라고 여겼다. "우리는 간청을 받지 않는 한 그녀들을 첩으로도 받아들일 수 없다. 그녀들은 우리와 동일한 신분이 아니어서 우리의 팔에 안겨 잠잘 수 없기 때문이다"라고 말이다. 거꾸로 피카르디(Picardie)[*5]의 '가난한 기사' 로베르 드 클라리(Robert de Clary)가 쓴 제4차 십자군 원정에 관한 회상록에는 '세도부리는 자들'(li hauts hommes), '부유한 자들'(li rikes hommes), '바롱들'(li barons)에 대하여 '보통의 소집군인(召集軍人)'(le commun de l'ost)이 오랫동안 품어온 원한의 메아리가 날카롭게 울려퍼지고 있다.

그전까지만 해도 명확하게 규정되었다기보다는 오히려 피부로 생생히 느껴지는 성격의 것이었던 이러한 구분을 엄밀히 구상된 하나의 체계로 만들려는 시도가 이루어진 것은 명료함과 위계서열의 시대였던 13세기의 일이었다. 그런데 이 경우 법학자들에게는 어느 정도 과도한 기하학적 정신이 없을 수 없었는데, 이것 때문에 그들은 그보다 훨씬

---

3) 같은 책, 같은 곳.
*5 프랑스 북부의 지방 이름.

유연한 현실에 잘 적응하지 못하기도 하였다. 또한 각 나라마다 진화의 양상에도 크나큰 차이가 있었다. 여기에서는 여느 때처럼 가장 특징적인 사례들을 살피는 데 그치기로 하자.

귀족이 궁정근무라는 저 오랜 봉건적 의무를 출발점으로 삼아 정부 기구를 만들어 낼 수 있었던 잉글랜드에서 '배런'이라는 낱말은 국왕의 주요한 봉신들을 가리키는 데에 계속 쓰이게 되었는데, 이들은 점점 엄밀한 세습적 직분이 되어가고 있던 사실상의 독점권에 힘입어 '대자문회의'(大諮問會議, Grand Conseil)에 소집되던 사람들이었다. 이 사람들은 또한 '왕국의 동료중신'(同僚重臣, peers of the realm)이라는 호칭을 쓰면서 우쭐거리기도 즐겨했으며 결국에는 공식적으로 이 호칭의 사용을 확립하는 데에까지 성공하였다.[4]

그에 반해서 프랑스에서는 페르와 바롱이라는 두 용어가 의미상의 큰 차이를 보이게 되었다. 이 나라 사람들도 계속해서 배신과 바롱을 구분해서 쓰고는 있었다. 하지만 이는 대개 단순히 부와 존중도에서의 차이를 표현하기 위한 구분일 뿐이었다. 가신제의 유대가 쇠퇴함으로써 신종선서의 등급에서 비롯된 기준이 그 일체의 의미를 잃어버리게 되었던 것이다.

그러나 하나의 사회적 지위와 다른 지위 사이에 더욱 명확한 경계를 긋기 위해 전문가들은 사법권의 여러 단계에서 그러한 구분의 원리를 구하기로 궁리해냈다. 즉 상급재판권의 행사는 바롱층을 구분해주는 특징이었으며, 배신의 봉토는 하급 또는 중급의 재판권의 행사만을 허용받았다. 이런 뜻에서—한편으로 볼 때 일상어에서 이같은 의미가 무조건 받아들여졌던 것은 결코 아니다—프랑스에는 수많은 바롱이 있었다. 반면 프랑스에는 '페르'가 몹시 적었다. 왜냐하면 서사시적 전설의 영향으로 12라는 숫자가 즐겨 쓰인 까닭에, 카페 왕조의 아주 중요한 가신 여섯 명이 국왕에 직접 종속되는 교회의 중요한 주교나 대주

---

4) F. Tout, *Chapters in Administrative History*, t. III, p.136 et suiv. 참조.

교 여섯 명과 함께 이 페르라는 호칭을 독점적으로 이용할 권리를 얻는
데에 성공했기 때문이다.

하지만 그들도 실제적인 특권을 거기에서 이끌어내려는 노력에서는
훨씬 보잘것없는 성과밖에 거둘 수 없었다. 그들은 자기네 동료 사이에
서만 재판받을 권리를 가지고 있기는 하였으나, 이 권리에 대해서조차
제한이 가해져서 그들은 국왕의 관리가 법정에 출석하는 것을 수락해
야만 하였다. 그들의 수효가 너무도 적었고, 대영역제후로서의 그들의
이해관계가 상급귀족층 전체의 이해관계와 너무나 동떨어져 있었기 때
문에, 또한 왕국 자체에 대해서도 너무나 무관했기 때문에, 그들은 전
적으로 명예직으로 머물러 있을 수밖에 없는 자기네들의 우월한 지위
를 정치적 현실의 영역에다 실제로 통용시킬 수 없었다.

더구나 당초 여섯 명이던 세속 페르 가운데 세 명은 그들의 기반 구
실을 해주었던 봉토가 왕령지로 되돌아가는 바람에 이 세기(13세기—
옮긴이)중에 사라져버렸으며, 국왕들은 1297년 이후 자신의 고유한 권
한으로 새로운 페르들을 세우기 시작하였다.[5] 자연발생적인 귀족층의
형성시대에 뒤이어, 이제부터는 국가가 사회적 등급의 꼭대기에서 바
닥에 이르기까지 신민의 지위를 결정하고 변화시키는 권리를 쥐게 된
시대가 찾아왔다.

프랑스에서 고관 칭호(高官稱號)의 역사가 보여주는 가르침 역시 마
찬가지이다. 모든 시대에 걸쳐서 백작은—각기 여러 백령의 군주였던
공작이나 후작과 더불어—권문세가의 최상층에 자리하고 있었다. 또
한 그들 가계의 구성원으로서 남프랑스에서 '콩토르'(comtor)라고 불
렸던 사람들이 그들과 어깨를 나란히 하고 있었다. 그러나 프랑크족의
관작(官爵) 칭호법에서 파생한 이 낱말들은 원래 아주 명확히 규정된

---

5) 브르타뉴 공작에 유리한 설로는 Dom Morice, *Historie de Bretagne Pr.*, t.
   I, col. 1122를 보라 ; '페르들'(pairs)의 권리요구에 관해서는 Petit-
   Dutaillis, *L'Essor des États d'Occident*, pp.266~67을 참조하라.

지배권의 유형을 나타내는 것이었다. 이 용어들은 카롤링거 왕조 시대의 대 '명예봉'을 계승한 사람들에게만 적용되었는데, 대 '명예봉'은 그전에는 공적(公的) 관직이었으나 이제 봉토가 되어 있었던 것이다.

비록 일찍부터 사람들이 이러한 호칭을 참칭하는 일이 있어온 것은 사실이라 하더라도 이 호칭들은 처음에는 권능 자체의 성질에 근거를 둔 것이었다. 일단 현실이 있고 나서 호칭이 실체에 따라붙었던 셈이다. 그러나 우리가 앞으로 살펴보게 되듯이 백작이 가졌던 한 다발의 권리는 점점 세분화하여 아무런 특별한 내용도 가지지 못하는 지경에까지 이르렀다.

여러 개의 백령을 가진 사람들은 관리였던 그들의 선조한테서 사실상 상속받은 수많은 권리를 계속해서 지니기도 하였다. 그러나 그 권리들의 목록은 각 백령마다 크게 차이가 났으며, 또 백작이 이들 권리에 대한 독점권을 가지는 경우도 드물었기 때문에 이제 더 이상 그러한 권리의 행사가 보편적 성격으로서 백작의 권위라는 개념으로 귀결되는 일은 없게 되었다. 요컨대, 백작이라는 그 호칭 자체만이 각각의 특정한 경우마다 상당히 큰 권력과 위신의 표징으로서 살아남은 것에 지나지 않았다. 따라서 이제는 머나먼 옛날의 지방장관들을 이은 후계자들에게만 한해서 이 백작이라는 칭호를 써야 할 타당한 이유가 전혀 없었다. 1338년 이후 국왕들은 백작을 새로 세우기 시작하였다.[6] 이렇게 해서 용어상으로는 고풍스럽지만 정신에서는 새로운, 그리고 시간이 지나면서 더욱더 복잡해지는 것을 피할 수 없었던 하나의 호칭분류법이 시작되었다.

그러나 다른 한편으로는, 이같은 명예의 등급이나 또 때로는 특권상의 이러한 등급이 있었다고 해서 이것이 프랑스 귀족층 사이에서 계급의식의 통일성을 아주 깊게 손상시킨 것은 결코 아니라는 사실을 잘 새

---

6) Borrelli de Serres, *Recherches sur divers services publics*, t. III, 1909, p.276.

겨두기로 하자. 일반 자유인의 권리와 구별되는 장터읍의 권리라는 것
이 따로 존재하지 않았던 잉글랜드의 경우와 대비해볼 때 13세기의 프
랑스가 위계서열화한 사회의 모습을 보여줄 수 있었던 것은 사실이다.
하지만 적어도 이 프랑스라는 나라에서 이같은 특수한 권리는 그 본질
적 성격상, 기사의 자격을 지니는 모든 사람들에게 공통된 것이었다.
반면 독일에서의 발전 방향은 아주 다른 쪽으로 쏠리고 있었다.

　출발점에서부터 독일의 봉건제에는 특유한 방식이 나타나고 있다.
이곳에서는 일찍부터 일정한 사회계층의 사람은 자기 지위보다 낮은
지위의 사람한테서 봉토를 받아 가질 수 없으며, 이를 어기면 지위 전
락이라는 벌을 감수해야만 한다고 여겨진 듯하다. 다시 말해 다른 곳에
서는 신종선서의 등급이 지위를 결정한 데에 반하여 독일에서는 기존
의 계급 구분에 기초를 두고 신종선서의 사다리가 형성되었던 것이다.
물론 '기사의 방패서열'(boucliers chevaleresques, Heerschilde)이라
고 일컬어지는 이 엄격한 규정이 현실적으로는 반드시 철저하게 지켜
지지 않았던 것도 사실이다. 그래도 역시 이 규정은 가신제의 유대
를—얼마간 내키지 않아하면서도—어쨌건 받아들이기는 했지만, 적
어도 이러한 가신제의 유대가 이미 굳게 뿌리내리고 있는 기존 위계서
열의 감정과 서로 충돌하는 것만은 용납하지 않았던 한 사회의 정신을
매우 힘차게 표현하고 있었다.

　다음에는 등급을 매기는 일이 남아 있었다. 세속귀족층의 맨 꼭대기
에 '최상급자', 곧 퓌르스트(Fürst)라는 등급을 둔다는 데에는 의견이
일치하였다. 라틴어 문헌에서는 이것을 프린켑스(princeps, 중세 라틴
어에서는 복수형은 principes)라는 말로 옮겼고, 프랑스에서는 프랭스
(prince)라고 칭하는 것이 관습이 되었다. 여기에서도 다시, 그 기준이
된 것은 당초부터 본래적 의미에서의 봉건적 관계가 아니었다는 점이
특징이다. 왜냐하면 어떤 사람이 공작이나 주교한테서 서임을 받았기
때문에 국왕 직속의 가신에는 속하지 않는 경우가 있더라도 그가 일단
백작의 권력을 가졌다면 누구를 막론하고 이 (국왕의 관직인—옮긴이)

백작이라는 명칭 아래 포함되는 것이 일찍부터의 용례였기 때문이다. 카롤링거 왕조의 흔적이 여전히 아주 두드러지게 남아 있던 신성로마제국에서는, 어떤 영주한테서 이 고위관직을 수여받았건 간에 백작은 언제나 국왕의 이름으로 자신의 직무를 행사한다는 것이 일반적인 관념이었다. 이렇게 규정된 모든 퓌르스트는 국왕을 선출하는 대궁정회의에 출석하였다.

그러나 12세기 중엽에는 영역을 지배하는 대수장의 권력이 강대해지는 동시에 진정한 의미에서의 봉건적 정신이 점점 더 뚜렷이 독일의 여러 제도에 스며들었으며, 그 결과 각 지위계층간의 경계는 아주 눈에 띨 만큼 이동하게 되었다. '공'(公, Fürst, prince)이라는 칭호에는 이중으로 깊은 의미를 지니는 제한이 가해지게 되었고, 이에 따라 이제부터는 국왕 직속의 봉건제후에게만, 그리고 그들 중에서도 여러 백령에 지배권을 뻗치고 있는 사람들에게만 이 칭호를 붙여주는 관습이 생겨났다. 이와 아울러 최고주권자, 곧 황제를 선출하는 권리도 교회 쪽의 동급자들과 함께 이들 최상층 권문세가들에게만 인정되었다. 적어도 얼마 있지 않아 금방 두번째의 분열에 의해서 그들 위에 그 수가 더욱 제한된 세습적 선제후(選帝候)의 집단이 솟아오르게 될 때까지는 말이다.

선제후를 포함한 새로운 세속 영역제후계급은 마침내 국왕과 교회제후—왕권에 직속된 주교와 대수도원장 등을 말한다—아래에 '기사의 방패서열' 상의 제3등급을 이루게 되었다. 사실 독일에서도 특히 통혼(通婚)이라는 수단에 의해 귀족층 내에 일종의 내적 통일이라고 할 만한 것이 오랫동안 존속하였으며, 귀족간의 불평등이라는 것도 이것을 막을 정도로까지 심하지는 않았다. 그러나 이것은 사회적 계층은 아니면서도 하나의 법적인 집단으로서 당시의 독일 사회에 특유한 지위의 중첩성을 아주 특징적으로 보여주고 있던 최하층의 기사, 즉 미니스테리알레스(ministeriales)라는 예속적 기사 신분을 제외했을 때의 이야기이다.

2. 집사(執事)와 예속 신분의 기사

권력자는 반드시 하인을 두고 살았으며 또한 꼭 조력자를 두고 지배권
을 행사하였다. 아주 보잘것없는 농촌의 장원에서조차 직영지의 경작을
지시하고, 부역을 징발하고, 그 실시를 감독하고, 공조를 거두어들이며,
종속민들 사이에 질서를 유지시키기 위해서는 영주의 대리인이 필요하였
다. ‘메르’(maire)·‘베일’(balye)·바우어마이스터(Bauermeister)·
리브(reeve) 등의 이름으로 불리는 이들 대리인은 때로 자기의 조수를
두기도 하였다. 사실 이렇게 단순한 직무는 그저 단순히 토지 보유농들
이 교대로 수행하거나 보유농들이 자기네 사이에서 사람을 뽑아 일시
적 직책담당자로 지명하고 있었다고 생각할 수도 있을 것이다. 실제로
잉글랜드에서는 이렇게 되는 경우가 아주 흔하였다. 그 반면에 대륙의
경우 이러한 직무가 당연히 농민에 의해 수행되는 적도 없지는 않았지
만, 그 못지 않은 사실은 이것이 거의 언제나 상임직(常任職)이고 보수
를 지급받으며 오로지 영주에 의해서만 임명되는 참된 의미의 직무였
다는 점이다. 한편 제후와 마찬가지로 시골의 소귀족도 역시—물론
부와 지위에 따라 수효가 크게 차이나기는 했으나—자기 집안에 시종
이니, ‘궁’(宮)에 붙은 작업장에서 일하는 직공이니, 그리고 종속민을
부리고 집안살림 다스리는 일을 돕는 관리인이니 하는 인물들로 이루
어진 소규모 집단을 거느리고 있었다.

이같은 근무가 기사의 의무라는 명예로운 항목의 하나로 분류되지 않
게 된 순간부터 이들 근무의 여러 형태들을 제대로 구분해주는 용어가
없어져버렸다. 장인(匠人), 잡다한 하인층에 속하는 사람, 사환, 토지 관
리인, 하인장(下人長) 등, 영주의 바로 측근에 있던 사람들 모두에게 동
일한 호칭이 쓰였다. 증서 작성에 사용되던 국제어인 라틴어로는 대개 그
들을 미니스테리알레스라고 불렀고, 프랑스어로는 ‘세르장’(sergent),[6]

*6 이 책에서는 집사라고 옮겼다.

독일어로는 '딘스트만'(Dienstmann, 복수는 Dienstmänner)이라고
불렸다.[7]

이러한 여러 직무에 대한 보상으로는 대개 두 가지 방법이 있었다.
하나는 직무 수행자들이 주인에 의해 직접 급양(給養)을 받는 것이었
고, 다른 하나는 전문적 직무가 부과되어 있기는 하되 역시 봉토라고
불리고 있던 토지를 지급받는 것이었다. 실제로 농촌의 집사들의 경우
에는 거의 문제가 없었다. 그들은 농민이었으며, 또 바로 그 직무상 그
들보다 훨씬 더 떠도는 생활을 하는 영주한테서 멀리 떨어져 살았기 때
문에, 정의를 내리자면 그들은 토지 보유농이었다. 그들의 '봉토'는 자
기네에게 부과된 특정한 의무의 대가로서 공조와 부역을 얼마간 면제
받고 있던 것을 빼고는 적어도 당초에는 인근의 지조(地租)부과토지와
거의 다를 바 없었다.

집사들은 자기네들에게 징수책임이 맡겨진 공조 가운데 몇 퍼센트인
가를 걷어내 자신들의 보수를 채웠다. 급양제는 확실히 영주 가내에 부
속된 장인이나 자택에 사는 관리인들의 생활방식에는 훨씬 적합한 것
이었다. 그러나 저 수많은 가신들에게 '토지 지급'을 해주는 경향을 낳
게 된 진화의 흐름은 이제 아래로까지 흘러내려와, 등급이 낮은 근무자
들에게도 그대로 적용되기에 이르렀다. 이 유형의 미니스테리알레스들
도 대부분 일찍부터 봉토를 지급받았다. 그러나 한편 그들은 봉토를 받
았더라도 자기네 보수 가운데 상당부분을 그전부터 관습적으로 행해지
던 식량과 의복의 분배라는 형태로 지급해달라고 변함없이 요구하고
있었다.

---

7) 이 대목에 관한 참고문헌은 참고문헌에 제시된 여러 책들 속에서 쉽게 찾아볼
수 있으므로, 내가 될 수 있는 대로 주를 적게 단 점을 독자들은 이해해주시리
라 믿는다. 위의 참고문헌에다 K. H. Roth von Schreckenstein, *Die
Ritterwürde und der Ritterstand. Historisch-politische Studien über
deutsch-mittelalterliche Standesverhältnisse auf Lande und in der
Stadt*(Freiburg im Breisgau, 1886)을 덧붙여야겠다.

모든 부류의 집사들 가운데 많은 사람이 예속 신분이었다. 이 전통은 아주 오래 전으로 거슬러 올라간다. 노예가 주인 집에서 신임받는 직책을 맡게 되는 일은 언제나 있어왔으며, 주지하다시피 프랑크 시대에도 이렇게 해서 초기의 가신 지위에 끼여드는 데에 성공한 노예가 하나둘이 아니었다.

하지만 그런 중에도 특히, 이제부터는 예속 신분의 것이라는 딱지가 붙여진 개인적이고 세습적인 종속의 여러 관계가 발전함에 따라, 지극히 당연한 일이겠지만, 영주는 자기 가신에게만 오로지 독점시키고 싶지는 않은 직무를 이러한 성격의 종속민들에게 기꺼이 건네주었다. 그들이야말로 신분의 비천함으로 인해, 주인에게 단단하게 결부되어 있다는 사실로 인해 그리고 태어날 때부터 이미 멍에를 벗어날 수 없는 처지에 있었다는 사실로 인해 자유인보다 더 신속하고도 철저한 복종을 보장해준다고 여겨지지 않았던가 말이다. 물론 미니스테리알레스 신분 전체가 예속 신분의 미니스테리알레스로만 구성된 것은 결코 아니었지만—이 사회에는 수학적 정리(定理) 같은 엄밀성은 전혀 없었다는 것을 다시 한번 확인해두자—봉건시대 제1기에 그들의 중요성이 점점 커졌던 것만은 의심할 여지가 없을 것이다.

처음에는 샤르트르의 생 페르(Saint-Père) 수도원 수도사들에게 모피 제조공으로 고용되었다가 곧이어 그들의 식품창고지기 직책을 맡기에 이르렀던 한 인물에 관하여 당시의 기록은 이렇게 적고 있다. 그는 "더 높은 자리에 오르기를" 원했노라고. 소박한 그대로 얼마나 함축적인 말인가.

집사들은 명칭의 공통성이 보여주듯이 공통된 종류의 근무를 하고 있다는 관념으로 결속되어 있었으며, 더구나 대부분의 경우 예속 신분이라는 동일한 '낙인'이 찍혀 있기는 하였다. 그러면서도 이들은 그에 못지 않게, 자기들 나름대로도 그저 잡다한 이질적인 요소를 포함할 뿐만 아니라 그 자체가 위계서열화되어 있던, 또한 서열화 경향이 점점 더 심해져가고 있던 그러한 사회를 구성하고 있었던 것이다. 우선 그들이 맡은 직무가 너무나도 가지각색이었기 때문에 생활방식이나 존중도라는 면에서 크나큰 격차가 생겨나지 않을 수 없었다. 그러한 직책들을 맡고 있는 사람들 사이에서 개개의 경우마다 그들이 도달하는 지위는 집단에 특유한 관례나 개인의 운수 또는 수완에 따라 크게 좌우되었음이 분명하다.

그렇지만 일반적으로 말하자면 세 가지 특징에 따라 농촌의 조무래기 집사 칭호 보유자나 원래 의미에서의 하인이나 영주 가내전속 장인 등 보잘것없는 잔챙이들보다 훨씬 높은 위치로 올라서게 된 부류들이 있었으니, 한 부류는 농촌 가령(家令)의 대부분이었고 다른 한 부류는 영주 '궁'의 주요한 관리인들이었다. 세 가지 특징이란 재산, 타인에 대한 명령권에의 참여 그리고 무기 휴대였다.

장원의 가령을 농민이라 부를 수 있을까. 분명히, 적어도 처음에는 그러했고 때로는 맨 나중까지도 그러하였다. 그러나 가령은 처음부터 이미 부유한 농민이었고, 그가 맡은 일로 해서 점점 더 부자가 되어갔다. 이들이 얻을 수 있었던 합법적인 이득만 해도 벌써 상당한 것인데다가 순전히 직권을 남용해서 쥐게 되는 이득은 분명히 그보다도 더욱 많았기 때문이다.

가까이 있는 권력만이 유일하게 효력있는 권력이었던 이 시대에 국왕의 수많은 고급관리들로 하여금 스스로 사실상 통치자가 되게끔 해주는 방편이었던 저 권리 찬탈행위가 사회계층의 밑바닥, 곧 촌락이라는 조촐한 환경이라고 해서 어찌 되풀이되지 않았겠는가. 이미 샤를마뉴만 하더라도 자기 빌라(villa)의 가령들에 대하여 근거 있는 불신감을 표명한 바 있다. 곧 그는 너무 권세를 부리는 사람들 중에서는 가령을 뽑지 말라고 권하고 있지 않았던가 말이다. 사실대로 말하자면, 몇몇 '탐욕스러운 자'들이 여기저기서 자기네 영주의 권위를 온통 가로채는 데에 성공한 경우들이 있었다고 하더라도 그렇게 지독한 월권행위라는 것은 언제나 예외적이게 마련이었다. 하지만 그 대신 영주의 곳간이나 저장실에서 부당하게 축나는 농산물은 얼마나 많았을 것인가. "집사에게 맡겨진 영지는 잃어버린 영지나 다름없다"고, 저 지혜로운 쉬제 (Suger)는[7] 가르쳐주고 있다.

이러한 농촌의 소(小)폭군은 특히 얼마나 많은 공조와 얼마나 많은 부역을 오로지 자기 이익만을 위하여 예농들에게서 강탈하였겠는가. 예농들의 양계장에서 얼마나 많은 닭이 가로채어졌고, 그들의 포도주 저장창고에서는 얼마나 많은 포도주가, 식품창고에서는 얼마나 여러 조각의 돼지고기가 강요되었겠으며, 또한 예농의 부인들에게는 얼마나 심한 직물짜기 노동이 강제로 부과되었겠는가. 흔히 이 모든 것은 원래 는 단순한 선물로 바쳐지곤 하였다. 그러나 그러한 선물은 거절되는 일 이 거의 없었으며, 대개는 이것이 관습화하여 얼마 안 있어 금방 의무 로 바뀌어버리는 것이었다.

그뿐만이 아니었다. 출신으로 따지면 일개 농군인 이 가령은 자기 힘 이 미치는 범위 내에서는 한 사람의 주인 노릇을 하였다. 물론 그도 원 칙적으로는 자기보다 더 강한 사람의 이름으로 명령을 내렸다. 그래도 역시 명령한다는 점에는 틀림이 없었다. 금상첨화로 집사는 재판관이 기도 하였다. 그는 혼자서 농민의 법정을 주재하였다. 때때로, 좀더 중 대한 소송이 벌어지는 경우에는 수도원장이나 제후와 나란히 재판에 배석하기도 하였다. 그는 경지의 경계 문제로 분쟁이 일어나면 그 경계 선 긋는 것을 자기 권한의 하나로서 행사하였다. 농민의 마음으로 볼 때 이 권한보다 더 두터운 존경을 받을 만한 직무가 또 있을까. 마지막 으로, 유사시가 되면 촌락민 부대의 앞장에 서서 말을 타고 달리는 것 도 바로 그였다. 시인이 생각하기에 빈사상태에 빠져 괴로워하는 가랭 (Garin) 공작[8] 옆에 불러앉힐 종자로는 충성스러운 가령보다 더 적합 한 사람이 없었다.

물론 사회적 상승에도 무한히 다양한 등급이 있었다. 그러나 알레마

---

[7] 파리 근교 생 드니 수도원의 수도원장.
[8] 13세기에 지어진 프랑스의 무훈시 『가랭 르 로랭』의 주인공.

니아(Alémanie, Allemania)*9에서 리무쟁에 이르기까지 전혀 똑같은
비탄의 가락을 메아리쳐 울리게 하는 저 수많은 증서와 수도원의 연대
기가 보여주는 가르침, 그리고 파블리오에까지 등장하는 증거들을 어
떻게 의심할 수 있겠는가. 그러한 증거들에서 하나의 인물상이, 물론
그 생생한 빛깔이 어느 곳에나 한결같이 적용되지는 않았겠지만, 그러
나 분명히 흔하게 접할 수 있었던 그러한 인물상이 떠오른다. 알고 싶
으신가. 그것은 운수 좋은 가령의 초상이다.

그는 단지 아주 유복한 생활을 누리는 정도에만 그치지 않는다. 그의
재산은 그 자체만으로도 이미 농민적인 성격의 것이 전혀 아니다. 그는
십일조를 거두어들이고 있으며, 물레방앗간*10을 가지고 있다. 그는 자
기 자신의 땅에 토지 보유농을 두고 심지어는 가신까지 거느리고 있다.
그의 거처는 굳건한 요새이며, 그는 '귀족처럼' 차려입고 있다. 그는
마구간에서 군마를 키우고 개집에서는 사냥개를 기른다. 그는 칼을 차
고 방패와 창을 들고 있다.

주요한 집사들은 자신들의 봉토며 끊임없이 들어오는 선물만으로도
이미 부유한 삶을 누리면서 제후의 측근에서 일종의 미니스테리알레스
막료진 같은 것을 형성하고 있었는데, 주인 가까이 있다는 것으로 해
서, 또 주인이 맡긴 중요한 직무로 해서, 호위기병과 소부대 지휘관으
로서의 군사적 역할로 해서 그들의 위신은 더욱더 높아졌다. 예를 들어
11세기의 한 증서에 언급되어 있듯이, '귀족 신분의 기사'와 나란히
탈몽(Talmont)의 영주를 측근에서 모시고 있던 '귀족이 아닌 기사'들
이란 바로 이 집사들이었다. 그들은 재판정과 자문회의에 배석했으며
극히 중대한 사법문서의 증인이 되었다.

때로는, 미천한 업무 때문에 하인잡배의 지위에 결정적으로 머물러
버리게 된 것처럼 보이는 사람들의 경우에조차 이 모든 것은 그대로 적

---

*9 라인 강 상류 알레만족이 살던 고장. 나중의 슈바벤 지방.

*10 이것에서는 사용료를 강제징수할 수 있었다.

용되었다. 아라스(Arras)*11의 수도사들 밑에서 일하던 '부엌데기 집사'
들도 재판에 참석하지 않았던가. 생 트롱(Saint-Trond)*12의 수도사들
밑에 있으면서 그들의 유리 제조공과 외과의사 노릇까지 겸하고 있던
한 자물쇠 제조공이 자기의 보유지를 '자유로운 기사봉토'로 전환시키
고자 꾀한 적도 있지 않았던가. 그러나 이같은 일은 원칙적으로 식량조
달 책임을 지고 있던 세네샬(sénéchal)이라든가 마구간 돌보는 일을
맡았던 마레샬(maréchal), 술창고 책임자(bouteiller), 침실 책임자
(chambellan) 등 하인들의 우두머리라고 할 수 있는 사람들의 경우에
훨씬 더 잘 들어맞고 또 훨씬 더 일반적이었다.

원래 이러한 집안살림 업무는 대부분 가신들—대개의 경우 봉토를
지급받지 못한 그러한 가신들—에 의해 수행되었다. 가신에게만 속하
는 권한과 그들한테서 벗어나 있던 권한과의 경계선은 끝끝내 아주 유
동적인 상태에 머물러 있었다.

그러나 가신집단이 명예를 높여가면서 원초적인 성격에서 한층 멀어
짐에 따라, 게다가 토지 지급 관행이 일반화하면서 영주 집안에서 살던
무장수행원이라는 옛 집단이 흩어져가게 됨에 따라, 어떤 지위의 영주
이건, 비록 태생은 좀더 미천하더라도 자기를 좀더 가까이에서 모실 수
있으며 또한 다루기도 좀더 쉽다고 여겨지는 종속민들에게 자기 주변
업무들을 기꺼이 맡기는 것이 관례가 되었다. 1135년 로타르(Lothar)
3세*13가 뤼네부르크(Lüneburg)에 있는 장크트 미하엘(Sankt-Michael)
수도원에 내린 면허칙서에서는, 이후로는 수도원장은 자유인에게 은대
지를 나누어주지 말고 이를 그 교회의 미니스테리알레스에게만 불하해
주라고 규정하고 있다.

애초에는 가신의 충성을 그렇게도 크게 기대했던 이 사회에서 영주

'궁'의 미니스테리알레스 제도가 발달해간다는 것은 환멸의 조짐이었다. 이렇게 해서 이 두 가지 유형의 봉사와 두 계급의 봉사자들 사이에는 명실상부한 경쟁관계가 생겨났으며, 서사문학이나 궁정문학에 그 메아리가 간직되어 우리에게 전해지고 있다.

시인인 저지의 웨이스(Wace of Jersey)*14가 그의 주인공 가운데 한 사람이 '장티욤' 이외의 사람에게는 '집안 일거리'를 결코 맡기지 않았던 것을 어떤 말투로 칭찬하고 있는지 우리는 한번 들어볼 필요가 있다. 뿐만 아니라 여기 또 다른 한 편의 시에도 다음과 같은 인물상이 그려져 있는데, 그 역시 같은 성(城) 안의 청중을 즐겁게 해줄 요량으로 설정되기는 했지만—왜냐하면 이 작중인물은 결국 배신자로서 가면이 벗겨지기 때문이다—, 어쨌건 분명 낯익은 현실에서 취재된 인물이었다.

그곳에서는 지라르가 그의 부하들 가운데 가장 충실하다고 여긴 한 바롱의 모습을 볼 수 있다. 그는 지라르의 농노였으며, 여러 성채의 세네살이기도 하였다.[8]

모든 사정이 그렇게 작용하는 데에 힘입어, 집사들 가운데 최상층은 명료하고도 안정된 윤곽에 따라 뚜렷이 구획된 하나의 사회집단이 되었다. 적어도 그 아래쪽과는 명백히 구분되었다는 뜻이다. 이에 영향을 미친 사정으로는 무엇보다도 세습제가 있었다. 이에 반대하는 시험적인 노력이 특히 교회 쪽에서 이루어지기는 했지만, 집사들이 가진 봉토의 대부분은 법적으로 빈번히 그리고 관행상으로 거의 언제나 대를 이어 물려줄 수 있는 것으로 급속히 변해갔다. 그래서 그 아들은 토지와

---

*14 1110~70?. 주로 노르망디에 거주하면서 시를 썼으며, 헨리 2세의 총애를 받았다.

8) *Girart de Roussillon*, trad. P. Meyer, §620(éd. Foerster, v. 9139).

직무를 동시에 상속하였다.

나아가 통혼의 관습이 있었다. 이것은 12세기 이후 두 사람의 영주 사이에 맺어진 농노교환문서를 통해 아주 쉽게 추적해볼 수 있다. 즉 가령의 아들이나 딸은 자기 마을 안에서 같은 지위의 배우자를 찾지 못하면 이웃 장원에서 배우자를 찾을 수밖에 없었다. '자기네 사회집단'의 사람들하고만 결혼하려 한다는 것보다 더 웅변적으로 한 계급의 계급의식을 보여주는 것이 달리 또 있을까.

그렇지만 겉보기에는 이토록 단단하게 구성되어 있던 이 집단도 기묘한 내적 모순에 시달리고 있었다. 권력, 관습, 부(富)의 유형, 군사적 직분 등 많은 특징에 의하여 이 집단은 가신들의 '혈통귀족계급'을 닮게 되었다.

군사적 직분 수행의 당연한 결과는 흔히 법률적 행위의 영역에서 나타나곤 하였다. 그 하나가 '입맞춤과 두 손 맞잡기'로 이루어지는 신종선서의 관례였다. 미니스테리알레스가 봉토를 받기 위해서 반드시 이 신종선서를 바쳐야 했던 것은 아니지만, 가장 중요한 봉토들 가운데 다수가 군사적 충성을 바치는 이 의식을 필수조건으로 부과하고 있었던 것으로 보인다. 다른 하나는 기사 신분에의 가입식이었다. 가령과 영주 '궁' 관리인들 가운데에는 서임받은 기사가 하나둘이 아니었다.

그러나 이러한 기사들, 이러한 권력자들, 이들 귀족적 생활방식에 흠뻑 젖은 사람들은 그 대부분이 동시에 농노이기도 하였다. 그들은 농노로서 재산상속 불능규정과 영외혼(領外婚, formariage, 자유인 또는 다른 영지 거주자와의 결혼) 금지규정에 묶여 있었다──단, 이 규정을 면제받는 경우는 제외하고서의 이야기인데, 이를 면제받는 데에는 언제나 큰 비용이 들었다. 또한 농노 신분에서 해방된 경우 외에는 그들은 성직 신분에 들어갈 수 없었다. 그들은 재판에서 자유인에게 불리한 증언을 할 권리를 가지지 못하였다. 다른 무엇보다도 그들은 일체의 선택의 자유를 박탈당한 예속민으로서의 굴욕적 낙인을 지니고 있었다. 한마디로 그들의 법적 상태는 사실상의 상태와 노골적으로 모순을 일

으키고 있었다. 결국 이러한 모순에 어떤 해결책을 제공하는가에 따라
각국의 발전방향은 크나큰 차이를 보이게 되었다.

잉글랜드 사회는 전시기를 통틀어서, 단순한 하나의 사회적 집단이
라는 의미에서 살펴보더라도 미니스테리알레스층의 역할이 가장 미약
한 곳이었다. 이미 살핀 대로 촌락의 집사는 일반적으로 전문인이 아
니었다. 대개의 경우 아주 미천하고 또 수적으로도 아주 적은 편이었
던 예속민들(bondmen) 가운데에서 영주 '궁'의 관리인들이 충원되는
적은 없었다. 그뒤에도, 이들 관리인들은 본질상 농촌부역을 면제받고
있었기 때문에 이들을 예농 부류에 넣는다는 것은 말도 안 되는 일이
었다.

결과적으로 그들 대부분은 낡은 형태의 예속에서도 새로운 형태의
예속에서도 벗어나 있었다. 그들은 자유인으로서, 자유인에게 공통된
권리들을 그대로 누리고 있었다. 또 그들이 이미 기사로 서임되어 있는
경우에는 기사로서 당연히 받게 되는 특별한 대우를 누리고 있었다. 법
률적 교의상으로는, 오직 군사적 의무만 지는 봉토와 구별되는 집사 신
분의 봉토에 특유한 여러 규칙들이 세밀하게 규정되는 정도에 그쳤으
며, 또 그런 중에도 특히, 집사의 봉토 가운데 그 자체의 성격상 신종
선서를 바칠 의무가 있는 가장 '탁월하고' 가장 명예로운 집사봉(執事
封)과 농민의 '자유' 보유지에 거의 가까운 '하급의' 집사봉 사이에 점
점 더 뚜렷한 경계선을 긋는 일에 많은 노력이 기울여졌다.

프랑스에서는 분열이 일어났다. 가령들 중에서도 힘이 덜하거나 운
이 덜 좋은 사람은 그저 부유한 농민으로 머물렀는데, 이런 사람들은
때로는 영지의 지대나 영주권으로 거두어들이는 여러 공조의 징수청부
인 노릇도 하였고 또 때로는 일체의 행정상의 역할에서 점점 떨어져나
가기도 하였다. 경제상태의 변화로 다시 한번 급료지불제로 돌아가는
것이 가능해지자, 많은 영주들이 가령의 직을 되사들여 이제부터는 봉
급을 지불하면서 전문적 직무수행자에게만 토지 관리를 맡기게 되었기
때문이다. 제후 궁(宮)의 관리인들 가운데 몇몇은 도시영주지의 통치에

오랫동안 관계한 덕에 마침내는 부르주아 벌족의 일원으로 자리잡게
되었다.

　반면 다른 많은 관리인들은 농촌의 집사들 중에서도 가장 혜택받은
사람들과 더불어 귀족층이 하나의 법적 계급을 이루었을 때 귀족층 속
으로 스며들어갔다. 이러한 융합을 알리는 서곡은 특히 미니스테리알
레스의 가계와 기사적 가신의 가계 사이에서 점점 더 빈번하게 이루어
지고 있던 결혼이라는 형태로 이미 일찍부터 그 윤곽을 드러내고 있었
다. 원래 예속 신분 출신으로서 이러한 오명을 씻어버리기 위해 애썼으
나 결국은 자기 주인의 가혹한 손아귀 아래 되떨어지고 만다는 기사의
불운한 이야기는 12세기의 연대기 작가나 일화 작가들이 즐겨 다루곤
하던 주제였다.

　사실 수많은 공통된 성격으로 인하여 촉진되고 있던 미니스테리알레
스층과 가신층의 동화(同化)현상을 실질적으로 막을 수 있을 만한 유일
한 장벽은 전자가 예속 신분이라는 법적 규정뿐이었다. 어떤 뜻에서는
이 장벽은 13세기 이래 그전보다 더욱 넘기 힘들어졌다고 볼 수도 있
다. 왜냐하면 의미깊은 단절과 거의 기억조차 까마득한 예부터의 관습
으로 인해, 이때부터 기사 서임은 예속 신분과는 양립할 수 없는 것이
라고 여기는 법학상의 경향이 확고해졌기 때문이다. 말하자면 그만큼
위계서열의 감정이 강고해진 것이다.

　하지만 그 무렵은 또한 농노해방의 운동이 크게 물결치고 있던 시기
이기도 하였다. 일반 농노들에 비하여 더 많은 화폐를 가지고 있던 집
사들은 어느 곳에서나 누구보다도 앞장서서 자신의 자유를 사들였다.
따라서 이제부터는—법이라는 것은 사실에 적용하게 마련이므로—그
들 중에서 기사의 생활방식에 가장 가깝고 또 때때로 이미 선조들 가운
데 기사에 서임된 이가 있기도 했던 그러한 사람들이 출생 당시부터 기
사의 자격을 가진 사람들의 신분에 동등한 자격으로 들어가는 것을 저
해할 요인은 아무것도 없게 되었다. 그들은 일체의 오명을 씻어버리고
귀족 신분에 들어간 것이기 때문에 그들을 다른 귀족과 차별짓는 것은

더 이상 아무것도 없었다. 그들은 시골의 군소 장터읍 대다수의 선조가
되었을 뿐 아니라, 또 반드시 그것으로만 그치지도 않았다. 앙시앵 레
짐(Ancien Régime) 말기 무렵 대검귀족(帶劍貴族)의 최상층에 자리하
고 있던 소 타반(Saulx-Tavannes)의 공작들은 원래 1284년에 예속 신
분에서 해방된 소(Saulx) 영주 휘하 헌병대장의 자손이었다.[9]

독일의 경우, 영주 '궁'의 딘스트만이라는 집단은 몇몇 농촌집사들과
함께 일찍부터 유례없는 중요성을 띠고 있었다. 분명히, 독일에서는 가
신관계가 북프랑스나 로타링기아(Lotharingia)[*15] 지방에서처럼 압도적
인 지위를 차지한 적이 한번도 없다. 어쨌건 퇴조를 만회하기 위하여
다른 곳에서 행해지고 있던 최우선 신종선서라는 노력이 이곳에서는
없었다는 것을 보더라도 독일에서는 가신적 유대관계의 쇠퇴가 급격했
다는 점, 그리고 이에 대한 치유방법을 찾아내려는 배려가 거의 없었다
는 점을 여실히 알 수 있다. 따라서 이 나라에서는 자유인이 아닌 종속
민에게 영주 자택의 여러 업무를 맡기는 것이 바람직하다고 여기는 경
향이 다른 어느 나라에서보다 더 강하였던 것으로 보인다.

11세기 초에는 이미 이들 '기사적 생활을 하는 농노들'—알레마니
아 지방의 한 문헌에는 그렇게 표현되어 있다—이 주요한 권문세가의
측근에 헤아릴 수도 없을 만큼 많이 자리하고 있었으며, 그들의 소란스
러운 작은 사회에 생기를 불러일으키는 단결의 정신이 지극히 강했던
데에 힘입어 그들의 특권을 기재해주고 또 확립해주는 일련의 집단적
관습들이 만들어졌다. 이들 관습은 곧 성문화하여 여차하면 계급관습법
으로 녹아들어갈 태세를 갖추고 있었다. 그들의 운세가 이런 점에서는
부러워할 만한 것으로 여겨졌기 때문에, 그 다음 세기(12세기—옮긴이)

9) *Sur les routes de l'émigration. Mémoires de la duchesse de Saulx-
Tavannes*, éd. de Valous, 1934, Introduction, p.10.
*15 843년 프랑크 왕국이 셋으로 나누어졌을 때 가운데 지역이었던 중프랑크를
말한다. 그 통치자였던 로타르 2세의 이름을 따서 로타링기아라고 불린다.

에는 명예로운 지위에 있는 자유인이면서도 미니스테리알레스 집단에 들어가기 위해 예속 신분 속에 끼여든 사람도 하나둘이 아니었다.

미니스테리알레스는 군사적 원정에서도 제1급의 역할을 해냈다. 그들과 나란히 적어도 두 명의 귀족만 출석하면 영역제후법정이 구성될 수 있다고 인정해준 신성로마 제국의 결정에 따라 그들은 재판소의 구성원이 되었다. 그들이 대권력자들의 자문회의에서 차지하고 있던 지위가 하도 높아서, 1216년에 나온 제국의 판결을 보면 영역제후령의 신종선서를 폐기하는 문제에 관해서는 영역제후 자신의 동의와 아울러 그 영역제후에 딸린 미니스테리알레스의 동의가 있으면 된다는 것이 황제가 부과한 유일한 조건이었을 정도였다. 그들은 때로는 교회의 영주지에서 주교나 수도원장의 선거에 한몫 끼기도 했으며, 수도원장이 없을 때에는 수도사들에게 전횡을 부리기도 하였다.

그 중에서도 맨 꼭대기에 자리한 것은 군주의 딘스트만들이었다. 카페 왕조의 왕들은 궁정의 중요한 직책들을 가신가문의 성원들에게 맡긴 데에 반해 그 이웃인 독일의 황제들은 이를 예속 신분 출신으로 단순한 집사에 지나지 않는 자들에게 맡겼기 때문이다. 물론 프랑스의 필리프 1세도 농노를 시종으로 발탁한 적은 있다.[10] 그러나 이 직무는 비교적 중요하지 않은 것이며 또 이같은 사례는 예외적이었던 것으로 보인다.

프랑스 국왕은 때때로 상급제후를 세네샬로 삼기도 했으며 마레샬에는 으레 루아르 강과 솜 강 사이 지방 출신인 소귀족을 앉혔다. 독일에서는 사실 왕조도 여러 번 바뀌고, 또 우리가 앞으로 보게 되듯이 국가구조도 몇 가지 특수성을 띠고 있었기 때문에 왕들이 충실하고 견고한

---

10) 이 인물이 예속 신분 출신이었다는 점은 W. M. Newman(*Le domaine royal sous les premiers Capétiens*, 1937, p.24, n.7)이 제대로 간파한 그대로, 그가 죽은 뒤 국왕이 그의 재산상속 불능성을 없애준 것을 보더라도 분명하다.

장티욤층의 공급원이라고도 할 만한 일 드 프랑스(Ile-de-France)*16와 같은 지역을 결코 만들어낼 수 없기도 했지만, 제국의 세네샬이나 마레샬은 대개의 경우 예속 신분 가운데에서만 발탁되었다. 귀족층 사이에서는 분명히 저항도 발생하였다. 이러한 저항은 대개 그러하듯이 궁정 문학에 반영되어 있으며, 몇 건의 반란을 초래한 원인이었던 것으로 보인다.

이 모든 것에도 불구하고 미니스테리알레스는 끝까지 잘리어(Salier, 1024~1125) 왕조와 슈타우펜(Staufen, 1138~1208, 1215~54) 왕조의 통례적인 측근층(側近層)을 이루고 있었다. 그들에게는 젊은 왕자를 교육하는 일, 아주 중요한 성채를 수호하는 일, 그리고 적어도 이탈리아에서는 때때로 그러했듯이 중대한 지휘권을 행사하는 일이 맡겨졌다. 제국의 정책에서 가장 중요한 전통 또한 그들의 몫으로 돌릴 수 있는 것이었다. 프리드리히 바르바로사 황제와 그를 바로 뒤이은 몇몇 후계자들의 역사를 통틀어도 시칠리아의 섭정으로 재위하다가 사망한 마르크바르트 폰 안바일러(Markward von Anweiler)*17의 거친 모습보다 더 높이 우뚝솟은 인물은 찾아보기 어렵다. 그런데 그는 1197년 그의 주군(하인리히 6세 황제—옮긴이)이 그에게 라벤나(Ravenna) 공작령과 안코나(Ancona) 후작령을 내려주었을 때 가서야 비로소 예속 신분에서 벗어난 인물이었다.

독일에서 이들 벼락출세자들이 권력과 생활방식에 힘입어 다른 어느 곳에서도 유례를 찾아볼 수 없을 만큼 가신들의 세계에 가까이 접근했음은 말할 나위도 없다. 그러나 독일에서는 이들이 (프랑스에서처럼—옮긴이) 거의 알아차릴 수도 없을 만큼 슬그머니 가신 출신의 귀족들 속으로 흡수되어가는 경우는 없었다. 그러기에는 그들의 수효가 너무

---

*16 파리를 중심으로 한 프랑스 서북부의 지방. 카페 왕조의 근거지.
*17 1140~1202?. 스트라스부르 제국교회의 미니스테리알레스로서 하인리히 6세의 교사를 지냈으며, 시칠리아 원정에서 큰 공을 세웠다.

많았고, 그들을 지배하고 있던 고유한 관습법으로 인하여 그들의 계급적 특성이 너무나 오랫동안 부각되어왔으며, 또 그러기에는 공법(公法)상의 자유에 관한 독일에서의 오랜 관념이 너무나도 큰 중요성을 차지해왔을 뿐 아니라 끝으로 독일의 법학적 견해가 너무나도 위계서열적 구분을 좋아했기 때문이다.

사실 기사 신분에 오르는 것이 농노들에게 금지되어 있지는 않았다. 그러나 농노 출신의 기사는——때로는 그들 자신의 지위 자체가 점점 다듬어져서 상하의 두 층으로 나뉘기도 하였다——귀족의 일반적 계급 내에서도 별도의 계층, 곧 최하층을 이루고 있었다.

이렇게도 권한이 크고 또 이렇게도 예속 신분이라는 낙인을 뚜렷이 지니고 있는 사람들에게 일반 자유인과 비교하여 어떻게 정확한 지위를 부여할 것인지를 결정하는 일만큼 법이론가나 법학자들을 골치아프게 만드는 문제도 없었다. 왜냐하면 부르주아나 단순한 농민들만 하더라도 미니스테리알레스에게 위광을 안겨주는 수많은 이유와 무관한 사람들이기는 했지만, 그래도 어쨌든 태생의 순수성이라는 면에서는 결국 미니스테리알레스보다 상위였기 때문이다.

법정을 구성하는 문제에 이르면 어려움은 특히 심각하였다. "앞으로 그대들을 재판하는 데에는 어떠한 예속 신분 출신의 인물도 세우지 않겠다"[11]는 이 약속은 합스부르크 왕가의 루돌프 황제가 원래의 스위스 땅 농민들에게 부여한 특권 가운데 하나로 여전히 들어 있었다.

독일에서도 프랑스에서와 같은 방향으로, 하지만 이 두 나라에서의 사태진전에 관례적으로 따라다니던 시간적인 간격에 따라 프랑스보다 1세기 또는 1세기 반 뒤늦게, 불가피한 사태가 전개되는 날이 드디어 오고 말았다. 딘스트만들의 가문 가운데 운이 덜 좋은 부류는 부유한 농민으로 머무르거나 아니면 도시의 부르주아지 속으로 녹아들어갔다.

---

11) *Quellenwerk zur Entstehung der schweizerischen Eidgenossenschaft,* n°
    1650.

기사의 품계에 들어갈 수 있던 사람들의 경우, 최상층 귀족은 아직 이들과 별개의 존재였지만——왜냐하면 독일의 귀족법이 끝내 카스트 정신에 충실하게 매달려 있었기 때문이다——이제 적어도 자유인 출신의 기사들과 이들 미니스테리알레스 출신 사이에는 양자를 구분하는 별다른 특징이 없게 되었다. 이 점에서도 또다시——그리고 이것이야말로 분명 미니스테리알레스 제도의 역사가 보여준 가장 중요한 가르침이다——법의 전통은 마침내 드날리는 현실의 깃발 앞에 무릎을 꿇었던 것이다.

제6장
성직자층과 전문가계급

1. 봉건제하의 교회사회

봉건시대에 성직자와 세속인 사이의 경계는 트리엔트(Trient) 종교회의 시절에 가톨릭 교회 개혁세력이 그으려고 노력한 것처럼 그렇게 뚜렷하고도 확고한 선이 아니었다. 이들 두 신분의 경계선 위에는 그 지위가 명확히 규정되지 않은 '삭발례(削髮禮)를 받은 사람'들의 한 무리가 빛깔 불분명한 변두리를 이루고 있었다.

하지만 성직자층은 누가 보아도 명백하게 하나의 법적 계급을 이루고 있었다. 그것은 성직자가 전체로서 아주 특수한 법에 의해 그리고 그들이 악착같이 지켰던 사법상의 특권에 의해 뚜렷한 성격을 가지고 있었기 때문이었다. 반면에 그들은 결코 하나의 사회적 계급은 아니었다. 이 계층 안에는 생활방식, 세력 그리고 위신이라는 면에서 셀 수도 없을 만큼 가지각색인 여러 인간유형이 공존하고 있었기 때문이다.

첫째로 수도사들의 무리가 있었다. 그들은 모두가 '성 베네딕투스의 아들들'이지만, 실제로는 당초의 베네딕투스 교단 규율에서 점점 벗어나 다양해져가고 있던 여러 형태들을 보여주고 있었다. 그것은 분열되고 흔들리는 세계, 곧 순수한 금욕이라는 하나의 원칙과 큰 재산을 관리해야 한다는, 아니 심지어 그날그날의 빵을 어떻게 손에 넣을까 하는 하찮은 강박관념에도 시달려야 한다는 더욱 세속적인 걱정, 이 두 가지 사이에서 끝없이 뒤흔들리는 세계였다.

그런가 하면 그들이 넘을 수 없는 장벽으로 세속과 분리되어 있었다고 생각하는 것도 잘못된 일이다. 가장 비타협적인 고독의 정신에 의해 고취된 수도원 규율 자체도 결국에는 언제나 행동의 필요성 앞에 무릎을 끓어야 하였다. 수도사들은 교구 안에서 영혼을 치유하였다. 수도원은 앞으로 결코 수도승의 두건 달린 승복을 걸치지 않을 학생들에게도 학교문을 개방하였다. 특히 그레고리우스 교황의 개혁 이후 수도원은 주교나 교황의 양성소가 되었다.

재속 성직자의 최하층에서는 농촌교구의 지성당(支聖堂) 사제들이 별로 신통한 교육도 받지 못하고 수입도 형편없는 상태에서, 요컨대 자기네 신자들의 생활과 별로 다를 바 없는 생활을 영위하고 있었다. 그레고리우스 7세 개혁 이전에는 그들은 거의 모두가 대처(帶妻) 성직자였다. 한 수도원 문서에 쎄어진 말마따나 "저 불가능한 일을 꿈꾸시는 스승"[1]에 의해 추진된 위대한 금욕운동의 거세디거센 회오리바람이 불고 난 뒤에조차 성직자의 사실상의 아내이자 때로는 법률상의 아내이기도 하였던 '프레트레스'(prêtresse)[*1]는 오랫동안 계속해서 촌락의 민간전승에서 낯익은 인물의 모습으로 남아 있었다. 따라서 이 경우에는 계급이라는 낱말을 그 가장 정확한 의미에서 받아들여도 거의 손색이 없었다.

토머스 베켓(Thomas Becket)[*2]의 나라인 잉글랜드로 말하더라도 사제의 문벌은 오늘날의 정교(正敎) 국가에서의 사제(pope) 가계보다 훨

1) K. Rost, *Die Historia pontificum Romanorum aus Zwettl*, Greifswald, 1932, p.177, n.4.
*1 여자 성직자라는 뜻.
*2 1118~70. Thomas à Becket이라고도 한다. 교회재판권을 옹호해서, 왕권강화를 꾀하는 헨리 2세와 대립하다가 그의 지시에 따라 피살된 캔터베리 대주교.

씬 드물었던 것 같지도 않고, 또 일반적으로 말해 존경을 덜 받았던 것 같지도 않다.[2] 그리고 최하층의 바로 위에는 도시의 주임 사제, 대성당 휘하에 무리지어 모여 있던 주교좌 성당의 참사원, 주교청의 성직자나 고위직 담당자 등 좀더 유복하고 세련된 계층이 있었다.

끝으로, 맨 꼭대기에는 계율 수도사와 재속 성직자라는 두 성직자층을 어느 정도 이어준다고 할 수 있는 수도원장·주교·대주교 등의 고위 성직자가 우뚝 서 있었다. 부와 권력을, 그리고 명령권이 따르는 직분을 누린다는 점에서 이들 교회 대영주들은 최상급의 대검제후(帶劍諸侯)들과 어깨를 나란히 하는 존재였다.

그런데 여기서 우리가 살펴볼 필요가 있는 유일한 문제는 사회적 신분의 문제이다. 이들 하느님의 종의 집단은 이미 오랜 전통을 가지고 이어져온 사명, 원칙적으로 세속의 온갖 관심사와는 도대체 인연이 먼 그러한 사명을 지니고 있었지만, 그래도 역시 봉건사회 특유의 구조 속에서 자기네 자리를 찾을 수밖에 없었다. 이 집단은 그 나름대로 주변의 여러 제도들에 영향력을 미치기도 하였다. 그렇다면 이 집단이 스스로 주변 제도들에서 받은 영향은 어느 정도나 될까. 다시 말해 역사가들은 교회의 '봉건화'를 논의하는 것이 버릇처럼 되어 있지만, 이 상투적 문구에 과연 어떠한 구체적 의미를 부여하는 것이 좋을까.

성직자들은 전례(典禮)와 금욕의 의무에, 영혼을 다스리는 일에, 또는 힘써 연구하는 일에 붙잡혀 있었기 때문에 생계수단을 직접적인 생산노동에서 얻을 수는 없었다. 수도원 제도의 개혁자들은 성직자들에게 자기 손으로 직접 가꾼 들에서 거두어들인 수확물로만 먹고 살도록 여러 번 되풀이해서 권유했었다. 그러나 시험은 언제나 똑같은 근본적인 어려움에 부딪치곤 하였다. 왜냐하면 이와 같이 지나치게 물질적인 일거리에 소비되는 시간은 명상이나 예배에 쓰일 시간에서 떼어낸 것이었기 때문이다. 그런데 주지하다시피 임금노동제는 그때로서는 생각

---

2) 특히 Z. N. Brooke, *Cambridge Historical Journal*, t. II, p.222를 보라.

조차 할 수 없는 일이었다. 따라서 라이몬 룰이 말하고 있는 기사의 경우와 마찬가지로 수도사와 사제들도 다른 사람들의 '고된 노동'으로 살아갈 수밖에 없었다.[3]

농촌의 주임신부만 하더라도 때때로 쟁기질이나 삽질 하는 것을 떳떳지 않게 여긴 것은 분명 아니었다. 그렇기는 하지만 그의 보잘것없는 정기수입 가운데 가장 주요한 부분을 차지하는 것은 첫째가 임시수입이었고, 둘째가 십일조 가운데 촌락영주가 자기에게 떼어주면서 향유하라고 기꺼이 인정한 몫이었다. 대교회의 가산(家産), 아니 그보다는 차라리 '성인'(聖人)의 가산——왜 이런 표현을 쓰는가 하면 그렇게 보는 것이 당시의 일반적인 사고방식이어서, 이것이 단순한 법률적 의제(擬制)를 나타내는 데 지나지 않는다고는 결코 말할 수 없었기 때문이다——은 신도들한테서 끌어모은 연보(捐補)로 이루어지고, 또 대가를 지불하고 사들임으로써(이 경우 성직자 쪽에서는 파는 사람의 영혼을 위해 기도해주겠다는 약속을 하였으며, 말하자면 이러한 이득의 제공이 종종 판매가를 결정하는 하나의 요소로 작용하였기 때문에 교회 쪽은 재산을 헐값에 살 수 있었다) 불어난 것이었는데, 본질적으로 영주제적인 성격을 지니고 있었다.

이렇게 해서 종교단체나 고위 성직자의 수중에는 막대한 재산이 쌓였으며, 그래서 때로는 그들이 토지와 각종 권리를 마치 영역제후처럼 집적하는 데에까지 이르렀다. 이것이 영역적 지배권의 확립과정에서 행한 구실에 관해서는 나중에 살펴보기로 하자. 그런데 영주제라는 것은 단순히 공조의 징수만이 아니라 명령을 할 수 있는 권한도 뜻하는 것이었다. 따라서 성직자의 우두머리들은 그와 같이 막대한 재산을 지키는 데에 없어서는 안 될 군사적 가신부터 농민과 하급의 '탁신자'(託身者, commendé)에 이르기까지 온갖 계층의 속인(俗人) 종속민들을 자기 휘하에 숱하게 거느리고 있었다.

---

3) 이 책의 p.110 참조.

특히 탁신자들은 교회의 지배 밑으로 무리지어 들어갔다. 칼(세속영주—옮긴이) 아래 사느니 차라리 '십자가(교회영주—옮긴이) 아래' 사는 편이 더 바람직한 신세라고 여겨졌기 때문일까. 이에 관한 논쟁은 멀리까지 거슬러 올라간다. 이미 12세기에만 하더라도, 수도원의 지배가 온화하다고 극구 찬양해대는 클뤼니 수도원장의 견해에 맞서 비판적 정신의 소유자인 아벨라르(Abelard)[*3]는 수도원의 지배에 반대하였다.[4] 개인차라는 요소를 고려하지 않고 생각해볼 때 이 논쟁은 결국 꼬장꼬장한 영주——성직자들은 일반적으로 그러하였다——가 무절제한 영주보다 더 나은가 하는 문제로 귀결되게 된다. 이것은 정녕 해결할 수 없는 문제이다.

그러나 두 가지 사실만은 확실하다. 즉 교회기관이 원래 가지게 마련인 영속성과 교회를 둘러싸고 있는 존경의 감정 때문에 이들 기관은 미천한 사람들에게는 다시없이 바람직한 보호자가 되어주었던 것이다. 더구나 성인에게 몸을 바친 사람은 세속적인 위험으로부터 안전을 보장받을 뿐 아니라 이에 더하여 경건한 행위로 인한 적선이라는, 마찬가지로 귀중한 혜택도 얻고 있었다. 이것은 이중의 이익이었으니, 수도원에서 작성된 증서들은 스스로 교회의 농노가 된다는 것은 실제로는 참된 자유에 이르는 것이라고 즐겨 단언함으로써 이 이중의 이익을 표현하고 있었다. 즉 이 세상에서는 특권단체가 누리는 의무면제라는 이익에 한몫 끼고, 동시에 저 세상에서는 '그리스도 안에 있는 영원한 자유'[5]를 보증받는다는 의미이다. 사람들이 이 두 개의 관념을 언제나

---

*3 아벨라르는 그의 저서에서 주장한 삼위일체설이 수아송의 종교회의에서 이단으로 규정받은 뒤, 자기가 개교시킨 파리 신학교의 교장직에서 물러나 브르타뉴의 생 길다스드뤼 수도원 수도원장이 되었으나 수도사에게 쫓겨났다. 그리고 기구하게도 클뤼니 수도원에서 죽었다.

4) Jacques P. Migne, *P. L.*, t. CLXXXIX, col.146 ; P. Abaelardi, *Opera*, éd. V. Cousin, t. I, p.572.

5) A. Wauters, *Les libertés communales*, *Preuves*, Bruxelles, 1869,

그리 명확하게 구분해서 생각한 것은 아니지만 말이다.

우리는 감사의 마음에 가득 찬 순례자들이 원래의 영주를 향해, 이제 그들의 병을 고쳐준 저 강력한 중개자(그리스도-옮긴이)의 대리인들에게 자신과 또 후손들의 몸을 맡기고자 하니 허락해주십사고 간청하는 모습을 볼 수 있지 않은가.[6] 이러한 사실에서도 알 수 있듯이 이 시대에 그토록 특징적인 현상이었던 개인적 종속의 그물이 형성되는 과정에서, 기도의 전당은 가장 효력이 큰 흡인(吸引)의 자극(磁極) 가운데 하나였다.

그러나 봉건시대의 교회는 이렇게 해서 인간세상의 일대세력으로 전환됨으로 말미암아 두 가지 위험 앞에 몸을 드러내게 되었으며, 그 시절의 사람들도 이를 분명히 깨닫고 있었다. 첫째는 원래의 사명을 너무 쉽사리 잊어버릴 위험이 있다는 점이었다. 그 무렵 공공연히 떠돌던 소문에 따르면, "찬송으로써 미사를 모실 필요만 없다면야 랭스의 대주교 자리란 얼마나 멋진 것이겠는가"라는 발언은 1080년 로마 교황의 사절에 의해 그 자리에서 쫓겨난 마나세(Manassé) 대주교의 입에서 나온 말이었다. 이 소문이 정말이건 중상모략이건, 이 일화는 프랑스 주교직의 역사상 인사임용(人事任用)이 최악의 상태에 처했던 시기를 상징하고 있다. 이처럼 냉소적인 일화가 그레고리우스 7세의 개혁 이후의 것이었다니 너무나 있을 법하지 않은 노릇이라 생각될 수도 있다.

그러나 전투하는 고위 성직자라는 유형, 곧 독일의 한 주교가 '성직에 몸담고 있는 훌륭한 기사'라고 불렀던 유형은 어느 시대에나 존재하였다. 더구나 성직자들이 쌓아올린 그 많은 부의 장관(壯觀), 지옥에

---

p.83(1221. 4) ; Marc Bloch, *Anuario de historia del derecho español*, 1933, p.79 et suiv. 참조.

6) L. Raynal, *Histoire du Berry*, t. I, 1845, p.477, nᵒ XI(1071. 4. 23~ 1093. 4. 22. Saint-Silvain de Levroux).

대한 공포심을 이용하는 데에 능란한 수도사들에게 일찍이 선조들이
넘겨주었던 그 많은 옥토를 생각할 때마다 '가난에 찌든' 그 자손들의
마음에 맺히는 원한. 이런 것들이야말로 자기네 생각으로는 너무나도
풍파 없이 순탄하다고 여겨지는 생활에 대해 무인들이 느끼는 경멸감
과 함께, 서사시의 여러 구절들에서 그렇게도 노골적으로 표현되었던
일종의 초보적인 반교권주의(反敎權主義)[7]를 북돋우는 자양분이었다.
비록 이같은 반교권주의의 감정이 있었다고 해서 회한(悔恨)의 순간에,
또는 임종의 괴로움으로 몸부림치는 순간에 연보를 아낌없이 바치는
행위가 되살아나는 데에 지장이 있었던 것은 결코 아니지만, 그럼에도
역시 이 감정은 그 하나로서 수많은 정치적 거동의 밑거름이 되었으며
또한 숱한 종교 본연의 운동의 밑거름이 되어갔다.

사람과 사람을 잇는 유대들 중에서도 가장 구속력이 있는 것을 염두
에 두고 그 이미지 아래에서 모든 것을 생각하려 드는 경향이 있던 세
계에서는, 성직자 사회 내부에서조차 가신제의 관습이 가신제보다 훨
씬 오래되고 또 그 자체 가신제와는 전혀 다른 성격을 지닌 종속관계에
스며들어가는 것이 거의 불가피하였다. 주교가 자기 교회 참사회의 고
위직 담당자나 자기 교구의 수도원장에게 신종선서를 요구하는가 하면
아주 큰 성직록(聖職祿)을 받는 주교좌 성당 참사원이 별로 좋은 성직
록을 나누어 가지지 못한 동료에게 신종선서를 요구하는 지경에까지
이르렀다. 또 주임신부들은 자기네 본당(本堂)을 관할하는 종교단체의
장(長)에게 신종선서를 바쳐야 될 때도 있었다.[8] 세속세계에서 빌려왔

---

7) Guibert de Nogent, *Histoire de sa vie*, I, 11(éd. Bourgin, p.31) ;
   Thietmar de Mersebourg, *Chronicon*, II, 27(éd. Holtzmann,
   pp.72~73) ; 이 문제의 특징을 뚜렷이 보여주는 서사시 사료는 *Garin le
   Lorrain*, éd. P. Paris, t. I. p.2.
8) 그레고리우스 개혁이 이루어졌던 저 위대한 시대의 교황들은 스스로 몇몇 국
   왕의 봉건영주가 되려는 속셈이 있었다고 흔히들 말한다. 그러나 실제로 교
   황들은 국왕에게 충성의 서약과 얼마간의 조공을 요구하면서 때로는 이를

음에 틀림없는 습속이 이처럼 영적인 보루 안에 들어왔으니 엄격주의
자들의 항의가 일어나지 않을 수 없었다.

그러나 성직 서품식의 성유(聖油)와 성찬식의 성체배수(聖體拜受)로
써 거룩해진 성직자의 손이 종속의 의식을 위해 속인의 손 안에 놓이게
되었을 때, 이때야말로 그 폐단은 훨씬 더 큰 것이 되었다. 여기에서
문제는 훨씬 광범위한 또 하나의 문제와 떼려야 뗄 수 없게 연결되어
있다. 그것은 교회 위계서열상의 여러 직책에 성직자를 임명한다고 하
는, 교회가 일찍이 직면했던 것치고 분명 가장 골치아픈 문제들 가운데
하나였다.

영혼의 사목자(司牧者)를 뽑는 일거리를 세속권력의 수중에 맡기는
습관이 처음으로 생겨난 것은 봉건시대가 아니었다. 영주가 거의 자기
마음대로 임면하게 되어 있던 촌락 주임신부의 경우, 이러한 관습은 교
구제가 처음으로 생긴 당시로까지 올라가는 것이었다. 주교나 수도원
장의 경우는 어떠하였을까. 이에 관해 교회법의 규정에 부합되는 유일
한 절차가 선거였다는 것은 의심할 나위가 없다. 주교들은 성직자와 도
시의 주민에 의해 선출되었고, 수도원장은 수도사들이 뽑았다.

그러나 로마 제국 지배의 말년 이래 황제들은 도시의 선거인들에게
거리낌없이 자기 의사를 강요했으며 때로는 주교를 직접 임명하기까지
하였다. 만족이 세운 왕국의 통치자들도 이 두 가지 예를 답습하였으
며, 그 중에서도 특히 주교 임명의 사례는 그전보다 훨씬 광범하게 나
타났다. 수도원장들로 말하자면 국왕에게는 직속되지 않은 경우라 하

─────────────

진짜로 받아내기도 하는 그런 정도에 그쳤던 것으로 보인다. 이런 것들은 분
명히 종속의 형태이기는 했으나 엄밀한 의미에서의 봉건적인 것은 결코 아니
었다. 이 당시 교황에게서 신종선서를 바치라고 요구받은 사람은 단순한 영
역제후들에 지나지 않았다(남부 이탈리아의 노르만족 출신의 수장, 랑그도크
의 쉬브스탕시옹[Substantion] 백작의 경우가 바로 그러하였다). 잉글랜드의
존 실지왕도 신종선서를 바친 것은 사실이지만 그것은 훨씬 나중의 일이다
(1213).

더라도 해당 수도원의 창설자나 그 후계자들이 이 직책의 담당자를 임명하는 예가 흔하였다.

사실 막중한 종교적 책임—자기 백성의 복지를 염원하는 통치자라면 누구도 이것을 자기와 무관한 일이라고 생각할 수는 없다—을 지고 있을 뿐만 아니라 인간세상 본연의 명령권 가운데 그렇게 큰 몫을 차지하고 있는 이와 같은 직무에 사람을 기용하는 문제에 이르면 이를 본심에서 자기의 관할권 밖으로 밀쳐놓을 수 있는 정부란 결코 있을 수 없었다. 주교를 '지명하는 것'이 국왕의 권한에 속한다는 관념은 카롤링거 왕조의 관행으로 굳어졌고, 마침내는 이것이 하나의 방침으로 인정되기에 이르렀다. 10세기와 11세기 초에는 교황과 고위 성직자들은 이의 없이 이러한 견해를 표방하고 있었다.[9]

그러나 다른 경우처럼 이 영역에서도 과거부터 이어진 여러 제도와 관습은 새로운 사회적 분위기의 영향을 받게 마련이었다.

봉건시대에는 토지, 권리 그리고 직무 등 모든 소유권의 양도는 양도되는 가치를 표상한다고 여겨지는 물적(物的) 대상, 그러니까 이 손 저 손으로 옮겨다니게 되어 있는 특정대상을 넘겨주는 것으로 이루어졌다. 따라서 본당 소교구, 주교구 또는 수도원을 관할하라고 속인에게서 임명받은 성직자는 이 성직록 수여자한테서 통례적인 형식에 따라 '서품'을 받았다. 아주 당연한 일이겠지만 카롤링거 왕조 초기 이래 주교를 위한 상징으로 특별히 즐겨 선택된 것은 사제의 지팡이였으며,[10] 나중에 여기에 사목(司牧)의 반지가 덧붙여졌다.

---

9) Jaffé-Wattenbach, *Regesta pontificum*, t. I, n° 3564 ; Rathier de Vérone(Migne, *P. L.*, t. CXXXVI, col. 249) ; Thietmar, *Chronicon*, I, 26, pp. 34~45.
10) 흔히 주목의 대상이 되지 못하기는 하지만 가장 오래된 예 가운데 하나에 관해서는 G. Busson et Ledru, *Actus pontificum Cenomannensium*, 832, p.299를 보라.

세속의 우두머리한테서 이렇게 표지(標識)를 넘겨받는다고 해서 성직서품의 의식이 불필요한 것이 결코 아니었음은 말할 나위도 없다. 그런 뜻에서 본다면 상징물을 넘겨주는 행위는 주교를 탄생시키는 데에는 효능이 없었다. 그러나 이러한 행위가 새로운 고위 품계와 결부된 재산을 고위 성직자에게 양도하는 것을 뜻하는 역할밖에 하지 않았다고 생각한다면 큰 잘못일 것이다. 이 행위는 고위 성직의 직책에 따르는 권리와 그 봉록(俸祿)에 대한 권리, 이 두 가지를—이 갈라놓을 수 없는 두 요소들을 서로 구분해야 할 필요성은 아무도 느끼지 않았지만 말이다—동시에 수여하였다.

또 한 가지 지적할 것은, 성직자 임명과 관련하여 세속적 권력이 스스로 차지한다고 자처해온 우세한 비중이 이같은 의식을 통하여 상당히 노골적으로 강조된 것은 사실이지만, 이 의식 자체만을 놓고 본다면 오래 전부터 공인되어온 사태를 거의 그대로 답습한 것이나 마찬가지였다는 점이다. 그러나 훨씬 깊은 인간적인 울림을 띠고 있던 또 한 행위의 경우는 사정이 달랐다.

국지적 세도가나 군주는 이제 막 자기한테서 교회의 직무를 위임받은 성직자에게서 그 반대급부로 확고한 충성을 기대하고 있었다. 그런데 카롤링거 왕조의 가신제가 성립한 뒤로 적어도 위쪽의 여러 계급 사이에서 이러한 성질의 약속은 프랑크족의 탁신 관습으로 다듬어진 여러 형식에 따라 맺어진 것이 아닌 한 참된 구속력을 지니지 못한 것으로 여겨진다. 그래서 국왕들과 영역제후들은 자기네들이 임명한 주교나 수도원장들에게 으레 신종선서 행위를 요구하게 되었다. 또한 촌락의 영주도 때로는 그들의 교구 주임신부에게 같은 것을 청하였다.

그러나 엄밀한 뜻에서 신종선서는 복종의 의식이었다. 게다가 아주 중시되는 의식이기도 하였다. 이 의식으로 인해 영적 권력의 대표자가 세속적 권력의 대표자에게 종속되고 있다는 것이 두드러지게 드러났을 뿐만 아니라, 그 의식으로 말미암아 종속관계가 강화되기도 하였다. 형식 절차를 갖춘 두 가지 행위, 곧 신종선서와 성직 서품식의 결합으로 인해 고위 성직자의 직무와 가신의 봉을 동일시하는 위험스러운 경향이 촉진되었기 때문이다.

주교와 대수도원장 임명권은 본질적으로 왕권에 속해 있어서, 이 임명권 자체도 일반적으로 봉건사회가 지닌 특징의 하나였던 왕권 세분화라는 현상을 피할 도리가 거의 없었다. 그러나 왕권 세분화는 어디에서나 같은 정도로 일어난 것이 아니었다. 따라서 왕권이 교회 요원의 충원에 행사한 영향력은 또 그것대로 극도로 다양하였다. 프랑스, 특히 남부 프랑스나 중부 프랑스처럼 많은 주교구가 상급제후나 심지어는 중급제후의 권위 아래 놓여 있던 곳에서는 성직이 아들에게 세습적으로 계승되는 것부터 공공연히 매매되는 것에 이르기까지 아주 고약한 악폐가 제 세상을 만난 듯 활개치고 있었다. 이와 대조적인 경우를 찾으려면 국왕이 거의 모든 주교구를 여전히 마음대로 지배할 수 있었던 독일을 살펴보아야 한다.

국왕들이 주교를 고를 때 오로지 종교적인 동기에 의해서만 움직인 것이 아니었음은 말할 나위도 없다. 그들에게는 무엇보다도 행정능력이 있는, 아니 사실은 전투능력이 있는 고위 성직자가 필요하지 않았겠는가. 브루노 드 툴(Bruno de Toul),[*4] 곧 나중에 레오 9세라는 아주 경건한 교황이 된 이 사람이 주교직을 얻게 된 것은 무엇보다도 그가 군부대 지휘관으로서 입증해 보인 재능 덕택이었다.

통치자는 가난한 교회에는 즐겨 부유한 주교를 앉히곤 하였다. 통치자는 그 자신에게 들어오는 선물을 마다하는 법이 없었으며, 수여의 대상이 군사적인 봉사를 조건으로 하는 봉이건 종교적인 고위직책이건 간에 새로이 서임받는 사람에게 이 선물 바치기의 관례는 점차 의무로서 부과되는 경향을 띠게 되었다. 그러나 전체적으로 말해 작센 왕조와 잘리어 왕조 초기의 제국 주교가 교육의 면에서나 도덕적 기풍의 면에서 이웃 나라들의 주교보다 훨씬 나았다는 것은 의심할 나위가 없다.

*4 툴은 프랑스 북동부의 도시 이름.

교회가 세속권력에 복종할 필요가 있었던 이상, 그 중에서도 더 높은 지위에 있고 그래서 더 넓은 시야를 가질 수 있는 권력에 의존하는 편이 그래도 더 나은 일임은 확실하였다.

여기에 그레고리우스 개혁의 회오리바람이 몰아쳤다. 초자연적인 힘을 속세의 지배로부터 빼앗아 찾고, 아울러 인간세상적인 권력은 구제(救濟)라는 위대한 성업(聖業)의 테두리 안에 짜맞추어 넣어진 일개 역할, 곧 그 테두리 안에서 분별력 있게 종속적인 위치를 차지하는 단순한 보조자로서의 역할로만 머물러버리게 하고자 했던 저 열정적인 시도에 대하여 여기서 우리가 그 감동적인 세세한 모습들을 다시 더듬을 필요는 없을 것이다. 각 나라별로 나타나는 많은 차이들을 염두에 두지 않는다면 최종적 대차대조표는 몇 마디 말로 요약될 수 있다.

개혁파가 직접 주된 노력을 기울였던 것은 교구체제에 대해서가 아니었다. 교구의 법적 체계에는 사실 거의 아무런 변화도 일어나지 않았다. 교회에 대한 소유제(propriété)라는 노골적인 용어 대신 한결 듣기에도 좋은 보호제(patronat)라는 용어가 결정적으로 들어섰다. 성직자의 인선에 주교 권력 쪽이 얼마간 더 엄격한 통제를 가할 수도 있게 되었다. 그러나 성직자 임명권이 실제로 영주 수중에 계속 머무르고 있던 것에 비해볼 때 이들 고만고만한 개혁은 별로 대단한 중요성을 가지지 못하였다.

약간이나마 중요성을 띠고 있던 유일한 새 특징은 법의 영역보다는 오히려 사실의 영역에서 찾아볼 수 있는 것이었다. 즉 기증이나 매입에 의해 수많은 촌락교회가 속인의 손에서 종교기관과 특히 수도원의 수중으로 넘어갔던 것이다. 영주의 교회 지배는 계속되고 있었다. 비록 그것이 적어도 주인, 곧 기독교회 병사의 일원인 성직자들의 이익을 위하여 행사된 것이기는 하였지만 말이다. 농촌 영주제라는 것이 그 자체를 놓고 볼 때 다른 구성요소보다 더 오래된 것이면서도 봉건제의 사회구조에서 가장 견고한 부분을 이루고 있었음이 다시 한번 입증된 셈이다.

교회의 고위직책으로 말하자면, 세속적 권력에 종속되었음을 보여주는 가장 기분나쁜 모습들은 제거되어 있었다. 지방의 문벌에 의해 공공연히 '소유된' 수도원은 이제 없었다. 대검제후가 스스로 그 수많은 종교적 전당의 수도원장이나 '대수도원장'을 자처하는 일도 이미 없어졌다. 세속의 권력자가 영적인 권세를 드러내 보여주기에 적합하다고 일컬어지는 그런 따위 표지를 건네주는 서품식 절차도 더 이상 없었다. 즉 고위 성직자의 홀(笏)이 사제의 지팡이와 반지 대신 들어서게 되었으며, 교회법학자들은 이렇게 이루어지는 성직 서품식의 목적은 단 하나, 곧 독립적으로 주어진 종교상의 직능을 행사하는 것과 결부된 물질적 권리를 허락해주는 데에 있다는 원칙을 세웠다.

선거라는 방식이 종규(宗規)로서 일반적으로 받아들여졌으며, 속인은 주교의 선출에서 단순한 선거인의 자격조차 인정받지 못하는 것을 비롯해서 일체의 정규적 선거 참여로부터 단호히 배제되었다. 이때부터 주교는——12세기 전체에 걸친 진전의 결과——대성당의 주교좌(主教座) 성당 참사회원으로만 이루어진 선거인단에 의해 임명되었다. 이는 원초적인 법과는 전적으로 상반되며, 성직자와 세속대중 사이에 점점 심하게 나타나고 있던 분열을 다른 어떤 것보다도 더 자세하게 보여주는 새로운 특징이었다.

그러나 당시 사람들이 단순히 투표수를 헤아리는 방식에 묵묵히 따르는 것을 별로 달가워하지 않았기 때문에 이 선거제라는 원리는 그 기능을 다하는 데에 어려움을 겪었다. 결정은 무조건적인 단순과반수에 의해서가 아니라, 전통적인 방식에 따라 '가장 수가 많으면서 또 가장 건전한' 분파에 의해 이루어진다고 여겨졌다. 그러니 그 어떤 소수파가 수의 원칙에 따라 승리를 거둔 상대방에 대해 그들은 앞에서 말한 두 성질 가운데 건전성——훨씬 계량하기 힘든 측면인——이라는 요소를 갖추지 못했다고 주장하고 싶은 유혹을 물리칠 수 있었겠는가.

그러다 보니 번번이 선거결과를 놓고 논쟁이 벌어졌다. 이 때문에 성직자 선거는 걸핏하면 더 높은 지위에 있는 권력자의 간섭, 곧 교황의

간섭은 물론이고 국왕의 간섭까지 불러들이곤 하였다. 선거인단이라는
존재는 흔히 떳떳이 이야기할 만한 것이 전혀 못 되는 국지적 이해관계
에 따라 좌우될 뿐만 아니라 수적으로도 아주 제한된 집단이었던 만큼,
그들이 품고 있던 편견에 대해서는 어느 누구도 착각할 리가 없었다는
점을 덧붙여두기로 하자. 가장 지성적인 교회법학자들조차 거의 예외
없이 선거에 대한 통제가 더욱 광범하게 행사되었더라면 유익했을 것
임이 틀림없다고 인정하고 있었다.

　여기에서 또다시 교회의 최고 수장(교황—옮긴이)과 국가의 최고 수
장(국왕—옮긴이)이 서로 세력을 겨루고 있었다. 실제로, 정치적 세력
의 전반적 재편성이 이루어지는 데 힘입어 서유럽 대부분의 지역에서
군소제후들은 점점 밀려나고, 국왕이나 특별히 강력한 몇몇 영역제후들
이 세력을 강화하게 되었다. 그러나 통치자들은 이렇게 해서 영토의 유
일한 주인으로 남게 됨으로써 교회에 대해 자신이 휘두를 수 있던 갖가
지 압력의 수단들을 더욱더 효과적으로 부릴 수 있게 되었다. 이러한 위
압적인 방식 가운데 하나인 투표장에의 국왕 임석(臨席)만 하더라도
1122년에 교황과 신성로마 제국 황제 사이에 맺어진 정교협약(政敎協
約, Concordat)[*5]에 따라 적법한 것으로 인정받지 않았던가. 자기네 힘
에 대해 대단한 자신을 가지고 있던 국왕들은 때로는 성직자를 직접 임
명하는 것도 서슴지 않았다.

　봉건시대 제2기의 역사와 뒤이은 여러 세기의 역사는 가톨릭 세계의
한쪽 끝에서 다른 쪽 끝에 이르기까지 주교직과 수도원장직의 임명으
로 말미암아 일어난 셀 수 없이 많은 아귀다툼의 소리로 울려퍼지고 있
다. 그러나 모든 것을 다 셈해볼 때 그레고리우스의 개혁은 교회의 주
요 고위직 담당자를 선발하는 권리 또는 적어도 그 선출을 감독하는 권
리라는 바로 그 조종간(操縱桿), 사실상 세속권력의 존재 자체를 위해
서도 빠져서는 안 될 요소였던 이 수단을 세속의 대권력으로부터 빼앗

*5 성직자 서품권 문제를 중심 주제로 다룬 보름스 협약을 가리킨다.

아오기에는 힘이 부쳤다는 것을 보여준 셈이었다.

새로운 시대의 주교나 수도원장은 드넓은 영주지를 받고 이를 보유하는 대가로 국왕이나 영역제후들에 대해 모든 상급귀족들이 지는 통례적인 의무를 부과받았을 뿐 아니라 다른 경우보다 한층 더 중요한 봉사의 의무까지 지게 되었다. 왜냐하면, 앞으로 살펴보게 되듯이, 교회령은 왕령과 특별히 긴밀한 유대로 연결되어 있다고 여겨졌기 때문이다.

이로써 그들은 자기네 통치자에 대한 충성의 의무에 계속 묶여 있게 되었으며, 이 의무의 정당한 효력은 그 누구도 부인할 수 없었다. 개혁자들은 단지 이러한 것들이 각별히 높은 고위 성직에 알맞은 표현방법으로 이루어져야 한다고 주장하는 데 불과하였다. "고위 성직자가 충성서약을 하는 것까지는 좋다. 하지만 그들에게 신종선서를 요구한다는 것은 말도 안 된다." 11세기 말 이래 종교회의, 교황 그리고 신학자들이 서로 다투다시피 전개하였던 아주 논리적이고도 명쾌한 이론이라는 것은 이런 식이었다. 오랫동안 이 이론은 실제 관행과 동떨어져 있었다. 그러면서도 이론 쪽이 조금씩 지반을 쟁취해가서 13세기 중엽에는 어디에서나 승리를 구가하고 있었다.

그러나 하나의 중요한 예외가 있었다. 가신제의 온상이었던 프랑스는 이 점에서 계속 끈질기게 전통적인 관행을 존중하고 있었다. 몇몇 특정한 특권을 제외하고 프랑스는 16세기까지 이 전통적인 관행에 매달려 있게 되었다. 루이 성왕 같은 사람도 주교 한 사람에게 규정 준수를 환기시키기 위해 "경은 그대 손으로 짐에게 신종선서를 바친 가신이로다"라고 서슴없이 말했다고 한다. 봉건제도의 가장 두드러진 특징을 보여주는 표상들은 심지어 그것들이 본질상 영적(靈的)인 성격을 지닌 사회에 확대적용된 경우에조차 유례없는 강인함을 입증하고 있었으며, 루이 성왕의 말은 바로 이러한 사실을 다른 그 어떤 예보다도 더 웅변적으로 보여주고 있다.[11]

---

11) Joinville, c. CXXXVI.

2. 예농과 부르주아

기사계급적인 발상으로 씌어진 문학작품을 보면 귀족과 성직자 밑에는 '농투성이'(rustre)나 '예농'(vilain)이라는 획일적 민중만이 있었던 것처럼 오해하기가 쉽다. 그러나 이 거대한 민중의 무리도 실제로는 흔적 깊은 갖가지 사회적 분열의 구분선에 의해 갈라져 있었다.

이것은 한정되고 엄밀한 의미의 농민들 자체에 대해서도 마찬가지로 말할 수 있다. 농민들의 경우에도 그들 계층 내부에서 영주에 대한 종속의 여러 등급에 따라 법적인 성격을 지닌 구획──이 구획은 물론 유동적인 것이기는 하였지만──이 그어짐으로써 점차 '예속상태'와 '자유'라는 대립적인 양극으로 구분이 이루어졌을 뿐만 아니라, 또한 이러한 신분상의 차이와 나란히 그러면서도 이것과 뒤섞이는 일은 없이 대폭적인 경제적 불평등이 발생함으로써 농촌의 여러 소집단이 갈라지고 있었던 것이다. 가장 단순하고 가장 일찍부터 명백히 나타난 대립만을 예로 들어보더라도, 자기의 역축(役畜)을 자랑거리로 여기는 '유복한 자영농민'(laboureur) 가운데 그 누가, 자기 땅이라고는 손바닥만한 땅뙈기밖에 없는데다가 이것을 갈기 위해 이용할 도구 또한 자기 근육밖에 없던 같은 마을의 '날품팔이 농부'(brassier)를 자기와 대등한 사람으로 받아들였겠는가.

특히 지적해야 될 사항은, 농민들과도 별개이지만 또한 명령을 내린다는 명예로운 임무에 전념하는 사람들의 집단과도 별개로, 상인과 수공업 장인이라는 고립된 중핵이 언제나 존재하고 있었다는 점이다. 이러한 배아(胚芽)에서 봉건시대 제2기의 경제적 혁명을 통하여 도시적 계급이라는 강력하면서도 내부적으로 상당히 분화된 대중이 수많은 새로운 요소들을 첨가하여 성장한 모습으로 솟아올라왔다. 이렇게도 뚜렷이 전문적인 성격을 가진 사회집단을 연구하려면 그들의 경제를 철저히 고찰하지 않으면 안 된다. 그러나 봉건제도라는 배경막의 어디쯤에 그들이 자리잡고 있는지를 보여주는 데에는 여기서는 간략한 개요만으로도 충분할 것이다.

봉건시대의 유럽에서 쓰이고 있던 어떠한 언어에도 사람이 거주하는 장소로서의 도시(ville)를 촌락(village)과 뚜렷이 구별할 수 있게 해주는 용어가 없었다. 빌(ville)·타운(town)·슈타트(Stadt)는 도시와 촌락이라는 두 가지 유형의 취락에 무차별적으로 적용되었다. 부르크(Burg)는 모든 요새화한 지역을 가리켰다. 시테(cité)는 주교구의 중심지에만, 또는 의미가 확대되어서 유달리 중요한 다른 몇몇 중심지에만 한정되어 쓰였다.

반면에 이미 11세기부터 부르주아——이 말은, 기원은 프랑스어이지만 순식간에 국제어로 쓰이게 되었다——라는 명칭이 기사, 성직자 그리고 예농이라는 낱말에 대해 아주 명백히 대립적인 어휘로 사용되었다. 따라서 취락이 그 자체로는 여전히 특정한 명칭을 가지지 못했다고 하더라도 거기에 살고 있는 사람들만은, 아니면 적어도 이들 주민 중에서 가장 활동적인 분자들, 곧 그 상인적 또는 수공업자적 활동을 통해 가장 뚜렷하게 도시적 성격을 띠었던 분자들만은 이때부터 사회적 명칭 규정에서 독자적인 지위를 차지하게 되었다. 사람들은 도시란 무엇보다도 특수한 유형의 인간집단이 사는 곳이라는 점을 근거로 하여 그 성격을 규정할 수 있다는 사실을 틀림없는 본능으로 알아차리고 있었다.

물론 이러한 대조는 자칫하면 과장되기 쉬울 것이다. 도시생활의 초기에 부르주아는 기사와 마찬가지로 전사적 기질을 지니고 있었으며, 통례적으로 무기를 휴대하고 다니는 점도 마찬가지였다. 그들은 오랜 세월 동안 농민처럼 때로는 농경지——그 밭고랑은 종종 성벽 안쪽에도 뻗쳐 있곤 하였다——의 경작에 신경을 썼는가 하면, 또 때로는 성문 밖 조심스레 보호된 공유지에 가축을 몰고 가 풀을 뜯어먹게 하기도 하였다. 그들도 부자가 되면 이번에는 그들 차례가 되어 농촌의 장원을 사들이게 되리라.

그런 한편, 기사계급이 그 이상적 상태로 볼 때 일체의 재산 걱정으로부터 초연했다고 생각한다면 그 이상 잘못된 노릇이 없다는 것도 이미 살핀 대로이다. 그러나 부르주아들의 처지에서 보면 이렇게 그들을 다른 계급과 같은 존재로 보이게끔 하는 여러 활동은 실제로는 부차적인 것에 지나지 않았으며, 말하자면 그들이 점점 내버려가고 있던 옛 존재방식을 말해주는 시기 늦은 증명물에 불과한 경우가 대부분이었다.

부르주아는 본질적으로 교환에 의해 살아간다. 그는 구입가격과 판매가격의 차, 또는 빌려준 자본과 되받은 가치의 차에서 생계비를 얻어내고 있다. 그런데 이 중간이윤이라는 것은 노동자 또는 운반인의 단순한 급료와는 다른 성질의 것이므로 신학자들한테서 그 적법성을 인정받지 못하며, 기사사회 또한 그 본성을 제대로 이해하지 못한다. 그 때문에 부르주아의 행동규범은 주변의 윤리와 격렬하게 맞부딪치게 된다.

부르주아는 토지에 투기할 수 있게 되기를 열망하기 때문에 그들로서는 자기네 토지재산에 대한 영주제적 규제는 참기 어려운 노릇이 아닐 수 없다. 부르주아는 일거리를 재빨리 처리해야 할 필요가 있기 때문에, 또 일거리가 진전되어가면서 끊임없이 새로운 법적 문제들이 제기되기 때문에, 저 꾸물거리고 번거로우며 낡아빠진 전통적 재판절차는 그들을 분통터지게 만든다. 도시 자체도 수많은 지배권력에 의해 분할되어 있으니, 부르주아는 이를 상거래의 적절한 통제를 가로막는 방해물로 여겨, 또 자기네 계급의 연대성을 모욕하는 것으로 여겨 불쾌하게 생각한다. 부르주아의 입장에서 볼 때 자기 이웃인 성직자나 기사들이 누리는 갖가지 불수불입권(不輸不入權, immunité)은 자신들의 자유로운 소득 추구를 몹시 심각하게 가로막는 것으로 여겨진다. 부르주아는 자기가 끊임없이 왕래하는 길에서 통행세를 징수하는 자들도, 또 약탈하기 좋아하는 영주들이 대상(隊商)을 덮칠 때 근거지로 삼는 성채들도 똑같이 미워한다.

한마디로 말해, 부르주아가 아직 극히 보잘것없는 자리밖에 차지하지 못하고 있던 사회에서 만들어진 제도들 거의 전부가 그를 해치거나 방해한다. 부르주아가 장차 건설하려고 꿈꾸는 도시, 곧 폭력으로 쟁취하거나 현금으로 사들인 특별면제권을 가지고 있으며, 경제적 팽창을 위해 그리고 필연적으로 발생하게 마련인 보복에 대비하기 위해 견고하게 무장한 사람들의 집단으로 편성되어 있는 도시는 말하자면 봉건사회에서 이질적인 단체가 될 것이다.

사실대로 말하자면, 공동체가 그렇게도 열렬히 희구하는 이상이었던 집단적 독립이라는 것도 결국은, 정도의 차가 있다고는 하더라도 전체로 보면 미미하기 짝이 없는 행정상의 자치라는 범위를 넘어선 경우가 드물었다. 그러나 지방의 폭군이 저지르는 무지스러운 억압행위들을 피하는 데에는, 얼핏 보면 최후의 임시변통으로 여겨질 수도 있겠지만 실제 경험상으로는 종종 가장 확실한 효험을 가진 것으로 밝혀지곤 하였던 또 하나의 수단이 있었다. 즉 그것은 광대한 지역에서 질서의 수호자이며 또 바로 그들 자신의 재정상 배려에서——그들이 점점 더 명확히 이를 깨닫게 되었듯이——부유한 납세자의 번영에 관심을 기울이고 있던 국왕 또는 영역제후의 강력한 통치에 의존하는 것이었다. 이렇게 됨으로써 또다시, 그리고 아마도 더욱 효과적으로, 부르주아 세력의 대두는 봉건적 구조를 그 가장 두드러진 특징인 권력의 세분화라는 측면에서부터 파괴해버리는 요소로서의 모습을 띠게 되었다.

반항하기 위해서이든 또는 조직을 위해서이든 새로운 도시공동체가 등장할 때에는 일반적으로 아주 의미심장한 하나의 문서가 공표되어 그 등장을 알려주었다. 이것이 부르주아의 상호서약이다. 그러기 전까지 도시에는 그저 고립된 개인밖에 없었으나, 여기에서 하나의 집단적 존재가 태어나게 되었다. 프랑스에서 원래 의미에서 '코뮌'(commune)이라 일컬어지고 있었던 것은 바로 이렇게 해서 형성된 서약결사였다.

일찍이 어떠한 낱말도 이보다 더 열렬한 감정을 불러일으킨 적이 없었다. 반란의 날에는 부르주아지 집결의 부르짖음이었고 위험에 직면해서는 도움을 청원하는 부르주아의 외침이었던 이 코뮌이라는 말은 종전까지 유일한 지배세력으로 군림해온 계급들 사이에서 오랫동안 증오의 메아리를 불러일으켰다. 기베르 드 노장(Guibert de Nogent)*6의 말마따나 "새롭고도 진저리쳐지는 이 이름"에 대하여 어째서 그렇게 심한 적개심이 몰렸을까.

여기에는 물론 수많은 감정이 작용하고 있었다. 자기네의 권위, 수입 그리고 위신을 직접 위협받고 있던 권세가들의 불안, 자기네 갈 길이 가로막힌다고 생각되는 날이면 교회의 '여러 자유'마저 거의 무시해버리는 집단들의 야심이 교회의 우두머리들에게 불러일으킬 두려움, 장사치를 향한 기사계급의 경멸 또는 악의, 부정한 원천에서 이득을 뽑아올리는 것으로 보이는 이들 '고리대금업자'와 '모리배'의 뻔뻔스러움으로 인해 성직자의 마음속에 치솟은 고결한 분노[12] 등등 말이다. 그러나 여기에는 다른 이유, 더욱 심각한 까닭이 있었다.

봉건사회에서 상호부조와 '우호선린'의 맹세는 처음부터, 말하자면 체제의 중요한 구성요소 가운데 하나였다. 하지만 그것은 신민을 상급자에게 결부시켜주는, 아래로부터 위로의 약속이었다. 그런데 코뮌 서약의 독자성은 평등한 사람끼리를 결합시켜준다는 점에 있었다.

분명히 이러한 특징이 전적으로 전례가 없는 것이었다고 간주할 수는 없으리라. 앞으로 살펴보겠지만 샤를마뉴가 금지시킨 민중적 '길드'의 동료 성원들이 '서로' 행했던 서약도 이미 이러한 것이었으며, 또 그후의 평화결사(associations de paix)—많은 점에서 도시 코뮌은 이 결사의 유산을 계승하였다—의 성원들이 서로 맹세했던 것도 그러하였다. 그뿐 아니라, 단지 상업상의 필요와 모험의 필요를 위해 형성된 것에 불과하기는 하지만 그래도 자치를 실현하려는 도시의 노력이 시작되기 전에 이미 부르주아의 연대감을 명백히 보여주는 가장 오래된

---

*6 1053~1124. 센 강 남쪽에 있는 노장의 노트르담 수도원 원장이며, 역사서·회상록 등을 썼다.

12) 1212년의 파리 종교회의에 관해서는 Mansi, *Concilia*, t. XXII. col. 851, c. 8(*feneratoribus et exactoribus*)을 참조하라.

형태를 이루고 있던 여러 소규모 결사들, 때로는 이 역시 '길드'라고 불리기도 했던 그러한 결사에 집결한 상인들이 서로를 결합시켜주는 매개로 삼아 맹세한 서약들도 마찬가지였다.

그러나 코뮌 운동이 전개되기 전에는 이런 식으로 상호 성실을 맹세하는 관행이 결코 이처럼 널리 행해진 적도 없었으며 또 이렇게 힘찬 기운을 과시한 적도 없었다. 사방에서 일어난 (코뮌의─옮긴이) '결탁'은 한 설교자의 말마따나 정녕 "서로 뒤얽힌 가시나뭇단"이었다.[13] 그런 점에서 코뮌에는 위계서열로 이루어진 세계에 격렬하게 대립하는, 실로 혁명적인 요소가 있었다.

물론 이들 초기의 집단을 결코 민주적이라고 할 수는 없었다. 도시 코뮌의 진정한 건설자였던 '상층 부르주아'들, 곧 서민들로부터 항상 수월하게만 추종받지는 못하고 있던 이 계층 사람들은 가난한 사람들의 입장에서 볼 때에는 흔히 가혹한 지배자였으며 무자비한 채권자이기도 하였다. 그러나 그들은 보호를 대가로 하는 복종의 서약을 상부상조의 약속으로 바꿈으로써, 봉건적이라 부를 수 있는 정신과는 철저히 다른 새로운 사회생활의 한 요소를 유럽에 안겨주었던 것이다.

---

13) A. Giry, *Documents sur les relations de la royauté avec les villes*, 1885, nᵒ XX, p.58.

제1장

재판

1. 재판제도의 일반적 성격

사람들은 어떻게 재판을 받았을까. 하나의 사회체제를 살피는 데에 이 물음보다 더 좋은 시금석은 없다. 그런 만큼 이 문제에 대해 1000년 무렵의 유럽의 상황을 살펴보기로 하자.

첫눈에 보아 알 수 있는 것은 법률상의 세부사항들 위에 우뚝 솟아 이를 지배하는 몇 가지 특징들이 두드러지게 드러난다는 점이다. 그것은 첫째로 재판권이 놀랄 만큼 세분화되어 있었다는 것이고, 둘째로 그것이 한데 뒤엉켜 있었다는 점이며, 끝으로 그러한 재판권이 신통한 효력을 발휘하지 못하였다는 점이다. 아주 중요한 소송사건이 발생하면 이를 판결한답시고 많은 법정이 나란히 소집되는 식이었다. 이론상으로는 이들 법정 사이에 몇 가지 규칙이 있어 각 법정이 맡는 관할권의 몫이 결정되고 있었음이 분명하다. 그러나 끊임없이 들쭉날쭉 변덕이 생길 여지는 여전히 남아 있었다. 현재 전해지고 있는 장원의 기록 문서집에는 서로 경쟁하는 재판권간의 분쟁에 관한 증서들이 가득 들어 있다.

어느 법정에 소송을 제기해야 되는지 알 수가 없어서 절망한 소송 당사자들은 흔히 그들 나름대로 중재자를 세우기로 합의하기도 하였고 그렇지 않으면 재판 판결을 기다리기보다 우호적인 타협을 짓는 쪽을 택하기도 하였다. 이 타협이 결과적으로 준수되지 않을지도 모른다는 위험을 무릅쓰고 말이다. 재판소 쪽은 스스로의 권리에도 또 힘에도 자신이 없었기 때문에 심지어는 판결을 내리기 전에 또는 후에, 당사자들한테서 판결에 승복하겠다는 다짐을 받아내는 모습까지 거리낌없이 보이고 있었다. 어떤 사람이 유리한 판결을 얻었다고 하자. 그렇더라도 이를 실제로 집행하게 하려면 좀처럼 승복하려 들지 않는 상대방과 타협하는 외에 딴 방법이 없을 때가 너무나 흔하였다. 한마디로 지금이야말로——그렇지 않고 또 언제가 되겠는가——무질서가 그 나름대로 하나의 중대한 역사적 사실일 수 있다는 것을 상기해야 할 순간이다.

그러나 이러한 사실은 충분히 설명을 할 필요가 있다. 이러한 현상은 대부분 다양한 전통에서 비롯되었으며, 또 그에 덧붙여 지극히 유동적인 한 사회의 여러 가지 필요에 다소 어설프게나마 적응하지 않을 수 없다는 이유 때문에 모순된 원리들이 끊임없이 서로 충돌하면서도 또 서로 공존하고 있었다는 사실과 직결되어 있음이 분명하다. 하지만 이러한 무질서는 인간의 환경에 따라 재판의 집행에 부과된 구체적인 여러 조건들에도 마찬가지로 기인하는 것이다.

종속관계가 늘어나고 있던 이 사회에서 모든 우두머리들——그 수가 얼마나 많았는지는 하느님이나 아실까——은 재판하는 자가 되기를 갈망하였다. 왜냐하면 재판권만이 종속민들로 하여금 의무를 효과적으로 이행하게 할 수 있었으며, 또 재판권만이 종속민들을 외부 재판소의 판결에 승복하지 못하게 함으로써 그들을 보호하는 동시에 지배하는 가장 틀림없는 수단을 제공해주었기 때문이다.

그런데다가 이 재판권이 본질적으로 이익이 많은 것이었다는 점도 또 하나의 원인이었다. 재판권에는 벌금과 재판비용을 징수하고 아울러 재산몰수라는 굵직한 수입을 거두어들이는 권리가 포함되어 있었다. 그뿐 아니라 재판권은 무엇보다도, 영주들로 하여금 관습을 의무로 전환시키는 것을 용이하게 해주었으므로 영주들은 여기에서 수많은 이익을 끌어내었다. 재판권(justicia)이라는 낱말의 의미가 때때로 영주의 권력 전체를 가리키는 것으로까지 확대된 것도 우연이 아니다.

사실 여러 가지 측면에서 그것은 거의 모든 집단생활에 공통되는 하나의 필요성을 표현하는 것이었다. 오늘날에 와서조차 기업의 고용주, 군대의 지휘관은 모두 그들 나름대로 재판하는 사람이 아니겠는가. 그러나 사람들이 이러한 자격에 의해 가지게 되는 권한은 명확히 규정된 활동범위에만 국한되어 있다. 그들은 노동자·병사를 노동자·병사로만 재판하며 또 재판해야 한다. 이에 반해 봉건시대의 우두머리들은 좀 더 멀리까지 겨냥하고 있었다. 당시 종속의 유대관계는 전인적(全人的) 차원으로 확대 적용되는 경향이 있었기 때문이다.

더구나 봉건시대에는 재판한다는 것이 그다지 복잡한 일거리가 아니었다. 물론 몇 가지 법률지식이 필요하기는 하였다. 성문법전이 있었던 곳에서 이같은 지식에 해당하는 것이 있었다면 그것은 규칙들을 거의 다 외거나 그렇지 않으면 다른 사람으로 하여금 이를 낭독하게 하는 따위의 일이었는데, 이들 규칙은 간혹 조항이 많고 자세한 때도 있었지만 어쨌든 너무나 경직되어 있었기 때문에 대부분의 경우에는 개인적 판단의 노력이 개재될 여지가 전혀 없었다. 반면 구전되는 관습법이 성문법을 대신한 경우는 어떠하였을까. 그때는 이 널리 퍼져 있는 전승을 얼마간 익히면 그것으로 충분하였다. 끝으로, 소송절차를 형식주의의 단단한 껍질 안에 틀어박아놓은 소정의 행위와 필요한 문구들을 알아두는 편이 좋았다.

요컨대 그 모든 것은 기억의 문제였고 또 이를 몸에 익혀 시행하는 것의 문제였다. 입증방법은 초보적이었고 적용은 손쉬웠다. 증언을 채택하는 일은 좀처럼 드물었으며, 그나마 증언을 듣는다 하더라도 이는 검토 대상으로 삼기보다는 그냥 기록에 올려놓는 것으로 그치는 식이었다. 공증문서의 내용을 법적으로 인정하는 일—그러나 이러한 경우는 오랫동안 좀처럼 나타나지 않았다—, 소송 당사자의 어느 한편 또

는 공동서약자단(共同誓約者團)의 어느 한편으로부터 맹세를 받아내는
일, 그리고 신명심판(神明審判, ordalie)*1이나 결투재판의 결과를 확인
하는 일—결투재판은 다른 형태의 신명심판을 물리치면서 점점 널리
받아들여졌다—등, 이러한 일을 하는 데에는 별다른 기술적 준비가
거의 필요하지 않았다.

　소송 자체에서 다루는 일 또한 종류도 적고 내용도 미묘하지 않은 것
들뿐이었다. 상업생활이 빈혈상태에 처해 있었기 때문에 계약에 관한
소송 건(件)은 극도로 줄어들어 있었다. 몇몇 특정한 환경에서 좀더 활
발한 교환경제가 다시 발전하게 된 경우, 일반법도 통상적인 법정도 이
러한 분쟁거리를 다루는 데에는 무능했기 때문에 상인집단은 일찍부터
그들 자체 내에서 문제를 해결하게 되었는데, 처음에는 비공식적인 중
재에 의존하다가 그 다음에는 자기들 나름대로의 재판방법을 마련하여
이를 따르게 되었다. '장기특별점유'(saisine)*2—다시 말해 물적 대상
을 장기간에 걸쳐 이용함으로써 인정받은 점유권—나 물(物)과 인
(人)에 대한 여러 권리, 이러한 것이 거의 모든 소송의 변함없는 대상
이었다. 물론 여기에다 형사범과 경범(輕犯)이 덧붙기는 하였다. 그러
나 여기에서 형사범의 경우, 재판소의 활동은 실제로는 사적인 복수로
말미암아 크게 제한되어 있었다. 요컨대 누구이건 간에 필요한 권력을
가지고 있다면 또는 그런 사람의 대리인으로 위임받았다면, 이런 사람
이 직접 재판관 노릇을 하는 것을 가로막을 지적인 방해물은 전혀 없
었다.

　그런데 통례적인 재판소와 나란히 하나의 특수한 법정 체제가 있었
다. 그것은 교회의 법정이다. 이 '교회의'라는 말을 '본래의 사명을 수

---

*1 불이나 끓는 열탕 등에 손을 넣어도 다치지 않는가의 여부로 죄인을 가려내
　던 게르만족의 죄인판별법.
*2 이 장기특별점유에 관해서는 이 책의 제1권 제1부 제2책 제5장의 제2절 '관
　습법의 특징'을 참조하라.

행하는 교회의'라는 의미로 이해하자. 왜냐하면 수많은 대검영주들과 같은 자격으로 주교와 수도원이 그 종속민에게 행사하고 있던 여러 재판권은 당연히 참된 의미의 교회재판권 항목에는 들어가지 않는 것이었기 때문이다.

본래의 교회재판권에는 양대 행동영역이 있었다. 먼저, 교회재판권은 재속 성직자이건 수도사이건 성직에 몸담은 모든 사람을 관할권 아래 거느리려 하였다. 또한 교회재판권은 그 자체로서는 속인이 저질렀다 하더라도 종교적 성격을 띠고 있다고 여겨지는 몇몇 위반사항이나 행위들, 다시 말해 이단(異端)의 문제를 비롯하여 서약 또는 결혼에 이르는 사항들을 어느 정도 전적으로 관장하고 있었다.

봉건시대에 이 교회재판권의 발전은 세속적인 대(大)권력의 취약성을 드러내 보이는 것이었을 뿐 아니라——그전의 카롤링거 왕조는 이 점에 관해 성직자들에게 그보다 훨씬 작은 독립성밖에 인정해주지 않았다——, 또한 성직자의 세계가 신에게 봉사하는 종복들의 소집단과 세속대중 사이의 깊은 틈바구니를 더욱더 넓히려는 경향을 가지고 있었음을 증명한다. 여기에서도 또 관할권의 문제는 재판권 경계를 둘러싼 격렬한 분쟁을 불러일으켰는데, 이는 사실 교회 쪽에 의한 세력잠식에 대하여 진정한 의미의 국가 정부가 다시 맞서기 시작하던 때부터 특히 치열해졌다. 그러나 교회의 재판권도 교회의 권리도 봉건제 특유의 여러 제도들 사이에서 실제로 일종의 '제국 안의 제국'과 같은 의미를 지닌 것이었다는 바로 그 점을 생각해볼 때, 교회재판권과 그밖에 다른 권리의 역할 및 중요성을 일단 이렇게 한마디로 상기해두고 이제 더 이상은 이 문제를 자세하게 다루지 않는 편이 오히려 실상에 부합될 것이다.

2. 재판권의 세분화

만족의 지배 아래 놓여 있던 시기의 유럽에서는 인격에 관한 법률과 마찬가지로 재판제도도 자유인과 노예 사이의 전통적인 대립을 주조로 삼고 있었다. 자유인은 원칙적으로 다른 자유인들로 구성된 법정에서 재판받았으며 국왕의 대리인이 그 공판을 주재하였다. 노예에 대해서는 주인이 판결권—노예 상호간에 분쟁이 발생한 경우—과 교정권(矯正權)을 행사하였다. 이 권리는 지나치게 전적으로 주인의 자유재량에만 달려 있었기 때문에 진정한 의미에서 재판권이라고 부르기에는 알맞지 않을 지경이었다.

사실은 예외적으로 노예가 공공재판소에 끌려나오는 경우도 있었는데, 그것은 노예 소유자가 자기 책임을 덜기 위하여 이 방법을 자발적으로 택하든가 아니면 공공치안을 유지하려는 목적에서 몇 가지 경우에 이것이 노예 소유자에게 법적인 의무로 부과되든가 함에 의해서였다. 하지만 그런 때에라도 노예는 동등한 사람들이 아니라 상급자들의 수중에 운명을 맡겨야 하게 마련이었다. 이러한 대조보다 더 명백한 것은 없었다. 그러나 이 대조는 일찍부터 불가항력적인 실생활의 압력 앞에 무릎을 꿇을 수밖에 없었다.

주지하다시피 실제 관행상으로는 이 두 법적 범주 사이의 간격이 점점 메워지는 경향이 나타나고 있었다. 숱한 노예들이 많은 자유인과 같은 자격으로 토지 보유농이 되었다. 많은 자유인이 한 명의 영주의 권위 아래 살았으며, 또 이 영주한테서 농경지를 얻어 보유하였다. 공통된 종속의 유대관계로 이어져 있던 이 잡다한 하층민들에게 주인이 어찌 그의 교정권을 균일하게 확대 적용하지 않았겠으며, 또 이 집단 내에서 일어난 소송에 대하여 어찌 재판관을 자처하지 않았겠는가.

이미 로마 제국 말기부터 때로는 자체의 감옥까지 갖춘 '유력자'의 사적 재판소가 법의 테두리 밖에 나타나고 있었다. 아를의 성 카에사리우스(Caesarius d'Arles)—이 사람은 542년에 죽었다—의 전기 작가만 하더라도, 이 성인이 자기 종속민 가운데 그 누구에게도 적어도 한 번에 스물아홉 번 이상의 곤장은 결코 내리치지 못하게 했다고 찬양하고 있지 않은가. 그것은 이 성인이 자기의 노예에게뿐만 아니라 '그에게 복종하는 자유인'에게도 그토록 관용을 베풀었다는 것을 분명히 밝히기 위해서였다. 이러한 사실상의 상태를 법적으로 인정하는 것은 만족의 국왕들에게 남겨진 과제였다.

이상과 같은 것이 원래의 프랑크적 '불수불입권'의 주된 대상이었고 또 곧이어 그 진정한 존재이유가 되었다. 불수불입권은 갈리아 지방에서는 아주 오래 전부터 존재하고 있었는데, 카롤링거 왕조의 배려로 광대한 서로마 제국 전역에 퍼지게 되었다. 이 불수불입권이라는 말은 국고 징집 대상에서 어느 정도 면제받는다는 것과, 동기야 어찌되었든 국왕의 관리가 '불입권(不入權)을 가진' 지역에 들어갈 수 없다는 것, 이 두 가지 특권의 결합을 가리키고 있었다. 그리하여 거의 필연적으로 이러한 지역의 주민들에 대한 일정한 사법권이 영주에게 위탁되기에 이르렀다.

사실 이 불수불입권을 명시적 증서의 작성이라는 절차를 거쳐 수여하는 일은 교회에 대해서만 이루어지는 것으로 엄격히 한정되어 있었던 것 같다. 이와는 반대되는 예들이 드물게 있었고—여기에서 이 예들을 쳐들고 싶은 생각이 들지도 모르겠다—또 그것들이 전적으로 후대에 생긴 것만도 아니기는 하다. 하지만 그러한 사례는 순전히 예외적인 상황의 산물이라는 점을 생각할 때 위에서 말한 것은 명백히 수긍이 된다. 더구나 기록문서 보관자도 침묵을 지키고 있는데, 이들의 침묵은 언제나 의심쩍은 것이게 마련이니 그렇다손 치더라도, 프랑크 시대의 상서부가 사용한 서식집(書式集)조차 이 문제에 관해 침묵을 지키고 있다는 점은 이같은 확신을 가지게 해주는 더욱 설득력 있는 증거이다. 거기에서는 속인을 위한 이런 유형의 문서의 범례를 찾아보려 해도 헛일이다.

그렇지만 실제로는 대단히 많은 속인들이 샛길을 통하여 바로 이 불수불입권이라는 이익을 누리고 있었다. 전통적으로 왕령지 자체도 '불수불입지'로 분류되고 있었다. 즉 이 왕령지는 직접 군주의 이익을 위하여 경영되며 또 특별 대리인단에 의해 관리되고 있어서 여기에는 통상적인 주요 관리의 권한이 미치지 않았다는 의미이다. 백작이나 그 속관(屬官)에게는 불수불입지에서 무엇을 징수하거나 또 여기에 출입하는 것조차 금지되어 있었다.

　그런데 이미 제공된 봉사나 또는 앞으로 제공될 봉사에 대한 보상으로 국왕이 왕령지의 일부를 양도할 때, 대개의 경우 옛날부터 존재한 면제특권은 그 땅에 그대로 유지되었다. 은대지(恩貸地)는 일시적으로 양도되는 것인 만큼 이론상 여전히 왕령지의 일부가 아니겠는가. 따라서 그 재산의 대부분을 국왕의 이러한 통큰 선심 덕분에 쌓아올릴 수 있었던 유력자들은 자신들의 수많은 영주지에서 교회의 불수불입권자가 가진 것과 아주 똑같은 법적 특권들을 누리게 되었다. 뿐만 아니라 이들은 종종 자기네가 아주 오랜 세월 동안 주인 노릇하며 다스려 버릇해온 가산적(家産的) 소유지에 대해서까지 좀더 불법적인 수단을 써서라도 이 불수불입권이라는 이익을 확대시키는 데에 문제없이 성공하였다.

　통치자는 갖가지의, 그러면서도 한결같이 다급한 이유들 때문에 이러한 양도를 하지 않을 수 없었으며, 이는 봉건시대 제1기를 통해 계속되었는데, 상서부는 훨씬 뒤, 곧 이러한 것이 이미 무의미해진 시기에 이를 때까지 이같은 양도서식들을 계속 남기고 있었다. 교회의 경우는 어떠하였을까. 교회에 은혜를 크게 베푼다는 것은 경건한 의무였으며 이 의무는 선정의 의무와 거의 동일시될 정도였다. 말하자면 군주는 이렇게 함으로써 백성의 머리 위에 하늘 은총의 감로(甘露)가 내리기를 축수(祝手)했다는 이야기이다. 권문세가와 가신으로 말하자면, 그들에게 이렇게 인심 좋은 선물을 준다는 것은 그들의 변덕스러운 충성심을 잡아두기 위해 필요한 대가로 여겨졌다.

　그러나 국왕 관리의 활동범위를 좁힌다는 것은 아주 중대한 문제점을 지니는 것이 아니었을까. 관리들은 백성에게 가혹했던데다가 때로는 주인인 국왕에게까지 그다지 고분고분하지 않았기 때문에 그들의 거동은 심한 불신의 실마리를 던져주고 있었다. 이후 질서와 복종을 확보해야 한다는 책임을 국왕한테서 부여받게 된 것은 이들 관리들이기도 했고 또 국왕의 신민들을 자기네 사이에 나누어 배속시키고 있던 소집단의 우두머리들이기도 하였다. 국왕세력은 이들 책임있는 자들의 권한을 강화시켜 왕권 자체의 치안유지 체제를 공고히 하려고 생각했던 것이다.

어쨌든 사적 재판권은 순전한 실력의 행사에서 생겨났고 그래서 오로지 실력만이 그 한계를 정할 수 있었던 만큼, 사적 재판권은 오랜 기간 동안 점점 불어나기만 하였다. 이를 합법화한다는 것은 동시에 이를 정당한 영역 안으로 끌어들일 수 있는 일이기도 하였다. 지금 말한 이러한 배려는 카롤링거 왕조 시대의 불수불입권에서 아주 뚜렷이 볼 수 있는 것으로서, 샤를마뉴에 의해 기획되어 그후의 사태 진전 전체에 아주 강한 영향을 미치게 된 사법제도의 전반적인 개혁과 밀접하게 관련되어 있다.

메로빙거 왕조 국가에서 기본적인 재판 관할구는 면적이 그리 넓지 않은 지역이었다. 그 크기는——물론 무수한 지역적 편차를 무시하고 하는 말이기는 하지만——나폴레옹이 정한 군(郡, arrondissement) 가운데 아주 작은 것들과 거의 같았다. 그것은 대개 '백인조'(centaine)를 뜻하는 로망스어 또는 게르만어의 명칭으로 불렸다. 이 명칭은 게르만인들의 옛 제도로까지 거슬러 올라가며, 우리의 그것과는 다른 것으로 생각되는 수 헤아리기 체계로까지 거슬러 올라가는(현대 독일어로 훈데르트[Hundert][3]라고 쓰는 낱말의 원래 의미는 아마도 '120'이었던 것 같다) 꽤나 불가사의한 기원을 가지고 있다. 로망스어 지역에서는 이 백인조가 '부아리'(voirie) 또는 '비그리'(viguerie, 라틴어로는 vicaria)라고도 불리고 있었다.

백작은 그의 권한 아래 맡겨진 갖가지 '백인조'를 순시할 때 그의 재판소에 모든 자유인을 소집하였다. 여기에 모인 사람들 사이에서 뽑힌

---

[3] '100'이라는 뜻.

소수의 재판인단에 의하여 이곳에서 판결이 내려졌다. 국왕 관리의 소임은 우선 심의를 주재하고, 그런 다음 판결을 집행시키는 일에 국한되어 있었다.

그러나 경험상 이 방식은 이중의 약점을 안고 있는 것으로 보였다. 즉 주민들에게는 너무나 잦은 소집을 강요하고 있었고 백작에게는 제대로 수행해낼 수 없을 정도로 무거운 부담을 짊어지게 하고 있었다. 따라서 샤를마뉴는 이를 대신할 두 단계의 재판소를 설치하여 각각 자기 영역 안에서 결정권을 행사하도록 하였다. 백작은 법정을 개정하기 위하여 계속해서 규칙적으로 백인조를 찾아다녔다. 그리고 이 법정에는 그전과 마찬가지로 주민들이 출석하지 않으면 안 되었다.

그러나 백작이 주재하는 이 전원참석의 중대재판(assises)은 이제 1년에 세 번밖에 열리지 않았다. 관할영역을 한정지었기 때문에 개정 횟수를 줄일 수 있었던 것이다. 왜냐하면 이때부터는 가장 중요한 내용의 사건들, 곧 '대(大)소송사건'(causes majeures)을 다루는 소송만이 이 '전원참석법정'(plaids généraux)에 제소되었기 때문이다. '소(小)소송사건'(causes mineures)은, 그때까지보다 개정 횟수는 더 빈번해졌으나 참석인원수는 더 제한된 법정에서 다루어지게 되었는데, 거기에는 배심원만이 출석할 의무가 있었으며 각 백인조 구역 안에서 백작을 대신하는 '상트니에'(centenier, 百人組長) 또는 '부아이예'(voyer)라고 불리는 백작의 단순한 속관(屬官)이 이를 주재하게 되어 있었다.

그런데 우리가 가진 사료가 지독히 모호하기는 하지만, 샤를마뉴와 그의 뒤를 이은 후계자들 치하에서 불수불입권자들에게—그들 영지 안의 자유인을 재판할 수 있도록—인정된 재판권의 범위가 대체로 '소소송사건'과 일치했다는 데에는 거의 의심의 여지가 없을 것이다. 바꾸어 말해 이러한 특권을 누리는 영주는 자기 영지 안에서 백인조장의 직능을 행사했던 셈이다.

이에 반해 '대소송사건'의 경우는 어떠하였을까. 백작 자신이 직접 간섭면제 토지에서 피의자, 민사피고인 그리고 공동선서인을 잡으려고 시도하는 경우에는 언제나 불수불입권 때문에 그 시도가 가로막혔다. 그 대신 불수불입권 지역의 영주는 요구받은 인물을 자기가 책임지고 백작재판소에 출두시켜야 했다. 이렇게 해서 통치자는 불길이 번지는 것을 막기 위해 쓸데없는 것은 되도록 걷어치우면서 최소한 가장 중요한 판결만은 공법상의 법정에 남겨놓기를 바라고 있었던 것이다.

대소송사건과 소소송사건과의 구별은 오랫동안 반향을 남기게 되었다. 실제로 봉건시대 전시기에 걸쳐서, 그리고 그보다 훨씬 나중에 이르기까지 '상급'(haute) 재판권과 '하급'(basse) 재판권이라는 새로운 이름으로 존속한 것도 바로 이 구별이었다. 이 (두 재판권의—옮긴이) 기본적인 대비는 카롤링거 왕조의 영향권 아래 있던 모든 지방에 공통된 것이었으며 또한 그들 지방에만 국한된 것이었다. 이같은 대비로 인해 등급을 달리하는 두 개의 재판이 계속 맞서게 되었으며, 또 한 지역 안에서도 이들 두 등급의 재판권은 반드시 한 사람의 수중에 집중되지는 않게 되었다. 그러나 이렇게 중첩된 두 재판권의 경계도 또 두 권한의 분포도 처음에 제도가 수립되던 때처럼 그대로 남아 있지는 않았다.

형사사건의 경우, 카롤링거 왕조 시대에는 얼마 동안의 주춤거림이 있은 다음 대소송사건에 대하여 형벌의 성질에 근거한 하나의 기준이 설정되었다. 즉 오로지 백작의 재판소만이 사형판결이나 노예 신분으로의 강등을 선고할 수 있는 권리를 가지게 되었다. 아주 뚜렷한 이 원칙은 오랜 시기에 걸쳐 통용되었다.

사실 자유에 대한 관념이 변화한 결과, 원래 의미에서 형벌로 인해 한 인간이 노예로 전락하는 현상은 급속하게 소멸되어갔다(원래 같으면 노예를 죽인 살인자가 그 희생자의 영주 휘하에 노예로 들어가게 되어 있었을 소송사건도 이제는 배상금 지불이라는 전혀 다른 항목으로 취급되게 되었다). 그 대신 상급 재판권자는 '유혈'(流血)범죄를 다루는 정규재판관이라는 성격을 변함없이 고수하고 있었는데, 유혈범죄란 사형으로 처벌해야 하는 범죄를 뜻한다.

그런데 새로운 사태가 전개되어, 노르만법에서 말하는 이들 이른바 '검(劍)의 재판'(plaids de l'épée)이 이제는 더 이상 몇몇 대법정만의 특권이 아니게 되었다. 봉건시대 제1기를 통해 수많은 소(小)수장들에게 이렇게 사형 부과권이 주어진 것은 유례없이 두드러진 특징이다. 비록 그것이 프랑스에서 유별나게 현저했음에는 틀림없지만, 그래도 이보다 더 보편적이며, 또 인간집단의 장래 운명에 미칠 영향이라는 면에서 이보다 더 결정적인 특징은 없었다.

그렇다면 대체 무슨 일이 일어났단 말인가. 분명히, 상속이나 증여로 말미암은 몇몇 백작권의 세분화도, 또 순전한 백작권의 찬탈조차도 이러한 상급 재판권의 팽창현상을 설명할 열쇠를 제공하기에는 충분하지 못할 것이다. 그런데다가 사법상의 가치기준에 진짜로 변동이 일어났음을 명백히 알려주는 징조들이 여러 가지 있다.

모든 대(大)교회는 이때부터 자체적으로 또는 대리인을 통해 유혈재판권을 행사하였다. 그러니까 유혈재판권은 예부터의 여러 규칙들을 무시하고 불수불입권의 당연한 귀결이 된 셈이다. 이것은 때때로 '상텐'(centaine) 또는 '부아리'(voirie)라고 불렸다. 이것은 말하자면 이제부터는 유혈재판권이 하급 법정의 권한에도 속한다고 여겨지게 되었음을 공식적으로 확인하는 것이었다. 바꾸어 말해 얼마 전에 카롤링거 왕조가 세워놓았던 장벽이 이 점에서는 후퇴하였다. 그리고 이러한 진전이 왜 일어났는지는 물론 설명할 수 있다.

사실 이 문제에 관하여 오해는 하지 않는 것이 좋겠다. 이 극형선고는 예전에는 그 권리가 백작재판——그리고 더 높은 차원에서는 국왕재판소 또는 '국왕 순찰사'(missi dominici)[*4]가 소집하는 중대재판——에만 인정되었던 터이므로 프랑크 시대에는 결코 빈도가 높지 않았다. 당시에는 공공의 평화에 특히 유해하다고 여겨진 범죄만이 이러한 형벌

[*4] 국왕에 의해 파견되어 지방순시의 임무를 띠고 있던 관리. 단수는 missus dominicus.

을 받았었다. 그보다 훨씬 많은 경우에 재판관의 역할은 화해를 제안하
거나 강요하고, 그런 다음에는 법정률(法定率)에 따라 배상금 지불을
명하는 것 등에 한정되어 있었으며, 재판권을 부여받은 당국자가 배상
금 가운데 일부를 자기 몫으로 받아넣었었다. 그러나 국가가 아주 무능
해지면서 근친복수와 폭력이 거의 끊임없이 난무하는 시대가 왔다.

이리하여 낡은 억압의 제도는 현실적 사태 그 자체에 의해 위태로운
무력함을 폭로당한 것으로 보였으며, 오래 지나지 않아 이 낡은 억압의
제도에 대한 하나의 반동이 평화동맹운동과 밀접한 관련을 맺으면서
발생하였다. 이 반동은 교회라는 막강한 영향력을 가진 사회가 취했던
전혀 새로운 태도에서 가장 특징적으로 표현되었다. 얼마 전까지만 해
도 교회는 유혈과 오랜 원한을 두려워해서 화폐로 '타협' 하는 관행을
장려해왔었다. 이제 반대로 교회는 화폐로 속죄한다는 너무나 안일한
방법 대신 그들의 생각에 악인들로 하여금 두려움을 느끼게 할 수 있는
유일한 방법이라 여겨졌던 고통스러운 형벌을 채택해야 한다고 열렬히
요구하게 되었다.

현대에 훨씬 가까운 시대에 인도주의적인 노력이 이루어지기 전까지
계속 그 자취를 남기게 되었던 저 극도로 가혹한 양상이 유럽의 형사법
전에 처음으로 등장하기 시작한 것은 바로 이 시대—10세기 무렵—
의 일이었다. 이 모진 변화는 오랫동안 인간의 고통에 대한 냉담한 태
도를 조장하는 결과를 빚기는 했으나, 원래는 그러한 고통 자체를 덜게
하려는 소망에서 고취된 것이었다.

그런데 사형집행인이 끼여들지 않아도 되는 모든 형사사건에 대해서
는, 그것이 아무리 중대한 사건이라고 하더라도 백인조의 재판소나 불
수불입권자의 재판소 같은 하급 재판권이 언제나 관할권을 쥐고 있었
다. 화폐로 배상하는 방식이 점점 형벌 앞에 밀려나게 되었을 때에도
재판관은 여전히 동일하였다. 바뀐 것은 판결의 성질뿐이었으며, 이제
더 이상 백작만이 사형선고의 독점권을 가질 수는 없게 되었다.

한편 이러한 이행은 이전의 제도가 지니고 있던 두 가지 특징 덕분에

수월하게 진행되었다. 백인조의 재판소는 언제나, 현행범으로 잡힌 범
죄자를 사형으로 벌할 권리를 가지고 있었다. 공공질서를 위한 배려에
서 이러한 것이 요구되었던 듯하다. 이와 동일한 배려에 입각하여 이제
사람들은 이 재판소가 그전에 설정되었던 한계에만 머물러 있지 말 것
을 촉구하였다. 그리고 불수불입권자로 말하자면 그들은 언제나 자기
네 노예에 대한 생살여탈권을 가지고 있었던 터이다. 그런데 이제 종속
민들 사이에 자유인·예속민의 구분이 어디 있는가.

한편 백작재판소는 또 다른 두 범주의 소송을 독점적으로 관할하고
있었다. 즉 노예이건 자유인이건 간에 당사자 어느 한쪽의 신분에 관한
소송 또는 노예의 소유에 관한 소송이 그 한 범주였고, 자유토지의 소
유에 관한 소송이 또 하나의 범주였다. 이 두 가지 독점적인 관할권의
유산은 수적으로 훨씬 증가한 후대의 상급 재판권자들에게까지 그대로
전해지지는 않았다.

자유토지에 관한 소송은——점점 드물어지기는 했지만——종종 백작권
의 진정한 계승자만이 독점하곤 하였다. 이를테면 백작이 주교를 겸하
고 있던 랑(Laon)에서는 12세기까지 그러하였다.[1] 예속 신분이나 노
예에 관한 여러 문제로 말할 것 같으면, 가내노예가 거의 사라짐과 아
울러 자유에 대한 새로운 개념이 생겨남으로써 세습재산 일반에 관한
또는 사람의 종속에 관한 무수한 법정논쟁에서 이 두 신분이 서로 혼동
되기에 이르렀다. 세습재산이나 사람의 종속에 관한 소송은 결코 '대소
송사건'에 포함된 적이 없던 종류의 소송이었다. 그렇게 해서 상급 재
판권은 아래로부터도 위로부터도 권한을 뜯김으로써 순전한 형사재판
권의 역할만을 맡는 처지로 전락했다고 여겨졌을 수도 있다. 하지만 근
대적 의미에서의 '민사' 재판권은 소송절차를 매개로 하여 상급 재판권

---

1) 랑의 평화의 제도(1128. 8. 26)에 관해서는 Warnkœnig et Stein,
   Französische Staats-und Rechtsgeschichte, t. I. *Urkundenbuch*, p.31,
   c.2를 참조하라.

안에 다시 들어오게 되었다. 봉건시대에는 갖가지의 많은 분쟁이 결투로 결판을 보았었다. 그런데 당연한 연상작용의 결과로서—늘 그랬다고는 할 수 없겠지만 아주 빈번하게 그랬던 것만은 분명하다—이 피비린내 나는 입증방법은 오로지 '유혈' 재판권에 의해서만 다루어질 수 있다고 인정되었던 것이다.

봉건시대에 모든 상급 재판권자는 그의 직접적인 지배 아래 있는 토지에 대하여 하급 재판권도 마찬가지로 가지고 있었다. 하지만 그 반대 현상, 곧 하급 재판권자가 상급 재판권을 가지는 일은 전혀 있을 수 없거나 아니면 적어도 몇몇 지방—보마누아르의 말을 믿자면 13세기의 보베지(Beauvaisis) 지방이 그러하였다—에서만, 그것도 진화의 최종 단계에서만 있을 수 있었다. 다시 말해 하급 재판권에 속하는 소송 건에 관해서는 자기가 살고 있는 땅의 영주에게 재판받으면서도 아주 중요한 소송 건은 이웃의 상급 재판소에 제소하는 사람의 경우가 오랫동안 결코 드물지 않았다. 아무리 재판권이 분산되어 있었다고는 하지만 그렇다고 해서 각기 다른 등급의 재판관할권이 각기 다른 사람의 수중에 맡겨지는 제도가 폐지된 것은 아니었으니까.

그러나 그것은 전체적으로 단계의 저하를 수반하고 있었다. 실제로 백인조장의 후계자들과 불수불입권자들, 그리고 확실하게 얘기할 수 있지만 아무런 특권도 누리지 못하는 그냥 유력자에 불과하던 수많은 사람들이 백작한테서 대소송사건—자유토지에 관한 소송은 제외하고—의 재판독점권을 빼앗았으며 그리하여 그들 스스로 상급 재판권자가 되었던 것처럼, 이번에는 그들도 많은 영주들에게 소소송사건의 재판독점권을 빼앗겼다. 미천한 종속민들의 소집단을 거느린 우두머리의 위치에 있던 사람은 누구나, 그리고 작은 규모나마 농촌의 농민 보유지에서 공조를 거두어들이고 있던 사람은 누구나, 이제부터는 적어도 하급 재판권을 행사하게 되었다. 그런 한편 이 하급 재판권에는 기원이 된 시기와 성질을 달리하는 수많은 요소들이 들어와서 한데 뒤섞이게 되었다.

하급 재판권에는 먼저 영주 자신과 그의 토지 보유농이 서로 대립하는 분쟁 일체에 관한 재판이 포함되어 있었다. 그것은 특히 토지 보유농이 짊어진 의무들에 관한 재판이었다. 여기서 공적 재판제도의 유산을 끌어내어 이를 설명하려고 해서는 안 된다. 이 권리의 참된 원천은 우두머리 특유의 권능에 대하여 사람들이 아주 옛날부터 품어왔으며 또한 점점 더 생생하게 자기네들 머릿속에 그려내게 된 이미지에 있었다. 좀더 제대로 말하자면 우두머리의 권능이라기보다는 '하급이라는 낌새를 풍기는 의무를 이행하라고 다른 사람에게 강요할 수 있는 사람이라면 누구라도' 가지고 있다고 여겨지던 권능이 될 것이다.

12세기 프랑스에서는 보잘것없는 예농 자격의 보유지를 보유한 사람이 이번에는 자기가 다시 이 땅을 다른 경작자에게 임대하고 그 임대료를 받지 못했을 경우에 자기가 직접 '다른 사건이 아닌 이 임대료 문제에 국한하여 재판권을 행사할 것'을 자기 영주에게서 인정받고 있지 않았던가.[2] 여기서는 본래 의미의 재판권에서 채권자에 의한 개인적인 집행으로―이 개인적 집행은 당시 무척이나 자주 행해졌으며 또 종종 법적으로 인정받고 있었다―이행이 일어난 셈인데, 이 이행은 반드시 항상 그렇게 잘 감지되지는 않았으며, 일반적인 의식 속에서는 이 두 가지 관념이 그렇게 잘 구별되지도 못하고 있었음이 분명하다.

그렇지만 소작료에 관한 이 재판권―후세의 법학자들이 말하는 '토지재판권'이다―이 하급 재판권의 전부였던 것은 아니다. 하급 재판권자의 토지에서 살고 있던 사람들은 그를 자기네들 사이에서 일어날 수 있는 거의 모든 민사소송―결투재판에 의거하는 경우를 제외하고―과 자기들이 저지르는 모든 중소(中小) 등급의 위반행위를 재판하는 정규재판관으로도 여기고 있었다. 이는 '소소송사건'의 유산과, 그렇게 오랫동안 주인이 사실상 행사해온 판결권 및 교정권의 유산을 한데 섞은 역할이었다.

---

2) *Cartulaire du prieuré de N.-D. de Longpont*, éd. Marion, nᵒ 25.

상급 재판권과 하급 재판권은 모두 토지에 결부되어 있었다. 이들 재판권이 미치는 범위 안에 살던 사람이라면 누구나 그 재판권에 복속되었다. 그 경계 밖에서 사는 사람에게는 이들 재판권이 적용되지 않았다. 그러나 사람과 사람 사이의 유대가 지극히 강했던 이 사회에서 이러한 속지주의(屬地主義) 원칙은 속인주의(屬人主義) 원칙과 끊임없이 경쟁하고 있었다. 프랑크 시대에는 자기보다 약한 자에게 '후견'의 손길을 뻗치고 있는 사람이면 누구나, 자기의 피보호자를 재판소까지 동반해 데려가서 거기에서 피보호자를 변호하고 그 증인이 되어준다는, 권리인 동시에 의무이기도 한 역할을 맡고 있었다. 이러한 역할에서 출발하여 판결선고권을 요구하는 데에까지 이르는 일보(一步)는 쉽게 내디뎌질 수 있는 것이었다. 그것은 사실 사회 내 위계서열에 속해 있는 모든 계층에서 찾아볼 수 있는 현상이었다.

개인적인 종속민들 가운데서도 가장 신분이 낮고 또 가장 엄격하게 복속되고 있었던 것은 그 결속의 세습적 성격 때문에 흔히 비자유인이라 불리던 사람들이었다. 그들은 일반적으로 자신들의 '인신' 영주('人身'領主, seigneur 'de corps') 이외의 다른 재판관에게서는, 최소한 다른 유형재판의 재판관에게서는 재판받을 수 없다고 여겨지고 있었다. 이것은 그들이 인신영주의 땅에 전혀 살지 않은 때조차도, 또 그 인신영주가 자기 휘하의 다른 토지 보유농에게는 상급 재판권을 행사하지 못하는 경우에조차 그러하였다.

대를 물려가며 영주에 묶여 있지는 않지만 그래도 영주의 지밀(至密) 측근 노릇을 하는 것으로 여겨지고 있던 또 다른 유형의 신분 낮은 종속자들에게도 종종 같은 원칙을 적용하려는 시도가 행해지곤 하였다. 예를 들면 남녀하인이라든가, 또는 교회제후의 위탁을 받아 도시에서 그들을 위한 물건을 사고 파는 일을 담당하고 있던 상인들이 그러하였다. 이러한 권리 요구는 관행으로 받아들여지기는 어려웠으므로 끊임없는 불확실성과 분쟁의 원천이 되었다.

하기야 새로운 예속이 옛 형태의 예속의 흔적을 간직하고 있던 한에서는, 자기 농노에 대한 영주의 배타적 재판권은 과거에 행사되던 교정권의 당연한 귀결로 여겨질 수 있었다. 더욱이 12세기의 한 독일 문헌에 아직도 표현되고 있는 것으로 보이는 생각도 분명히 그러한 것이었다.[3]

반면에 군사적 가신은 자유인이었으므로 카롤링거 왕조 시대에는 오로지 공공재판소의 관할권 아래에만 놓여 있었다. 적어도 법적으로는 그러하였다. 그러나 실제로는 자기 충성서약자들 사이에 불화를 일으키게 할 위험이 있는 난제들 같으면 영주 자신이 직접 이를 해결하려고 노력했으리라는 것을, 또는 어떤 유력자의 '측근가신'(satellite)들에게 손상을 당한 사람은 보통 그 유력자한테서 과오에 대한 배상을 구하는 편이 더 확실하다고 여겼으리라는 것을 어찌 의심할 수 있을까.

10세기 이후, 이러한 관행을 토대로 진짜 재판권이 생겨났다. 더욱이 이러한 변용은 권력의 전반적인 진전에 따라 공공재판소가 겪게 된 변전에 의하여 촉진되었으며, 또 이 때문에 때로는 사람들이 그같은 변용을 거의 깨닫지도 못하고 있었다. 처음에는 '명예봉'이었으며 그후에 '가산봉'(家産封)이 된 이 공공재판소는 대부분이 권문세가의 손아귀에 들어 있었다. 그들은 이러한 봉을 자기네 충성서약자들에게 나누어 주었다. 그리고 몇몇 영역제후령의 경우에는 이렇게 구성된 백작재판소가 점점 탈바꿈하여 참된 의미의 봉건법정, 다시 말해 무엇보다도 가신이 다른 가신의 소송을 판결하게 되어 있는 그러한 법정으로 바뀌어 가게 되었으며, 우리는 어떻게 하여 이러한 과정이 일어나게 되었던가를 명백히 더듬어볼 수 있다.

3. 동료에 의한 재판인가, 영주에 의한 재판인가

자유인은 자유인의 집회에서 재판받고, 노예는 그의 주인에 의해서

---

3) Ortlieb de Zwiefalten, *Chronicon*, I, c.9(*SS.*, t. X, p.78).

만 교정받는다. 이러한 구분은 사회적 계급 구분이 혼란해진 뒤에는 거의 살아남지 못하였으며, 특히 수많은 옛 자유인들이 예속 신분으로 떨어진 뒤에까지 살아남지는 못하였다. 그러나 이들 옛 자유인은 새로운 유대관계에 들어서서도 자기네 원래 신분의 여러 가지 특징들을 계속 지니고 있었다.

'동료'에게 재판받을 권리는 조금이라도 지위가 높은 사람의 경우에는 결코 논란의 대상이 되지 않았다. 더욱이 이미 살펴본 것처럼 위계 서열적 구분이 도입됨으로써 단지 공통의 자유라는 것만을 근거로 해서 생겨난 재판상의 평등이라는 해묵은 원리에 무자비한 타격이 가해지지 않을 수 없게 되었음에도 불구하고 그러하였다. 그런데다 많은 곳에서는 관습법에 따라, 반드시 언제나 정확하게 평등한 사람들은 아니라 하더라도 적어도 같은 영주의 종속민으로 구성된 집단에 의해 재판받는다는 관행이 종속민 전체에게, 그러니까 농노에 이르기까지 확대되었다. 센 강과 루아르 강 사이의 지역에서는 상급 재판은 대개, 그 고장의 주민 전부가 참석해야 되는 '전원참석법정'에서 여전히 열렸다.

참심원으로 말하자면, 그들은 종종 카롤링거 왕조 시대부터 비교적 손상 없이 이어져온 전통에 따라서 재판권 보유자한테서 종신임기로 임명되었으며—이들이 '에슈뱅'들(échevins)이었다—, 그렇지 않으면 (직무의 봉건화가 여기에도 개입되고 있었던지라) 재판소에 출석하는 의무가 끝내는 몇몇 보유지에 세습적으로 고정되어버리고 마는 식이었다. 또 다른 곳에서는 영주나 그 대리인은 그 고장의 주요한 명사, 곧 '유지'들을 닥치는 대로 모아서 주변에 두는 것으로 충분하게 여긴 듯하다.

이렇게 몇 갈래로 나뉘기는 하지만 그 모든 것 위에는 엄연히 하나의 중심적인 사실이 존재한다. 국왕재판·제후재판·영주재판 등에 관해 이야기한다는 것은 아마도 편리하기는 할 것이다. 하지만 그것은 단지, 국왕이나 상급제후가 친히 재판하는 경우란 거의 하나도 없었으며, 또 이같은 사정은 많은 영주들이나 촌락 가령(家令)들의 경우에도 마찬가

지였다는 사실을 잊어버리지 않는 한에서만 합당한 이야기이다. 수장
에 의해 소집되고, 또 흔히는 그의 주재 아래 열린 수장의 법정이라는
것은 법을 '선언하고' 법을 '찾아내는' 일을 했기 때문이다. 즉 여러
규칙들을 되살려 생각해내고 이것들을 한데 묶어 판결에 적용했다는
뜻이다. 잉글랜드의 한 문헌에서는 바로 다음과 같은 말로 그러한 사
실을 확인하고 있다. "재판은 법정이 하는 것이지 영주가 하는 것이 아
니다."[4]

그런데 재판에 회부된 사람이 이런 방법에 따라 부여받고 있던 보증
에 대해서는 지나치게 높이 평가하는 것도 또 완전히 부정해버리는 것
도 똑같이 신중하지 못한 일이 될 것임에 틀림없다. "빨리, 빨리, 그대
들은 서둘러 재판을 해다오." 자기의 충성서약자들에게 토머스 베켓의
유죄판결을 요구하면서, 다급한 헨리 플랜태저넷(헨리 2세—옮긴이)은
이렇게 외쳤다.[5] 이 말은 수장의 권력으로 인하여 재판관의 공정성에
가해지고 있던 한계—경우에 따라 굉장한 차이가 있었다—를 너무나
도 잘 보여주는 동시에, 하지만 아무리 오만한 폭군이라 할지라도 집단
적 재판이라는 절차를 빼버릴 수는 없었다는 사실을 아주 잘 집약해서
보여주고 있다.

그런데 비자유인과 또, 이들 두 부류를 당연히 동일시함으로써 나타
난 현상인데, 아주 지위가 낮은 종속민은 자기 주인이 아닌 재판관의
관할에 속할 수 없다는 사고방식은 너무나 오래 전부터 사람들의 의식
속에 뿌리내리고 있어서 쉽사리 잊혀질 수 없었다. 더구나 일찍이 로마
화한 여러 지방에서는 로마 시대 조직의 흔적이나 그에 대한 기억이 그
러한 관념을 뒷받침해주고 있었다. 그런 지방에서는 사법관은 재판을
받아야 할 사람들의 동료가 아니라 상급자였다.

여기에서도 다시, 선택해야 될 엇갈리는 원칙들이 상호대립하는 다

---

4) *Monumenta Gildhallae Londoniensis*(Rolls Series), t. I, p.66.

5) Roger de Hoveden, *Chronica*(Rolls Series), t. I, p.228.

양한 관습법이라는 형태로 나타났다. 지역에 따라, 심지어는 촌락에 따라, 농민들은 집회법정에서 재판받거나 영주 또는 그 집사에게만 재판받았다. 이 두번째 제도는 처음에는 그리 흔하게 나타나지 않은 듯하다. 그러나 봉건시대 제2기를 거쳐가는 동안 사태의 진전은 분명히 그런 방향으로 기울어졌다.

　'자유인 법정'은 자유인 신분의 토지 보유농으로 구성되어 이들이 자유인 신분의 다른 토지 보유농의 운명을 결정하게 되어 있는 법정이었으며, '관습법정'은 이제는 자유를 박탈당한 것으로 여겨지게 된 예농이 세네살의 판결에 머리를 조아려야 하는 그러한 법정이었다. 그런데 바로 이 두 가지 법정을 나누는 구분법이야말로 13세기 잉글랜드의 법학자들이 그전까지만 해도 훨씬 더 단순했던 잉글랜드 장원의 재판구조 안에 도입하려고 애쓴 것이었다. 이같은 노력의 결과는 비록 단일하지 않았지만 말이다. 프랑스에서도 마찬가지로, 그때까지도 아주 널리 퍼져 있던 관행을 무시한 채 하나의 법학 교의(敎義)가 나타나(보마누아르가 그 해석자 역할을 해주고 있다) 동료에 의한 재판을 장티욤의 독점물로 간주하고자 꾀하고 있었다. 이 시기의 두드러진 특징 가운데 하나였던 위계서열제는 그 자체의 목적을 위하여 재판제도까지 휘어잡고 있었다.

4. 세분화의 언저리 : 과거의 유제와 새로운 요인들

　재판권이 아무리 잘게 나누어지고 개별 영주들의 수중에 들어갔다고 하더라도 봉건세계에 인민법이나 공법상의 옛 재판제도가 전혀 살아남지 않았다고 생각한다면 크나큰 잘못이 될 것이다. 그러나 변화에 대한 옛 재판제도의 저항력은 어느 곳에서도 무시할 수 없는 것이기는 하면서도 나라에 따라서 커다란 차이를 보이고 있었다. 그렇기 때문에 이제는 지금까지의 어느 때보다도 더 뚜렷이 여러 나라 사이의 대조를 강조할 때가 되었다.

잉글랜드에서 진화의 흐름은 이의를 제기할 여지없는 독자성을 가지고 있었으나, 그러면서도 이 또한 프랑크 왕국에서의 진화의 흐름과 명백히 닮은 모습을 보여주지 않을 수 없었다. 잉글랜드에서도 역시 재판조직의 맨 밑에는 자유인 신분의 재판자들로 구성되는 법정을 가지는 백인조(centaine, Hundred)가 있었다. 그뒤를 이어 10세기경에는 백인조 위에 그곳 말로 샤이어(shire)라 불리는 여러 주(州, county)가 성립하기 시작하였다.

남부에서는 '주'가 나뉘는 기준단위가 된 것이 그때까지 생생히 살아 있던 종족적 구분이라든가, 켄트(Kent)나 서식스(Sussex)처럼 더 광대한 왕국에 점차 흡수되어가고 있던 옛 왕국들, 또는 민중이 정착해가는 속에서 자연발생적으로 형성된 집단들——이를테면 원래의 이스트 앵글리아(East-Anglia)를 각기 반반씩 대표하고 있던, '남부사람들'과 '북부사람들'이라는 뜻의 서퍽(Suffolk)가 노퍽(Norfolk) 같은 곳을 말한다——등이었다. 이에 반해 중부와 북부에서 '주'는 처음부터 오로지 행정구역 및 군사적 구역일 뿐이었으며, 남부의 주들보다 나중에, 데인인(Dane)들과 싸워가는 와중에서 하나의 성채를 중심으로 하여 좀더 인위적으로 형성되었다. 중·북부에서 '주'가 대부분 그 수도의 이름 그대로 불리는 것도 이 때문이다. 이때부터 주들도 또한 자체적인 자유인 법정을 가지게 되었다.

그러나 잉글랜드에서는 재판권의 분할이 카롤링거 제국에서보다 훨씬 희미하게 이루어져 있었다. 공공의 평화에 특히 유해한 몇몇 범죄에 대한 재판을 주(州)재판소 관할 아래 두려는 노력이 어느 정도 있었던 것은 사실이지만, 주재판소는 하급 재판소의 능력으로는 감당할 수 없다고 밝혀진 사건에 주로 개입하였던 것으로 보인다. 상급 재판권과 하급 재판권의 구별이 잉글랜드의 체제에서는 언제나 생소하였던 이유를 이것으로 설명할 수 있다.

대륙에서와 마찬가지로 공적인 성격을 띤 재판권은 수장의 재판권과 경쟁하게 되었다. 영주가 자기 저택, 곧 자신의 '홀'(hall)에서 개최한 법정에 관한 기록은 일찍부터 보이고 있다. 그 다음에는 국왕들이 이 기정사실을 합법화하였다. 10세기부터 국왕들은 '세이크 앤드 소크' (sake and soke)권이라고 일컬어지는 재판권을 양도하고 있었다(세이크[sake]는 독일어 명사 자헤[Sache]에 해당하는 것으로 '소송 건' 또는 '소송'을 뜻했고, 소크[soke]는 독일어의 동사 주헨[Suchen]과 대비시킬 수 있는 것으로서 재판관 '찾기', 즉 재판관의 판결에 의지한다는 것을 뜻하였다).

이렇게 양도된 권한들은 때로는 일정한 지역에 적용되었고 때로는 어떠한 사람들의 집단에 적용되기도 했는데, 이는 주지하다시피 앵글로색슨의 백인조가 포괄하는 아주 광범위한 관할권과 거의 일치하였다. 이 때문에 애초부터 이들 재판권에는 카롤링거 왕조의 불수불입권에 원칙적으로 포함되어 있던 활동범위보다는 더 넓은 행동영역이, 그리고 10세기에 불수불입권자들이 자기네 것으로 가로채게 된 권리들과는 대략 같은 행동영역이 주어지게 되었다.

이들 권리가 사회적 여러 유대에 미치는 영향이 하도 큰 것으로 여겨져서, 자유인 신분의 토지 보유농은 대개 그가 영주의 재판권에 복속되어 있다는 사실에서 유래한 소크먼(sokeman)——이것은 원래 의미대로 하면 '그 재판관할에 속하는 사람'이라는 뜻이 되겠다——이라는 이름으로 불리고 있을 정도였다. 이따금 몇몇 교회나 권문세가가 영대(永代)의 선물로서 백인조 법정의 개정권(開廷權)을 얻기도 하였으며, 또 실제 그 수효가 무척 적기는 하지만 그래도 몇몇 수도원이 대개는 국왕만이 지니게 되어 있는 권리였던 모든 범죄를 재판하는 권리를 인정받기까지 하였다.

그렇지만 재판권의 이러한 양여가 아무리 중요한 것이었다고 하더라도 이것이 인민법상의 옛 집회재판권을 완전히 폐지시키지는 못하였다. 한 사람의 제후가 백인조 법정을 틀어쥐고 있던 곳에서조차 국왕의 대리인이 주재하던 때와 마찬가지로 집회에 의하여 이 법정을 여는 방식이 계속되었다.

주(州)법정으로 말하더라도, 그 기능은 옛 방식대로 조금도 중단되는 일 없이 작동하고 있었다. 물론 이들 법정의 판결에 승복하기에는 너무나 지위가 높은 유력인사나, 자유인이라는 점에서는 다른 사람과 마찬가지이면서도 영주재판권에 덜미를 붙잡혀 있던 농민들은 대개 이러한 재판집회에 나타나지 않았다(하지만 촌락의 서민들에게는 원칙적으로 성직자, 장원 관리인 그리고 주민 4명을 대표로 재판집회에 보낼 의무가 있기는 하였다). 반면 권력과 자유라는 점에서 중간쯤이었던 사람들은 모두 여전히 재판집회에 출석할 것을 강요당하고 있었다.

주법정은 영주재판소와 노르만 정복 후로 점점 잠식해들어오는 국왕재판소 사이에 짓눌려서 그 재판기능이 점점 하찮은 것으로 줄어들어버렸다. 그러나 그것은 완전히 무시해도 좋을 지경까지 이르지는 않았다. 특히 국가 내에 존재하는 정말 활기찬 여러 성분의 사람들이 지역집단의 관습을 정하고, 지역집단의 이름으로 모든 종류의 사문(査問)에 답하며, 또 필요하다면 그 집단이 저지른 위반행위의 책임을 지기 위해 모이는 습관을 간직해온 것은 이 재판집회였는데, 그것은 주로 '주'의 범위 안에서 열렸지만 때로는 백인조라는 더 한정된 범위 안에서 열리기도 하였던 것이다. 이들 법정은 주법정의 대표자들이 (전원이 하나의 단위로 소집됨으로써) 나중에 하원으로 발전하게 되는 기구의 최초의 핵을 이루게 될 때까지 계속 존속하고 있었다.

잉글랜드 의회제도의 발상지가 '게르마니아의 숲'에 있지 않다는 것은 확실하다. 잉글랜드 의회제도에는 그것이 태어난 봉건세계의 자국이 깊이 새겨져 있었다. 그러나 잉글랜드의 의회제도를 대륙의 '신분제 의회'(États)와는 분명히 다른 것으로 만들어주고 있던 그 고유의 주된 색조(色調)의 기원도, 그리고 좀더 일반적으로 말해 부유한 여러 계급이 권력과 손잡았다고 하는, 중세 이래 잉글랜드의 정치구조를 그토록 특징적인 것으로 만들어주고 있는 사실의 기원도 바로 자유인의 재판집회라는 조직이 만족 시대의 오랜 관습에 따라 이 섬나라의 토양에 굳게 뿌리박고 있었던 데에서 찾아야 함을 어찌 부인할 수 있겠는가.

국지적으로 또는 지역적으로 관습의 무한한 다양성이 나타나기는 했으나 독일 재판제도의 진화는 두 가지 큰 사실에 의하여 지배되고 있었다. 첫째, '봉건법'이 '국가공법'(droit de la terre, Landrecht)*5과는 별도로 남아 있었기 때문에 봉건재판소의 발전은 옛 재판권을 흡수하는 일 없이 이들과 병행하여 이루어졌다. 둘째, 더욱 계층화한 사회적 위계서열이 유지되고, 또 특히 자유를 누린다는 것은 사이에 끼여드는 것 없이 공권력의 직접적 지배하에 드는 일이라는 관념이 오랫동안 살아남아 있었기 때문에 백령과 백인조의 옛 재판집회——이 두 종류 재판소의 관할권은 서로 그리 뚜렷이 구분되지 않았다——는 여전히 매우 광범위한 행동영역을 보존하고 있었다. 슈바벤 알프스와 작센처럼 자유토지의 수가 많고, 영주제(領主制)로의 진전이 불완전한 고장에서는 특히 그러하였다.

그러나 '참심원'(échevin)*6들은 일반적으로 어느 정도의 토지재산을 가지고 있어야 한다는 요구조건이 부과되는 것이 관례였다. 때로는 당시 거의 보편적이다시피 했던 경향에 따라 그들의 직무가 세습적인 것으로 여겨지기까지 하였다. 그 결과 자유인은 자유인법정의 재판에 따라야 한다는 옛 원칙을 존중한 나머지 결국 재판소의 구성이 다른 지방보다 더 과두정적인 성격을 띠기에 이르는 경우도 자주 있었다.

북부 이탈리아도 물론 마찬가지였지만 프랑스야말로 단연 재판권이 영주의 수중으로 넘어간 지방이었다. 확실히 프랑스에도 카롤링거 왕조의 체제가 남긴 흔적이 깊게 새겨져 있었으며 북부지방의 경우는 특

---

*5 영방법. 중세 독일의 Land(영방) 내의 주민에게 적용되던 법을 말한다. 영주 대 농민·농노의 관계를 규정한 장원법(Hofrecht), 봉건영주 대 봉신의 관계를 규정한 봉건법(Lehnrecht), 미니스테리알레스의 권리·의무를 규정한 복무법(Dienstrecht) 따위와는 달리 국가공법(Landrecht)은 속인주의가 아니라 속지주의를 원칙으로 하고 있었다.

*6 독일어로는 Schöffen이라 한다.

히 그러하였다. 하지만 그러한 흔적이란 대개 영주재판권이 상급 재판권과 하급 재판권이라는 위계서열에 따라 구분되었다는 사실과, 이들 재판권의 내부조직에서 찾아볼 수 있는 몇 가지 현상들을 뜻하는 것일 뿐이었다. 백인조 재판집회 또는 '부아리' 재판집회는 아주 빠른 속도로, 또 아주 철저하게 사라져갔다. 상급 재판권자의 관할구가 보통 샤틀레니(châtellenie, 성주령)라는 이름을 가지게 된 것도 이같은 특징을 잘 보여주고 있다. 마치 이제는 집단의식(集團意識)에서 재판권의 원천은 오로지 사실상의 권력의 근원이자 그 상징이기도 한 요새화한 저택의 소유라는 사실에만 깃들여 있다고 인정받게 된 듯하였다.

그러나 옛 백작재판권이 하나도 살아남지 않았다는 이야기는 아니다. 대영역제후령에서 때로는 영역제후가 적어도 광범위한 지역에 걸쳐 유혈소송의 독점권을 쥐고 있기도 하였다. 이를테면 플랑드르·노르망디·베아른 등의 지방이 그러하였다. 이미 살펴보았듯이 백작은 흔히 자유토지에 대한 재판권을 가지고 있었다. 백작은 또, 교회가 봉건적 위계서열에 완전히 편입되어 있지 않은 경우에 이들 교회가 당사자인 소송도 재판하였으며, 양도나 강탈에 관한 건을 제외하고는 원칙적으로 시장과 공공도로에 대한 재판권도 가지고 있었다. 여기에서 이미 사법권의 분산에 대한 강력한 해독제가 최소한 그 싹이라도 보여주고 있었던 셈이다.

그뿐만이 아니었다. 유럽 전역에 걸쳐 양대 세력이 재판권의 세분화를 제한하기 위하여 또는 그 흐름에 거슬러가기 위하여 애쓰고 있었다. 둘 다 오랫동안 별로 효과를 거두지는 못했으나, 둘 다 똑같이 양양한 장래를 약속받고 있었다.

우선 왕권이 있었다. 국왕이 본질적으로 자기 인민의 최고재판관이라는 점은 어느 누구나 시인하고 있었다. 이 원칙에서 실천적 결과를 끌어내는 일이 남아 있었다. 여기서 문제는 행동과 실력이라는 차원으로 넘어갔다. 11세기에 카페 왕조의 국왕재판소라는 것은 군주 직속의 종속민이나 교회를 재판하는 구실밖에 못하다시피 했으며, 또 좀더 예외적이고 효과도 훨씬 적으나마, 왕권 직속의 대(大)봉신을 그 관할하에 두는 가신법정으로서의 구실을 하는 데에 지나지 않았다. 반면 카롤링거 왕조를 본뜬 독일 국왕의 재판소는 여전히 수많은 중요한 소송사건을 그 관할권 아래 끌어들이고 있었다.

그러나 통치자 개인에게 직접 결부된 이들 법정은 설령 그 활동이 비교적 활발했다고 하더라도 신민 대중에게는 아직 분명히 그림의 떡일 뿐이었다. 독일에서처럼 선정을 위해 국왕이 국토를 순시할 때 국왕이 지나는 곳에서는 다른 모든 재판권이 국왕재판권 앞에서 물러나버린다는 식의 것만 가지고는 결코 충분하지 않았다. 파견재판관이나 상임대리인의 전(全)조직망을 통해 왕권의 촉수가 온 왕국에 뻗치는 조건에서만 왕권이 재판제도의 결정적인 요소가 될 수 있었다.

봉건시대 제2기를 특징짓는 현상, 곧 여러 세력의 전반적 재편성이 이루어지고 있던 시점에서 우선은 앵글로 노르만 왕조[*7]와 앵글로 앙주 왕조[*8]의 왕들에 의해 이루어졌고, 그보다 시기적으로 훨씬 더 후기에 그리고 훨씬 더 느린 속도로 카페 왕조의 왕들에 의해서도 또한 이루어진 작업이란 이러한 것이었다. 잉글랜드와 프랑스, 이 두 나라의 국왕들, 그 중에서도 특히 카페 왕조의 왕들은 바로 가신제도 자체에서 귀중한 받침대를 찾아내게 되었다. 왜냐하면 봉건제도는 수많은 사람의 손 안에 재판권을 나누어주는 결과를 가져오기는 했으나, 또 그 반면에 상소(上訴)라는 수단을 통하여 이 세분화에 대한 구제책도 제공하고 있었기 때문이다.

이 시기에는, 한 소송에 대해 일단 판결이 내려지면 같은 상대방끼리 다른 재판관 앞에서 이 소송에 대하여 다시 재판받을 수 있다고는 생각되지 않았다. 바꾸어 말해 전혀 고의 없이 저질러진 진정한 의미의 오

---

*7 잉글랜드에서 윌리엄 정복왕에 의해 개창된 노르만 왕조를 말한다.
*8 프랑스의 앙주 백 가문의 후예인 헨리 2세가 잉글랜드에서 개창한 플랜태저넷 왕조를 말한다.

판에 대해서는 정정할 길이 없다고 여겨지고 있었다.

반면 소송 당사자 가운데 한 사람이 재판소가 일부러 그릇된 판결을 내렸다고 생각하거나, 좀더 노골적으로 재판소가 아예 판결 내리기를 거부했다고 비난하는 경우에는 어떻게 될까. 이러한 경우 소송 당사자는 전혀 거리낌없이 재판소의 구성원들을 상급 재판소 당국에 소추할 수 있었다. 그전의 소송과는 전혀 별개의 것인 이 소송에서 소추를 제기한 사람이 이기게 되면 나쁜 재판관들은 대개 벌을 받았고 그들의 판결은 어떻든 정정되었다. 사람들이 이런 식으로 받아들이고 있던 상소—오늘날 같으면 재판관 소추라고 불릴 것이다—는 만족 왕국 시대부터 존재하고 있었다.

그러나 이러한 상소는 자유인 재판집회보다 위에 있던 유일한 재판소, 곧 국왕재판소에만 제기될 수 있었다. 실제로 상소를 제기하는 일은 드물었고 또 어려웠다는 이야기이다. 여기에서 가신제도가 새로운 몇 가지 가능성을 열어주었다. 이것은 이때 이후로는 모든 가신이 자신의 봉주(封主)를 통상적인 재판관으로 모시게 되어 있었다는 사실에서 출발한다. 그런데 재판 거부는 다른 범죄와 마찬가지로 죄였다. 따라서 지극히 당연한 일이겠지만 이 죄에도 일반적인 규칙이 적용되었으며, 이리하여 상소는 신종선서의 등급을 따라 한 단계 한 단계 위로 올라갔다. 이 절차는 여전히 다루기 까다로웠고 또 특히 위험스러웠다. 왜냐하면 이 경우 입증은 관례적으로 결투에 의해 이루어졌기 때문이다.

하지만 적어도, 이제부터 상소를 처리해주게 된 봉건법정은 여전히 너무나 멀리 떨어져 있는 국왕의 법정에 비한다면야 정말 접근하기 쉬운 것이었다. 이 상소가 끝내는 통치자에게까지 이른다 하더라도 그것은 조금씩조금씩 위로 올라간 끝에야 이루어지는 것이었다. 사실 상층계급의 재판 관행에서 상소는 점점 더 흔해져갔다. 가신제도와 봉토제도가 종속관계의 위계서열을 내포하고 있었기 때문에, 또 층층이 겹쳐진 상·하급의 수장들 사이에 일련의 직접적인 접촉이 있었기 때문에,

이 체제는 예속 신분으로 여겨지는 주민들 대부분에게는 손도 닿지 않을 만큼 멀리 떨어져 있던 옛 유형의 왕권으로써는 도저히 지켜낼 수 없다는 것이 판명된 하나의 통일적 결합의 요소를 재판조직 안에 다시 도입할 수 있게 해주었던 것이다.

전통적 권력 : 왕국과 제국

1. 여러 왕국의 지리적 분포

봉건시대의 유럽에는 장원, 가족공동체 또는 촌락공동체, 가신집단 따위의 헤아릴 수도 없이 많은 자잘한 단위들이 존재하는 위에, 그 지평은 이들보다 넓은 대신 활동효과는 이들에 비해서 오랫동안 어림도 없을 만큼 저조하였던, 그렇지만 이 작은 단위로 나뉜 사회 안에서 질서와 통일의 몇 가지 원리를 유지시켜줄 사명을 지녔던 그러한 갖가지 권력이 솟아 있었다. 맨 꼭대기에는 여러 왕국과 신성로마 제국이 존재하여, 먼 과거로부터 그 힘과 야심을 이어받고 있었다. 이보다 낮은 단계에는 좀더 나중에 생긴 권력들이 영역제후령부터 그냥 단순한 제후령 또는 성주령(城主領)에 이르기까지 그 등급차를 거의 알아볼 수도 없을 그러한 형상으로 층층이 겹쳐 있었다. 먼저 역사의 무게를 가장 무겁게 지고 있던 권력부터 살펴보는 편이 좋겠다.

로마 제국 멸망 후의 서유럽은 게르만족의 여러 왕조가 지배하는 왕국들로 나뉘어 있었다. 봉건시대 유럽의 거의 모든 왕국은 다소간의 차는 있되 바로 이들 만족 왕국에서 직접 이어진 것이었다. 이 계보는 앵글로색슨 왕조 시대의 잉글랜드에서 특히 뚜렷하였다. 앵글로색슨족의 잉글랜드는 9세기 전반 무렵에는 아직도 대여섯 개의 왕국으로 나뉘어 있었는데 이들 왕국은——수효는 훨씬 더 줄어들었지만——침입자들이 그리 오래되지 않은 과거에 수립한 지배권의 진정한 계승자였다. 우리는 스칸디나비아인들의 침입으로 어떻게 해서 웨식스 왕국만이 끝내 살아남아 이웃 왕국들에서 빼앗은 토지를 합병하여 성장하게 되었는가를 이미 살펴보았다. 10세기에 웨식스 왕국의 통치자는 스스로를 '전 브리튼의 국왕'으로 칭하거나 또는 더욱 자주 그리고 더욱 오랜 기간에 걸쳐 '앵글인 또는 잉글랜드인의 국왕'이라고 칭하는 관습을 가지게 되었다.

그러나 이 '앵글인의 나라' 경계지방에는 심지어 노르만 정복의 시기에 들어서도 켈트인이 사는 변두리가 존속하고 있었다. 웨일스 지방의 브리튼인들은 여러 개의 소(小)영역제후령으로 나뉘어 있었다. 북쪽에서는 스코트인들, 즉 아일랜드인들의 한 수장(首長) 가문이 고지대의 다른 켈트인 부족들과 로디언(Lothian)*1의 게르만인들 또는 게르만화한 주민들을 차례차례 복속시키면서 차츰 광대한 왕국을 건설하고 있었는데, 이 왕국은 정복자들의 이름을 따서 나라 이름을 스코틀랜드라고 하였다.

이베리아 반도에서는 이슬람 교도들의 침입이 있은 뒤 아스투리아스(Asturias) 지방으로 도망친 몇몇 고트인 귀족들이 이곳에서 국왕을 추대하였다. 창건자의 후계자들 사이에서 여러 번 분열을 되풀이하면서도 '재정복'(再征服, reconquista)으로 영토를 크게 늘리고 하여 형성된 이 나라는 10세기 초엽에 산지(山地)의 남쪽 고원지대에 자리한 레온(Léon)으로 수도를 옮겼다. 같은 세기중에 동부의 카스티야에 군사적인 관구가 수립되었는데, 이 관구는 처음에는 아스투리아스·레온 왕국에 속해 있었으나 차츰 자립하게 되었으며 1035년에는 그 우두머리가 국왕이라는 칭호를 가지게 되었다. 이어서 1세기 뒤에는 서부지방에서 비슷한 식의 분열이 일어나 포르투갈이 태어났다.

하지만 나바라인(Navarra)들이라고 불려온 중부 피레네 지방의 바스

---

*1 에든버러 남쪽에 있던 옛 왕국.

크인(Basque)들은 그들의 계곡지방에 따로 떨어져 살고 있었다. 그들도 결국은 하나의 왕국을 이루게 되어 900년경에는 그 모습을 뚜렷이 나타내게 되었는데, 1037년에는 여기에서 또 하나의 작은 왕국이 떨어져나갔으며, 이 나라는 그 영토를 꿰뚫고 흐르는 급류의 이름을 따서 '아라곤'(Aragon)이라고 불리게 되었다. 끝으로, 에브로(Ebro) 강 하류 북쪽에는 프랑크인들이 세운 '변경백령'(邊境伯領, marche, Mark)이 하나 있었으며, 이곳은 바르셀로나 백령이라고 불리면서 법적으로는 루이 성왕의 시대까지 프랑스 국왕의 봉토로 여겨졌다는 것을 덧붙여두자. 이상과 같은 것이——비록 분할·정복·정략결혼 등의 온갖 유위변전을 겪으면서 그 경계가 극도로 동요하기는 하였으나—— '에스파냐 왕국들'의 모체가 된 정치적 형성물들이었다.

피레네 산맥 북쪽에서는 만족 왕국의 하나였던 프랑크 왕국이 일찍이 카롤링거 왕조 출신 국왕들의 힘으로 엄청나게 확대되어 있었다. 그러나 887년 11월에 일어난 샤를 뚱보왕의 폐위——그는 곧이어 이듬해 1월 18일에 사망하였다——는 프랑크 왕국의 통일을 위한 최후의 노력이 좌절되었음을 가리키는 것이었다.*2 동프랑크의 새로운 국왕이 된 아르눌프(Arnulf)*3가 서프랑크의 지배권까지 인수해달라는 랭스 대주교의 요청에 전혀 아무런 열의를 보이지 않았던 것도 변덕 때문만은 아니었다. 분명히, 샤를마뉴의 유산은 너무나 무거운 것으로 여겨졌다.

동·서 프랑크의 분할은 대체로 첫번째 분할인 843년의 베르됭 분할에서 정해진 경계선에 따라 이루어졌다. 이때 루트비히 독일인왕의 왕

---

*2 중프랑크가 없어지고 프랑크 왕국 전체가 동·서 프랑크 왕국으로 나뉜 뒤, 동프랑크 왕국의 샤를 뚱보왕은 조카인 서프랑크 왕국의 샤를 단순왕이 미성년이라는 것을 구실로 하여 884년부터 폐위될 때까지 서프랑크 왕을 겸했는데, 여기에서 통일을 위한 노력이라는 표현이 나왔다.

*3 재위 887~889. 서프랑크 왕 카를로만의 서자로, 샤를 뚱보왕에게서 왕위를 찬탈하여 동프랑크 왕이 되었으며, 896년부터는 서로마 제국의 황제도 겸하였다.

국이 라인 강 좌안의 3개 주교구——마인츠·보름스·슈파이어——와,
또 라인 강 동쪽으로 얼마 전까지만 해도 두 프랑크 왕조에 복속되어
있던 게르만족의 광대한 지역을 통합하여 형성되었고, 이 왕국은 888
년에 그의 자손 가운데 유일한 생존자인 아르눌프 폰 케른텐(Arnulf
von Kärnten)을 위하여 재건되었다. 이것이 '동프랑크'로서, 우리는
이때부터 이를 '독일'이라고 부를 수 있다. 이렇게 부르면 시대착오이
기는 하지만 그것을 의식하고만 있다면 별 탈은 없을 것이다.

　샤를 대머리왕의 옛 왕국인 '서프랑크'——요컨대 오늘날의 프랑스이
다——에서는 두 명의 대(大)영주가 거의 동시에 국왕으로 선언되었다.
한 사람은 이탈리아의 공작으로 프랑크족 가문 출신인 구이 델 스폴레
토(Gui del Spoleto)였고, 또 한 사람은 네우스트리아(Neustria)*4 백
작으로 작센족 출신이라고 추정되는 외드(Eude, Odo)였다. 외드는 훨
씬 많은 피보호민을 거느리고 있었으며, 노르만인들에 대한 전쟁에서
이름을 떨치고 있었으므로 쉽사리 승리를 거두었다. 여기에서도 역시
국경은 베르됭 조약 때의 그것과 대략 같았다.

　그런데 이 국경은 백령들 사이의 경계선을 나란히 이어가면서 이루
어진 것이어서 에스코(Escaut) 강*5을 몇 번이고 넘었다 되돌아왔다 하
면서 스무아(Semois) 강*6과의 합류점 조금 하류에서 뫼즈 강에 이르게
되었다. 다시 이곳에서부터 국경은 강으로부터 몇 리쯤 떨어진 좌안을
강의 흐름과 거의 나란히 달려내려갔다. 이어서 국경선은 포르 쉬르 손
(Port-sur-Saône) 강 하류에서 손(Saône) 강에 이르러 꽤 오랜 거리
를 물줄기와 함께 내려가서, 샬롱(Chalon)*7 직전에서야 손 강의 흐름
에서 떨어져나와 동쪽으로 구부러졌다. 마지막으로 이 국경선은 마코

네 지방(Mâconnais)*8 남쪽에서 손·론 두 강의 선에서 떨어져나와 서안 기슭의 백령을 모두 이웃나라에다 넘겨준 채 이어지다가 델타 지대*9에 이르러서야 다시 물줄기와 합류하여 프티 론(Petit Rhône) 강을 따라서 내려가 지중해에 이르고 있었다.

동·서 프랑크의 중간에는 띠 모양의 지대가 남아 있었는데, 이 지역은 알프스 산맥 북쪽에서 루트비히 독일인왕의 국가와 샤를 대머리왕의 국가 사이에 낀 채 시작되어 이탈리아 반도를 따라 퍼져 내려가서 로마에까지 이르렀으며, 843년에는 로타르 치하의 균형잡히지 않은 왕국을 이루게 되었다. 이 군주의 남계(男系) 자손은 이제 하나도 남지 않게 되었다. 그의 유산은 결국 모두 동프랑크에 병합되게 되었다. 그러나 이 병합은 조금씩 이루어졌다.

옛 롬바르디아 국가를 계승한 이탈리아 왕국은 비잔티움령 베니스를 뺀 반도의 북부와 중부를 차지하고 있었다. 이 왕국은 거의 1세기 동안 정말 파란에 가득 찬 운명을 겪었다. 이곳을 무대로 수많은 가문이 왕위를 다투었다. 즉 남쪽으로는 스폴레토 공작이 있었고, 특히 북쪽으로는 알프스 고갯길——여기서 평원을 휩쓴다는 것은 아주 쉽고도 또 아주 마음을 끄는 일이었다——을 틀어쥐고 있던 여러 지배자들, 다시 말해 프리울리(Friuli) 후작이나 이브레아(Ivrea) 후작, 그리고 아펜니노 알프스 산맥의 언덕 길목을 장악하고 있던 부르고뉴의 왕들, 프로방스의 백작들, 바이에른의 공작들 등등이 있었다.

더구나 이곳의 왕위 요구자들 가운데 많은 사람이 교황을 부추겨 황제로서 성별(聖別)을 받은 형편이었다. 루트비히 경건왕 치하에서 이루어진 카롤링거 제국의 최초의 분할 이래, 이탈리아를 차지하는 것이야 말로——로마와 로마 교회에 대한 보호권과 지배권을 함께 가져다 주는 것이었던지라——이 위광 넘치는 고귀한 지위(황제—옮긴이)에 필요한

---

*8 프랑스 중동부의 지명.
*9 마르세유 서쪽의 삼각주를 말한다.

조건으로 여겨지는 동시에 이 지위를 넘보기에 가장 좋은 자격이라고 여겨졌기 때문이다.

그런데 거리상 멀리 떨어져 있다는 그 사실 하나만으로도 이탈리아를 차지한다거나 제위를 차지하려는 야망을 품는 것이 불가능하였던 서프랑크의 국왕들과는 달리 동프랑크의 통치자들은 그들 자신이 바로 이 버려진 아름다운 왕국에 가까운 이웃 가운데 하나였다. 이미 894년과 896년에 아르눌프는 카롤링거 왕조 출신이라는 강점을 앞세워 이탈리아로 쳐내려갔으며, 그곳에서 스스로를 국왕으로 승인하게 하고 황제로서의 도유(塗油) 성사를 받았다.

951년에는 그의 후계자들 가운데 하나였던 작센족 출신의 오토 1세가 다시 한번 같은 길을 따랐는데, 이 사람의 조부는 그전에 아르눌프를 수행하여 알프스를 넘은 적이 있는 것으로 추정되고 있다. 오토 1세는 롬바르디아 왕국의 옛 수도였던 파비아(Pavia)에서 환호를 받으면서 롬바르드인의 국왕으로 추대되었으며, 이어서—그 동안에 다른 과업에도 골몰해야 했지만—10년 뒤에는 다시 이탈리아로 와서 그 백성들을 전보다 더 철저히 복종시켰고, 그런 다음 마침내 로마로까지 밀고 가서 이곳에서 교황으로부터 '임페라토르 아우구스투스'(Imperator Augustus)라는 칭호를 받았다(962년 2월 2일). 이렇게 하여 접수된 이탈리아는 그후 단기간에 걸친 몇 번의 위기 시기를 제외하고는 근대 중엽에 이를 때까지 독일 국왕 이외의 그 누구도 법적인 국왕으로 받들지 않게 되었다.

888년에는 바이에른 출신으로 아주 지체 높은 가문에서 태어난 인물인 벨프 루돌프(Welf Rudolf, 벨프 가문의 루돌프)가 대(大)군사관구의 우두머리가 되었는데, 그것은 몇 년 전부터 카롤링거 왕조에 의하여 쥐라 산맥과 알프스 산맥 사이에 설치되었으며 보통 트란스유라니아(Transjurania) 공국이라고 불리던 관구이다. 이는 제국 내부의 주요한 몇몇 통로를 한 손에 장악할 수 있는 것이었기 때문에 매우 중요한 자리였다.

루돌프 자신도 흙탕물에서 고기 낚아 올리는 격으로 혼란을 틈타서 왕위를 탐냈거니와, 그는 서프랑크와 동프랑크 양국 사이에 있는 까닭에 나중에 '두 나라 사이'(Entre Deux)라는 아주 그럴듯한 이름으로 불리게 되는 이 일종의 '무인지대'를 자신이 뛸 무대로 선택하였다. 그가 툴(Toul)에서 성별을 받았다는 사실도 그의 야심이 어디로 향하고 있었던가를 충분히 잘 보여준다. 그러나 자기 본거지인 공국에서 너무나 멀리 떨어져 있었기 때문에 그에게는 충신이 없었다. 그는 아르눌프에게 격파당한 뒤, 비록 왕의 칭호는 지녔지만 브장송 교회령의 대부분을 트란스유라니아에 병합하는 정도로 그쳐야 하였다.

브장송 교회령 북쪽에서는 이리하여, 로타르의 유산 가운데 한 부분이 온통 주인 없는 상태로 남아 있었다. 이는 적절한 지리적 명칭이 없었으므로 로타르 1세의 아들이자 그와 같은 이름(로타르 2세—옮긴이)을 가지고 얼마 동안 이 지방을 통치한 적이 있는 한 군주의 이름을 따서 '로타링기아'라고 흔히 불리던 지역이었다. 이곳은 서쪽으로는 그전에 규정된 대로 서프랑크와의 경계선에 접하고, 동쪽으로는 라인강의 흐름에 닿아 있는 광대한 지역이었는데, 동쪽 경계선에 따라 약 200킬로미터에 걸치는 지역만이 로타링기아에 포함되었고 라인 강 좌안의 세 주교구[10]는 동프랑크에 양도되었다.

로타링기아는 대수도원과 부유한 주교구의 땅이자 상인의 배가 오르내리는 아름다운 강으로 축복받은 땅이었으며, 카롤링거 가의 요람이자 바로 대제국의 심장부라는 점에서 유서 깊은 고장이기도 하였다. 정통 왕조[11]가 남긴 기억이 하도 생생해서, 아마도 이것이 그 어떤 토착의 왕국도 그곳에 세워질 수 없게끔 가로막은 장애가 되었던 것 같다. 하지만 다른 곳에서처럼 여기에도 야심가가 없을 수 없었으니, 그들이 하는 짓이란 인접한 왕국들을 서로 대립시키는 일이었다.

---

*10 앞에서 말한 마인츠·보름스·슈파이어를 가리킨다.
*11 카롤링거 왕조를 말한다.

로타링기아는 처음에는 샤를마뉴의 후손으로서 888년에 왕관을 쓰고 있던 유일한 인물인 아르눌프에게 명목상 복종하고 있었으나, 곧이어 아르눌프가 자기 서자 가운데 한 사람을 로타링기아의 왕으로 삼자 이 본래의 왕에게 계속해서 아주 어기대는 태도를 보이게 되었으며, 911년에 독일 카롤링거 가의 지파(支派)가 끊긴 뒤에는 이웃 군주들이 로타링기아를 놓고 오랫동안 싸움을 벌였다. 동프랑크의 여러 왕들은 그 혈관 안에 다른 피가 흐르고 있었음에도 불구하고 아르눌프의 계승자를 자처하고 있었다. 서프랑크의 통치자들로 말하자면——적어도 그들이 카롤링거 가의 가계에 속해 있던 동안, 즉 898년부터 923년까지 그리고 936년부터 987년까지는——그들이 어찌 뫼즈 강과 라인 강 유역에서 자기네 조상의 상속권을 요구하지 않을 수 있었겠는가.

그러나 동프랑크가 명백히 더 강력하였다. 그 결과, 987년 서프랑크에서 이번에는 카페 왕조가 옛 가문(카롤링거 가——옮긴이) 대신 들어서게 되었을 때 카페 왕조는 자기네 가문 본래의 전통에는 무관한 것인데다가 더구나 발벗고 나서서 지지를 보내올 피보호자들도 없는 그런 나라에 대한 상속권 주장 기도를 지극히 당연하게도 아예 포기해버렸다. 로타링기아는 여러 세기에 걸쳐——아니 그 동북부, 즉 아헨(Aachen)·쾰른(Köln)·트리어(Trier)·코블렌츠(Koblenz)는 영원히——독일의 정치적 판도 안에 편입되었다.

트란스유라니아 주변에 있는 리요네·비에누아(Viennois)·프로방스 등의 알프스 주교구들은 2년 가까이 아무 임금도 섬기지 않고 있었다. 하지만 이들 지역에는 887년 이전부터 이미 카롤링거 가의 정통성을 무시하고 이곳에다 독립된 왕국을 떼어내서 세우는 데에 성공한 보조(Boso)라는 이름의 한 야심적인 인물에 관한 기억과 함께 그에게 충성을 서약한 사람들이 남아 있었다. 보조의 아들인 루이——이 인물은 모계 쪽으로 로타르 1세의 혈통을 이어받고 있었다——는 890년 말 무렵 발랑스(Valence)*12에서 드디어 국왕으로서 성별을 받는 데에 성공하였다.

　그러나 이렇게 세워진 왕국은 단명할 수밖에 없었다. 905년에 이미
베로나에서 눈알을 뽑혔던 루이[*13]도, 이 비극이 있은 후에 불행한 이
장님의 이름으로 오랫동안 통치했던 그의 친족 위그 다를(Hugues d'
Arles)도 론 강과 산지 사이에 자리한 그들의 영토를 이탈리아 정복이
라는 매혹적인 과업을 추진하기 위한 출발점 이외의 것으로 생각한 적
은 결코 없었던 것으로 보인다. 따라서 928년에 루이가 죽은 뒤 롬바
르디아의 왕으로 추대된 위그는 벨프 가가 지중해에 이르기까지 그 지
배권을 밀고 나아가는 것을 거의 그대로 내버려두었다.

　그리하여 대략 10세기 중엽부터 부르고뉴 왕국——벨프 가의 루돌프
가 세운 나라를 보통 이렇게 부르고 있었다——은 바젤(Basel)[*14]에서
지중해까지 뻗치게 되었다. 그렇지만 이때부터 이 나라의 허약한 왕들
은 독일 왕 또는 황제에 대해 꽤나 별 볼일 없는 피보호자 노릇이나 하
게 되었다. 마침내——한편으로는 크게 꺼려하고 또 망설인 끝이기는
하지만——1032년에 숨을 거둔 이 왕조 최후의 왕은 독일의 통치자를
자기 후계자로 인정하였다.

　하지만 이렇게 접수된 ‘부르고뉴’——13세기 이후에는 흔히 아를 왕
국이라는 이름으로 알려지게 된다——는 로타링기아와는 다른 형편이
었고, 이탈리아와는 같은 형편이었으니, 정확하게 말하자면 옛 동프
랑크에 흡수된 것이 아니었다. 이 결합은 차라리 각각 별개의 세 왕
국[*15]이 한 사람의 수중에 모아져 불가분의 결합을 이룬 것으로 여겨
졌다.

　이렇듯 봉건시대에는 그 몇몇 특징을 오늘날까지 뚜렷이 남기고 있

---

*12 프랑스 중남부 론 강 기슭의 지명.
*13 그는 프리울리 출신의 이탈리아 왕 베렝가리오에 의해서 이같은 변을 당하
　　였다.
*14 스위스 중북부의 도시.
*15 이탈리아, 독일, 아를 왕국을 말한다.

는 그러한 유럽 정치지도의 첫 윤곽이 드러났으며, 또한 그 시절에는 오늘날에 이르기까지도 잉크를 쏟아붓게 하거나 그렇지 않으면 피를 흘리게 하지 않을 수 없을 만큼 복잡하게 뒤엉킨 국경지대 문제를 놓고 논란이 벌어졌던 것이다. 그러나 여러 왕국의 지리적 분포의 성격을 가장 잘 보여주는 특징은 아마도, 영토 사이의 경계가 그토록 심한 변동을 겪었는데도 왕국의 수효 자체는 놀랄 만큼 고정되어 있었다는 점일 것이다.

옛 카롤링거 제국 내에서 사실상 거의 독립국이라고 할 수 있는 지배세력이 떼지어 일어났다가 끊임없이 차례로 멸망해갔지만, 이들 국지적 '참주'들 가운데 어느 누구 하나, 정녕 가장 강력한 자들 중에서도 누구 하나 감히——루돌프와 장님 루이를 비롯해서——스스로 국왕의 칭호를 대는 일이 없었으며, 누구도 자기가 법적으로는 국왕의 신민이나 가신에 지나지 않는다는 사실을 부인하는 일이 없었다. 이것이야말로 봉건제보다 훨씬 오래되고 또 봉건제 이후에도 오랫동안 살아남을 운명을 가진 왕권의 전통이 여전히 활력을 지니고 있었다는 사실을 무엇보다도 설득력 있게 보여준다.

2. 왕권의 전통과 본질

옛 게르마니아의 국왕들은 자기네 가계를 신(神)으로부터 끌어대기를 즐겨하였다. 요르다네스(Jordanès)[16]의 말을 빌리면, 국왕들 자신은 에시르(Aesir),[17] 즉 반신(半神)과 같은 존재였으므로 백성들은 바로 국왕의 몸에 대대로 스며들어 있던 신비로운 힘으로부터 전투에서의 승리를, 그리고 평상시에는 밭에서의 풍작을 기대하고 있었다. 로마

---

[16] 6세기의 역사가이자 주교. 『고트인의 기원과 활동에 관해서』 『로마민족사』 등의 저서를 남겼다.

[17] 스칸디나비아의 신들. 자연의 힘을 나타내며 모두 남신(男神)이다.

의 황제들도 그들대로 신의 후광을 두르고 있었다. 이 이중의 유산으로
부터, 그 중에서도 특히 첫번째인 게르만적 유산으로부터 봉건시대의
왕들은 신성하게 받들어지고 있던 그들의 특질을 끌어내었다. 기독교
는 헤브라이적이거나 시리아적인 옛 즉위의식을 성경으로부터 빌려와
이 왕권의 신성함을 승인하였다.

카롤링거 제국을 계승한 여러 나라나 잉글랜드·아스투리아스 등에
서는 국왕은 오로지 고위 성직자한테서 자신의 지존한 지위에 대한 전
통적 표지(表識)를, 그 중에서도 특히 중요한 것으로 왕관을 받았으며,
이때부터 국왕은 이 왕관을 대(大)축제기간중 개최되는 궁정집회, 곧
프랑스 국왕 루이 6세(뚱보왕―옮긴이)의 한 증서에서 상기하고 있는
바와 같은 '왕관 궁정회의'(cours couronnées) 때 장중한 격식을 차려
머리에 쓰게 되었던 것이다.[1] 여기에 덧붙여, 새로운 사무엘*18 격(格)
인 한 사람의 주교가 이 새로운 다윗의 몸 곳곳에 성유를 부었다. 이는
가톨릭의 예배의식에서 세속적인 범주에 속하는 사람이나 물체를 신성
한 범주로 옮아가게 한다는 보편적인 의미를 지닌 행위였다.

이는 사실은 양날이 달린 칼인 셈이었다. "축복을 내리는 사람은 축
복을 받는 사람보다 우위에 있다"고 바울 사도는 말하였다. 그러니 이
말은 성직자에 의한 국왕의 성별(聖別)이라는 사실에서 교회의 우위라
는 결론을 이끌어내고야 마는 것이 아닌가. 실제로 이것은 거의 당초부
터 많은 교회 저작가들의 견해였다. 동프랑크의 초기 통치자들 가운데
여러 사람이 자기 몸에 성유 바르는 의식을 무시하거나 거부했다는 사
실은 틀림없이 이같은 해석이 안고 있는 커다란 위협을 그들이 의식하
고 있었다는 것으로 설명할 수 있다.

그러나 그들의 후계자들은 오래 지나지 않아 마음을 고쳐먹게 되었

---

1) Warnkœnig et Stein, *Französische Staats-und Rechtsgeschichte*, t. I,
   Urkundenbuch, p.34, c.22.
*18 구약성경에 나오는 예언자.

다. 이 마력적인 힘을 지닌 카리스마의 특권을 서프랑크의 자기네 경쟁
자들에게 내주어야 한다면 그들이 그 노릇을 어찌 참을 수 있었겠는가.
왕위의 표징들—반지, 칼, 기치(旗幟) 그리고 바로 왕관 자체 등—
을 넘겨주는 교회의식은 얼마 후에는 여러 영역제후령에서도 모방되었
다. 즉 아키텐, 노르망디, 부르고뉴 공국 또는 브르타뉴 공국 등이었
다. 반면 제아무리 강력한 대봉건제후라고 하더라도 감히 말뜻 그대로
의 성별대관식, 즉 도유식(塗油式)까지 요구하는 일은 결코 없었다는
점은 특징적이다. 성직자를 제외하고는 오직 국왕들에게서만 '주 그리
스도'를 볼 수 있었다.

국왕이 지닌 이 초자연적인 특징—도유식이란 그것의 기원이 되기
보다는 차라리 그것을 확인하는 일이었다—의 가치는 일상생활에서
끊임없이 내세의 영향을 섞어넣는 데에 익숙해져 있던 시대의 사람들
에게는 강력한 느낌을 주지 않을 수 없었다. 그러나 진정으로 사제의
권능을 지닌 왕권이란 서유럽 전역에서 확립되어 있던 종교와 양립할
수 없었을 것이다. 가톨릭에서 사제의 권능은 완벽하게 규정되어 있는
그러한 것이었다. 사제는 빵과 포도주를 그리스도의 몸과 피로 바꿀 수
있는 사람이며, 또 그렇게 할 수 있는 유일한 사람이었다. 국왕은 성직
자로서의 서품을 받지 못했으므로 성스러운 미사제전을 베풀 수 없었
고, 따라서 엄밀한 의미에서의 사제는 아니었다. 그렇다고 해서 순수한
속인은 더구나 아니었다. 그 자체로서 논리에 어긋나는 표상들을 명쾌
하게 표현하기란 어려운 일이다.

그러나 국왕은 사제의 직(職)을 지니지는 못했지만 11세기의 한 저
작가의 표현대로 성직에 "참여하고 있었다"고 한다면 근사한 개념을 얻
을 수 있을 것이다. 여기에서, 국왕들이 교회를 지배하려고 노력하면서
자신들은 교회의 일원으로서 그렇게 행동한다고 믿었고 또 다른 사람
들도 그렇게 믿었다고 하는 저 지극히 중대한 결과가 초래되었다. 적어
도 당시의 통념은 그러하였다.

하지만 교회 사회에서는 이러한 견해가 결코 이의 없이 지배적으로

받아들여지지는 않았다. 11세기에 그레고리우스 개혁파는 극도로 맹렬하게 그리고 극도로 명민한 통찰력으로 이러한 견해를 공박하였다. 그레고리우스 개혁파는 교권과 속권의 구별——루소와 르낭은 여기에서야말로 기독교가 수행한 위대한 혁신의 한 가지를 찾아볼 수 있다고 우리에게 가르쳐주고 있다——을 옹호하였다. 더구나 그들이 이렇게 명백하게 두 개의 권력을 갈라놓았던 것은 오로지 모든 빛의 근원인 '태양' 앞에서 그 빛을 반사하고 있는 데에 지나지 않는 '달'처럼 영혼의 지배자 앞에서 육체의 지배자를 굴복시키기 위한 목적에서였다. 그러나 이 점에서 그들이 거둔 성공이란 보잘것없었다. 사람들의 눈에 왕권이 한낱 수수한 인간적 권력이라는 역할로까지 끌어내려져 비치기 위해서는 아직도 몇 세기가 지나야 하였다.

왕권의 이러한 신성한 성격이 일반 대중의 마음속에서 단지 교회를 이끄는 권리라는 지극히 추상적인 관념으로만 표현되었던 것은 아니다. 왕권 일반을 둘러싸고, 또는 가지각색의 개별적 왕권을 둘러싸고 한아름이나 되는 전설과 미신이 가꾸어졌다. 바른 대로 말하자면 그러한 전설과 미신이 충분히 꽃피기에 이르른 것은 대부분의 군주권이 실제로 강화되었던 시기, 곧 12, 13세기경부터의 일에 불과하였다. 하지만 그 기원은 봉건시대 제1기까지 거슬러 올라간다.

9세기 말 이래 랭스의 대주교는 일찍이 창공 높은 곳에서 한 마리 비둘기가 클로비스(Clovis)[*19]에게 가져다 준 신비에 가득 찬 성유를 보관하고 있다고 자처하였다. 이는 이 직위에 앉는 고위 성직자들에게 프랑스에서 국왕을 성별하는 독점권을 주장할 수 있게 해주는 동시에, 그들이 성별한 국왕들에게는 자기네가 바로 하늘로부터 성별받았다고 스스로 말하고 또 스스로 믿을 수 있게 해준 놀랄 만한 특권이었다. 프랑스의 왕들은 적어도 필리프 1세(재위 1060~1108—옮긴이) 때부터——어쩌면 로베르 경건왕(재위 996~1031—옮긴이) 때부터인지도 모르겠다——,

---

*19 프랑크 왕국을 세운 메로빙거 왕조의 시조. 재위 486~511.

그리고 잉글랜드의 왕들은 헨리 1세[20] 때부터, 그들의 손이 닿으면 몇 가지 병을 고칠 수 있다는 믿음을 낳게 되었다. 1081년에 신성로마 황제 하인리히 4세가——당시에는 파문당한 상태였음에도 불구하고——토스카나 지방을 거쳐갔을 때 그가 지나는 길가에 무리지어 몰려든 농민들은 그의 옷에 손을 대려고 안간힘들을 썼는데, 그것은 그렇게 함으로써 풍성한 수확을 보장받게 된다고 그들이 굳게 믿고 있었기 때문이었다.[2]

만약 왕권에 대한 이러한 이미지가 과연 효과적이었는가를 의문시하려는 누군가가 있어서, 이렇게 국왕의 몸을 에워싸고 있었다는 불가사의한 영기(靈氣)라는 이야기와는 대비되게 국왕의 권위에 바쳐지는 존경이라는 것이 사실은 보잘것없는 것인 경우가 너무나 흔하였다는 주장을 내세우면 어떨까. 이것은 문제를 제대로 제기하는 것이 아닐 것이다. 왜 그런지 이 문제를 자세히 살펴보자.

자신의 봉신에게서 완전한 복종을 얻지 못하거나 도전받고 조롱당하거나 심지어는 그들의 포로가 되기까지 했던 국왕들의 사례는 사실 헤아릴 수조차 없을 만큼 많았다. 그러나 우리가 다루고 있는 시대에 자기 신하의 손에 비명횡사를 당한 국왕은 내가 잘못 알고 있지 않은 한 정확히 세 명뿐이다. 잉글랜드에서는 바로 그 자신의 형제를 옹립할 목적에서 도발된 궁정혁명의 희생자였던 에드워드 순교자왕(Edward the Martyr)[21]이 있었고, 프랑스에서는 정통의 국왕[22] 편에 가담한 사람에 의해 전투에서 살해당한 왕위 찬탈자 로베르 1세[23]가 있었으며, 수많

---

[20] 재위 1100~35. 맏형인 노르망디 공 로베르 1세를 물리치고 노르망디를 몰수하였다.

[2] Rangerius, *Vita Anselmi*(SS., XXX, 2, p.1256, v.4777 et suiv.).

[21] 앵글로색슨 왕. 975년에 12세로 즉위했다가 978년 계모의 부하에게 암살당하였다.

[22] 샤를 단순왕.

[23] 재위 922~923. 카페 왕조의 시조인 위그 카페의 조부.

은 왕조간의 싸움으로 온통 수놓인 이탈리아에서는 베렝가리오 1세[*24]
가 있었다. 이슬람 역사에서 볼 수 있는 대학살에 비하거나 바로 서유
럽 자체에서 여러 왕국의 대봉건가신에 대해 저질러진 살해사건의 목
록에 비추어본다면, 그리고 끝으로 폭력이 난무하던 이 시대에 예사로
횡행하던 풍습이 어떤 것이었나를 고려해본다면, 이 수는 대단히 적은
것이라 하겠다.

  이렇듯 종교적인 것에서 주술적인 것에 이르기까지 갖가지 층을 이
루며 표현되고 있던 왕권에 대한 이들 표상은 국왕에 고유한 것으로 인
정받고 있는 정치적 사명, 다시 말해 옛 게르만어 낱말을 빌리면 '백성
의 우두머리'(thiudans)라는 사명을 초자연적인 여러 힘의 차원에서
표현하는 것에 지나지 않았다. 봉건사회의 특징을 이루고 있던 수많은
지배권 증식의 와중에서도 왕권은 기조(Guizot)[*25]가 적절하게 말했듯
이 '독존적인' 권력을 이루고 있었다. 그것은 원리상 다른 모든 권력보
다 우월할 뿐만 아니라 그런 권력들과는 진정으로 다른 종류의 권력이
었다.

  왕권 이외의 여러 권력들은 대부분 잡다한 권리들의 단순한 덩어리
였으며 더구나 이들 권리들이 서로 뒤얽혀 있었던 까닭에, 크고 작은
이들 '봉토'가 각기 어느 정도의 범위를 차지하고 있었는가를 알아보기
위해 그 경계를 최소한 개략적인 윤곽으로나마 지도 위에 표시해보려
고 노력하더라도 그러한 시도조차 모두가 하나같이 부정확한 것으로
끝날 수밖에 없었는데, 이에 반해 여러 왕국 사이에는 국경이라 불러
마땅한 것이 존재하고 있었다는 점이야말로 의미심장한 특징이다. 하

---

*24 루트비히 경건왕의 손자. 재위 888~889, 898~924. 부르군트 공작 루돌
   프 2세와의 싸움에서 패하여 북이탈리아의 베로나에 유폐되었다가 암살당
   하였다.

*25 François Pierre Guillaume. 1787~1874. 프랑스의 정치가이자 역사가이며
   『프랑스 문명사』『프랑스 의회사』『유럽 문명사』 등의 저작을 남겼다.

기야 그 국경이라는 것이 자로 재어서 한치 틀림없이 그어진 선(線)의 모습을 하고 있는 것은 분명 아니었지만 말이다. 그때만 하더라도 토지 점유라는 것이 너무나 엉성했던 까닭에 그같은 선을 따로 그을 필요가 없었던 것이다. 뫼즈 강 유역 지방에서 프랑스 영토와 신성로마 제국 영토를 가르자면 아르곤(Argonne)*26의 인적 드문 잡목 숲만으로도 충분하지 않았던가.

그러나 어떤 도시나 촌락이 귀속문제에 관하여 논란의 대상이 되는 경우가 잦기는 하였지만, 그래도 그 도시나 촌락은 인접한 여러 왕국 가운데 반드시 단 하나의 왕국에만 법적으로 속하게 되어 있었다. 이에 반해, 다른 한편으로는 그 도시나 촌락에서 예를 들어 어떤 호족이 상급 재판권을 행사하고 다른 호족이 그곳에서 농노를 소유하며, 제3의 호족이 토지세의 징수권과 함께 그 토지세에 관한 재판권을 지니고, 제4의 호족이 '십일조'를 징수하는 식의 현상은 아주 흔히 목격할 수 있는 일이었다. 바꾸어 말하면 한 명의 사람에 대해서 그러하듯이 한 조각의 토지에 대해서도 여러 사람의 영주가 권리를 가지는 것이 거의 정상적인 일이다시피 하였다. 하지만 여러 명의 국왕을 모시는 것만은 있을 수 없는 일이었다.

유럽에서 멀리 떨어진 일본에서는 유럽의 봉건제도와 아주 비슷한 인적(人的)·토지적인 종속관계의 체계가 서구의 경우와 마찬가지로 하나의 왕국——이는 그러한 종속관계의 체계보다 훨씬 오래된 것이었다——에 맞서서 차츰차츰 형성되기 시작하였다. 그러나 일본에서는 이들 두 제도가 서로 침투하는 일 없이 공존하고 있었다. 유럽의 국왕처럼 신성한 인물이면서 유럽의 왕들보다는 훨씬 더 신성(神性)에 가까운 이 '해 뜨는 나라'의 황제는 법률상 언제나 모든 신민의 통치자였다. 황제 아래로 가신의 위계서열에서는 가신의 최고 우두머리인 장군(將軍)이 정점에 서 있었다. 그 결과 여러 세기에 걸쳐 장군이 모든 실권

---

*26 베르됭 근처의 남북으로 뻗은 산악지대.

을 독점하게 되었다.

이에 반해 유럽의 경우 왕권은 가신제 조직망보다 연대적으로 오래 되었고 그 본질에서도 가신제 조직망과는 무관하였으나 그래도 역시 왕권은 가신제 조직의 꼭대기에 자리하였다. 하지만 왕권은 봉건적 종속관계의 그물 안에 스스로 휘말려드는 것은 피할 수 있었다. 봉토가 세습재산화함에 따라서, 그때까지 개별적인 영주나 교회의 지배권 (mouvance)에 종속되어 있던 토지가 왕령지에 포함되게 된 경우에는 어떻게 되었을까. 국왕은 이 토지에 부과된 의무부담 가운데 몇 가지를 계승하더라도 토지에 관한 신종선서 행위는 일체 면제받는 것이 일반적으로 받아들여지는 규칙이었다. 왜냐하면 국왕이 스스로를 자기 신민에 대한 일개 충성서약자로 인정할 수는 없었기 때문이었다. 이에 반해 전적으로 국왕의 신민이자 그의 피보호민인 사람들 가운데 그가 몇몇 특권자를 골라서 신종 선서의식에 따라 그들에게 특별한 보호를 펴고자 할 때에는 아무 거리낌없이 그 뜻을 이룰 수 있었다.

그런데 앞에서 이미 살펴보았듯이 이들 국왕의 '탁신자'(託身者) 가운데 9세기 이래 군소 '측근 가신'(satellite) 무리와 나란히, 머지않아 영역제후로 탈바꿈하게 될 일단의 권문세가와 고위 직책자들이 모습을 보이고 있었다. 결과적으로 국왕은 백성 전체의 통치자일 뿐만 아니라 여러 단계를 거치는 엄청나게 많은 가신의 간접 영주이기도 했으며, 다시 이들 가신을 통해 더욱 많은 신분 낮은 종속민의 간접 군주이기도 하였다.

노르만 정복 후의 잉글랜드처럼 봉건적 구조가 유달리 엄격해서 자유토지가 존재할 수 없었던 지방에서는 이 종속의 사다리 중에서 아무리 밑바닥에 있는 가난뱅이라 할지라도 눈을 들어 위를 올려다보면 맨 위의 단계에 국왕이 있다는 것을 알아차리지 않을 수 없었다. 다른 곳에서는 이 종속관계의 연쇄가 그렇게까지 높이 올라가지 않은 채 종종 끊어지고 있었다. 그러나 어느 곳에서든지, 왕권이 이렇게 봉건화한 것은 왕권의 입장에서 볼 때 확실히 하나의 구원의 요소였다.

국가의 수장으로서 통치권을 행사하는 일은 더 이상 할 수 없게 되었다고 하더라도 국왕은 적어도 그 당시 인간적 결속관계 중에서도 가장 활력 넘치는 결속의 감정으로 함양되었던 가신법(家臣法)이라는 무기를 자기의 이익을 위해 이용할 수 있었다. 『롤랑의 노래』에서 롤랑이 싸운 것은 자신의 군주를 위해서였을까, 자기가 신종선서를 바친 영주를 위해서였을까. 틀림없이 그 자신도 알 수 없었을 것이다. 하지만 그가 그토록 자기를 버리고 헌신적으로 군주를 위해 싸웠던 것은 오로지 그 군주가 군주인 동시에 자신의 영주였기 때문이다.

그뒤에 필리프 오귀스트 왕이 이단시된 한 백작의 재산처분권을 놓고 교황과 다투게 되었을 때에 그는 여전히 "이 백령은 나의 왕국에 속한다"라고 말한 것이 아니라 "이 백령은 나로부터 수여된 봉토로서 보유되고 있던 땅이다"라고 말했는데, 이는 지극히 당연한 일이었다. 이런 뜻에서, 가신제에 바탕을 두고 통치체제를 구성할 것을 꿈꾸었던 카롤링거 왕조의 정책은 그 초기의 실패 때문에 사람들이 언뜻 믿으려고 들지 않을 테지만 긴 안목으로 보면 아마도 그렇게까지 헛된 시도는 아니었던 것 같다.

우리가 이미 살펴보았고 앞으로도 다시 다루게 되겠지만, 수많은 이유들이 몰아치는 바람에 봉건시대 제1기를 통하여 국왕 권력의 진정 유효한 작용은 하찮은 것으로 전락하고 말았다. 그러나 적어도 국왕의 권력은 지극히 유리한 조건 아래에서라면 당장이라도 꽃필 수 있는 두 가지 잠재적인 힘을 지니고 있었다. 하나는 손상받지 않고 고이 전해진 옛 위신이라는 유산이었으며, 다른 하나는 새로운 사회체제에 스스로를 적용시키면서 누리게 된 젊음의 회복이었다.

3. 왕권의 전달 ; 왕조의 문제들

그러나 온갖 전통을 안고 있던 이 국왕의 지존한 자리는 어떻게 넘겨지고 있었을까. 세습제에 의해서였을까, 선거제에 의해서였을까. 오늘날 우리는 곧잘, 이 두 가지 용어는 양립할 수 없다고 생각하기 십상이다. 하지만 봉건시대 동안에는 이 두 용어가 오늘날만큼 그렇게 양립 불가능한 것으로 여겨지지는 않았다는 점을 수많은 문헌들이 한결같이 우리에게 가르쳐주고 있다.

"짐은 인민과 제후들의 만장일치에 따라 선출되어, 분할되지 않은 왕국의 세습적인 계승권을 얻었다"고 1003년에 독일 왕 하인리히 2세는 언명하고 있다. 그리고 프랑스에서는 뛰어난 교회법학자였던 이브 드 샤르트르(Ive de Chartres)*27가 다음과 같이 말하였다. "세습권에 의해 왕권의 귀속(歸屬)을 받고, 또 주교와 공경대부(公卿大夫)의 만장일치의 동의에 따라 지명받은 사람이야말로 정당한 자격으로 성별받은 국왕이다."3) 이것은 이 두 가지 원리 가운데 어느 것도 절대적인 것으로 받아들여지지는 않고 있었기 때문이었다.

순전한 선거는 자유의지의 행사라는 뜻으로보다는, 정당한 우두머리를 찾아낼 수 있게 하는 일종의 내밀한 계시에 따른다는 의미로 받아들여졌기 때문에, 실제로는 성직자들 사이에서 옹호세력을 얻고 있었다. 그뿐 아니라 성직자들은 어느 특정한 가문이 신성한 가치를 지니고 있다는 식의, 거의 이교적(異敎的)이라고 할 만한 이념에 대해서 적의를 품고 있었던 까닭에, 교회가 교회 스스로를 위해 자신의 법에 일치하는 유일한 방법이라 생각하여 요구하고 있던 방식인 지명제를 모든 권력의 정당한 원천이라고 생각하는 경향이 있었다. 곧 수도원장은 그의 수도사들에 의해, 주교는 성직자와 교구도시의 주민들에 의해 선발되어야 하지 않았던가. 이 점에서 이러한 신학자들의 견해는 다른 무엇보다도 왕국이 자기네 지배 아래 들어오기를 열망하고 있던 대봉건제후들의 야심과 일치하고 있었다.

---

*27 1040~1116?. 성직서품권 논쟁에서 온건개혁파를 대표한 인물.

3) *Diplom. regum et imp.*, t. III, nᵒ 34 ; *Histor. de France*, t. XV, p.144, nᵒ CXIV.

그러나 주로 게르마니아에서 시작되어 중세에 계승된 갖가지 표상의 세계에 젖어 있던 일반적인 의견은 이와는 전혀 달랐다. 한 개인이 아니라 한 가계에 대대로 전해지는 세습적인 적성(適性), 즉 적격의 우두머리를 낳을 수 있는 능력을 부여받았다고 생각되는 그러한 가계의 적성이라는 것이 존재한다고 사람들은 믿고 있었던 것이다.

그 논리적 귀결은 물론 사망한 국왕의 아들들 전부가 권위를 공동으로 행사하는 것이거나 그렇지 않으면 아들들 모두에게 왕국을 분할하는 것이었으리라. 이러한 관행은 종종, 말하자면 왕권이 세습재산과 동일시되었던 사실을 증명하는 것이라고 해석되고 있지만 이것은 크게 잘못된 생각이다. 사실은 그와 반대로 이는 같은 왕조에 속하는 모든 자손이 그 왕조의 특별한 권리를 한몫 누린다는 점을 표명해주던 것으로서, 주지하다시피 이 관행은 만족의 세계에서는 낯익은 현상이었다. 앵글로색슨 국가와 에스파냐 국가에서는 봉건시대에도 오랫동안 이 관행이 지속되었다.

그러나 이 관행은 인민의 복지에는 위험한 것이라고 여겨지고 있었다. 이 관행은 분할 불가능한 왕권이라는 관념, 곧 헨리 2세 같은 군주가 아주 의식적으로 강조했으며 또 온갖 혼란 속에서도 여전히 힘차게 살아남아 있던 국가라는 의식에 부합하는 것이었던 그 관념과 충돌하였다. 따라서 다른 해결책이 더 널리 받아들여지게 되었는데, 이것은 한편으로는 이 첫번째 방법과 나란히 언제나 어느 정도로는 이용되어 온 방식이었다. 즉 태어나면서부터 신민 전체를 대표하게 되어 있는 왕국 내의 주요 인물들이 미리 정해진 가문 내에서, 또한 그 가문 내에서만─남계가 끊어진 경우에는 종종, 결연(結緣)된 가문 사이에서 그렇게 하기도 하였다─새로운 국왕을 지명하였다. 랭스의 대주교 풀크(Foulque)는 893년에 아주 적절하게도 이와 같이 쓰고 있다. "국왕이 서거하면 언제나 그 왕족 사이에서 다른 국왕을 뽑는 것이 프랑크족의 관례였다."[4]

그런 한편, 이런 식의 집단상속(集團相續)은 거의 필연적으로 직계의

개인상속으로 귀착되는 경향이 있었다. 작고한 국왕의 아들들은 그 국
왕의 혈통이 지닌 미덕을 다른 사람들보다 더 두드러지게 많이 나누어
가진 것이 아니었을까. 그러나 여기에서 결정적인 요인이 된 것은 또
다른 관례였는데, 교회 또한 이 관례야말로 선거에 따르는 위험성을 유
효하게 바로잡을 수 있는 방법이라고 여겨 이를 자체적으로 받아들였
다. 즉 수도원장은 종종 본인이 직접 후계자를 지명하여 자기가 살아
있는 동안 이 인물에 대한 인정을 수도사들에게서 받아내곤 하였다. 특
히 클뤼니 대수도원의 초기 수도원장들이 이러한 절차를 따랐다. 국왕
이나 영역제후들도 이와 마찬가지로 자기가 살아 있을 때부터 자기 아
들 가운데 하나가 그의 지존한 자리에 결부되어 있다는 것을, 아니 국
왕의 경우에는 이 아들이 즉각 성별을 받게 되어 있다는 것을 자기 충
성서약자들로 하여금 인정하게 하곤 하였다. 이는 봉건시대를 통해 그
야말로 보편적으로 퍼져 있던 관행이었으며, 이 관행에 관한 한 베네치
아의 도제(doge)*28나 가에타(Gaeta)*29의 '콘술'(consul)*30도 서구의
모든 군주와 마찬가지였다.

　그런데 군주에게 아들이 여럿 있는 경우도 있을 수 있었다. 여러 아
들들 가운데 이 미리 이루어지는 선발에서 행운의 수혜자가 될 사람은
어떤 방식으로 뽑혔을까. 봉(封)에 관한 법과 마찬가지로 왕권에 관한
법도 곧바로 장자상속제를 인정하지는 않았다. 장자상속권에 맞서서
흔히 '자줏빛 옷에 감겨' 태어난 아기, 다시 말해 아버지가 이미 국왕
이었을 때 태어난 아기의 권리가 주장되곤 하였다. 또는 좀더 개인적인
갖가지 이유가 이 균형을 기울어뜨리기도 하였다.

4) Flodoard, *Historia Remensis ecclesiae*, t. IV, 5(*SS.*, t. XIII, p.563).
*28 베네치아 공화국과 제노바에서 선거를 통해 뽑히던 통치자의 칭호.
*29 로마와 나폴리 사이에 있던 자치도시.
*30 원래 고대 로마의 최고 행정관인 집정관을 일컫는 명칭이었다. 중세 이탈리
　　아의 가에타에서도 이 직명이 사용되었다.

　　그러나 장자상속권은 편리한 의제(擬制)로서, 또 한편으로는 바로 봉의 관례에 따라 점차 뿌리내리게 된 것으로서——프랑스에서는 이에 반대하는 얼마간의 시도가 있었음에도 불구하고——거의 처음부터 확립되었다. 게르마니아의 옛 관습의 정신에 더욱 충실했던 독일의 경우 장자상속권을 아무런 유보 없이 선뜻 인정한 적은 결코 없었다. 12세기 중엽에 들어서서조차 프리드리히 바르바로사는 자신의 둘째아들을 후계자로 삼았으니 말이다.

　　그러나 한편 그것은 더욱 심층적인 차이를 가리키는 징후에 지나지 않았다. 왜냐하면 왕권에 관한 관습은 선거의 원리와 가문의 권리라는 두 가지를 결합시켜 포함하고 있던 동일한 개념에서 출발하였음에도 불구하고 유럽의 여러 나라에서 두드러지게 다른 방향으로 진화해갔기 때문이다. 여기에서는 특별히 전형적인 두 가지의 실례를 기억해두는 것으로 충분할 것이다. 하나는 프랑스의 예이고 다른 하나는 독일의 예이다.

　　서프랑크의 역사는 888년에 왕조의 혈통이 급격하게 단절됨으로써 시작되었다. 유력자들은 국왕 외드라는 인물을 문자 그대로 새로운 인물로서 선출하였던 것이다.[*31] 왜냐하면 당시 샤를 대머리왕의 자손으로는 나이가 너무 어리다는 이유로 벌써 두 번이나 왕위에서 제외되었던 여덟 살 난 어린아이밖에 남아 있지 않았기 때문이다.

　　하지만 이 어린 남자아이——그도 역시 샤를이라고 불렸는데, 역사 서술자들은 용서 없이 그를 '단순왕'이라는 별명으로 부르게 되었다——는 살리 프랑크법에서 성년이 되는 해로 규정하고 있던 열두 살이 되자마자 893년 1월 28일 랭스에서 국왕으로 성별받았다. 이들 두 국왕 사이에는 오랫동안 전쟁이 계속되었다. 외드는 그러나 자기가 죽기(그는

---

*31 카롤링거 왕조의 샤를 뚱보왕이 동프랑크 왕으로 재위하면서 조카 샤를 3세가 어리다는 이유로 서프랑크 왕을 겸하다가 실각하자, 로베르 강건백의 아들이며 카페 가 출신인 외드가 왕으로 추대되었던 일을 말한다.

898년 1월 1일에 사망하였다) 몇 달 전에 맺어진 협정에 따라서 자기 지지자들에게 자신이 죽으면 카롤링거 가에 합세하라고 권유하였던 것으로 보인다.

카롤링거 가가 다시 경쟁상대와 만나게 되는 것은 그때부터 24년이나 지나서였다. 그렇지 않아도 원래부터 고분고분하지 않은 경향이 있던 국내의 몇몇 최상층 인물들은 샤를이 어떤 하급기사에게 베풀어준 총애에 발끈하여[32] 다른 왕을 찾기 시작하였다. 외드는 아들을 남기지 않았으므로 외드의 아우인 로베르가 세습재산인 여러 명예봉과 피보호자들을 계승하고 있었다. 반도(叛徒)들이 그를 왕으로 선출하였다(922년 6월 29일). 이 가문(카페 가─옮긴이)은 이미 한 번 왕관에 손을 댄 적이 있었기 때문에 반쯤은 신성시되었다.

이어서 이듬해에 로베르가 전장에서 죽임을 당했을 때 그의 사위인 부르고뉴 공작 라울이 그 대신 도유식을 받았다. 그리고 그 얼마 후 샤를이 매복에 걸려 붙잡힘으로써 한 반도 두령의 포로라는 신세로 나머지 일생을 마치게 되자 왕위찬탈자의 승리는 확고해졌다. 그러나 라울 또한 남계 자손을 남기지 않았던 까닭에 그의 죽음은 진정한 왕조(카롤링거 왕조─옮긴이) 부흥의 신호가 되었다. 샤를 단순왕의 아들인 루이 4세가 망명지인 잉글랜드에서 다시 옹립되어 들어왔다(936년 6월). 그 자신의 아들[33]과 손자[34]는 별 탈 없이 차례로 왕위를 계승해 갔다. 그 결과 10세기 말쯤에는 모든 상황으로 보아 왕조의 정통성이

---

[32] 이 책의 제2권 앞부분에서도 이미 서술되었듯이 샤를 단순왕이 아가농(그는 왕비의 친척이었던 것으로 추정된다)에게 베풀어준 파격적인 총애는 많은 상급귀족들의 불만을 샀고, 920년 이들의 반란이 일어났다. 샤를은 일시 굴복하는 듯 보였으나 921년에는 또다시 자기 숙모의 영지를 빼앗아 이를 아가농에게 수여했고, 이로 말미암아 귀족들의 반란은 더욱 격렬해졌다. 결국 샤를은 왕위를 잃고 반란을 일으킨 귀족 지도자의 포로로 일생을 마쳤다.

[33] 로타르 3세.

[34] 루이 5세.

결정적으로 재확립되었다고 여겨도 좋을 만하였다.

이 정통성이 다시 문제가 된 것은 사냥중의 한 우연한 사건으로 젊은 국왕 루이 5세가 목숨을 잃게 됨으로써였다. 987년 6월 1일에 누아용(Noyon)*35의 집회에서 국왕으로 포고된 사람은 로베르 왕의 손자인 위그 카페(Hugues Capet)*36였다. 그러나 루이 4세의 또 하나의 아들인 샤를이 아직 살아서 신성로마 제국 황제로부터 바스 로렌(Basse-Lorraine) 공으로 책봉되어 있었다. 이 샤를이 당장 무력으로 세습적 권리를 요구하고 나섰으며, 제르베르(Gerbert)*37의 표현을 빌리면 많은 사람들은 분명히 위그를 그저 '임시' 국왕으로밖에 보지 않고 있었다.

하지만 샤를에 대한 기습공격이 성공함으로써 사태의 결말은 다르게 이루어졌다. 랑의 주교가 배신하는 바람에 샤를은 991년 '성지'(聖枝)의 주일(主日)*38에 이 도시에서 포로가 되었다. 이때부터 어떠한 국왕도 인정하지 않게 되는 그날이 될 때까지 프랑스는 오로지 카페 혈족에서만 국왕을 옹립하게 되었다.

이 오랜 비극은 우연한 일로 결말이 나기는 했지만, 이 비극적인 사태의 결과, 정통성이라는 의식이 긴 세월 동안 어느 정도 힘을 지니고 살아남았던 것은 분명하다. 아키텐 지방의 증서들을 보면 라울 치하에서도, 그리고 뒤이어 위그 카페 치하에서도, 사람들은 날짜 표기의 서식을 통해 왕위찬탈자들을 인정하지 않겠다는 의사를 표명하고 있었으며—루아르 강 이남지방은 언제나 북쪽과는 별개의 생활을 영위하고 있었으며, 당연한 일이겠지만 이곳 제후층은 부르고뉴 지방이나 프랑스 본토 출신 우두머리들에게 적대감을 품고 있었다—또 몇몇 연대기

---

*35 프랑스 북부 피카르디 지방의 지명.
*36 재위 987~996. 카페 왕조는 대개 이 사람부터 정식으로 개창된 것으로 친다. 카페라는 성은 그가 걸친 제복 Chape에서 유래되었다고 한다.
*37 999년부터 1003년까지 로마 교황(실베스테르 2세)의 자리에 있었다. 위그 카페의 즉위를 도왔으며, 『아리스토텔레스 논리학 주해』 등의 저서를 남겼다.
*38 부활제 직전의 일요일로, 예수가 예루살렘에 들어간 기념일.

에는 상투적인 혹은 당파심에 젖은 분노가 드러나 있었다.

그러나 여기에서는 이런 것들보다도 오히려 실제로 일어난 사실들 자체가 정통성 의식의 지속이라는 점을 더 잘 말해주고 있다. 외드·로베르와 라울의 체험은 그토록 여러 해에 걸쳐 다시 되풀이되어도 좋을 만큼 그렇게 마음내키는 시도는 아니라고 생각되었음이 틀림없다. 로베르의 아들인 위그 대공[39]은 루이 4세를 거의 1년간이나 포로로 잡아두면서도 양심의 거리낌을 전혀 느끼지 않았던 인물이다. 하지만 흥미롭게도, 그러한 위그조차 그토록 유리한 상황에 있으면서도 이를 이용하여 감히 스스로 왕이 되려고 하지는 않았던 것이다.

987년의 사건[40]은 전혀 예기치 못했던 (루이 5세의—옮긴이) 죽음으로 인하여 빚어진 일로서, 그것은 이 일에 대해서 사람들이 무어라 말하든 간에 '무엇보다도 교회가 주관한 일'은 아니었다. 랭스의 대주교였던 아달베롱(Adalberon)이 이 사건의 주모자였음은 의심할 바 없는 사실이지만, 교회 전체가 그를 뒷받침하고 있었던 것은 아니다.

어느 모로 보나 음모의 실꾸리는 게르마니아 황제의 궁정에까지 뻗쳐 있었던 것 같다. 대주교 아달베롱과 그의 조언자인 제르베르는 개인적 이해관계와 아울러 정치적 신념에 따라 이 궁정과 이어져 있었다. 왜냐하면 이들 교양을 쌓은 고위 성직자들의 눈에 신성로마 제국이란 기독교적 통일과 동의어로 비쳤기 때문이다. 당시 독일과 이탈리아를 지배하고 있던 작센 왕가 사람들은 프랑스의 카롤링거 왕조에 이어지고 있는 샤를마뉴의 혈통을 끔찍이 두려워하고 있었다. 자기네는 샤를마뉴가 남긴 당당한 황제로서의 유산은 물려받았지만 그의 핏줄을 이어받지는 못하였기 때문이다.

더욱 각별한 사정을 말하자면, 작센 가문 사람들은 카롤링거 가문 사람들이 자기네의 고토(故土)로 여겨서 한시도 그 영유를 둘러싸고 다투

---

*39 프랑스 공 겸 파리 백작으로, 위그 카페의 아버지.
*40 위그 카페의 즉위를 말한다.

기를 마다한 적이 없던 저 로렌 땅을, 왕조가 바뀌면 당연히 자기네가 평화롭게 차지할 수 있다고 기대하고 있었다. 작센 가의 성공은 프랑스 자체 내에서의 세력균형 덕분에 수월해졌다. 샤를 드 로렌이 자기 출생지를 떠나 객지에서 운명을 개척해야 되었던 까닭에 그 땅에서는 충실한 추종자를 거의 거느리지 못하고 있었다는 사실도 한 가지 이유이기는 하였다.

그러나 그것말고 다른 이유도 있었다. 더욱 일반적인 양상을 말하자면 카롤링거 가의 처지가 그렇게 된 것은 말기의 국왕들이 방대한 피보호 가신단, 곧 새로운 보수를 약속받음으로써 계속 충성의 맥을 이어가게 되어 있는 그들 가신단에게서 세습적인 지지를 확보하기에 충분할 만큼의 토지나 교회를 직접적인 지배하에 두지 못했던 데에서 비롯된 것이었다. 이런 뜻에서 본다면 분명 카페 가의 승리는 거의 순수한 왕권이라는 전통적 권력에 대해서 새로운 세력—곧 수많은 봉토의 영주이자 분배인인 영역제후세력—이 거둔 승리였다.

다른 한편으로 볼 때 놀랄 만한 일은 카페 가가 초기에 거둔 성공 자체라기보다는 오히려 991년 이후 왕조간의 싸움이 일체 진정되었다는 사실이다. 카롤링거 가의 가계가 샤를 드 로렌과 더불어 끊긴 것은 아니었다. 그는 아들을 몇 명 남겼는데 그들은 일부는 좀더 일찍, 다른 하나는 좀더 나중에 하는 식으로 해서 모두 감금상태를 벗어났다. 하지만 그들이 (카페 가에 맞서서—옮긴이) 무엇인가를 꾀했다는 흔적은 전혀 보이지 않는다. 또 베르망두아(Vermandois) 가문만 하더라도 샤를마뉴의 한 아들부터 이어져온 후손이었으며 11세기 후반에 가서야 대가 끊긴 집안이었는데도, 이 가문의 백작들조차 그들의 소란스러운 기질에도 불구하고 카페 가에 맞서는 시도 같은 것은 하지 않았다.

아마도 사람들은 말하자면 충성의 대상을 더욱 좁게 설정하게 되었기 때문에 혈족의 권리를 이들 방계에까지 확대하여 인정하는 문제에 선뜻 마음이 내키지 않았을 것이다. 봉의 상속과 관련하여 당시 일반적으로 방계는 상속에서 제외되는 것으로 여겨지고 있었다. 이러한 논거

는 987년 샤를에 대해서도 적용되지 않았을까 생각된다. 물론 이 987
년이라는 시기에 관한 한, 또 반대자들이 그렇게 말했을까 하는 점에
관한 한, 이 사실을 그대로 인정하기에는 미심쩍은 구석이 있다. 그러
나 이 논거는 888년부터 이어져온 베르망두아 가라는 지파의 정치적
권리 포기는 어느 정도 설명해줄 수 있지 않은가.

또한 987년부터 1316년[41]에 이르기까지 부왕(父王)마다 자기를 이
을 아들을 두었다는 놀라운 요행수가 없었더라면 카페 가의 운명도 어
떻게 되었을지 알 수 없는 일이다. 특히 카롤링거 왕조의 정통성에 대
한 존경심이라는 요인은 유력자들 사이에서는 그들의 야심에 가려 희
미해졌으며, 또 한편으로는 개인적 신봉자라는 중요한 집단이 제공해
주었을 수도 있음직한 그러한 지지의 대상도 되지 못하고 있었기 때문
에, 거의 전적으로 성직자들의 세계에서밖에는 살아남을 수 없었다. 대
체로 그 무렵 일상적인 자잘한 음모를 초월하여 사물을 볼 수 있을 만
큼 넓은 지적 시야를 가질 수 있었던 것은 오로지, 또는 거의 오로지
그들 성직자뿐이었다.

그런데 아달베롱이나 제르베르처럼 교회의 지도자들 중에서도 가장
적극적이고 가장 지성적인 사람들이 다른 것도 아니고 바로 제국 이념
을 향한 집착 때문에, 현실적으로 이 이념을 걸머진 사람들인 작센 왕
조를 위해서는 샤를마뉴의 왕조를 희생시킬 필요가 있다고 생각하고
있었으니, 이러한 것은 비록 물리적인 세력의 균형이라는 면에서는 아
니되 정신적인 여러 세력의 균형이라는 면에서는 틀림없이 결정적인
요소가 되었다.

---

*41 이 해는 쌍둥이 왕자 가운데 형인 필리프 장신왕이 즉위한 해로, 그를 이어
    아우 샤를 미남왕이 왕위를 계승했는데 1328년 샤를이 사망함으로써 카페
    가는 막을 내린다. 즉 1316년이라는 연도는 카페 왕조 직계의 즉위로서는
    마지막을 기록한 해이다. 그렇기는 하지만 그후의 프랑스 왕조들도 카페 왕
    조의 방계후손이었다.

　그러나 카롤링거 왕조의 마지막 자손들은 제외한다고 하더라도 카페 왕조에 적대하는 세력이 단 하나도 들고 일어나지 않았던 것은 도대체 어떻게 설명해야 할까. 선거제는 오랫동안 없어지지 않았다. 앞에서 이미 인용한 바 있는 이브 드 샤르트르의 증언을 살펴보자. 그것은 1108년에 성별받은 루이 6세에 관한 것이었다. 정식 궁정회의가 소집되어서 그 자리에서 국왕이 지명되었다. 이어서 성별식이 거행되는 날, 성유를 바르기에 앞서 고위 성직자는 참석자들에게 다시 한번 동의를 구하였다. 다만 이른바 이 선거라는 것은 언제나 선대(先代) 통치자의 아들을 뽑아올리는 일이 되게 마련이었으며, 또 대개의 경우에는 통치에의 참여라는 관행을 빌려 선대 통치자의 생존중에 이루어지곤 하였다. 이러저러한 대(大)봉신이 국왕에게 신종선서 바치는 것을 별로 마음내켜하지 않은 적은 있었다. 반란도 종종 일어났다. 그러나 국왕에 맞서는 국왕이 나서는 일은 한번도 없었다.

　일찍이 피핀과 그 후계자들(카롤링거 왕조)이 메로빙거 왕조에 대해 그러했던 것처럼, 새 왕조(카페 왕조)가 자기들이 밀어낸 가계의 전통을 답습하겠다는 의사를 당장 표명한 것은 의미심장한 일이다. 카페 왕조의 국왕들은 카롤링거 왕조에 대해 마치 자기네 조상인 것처럼 말하고 있다. 그들은 일찍부터, 자신들이 여계(女系)를 통해 카롤링거 가의 혈통을 이어받고 있음을 자랑스럽게 여겼던 것으로 보인다. 샤를마뉴의 피가 위그 카페 비(妃)의 혈관에 아마 조금은 흐르고 있었던 모양이니까 그러한 주장도 일리있는 이야기라고 생각할 수 있다.

　그 다음으로는 늦어도 루이 6세 때부터 이미, 현(現) 왕가의 측근들이 서사시에 실려 프랑스에서 활짝 꽃피우고 있던 위대한 황제(샤를마뉴—옮긴이)의 전설을 카페 가에 유리하게끔 이용하려 들거나, 아니 어쩌면 그 전설의 유포에까지 힘썼던 사실을 볼 수 있다. 이 전설이라는 유산에서 카페 왕조가 무엇보다도 먼저 이끌어낸 것은 신성한 왕권이라는 값진 위광이었다. 그들은 머지않아 여기에 자기들 스스로가 궁리해낸 유달리 감동적인 기적의 이야기를 덧붙이게 되었다. 그것은 병의

치유라는 기적이다. 도유에 대한 존경심은 반란을 막는 데까지 이르지
는 못했어도 왕위찬탈은 막을 수 있었다.

한마디로 말해서, 미리 정해진 왕족 가문에는 신비한 특권이 결부되
어 있는 것 같다고 여기는 감정, 로마 세계에서는 거의 알려지지 않았
지만 게르마니아를 거쳐서 머나먼 원시시대부터 서유럽에 전해져 내려
온 이 감정은 그토록 끈질긴 활력을 가지고 있었으며, 따라서 카페 왕
조에서 운좋게도 남계 자손이 계속 태어났다는 사실과 아울러 왕실을
둘러싼 수많은 충성서약자들이 존재함에 힘입어 이 감정이 보강되자,
바로 그때부터 사람들은 낡은 정통성의 폐허 위에 전혀 새로운 정통성
이 정말 재빠르게도 재건되어가는 것을 볼 수 있게 되었다.

독일에서는 왕위 계승의 역사가 처음에는 훨씬 더 단순한 방향으로
전개되었다. 911년 독일에서 카롤링거 왕조의 지류가 단절되었을 때
권문세가들은 가계가 끊긴 왕조(카롤링거 가—옮긴이)와 인척관계로
맺어져 있던 프랑켄의 대영주 콘라트 1세를 국왕으로 선출하였다. 이
왕은 신하들한테서 그다지 고분고분한 복종을 받아내지는 못했지만 그
렇다고 왕위참칭자가 자기에게 맞서서 들고 일어나는 꼴을 당한 적은
한번도 없었는데, 자기가 죽은 뒤 통치할 사람으로서 작센 공 하인리히
를 친히 지명하였다.

하인리히는 바이에른 공이 경쟁자로 나섰음에도 불구하고 별다른 어
려움 없이 국왕으로 선출되고 또 인정받았다. 이때부터—그러는 사이
서프랑크 왕국은 오랜 왕조간의 싸움에 휘말려 허우적거리고 있었
다—이 작센 가문의 통치자들은 1세기 이상이나(919년에서 1024년까
지) 아버지에서 아들로, 또 때로는 사촌에서 사촌으로 왕위를 이어갔
다. 선거는 규칙에 맞추어 계속 치러지기는 했지만 이는 그저 왕위세습
을 인준해주는 데에 지나지 않았던 것으로 보인다.

그런데 여기서 시간을 가로질러 약 1세기 반을 뛰어넘어보자. 프랑
스와 독일 두 나라 사이에는 여전히 대조적인 모습이 계속되고 있다.
그러나 처지는 거꾸로 되어 있다. 이때부터는 유럽에서 세습제 왕국인

프랑스에 대하여 선거제 왕정이 실시되었다고 일컬어지는 독일의 경우를 대비시키는 것이 정치문제에 대한 사유(思惟)에서 너무나도 흔히 알려진 이야기가 되게 되리라.

세 가지 중대한 원인이 같은 방향으로 함께 움직여 독일의 사태 진전을 이렇게 휘어지게 만들었다. 생리학적 우연성[42]이 카페 왕조에게는 그토록 유리한 것이었건만 여기 독일에서는 이것이 왕조의 지속에 파괴적인 작용을 미쳤다. 작센 왕조의 제5대 국왕[43]이 남자 후손이나 남계의 근친후계자 없이 사망한 데에 뒤이어, 그의 자리를 물려받은 '잘리어'가, 즉 프랑켄 가 출신의 제4대 국왕[44]도 마찬가지 경우를 남긴 채 사망하였다. 게다가 독일의 왕위는 오토 1세 이래 신성로마 제국의 제위와 이어진 것으로 여겨졌다.

그런데 근본적으로 게르만적 전통에 입각한 왕권은 개인적 차원에서는 아니라고 하더라도 적어도 가계(家系) 차원에서 나타나는 유전적 적성이라는 관념에 바탕을 두고 있었던 데에 반해, 신성로마 제국의 기원이기도 하며 또 역사적 또는 의사(擬似)역사적 문헌들 속에 담겨 내려와 11세기 말 이래 점점 더 널리 인식되게 된 로마의 전통에서는 게르만적 전통과는 반대로 혈통의 특권이 한번도 전면적으로 인정된 적이 없었다. "황제를 세우는 것은 군대이다"라는 이야기가 즐겨 되풀이되곤 하였다. 그리고 상급제후들은 당연히, 이들 로마의 군단이 담당했던 식의 역할이나 또는 그들이 즐겨 입에 올리곤 하였던 것처럼 (로마) '원로원' 식의 역할을 얼마든지 기꺼이 떠맡을 태세가 되어 있었다.

마침내 그레고리우스의 개혁운동시대에 독일의 통치자들과 그 조금 전에 이들 군주의 노력에 힘입어 개혁된 교황권 사이에 격렬한 싸움이 폭발하게 되자, 교황들은 자기네가 폐위시켜버렸으면 하고 열망하던

---

[42] 왕실의 자녀 출산을 말한다.
[43] 하인리히 2세.
[44] 하인리히 5세.

적수인 국왕에 맞서서, 그렇지 않아도 교회의 사고방식에 그토록 잘 들어맞는 것이었던 선거제의 원리를 내세우기에 이르렀다. 888년[45] 이후 독일에서 나타난 최초의 대립국왕(對立國王)은 1077년 3월 15일 교황특사의 임석하에 잘리어 가의 하인리히 4세에 대립하는 존재로서 선출되었다.[46] 게다가 그는 마지막 대립국왕이었던 것도 아니다. 또한 1077년에 대립국왕을 선출한 이 집회에서 국왕의 선거제 원칙을 영구히 확립할 것이라는 명백한 선언이 이루어졌다는 식으로 말한다면 틀림없이 잘못된 이야기가 될 테지만, 그 무렵 여러 수도원을 휩쓸고 있던 소문은 적어도 앞으로의 사태를 제대로 예견하고 있었다.

하지만 이렇게 독일의 국왕과 로마 교황청을 갈라놓고 있던 투쟁의 극렬함 자체도 그것대로는 또 오로지, 독일 국왕들이 신성로마 제국 황제도 겸하고 있었다는 사실에 의해서만 설명할 수 있다. 교황들은 다른 통치자들에 대해서는 기껏해야 특정 교회를 탄압한다는 식의 비난밖에 할 수 없었다. 그러나 아우구스투스와 샤를마뉴의 후계자들에 관한 한, 교황은 이들을 로마와 교황좌(座) 그리고 기독교권의 지배에 대한 경쟁자라고 여기고 있었던 것이다.

4. 제국(帝國)

카롤링거 왕조 국가의 와해에 따라 범(凡)기독교권에 속하는 양대

---

[45] 아르눌프가 동프랑크의 왕위를 찬탈한 해.

[46] 성직서품권을 놓고 교황 그레고리우스 7세와 대립하게 된 하인리히 4세가 1076년에 보름스 종교회의에서 교황 폐위를 결정했다가 그레고리우스 7세에게 오히려 파문당하고 난 다음 그 후속조치로 나타난 것이 바로 이 대립국왕의 선출이다. 파문당한 하인리히 4세가 카노사의 성에서 교황에게 간청하여 파문을 사면받은 뒤 대립국왕을 무찔렀을 뿐만 아니라, 대립교황을 내세워 그레고리우스 교황까지 폐위시키고 끝내 그를 분사하게 한 경과는 잘 알려져 있다.

최고위 직책이 국지적 당파의 수중으로 넘어가는 결과가 빚어졌다. 즉 교황의 지위가 여러 로마 귀족 문벌들의 수중에, 그리고 제국이 이탈리아의 제후층 사이에서 끊임없이 형성되었다 해체되었다 하고 있던 파벌들의 수중에 각각 맡겨지게 된 것이다. 왜냐하면 앞에서 살펴보았듯이 황제 칭호는 이탈리아 왕국의 소유와 결부되어 있다고 여겨졌기 때문이다. 황제 칭호가 다시 한번 어느 정도의 의미라도 띠게 된 것은 오로지 962년[*47] 이래, 그때로서는 대단한 실력을 뒷받침으로 하여 이 칭호를 요구할 수 있었던 독일의 통치자들이 이를 온전히 자기네 것으로 삼게 되면서부터였다.

그러나 한편으로 볼 때 국왕과 황제라는 두 칭호 사이에 혼동이 생긴 적은 한번도 없었다. 루트비히 경건왕부터 오토 1세에 이르는 시기 동안, 서유럽 제국이 지닌 로마적이면서도 동시에 교황적인 이중의 성격이 결정적으로 확립됨을 볼 수 있었다. 따라서 스스로 황제를 칭하고자 할 때에는 독일 내에서 승인받고 성별받는 것만으로는 충분하지 않았다. 어떤 일이 있더라도 반드시 다름아닌 로마 땅에서 제2의 도유식을 받고 또 진정한 의미에서 황제의 표징이 되는 물건을 넘겨받음으로써 교황의 손으로 직접 특별한 성별을 받을 필요가 있었다.

이제 새로운 사태가 나타났으니, 곧 이후부터는 독일의 권문세가에 의해 선출된 사람만이 이 존엄한 의식에 임할 수 있는 유일한 합법적 후계자라고 여겨지게 되었다. 12세기 말 무렵에 한 수도사가 적어놓았듯이 "게르마니아가 어떤 군주를 우두머리로 뽑든지, 풍성한 로마는 그 사람 앞에 머리를 조아리고 그 사람을 자신의 주인으로 모셔들였다." 오래 지나지 않아 이 군주는 독일 국왕으로 즉위한 때부터 바로 그 사실 자체에 의해서 즉각 동프랑크와 로타링기아뿐 아니라 모든 황제령, 곧 이탈리아와 그후에 추가된 부르고뉴 왕국의 통치까지도 손에 넣게 된다고 여겨지게 되리라. 바꾸어 말해서, 그레고리우스 7세의 표

---

*47 오토 대제가 신성로마 황제로 즉위한 해.

현을 빌린다면 "미래의 황제"인 이 군주(즉 독일 국왕―옮긴이)는 이때
부터 이미 제국을 지배하고 있는 것이다.

이것은 11세기 말 이래 독일의 군주가 라인 강 근처에서 군주로 선출
된 때부터, 드디어는 고전적인 '로마 원정'(즉 전통적인 Römerzug)을
거행하여 티베르 강 기슭에서 카이사르의 왕관을 쓰게 되는 날 더욱 빛
나는 이름인 황제라는 칭호로 바뀌게 될 때까지 그가 지니고 있었던
'로마인의 왕'이라는 칭호에서 표현된 바와 같은 그러한 대기상태였다.
주위의 사정 때문에 이 길고도 어려운 여행이 장애에 부딪쳐 독일 군주
가 한평생 한 제국(신성로마 제국―옮긴이)의 왕으로 머물러 있을 수밖
에 없는 상황이 아니었다면 말이다.

그런데 독일의 군주가 진정으로 황제가 될 수 있을 만큼 충분히 운이
좋았다고 일단 상정해보자. 그리고 실제로 콘라트 3세(재위 1138~52)
만 빼고는 그전까지 독일을 통치하도록 부름받은 군주들은 늦고 빠름
의 차이는 있을지언정 모두 다 황제가 될 운명이기도 하였다. 그렇다면
이 탐나는 칭호가 담고 있는 내용은 과연 무엇이었던가.

이 칭호가 보통 왕들, 즉 12세기에 황제의 측근에서 즐겨 표현되었
던 대로 하자면 '조무래기 국왕들'(reguli)보다 우월하다는 것을 나타
내는 것으로 여겨지고 있었음에는 의심의 여지가 없다. 옛 카롤링거 제
국의 영토 경계 밖에서 때때로 갖가지 통치자들이 이 황제라는 칭호로
자신을 꾸며대곤 했던 것도 그러한 까닭에서였다. 그들 통치자들은 이
황제라는 칭호를 지님으로써 이른바 보편적이라는 어떠한 왕국에 대해
서도 자국의 독립성을 표명하는 동시에 이웃의 여러 왕국들이나 옛 왕
국들에 대해서는 그들 자신의 패권을 표명하려고 의도하였던 것이다.
이를테면 잉글랜드에서는 머시아 왕국이나 웨식스 왕국의 몇몇 국왕이
그러했으며, 에스파냐에서는 레온 왕국의 국왕들이 더욱 자주 그렇게
하였다.

말이야 바른 말이지, 이런 것은 순전한 표절에 지나지 않았다. 서유
럽에서는 982년 이래 오토 황제의 상서부가 비잔티움에 대항해서 다시

쓰게 된 서식 그대로인 '로마인의' 황제말고는 진정한 황제란 달리 없었다. 정녕 로마 황제(Caesar)들에 대한 기억이야말로 제국의 신화를 키워내는 영양분을 제공하고 있었다.

그 중에서도 특히 기독교도였던 황제들에 대한 추억이 그러하였다. 로마는 '세계의 머리'인 동시에 순교자들의 고귀한 피로 '새로워진' 사도들의 도시가 아니었던가. 로마의 보편성에 대한 회상들에 덧붙여 황제 지지파인 한 주교의 표현을 빌리면 그 자신 또한 "세계의 정복자"[5]였던 샤를마뉴의 이미지가 한데 뒤섞임으로써, 로마 황제들에 대한 기억은 그리 오래되지 않은 추억으로 강화되었던 것이다.

오토 3세[*48]는 자기 옥새에 '로마 제국의 부활'이라는 제명(題銘)——그런데 이 표현은 이미 샤를마뉴 자신에 의해서도 쓰였던 것이기는 하다——을 새겨두는 한편, 역사에 좀더 무관심했던 몇 세대 동안 잊혀지고 있었던 이 위대한 카롤링거 왕조 황제의 능(陵)을 아헨(Aachen, Aix-la-Chapelle)에서 찾게 하면서 이때 이 영광에 빛나는 유해를 위해 그 명성에 어울리는 묘소를 차려놓았을 뿐만 아니라, 유해에서 떼어낸 보석 한 개와 몇 점의 옷자락을 자기 자신의 몫으로 쓸 유류품으로 남겨놓게 하였다. 이러한 행위들은 서로 같은 방향으로 이루어진 것으로서, 이원적이면서도 불가분한 하나의 전통에 대한 그의 충실한 태도를 거침없이 표명하고 있는 것이다.

물론 이같은 제국 이념에 깃들여 있는 것은 무엇보다도 성직자의 이념이었다. 적어도 처음에는 그러하였다. 오토 1세나 콘라트 2세처럼 적잖이 교양이 부족한 전사가 이러한 이념들을 완전히 받아들여 이해했는지는 별로 확실하지 않다. 그러나 국왕들을 측근에서 모시면서 그

---

5) Liudprand, *Antapodosis*, II, c.26.

*48 983~1002년에 독일 왕으로 재위했고, 996~1002년에는 신성로마 황제로 재위하였다. 로마 제국의 이념을 실현시키고자 스승 실베스테르 2세를 교황으로 임명했는데, 로마 시민의 반란으로 로마를 쫓겨났다.

들에게 조언을 하고 또 때로는 그들의 교육도 맡았던 성직자들이 국왕
의 행동에 영향을 미치지 않을 리가 없었다.

오토 3세는 젊고 높은 교양을 지녔으며 신비가(神秘家)적인 기질을
지닌데다가, 자줏빛 강보에 싸인 아기로 왕가에 태어나서 비잔티움의
공주였던 어머니한테서 가르침을 받았기 때문에 '제국의 꿈'에 완전히
도취되어 있었다. "로마인, 작센족에 대한 승리자, 이탈리아인에 대한
승리자, 사도의 종복, 신의 은총에 의한 세계의 존엄한 황제"라고, 공
증인이 국왕증서의 첫머리에 그의 칭호를 나열해 적어놓았을진대, 이
공증인이 폐하의 동의를 얻으리라고 미리 확신하지 못했다면 그럴 수
가 있었겠는가. 그때부터 1세기쯤 지나 잘리어 왕조 초대 국왕(콘라트
2세—옮긴이)의 행적을 기술한 관찬수사가(官撰修史家)의 펜대 아래에
서는 "세계의 영도자" "세계의 영주 중의 영주"라는 표현이 마치 후렴
처럼 다시 흘러나왔다.[6]

그런데 이 이데올로기는 가까이에서 들여다보면 그저 온갖 모순들로
짜여진 직물과도 같았다. 첫눈에 보면 오토 1세 같은 사람이 자기를 콘
스탄티누스 대제의 후계자로 묘사하는 것을 방조하는 일보다 더 마음
솔깃한 노릇도 다시 없었다. 그런데 바로 저 기증문서(Donation), 다
시 말해 로마 교황청 쪽 주장으로는 '교회의 평화' 시조[*49]의 이름으로
나왔다고 하며, 또 그 내용을 보면 황제가 교황에게 이탈리아를, 아니
서유럽 땅 전체를 온통 넘겨준 것으로 되어 있는 가짜 기증문서가 황제
권력의 입장에서 보면 거북살스럽기 짝이 없었다. 그래서 오토 3세의
측근에서는 이 문서의 진위를 문제 삼기 시작하였다. 당파적 정신이 비
판적 의식을 깨워 일으켰던 것이다.

오토 1세 이래로 독일 국왕들은 즐겨 아헨에서 성별식을 올림으로써
스스로 샤를마뉴의 정통적인 후계자라고 자처하고 있다는 사실을 널리

6) Wiponis, *Opera*, éd. Bresslau, pp.3, 106.
*49 즉 콘스탄티누스 대제를 가리킨다.

표명하였다. 하지만 바로 이 현(現) 왕조의 출신지인 작센 지방에서는 옛 정복자[50]가 그곳에서 저질렀던 잔인한 전쟁의 기억——우리는 이 사실을 역사 서술을 통해서 알 수 있다——때문에 오랫동안 원한이 남아 있었다.

그나저나 로마 제국은 아직도 진정으로 살아 있었던 것일까. 성직자들 사이에서는 즐겨 이 점을 긍정하는 경향이 있었다. 왜냐하면 묵시록의 통상적인 해석에 따르더라도 역시, 로마 제국을 세계의 종말 이전에 이어지는 네 개의 제국 가운데 최후의 것으로 생각하게끔 되어 있었기 때문이다. 그러나 다른 저작가들 중에는 로마의 영속성에 의문을 품는 사람도 있었다. 그들의 견해에 따르면 베르됭 조약에 의한 카롤링거 제국의 분할은 역사상 전혀 새로운 출발점을 알리는 것이었다. 끝으로 한 가지 더 추가하자면, 이들 작센인, 프랑켄인, 바이에른인 또는 슈바벤인——그들이 황제이든 제국의 대영주이든 간에 일찍이 로마인들이 내디뎠던 발걸음을 그대로 따라 걷고자 했던 이 사람들——은 실로 자기네 시대의 로마인들에 대해 자기들 스스로가 이방인이자 정복자라고 느끼고 있었다. 그들은 동시대의 로마인들을 사랑하지도 않고 높이 평가하지도 않았으며, 그 대신 로마인들한테서는 격렬한 증오의 대상이 되고 있었다. 양자 사이에 최악의 폭력사태가 빚어지기까지 하였다.

마음으로부터 진정한 로마인이었던 오토 3세의 경우는 예외에 지나지 않는 것으로, 그의 치세는 산산조각난 꿈의 비극 속에 끝나버렸다. 그는 시민의 폭동으로 로마를 쫓겨나 로마에서 멀리 떨어진 곳에서 죽었으며, 그런 한편 독일인들한테는 그가 이탈리아에 신경쓰느라 '자기 출생지인 즐거움 넘치는 게르마니아'를 제대로 돌보지 않았다고 비난받았다.

세계제국을 건설하겠다는 의도로 말하더라도, 여기에는 독일 군주들 쪽에서 아무런 물질적 지원도 제공되지 않고 있었음이 분명하다. 이들

---

[50] 샤를마뉴는 768년에 작센을 정복하였다.

군주들은——더 심각한 어려움에 관해서는 말하지 않는다손 치더라도——로마인이나 티볼리(Tivoli)[*51] 사람들의 반란 때문에, 또는 그들이 이탈리아로 갈 때 거쳐야 하는 지점에 있는 성채가 모반세력 영주의 수중에 있다는 사정 때문에, 아니 그보다도 바로 그들 자신의 군대가 말을 고분고분 듣지 않는다는 이유 때문에, 그들 자신의 영토를 효율적으로 통치하지 못하는 경우가 지나치게 잦았던 것이다.

실제로 프리드리히 바르바로사(그의 즉위는 1152년에 이루어졌다)에 이를 때까지 이 세계제국 건설의 의도는 상서부에서 사용하는 서식의 영역을 벗어나지 못한 듯하다. 작센 왕조의 초기 황제들이 서프랑크에 대해 수없이 간섭했건만 그 과정에서도 이 세계제국 건설이라는 주장이 앞세워진 적은 한번도 없었다. 또는 적어도, 이 굉장한 야심은 그 당시에 설령 겉으로 드러났다고 하더라도 그것은 어디까지나 간접적인 방법을 통해서였다.

로마의 지존한 지배자로서, 따라서 성 베드로의 '재속 대리인'(在俗代理人, advocatus, avoué), 즉 그의 속인 대리인(俗人代理人)으로서, 무엇보다도 로마 황제와 카롤링거 왕조의 초기 국왕들이 교황 지위에 대해 행사하였던 전통적인 권리들의 계승자로서, 끝으로 실제의 것이건 또는 자칭하는 것이건 간에 자기 지배가 미치는 고장이라면 어디에서든지 기독교 신앙의 파수꾼 노릇을 하는 사람으로서, 작센 왕조 또는 잘리어 왕조 황제들의 눈에는 로마 교회를 보호하고 개혁하고 이끄는 일 이상으로 고귀한 사명은, 또 그 이상으로 자기네의 지존한 지위에 밀착된 사명은 없는 것으로 비쳤다. 베르첼리(Vercelli)[*52]의 한 주교가 표현했듯이 "교황이 속세 사람들의 죄를 씻어주는 것"은 "카이사르가 지닌 권력의 비호 아래"에서였다.[7] 더 정확히 말하자면 이들 '카이

[*51] 로마 동쪽의 도시.
[*52] 밀라노 서쪽의 지명.
[7] Hermann Bloch, *Neues Archiv*, 1897, p.115.

사르'(황제)들은 스스로 교회의 최고권자를 지명할 권리를 가지든가 또
는 어떤 일이 있더라도 적어도 자기 동의 없이는 이 교회의 최고권자가
지명될 수 없다고 요구할 권리를 가진다고 생각하고 있었다. "짐은 성
베드로에 대한 사랑에서 짐의 스승인 실베스테르 예하(猊下)를 교황으
로 선출하였으며, 신이 원하시는 바대로 그를 서품하여 교황으로 세웠
노라"고 오토 3세는 그의 한 국왕증서에서 말하고 있다.

교황은 단지 로마의 주교였을 뿐만 아니라 이와 동시에, 그리고 무엇
보다도 특히, 보편적인 기독교 교회의 우두머리——오토 대제가 로마
교황청에 내린 특권에는 이 '세계의 교황'(universalis papa)이라는 말
이 두 번 되풀이해서 쓰이고 있다——이기도 하였던 까닭에, 황제는 이
렇게 함으로써 스스로 기독교 세계 전체에 대하여 일종의 통제권을 지
닌다고 자처하고 있었다. 이는 만약 실현되는 날에는 자신을 단순한 국
왕보다 훨씬 우월한 존재로 올려주게 될 그러한 통제권을 뜻하는 것이
었다. 이리하여 또다시 제국 안에서는 교권과 속권 사이의 피할 수 없
는 불화의 싹이 움트게 되었다. 그것은 실로 죽음의 싹이었다.

제3장

영역제후령에서 성주령까지

1. 영역제후령

　큰 국가가 그보다 작은 규모의 정치적 구성체로 쪼개져가는 경향은 그 자체로서는 서유럽에서 아주 오래 전부터 존재하고 있었다. 군대 지휘관의 야심도 물론 위협적이었지만 때때로 지역적인 동맹을 맺어 집결하고 있던 도시귀족들의 반항적 태도 또한 그에 못지 않게 말기의 로마 제국의 통일을 위협하고 있었다. 봉건시대 유럽의 몇몇 지역에는 다른 지방에서는 이미 지나가버린 시대의 증거라고 할 수 있는 이들 과두정적인 소(小)로마니아(Romania)가 몇 개인가 아직 남아 있었다.

　이탈리아 본토에서 흘러들어온 피난민들이 간석지에 세운 소규모 촌락의 연합체인 '베네치아인들의 공동체'도 그러한 것들 가운데 하나였다. 그리고 그들 출신지방의 명칭에서 빌려온 이 '베네치아인들의 공동체'라는 집합적 명칭이 리알토(Rialto)의 작은 언덕——이것이 오늘날의 베네치아이다——, 곧 차츰 수도의 지위로까지 올라갔던 이 장소에 확고하게 붙여지는 것은 나중의 일이었다. 또 남부 이탈리아의 나폴리와 가에타도 그러한 경우였다. 사르데냐에서는 토박이 우두머리들의 여러 가문이 이 섬을 몇 개의 '재판관구'로 나누어 가지고 있었다.

다른 곳에서는 만족의 왕국이 건설되었기 때문에 이러한 세분화가 일어나지 않았다. 하지만 그런 경우라고 하더라도 국지적인 여러 세력에게서 가해지는 불가항력적인 압력 때문에 그들에게 양보해야만 했던 적이 한두 번이 아니었다. 메로빙거 왕조의 여러 국왕들이 때로는 이러저러한 백령의 귀족들에게 백작 선출의 권리를 인정해줄 수밖에 없었으며, 또 때로는 부르고뉴의 유력자들에게 그들 자신의 궁정의 궁재(宮宰)를 스스로 임명할 권리를 인정해줄 수밖에 없었던 것이 그 당시의 현실이 아니었던가.

그 결과 카롤링거 제국이 무너졌을 때 대륙 전체에 걸쳐 지방적 권력의 수립이 이루어졌으며, 또 조금 뒤에는 앵글로색슨인 사이에서도 그와 비슷한 현상이 벌어졌거니와, 이는 어떤 뜻에서는 지난날로의 단순한 복귀라고 여겨질 수도 있었다. 그러나 그 직전 시기에 존재했던 아주 강력한 공적 제도들의 영향으로 인하여 당시 이러한 현상들은 독특한 색조를 지니게 되었다.

프랑크 제국 전역에 걸쳐 영역제후령의 기초가 되고 있었던 것은 통상적으로 몇몇 백령의 집합체였음을 볼 수 있다. 바꾸어 말해 카롤링거 시대의 백작은 문자 그대로 관리였으므로, 이 새로운 권력의 수익자들은 제각기 군대의 지휘관인 동시에 여러 개의 도(道)를 자신의 행정권 아래 두어 관장하는 존재인 총지사(總知事)에 비견된다고 말하더라도 그다지 시대착오적이지는 않을 것이다. 샤를마뉴는 결코 한꺼번에 여러 관구를 같은 백작에게 맡기지 않는 것을 원칙으로 삼고 있었다고들 한다.

그러나 그가 살아 있는 동안에조차 이 슬기로운 예방책이 언제나 지켜졌다고는 장담할 수 없을 것이다. 그의 후계자들 치하에서는, 그리고 특히 루트비히 경건왕이 사망한 뒤로는 이 원칙이 전혀 지켜지지 않았음이 분명하다. 이 원칙은 권문세가들의 탐욕과도 맞부딪쳤지만 이를 가로막는 요소는 그것만이 아니었다. 주위의 사정 자체 때문에도 이 원칙은 적용하기 곤란해졌다. 외부로부터의 침입이 있었던데다가 서로 경쟁하는 국왕들의 분쟁으로 인하여 프랑크 세계의 중심부에까지 전쟁의 파문이 미쳤기 때문에, 변두리 지방에 항상 설치되어온 것과 비슷한 광범한 군관구(軍管區)를 조직하는 일이 거의 어디에서나 절박하게 필요해졌다.

샤를마뉴는 순찰을 제도화했는데, 이러한 군관구는 순시가 한 번씩 이루어질 때마다 그 지방에 처음으로 하나씩 설치되곤 하였다. 임시 순회감찰관인 순찰사가 항구적인 지방관으로 탈바꿈하였던 것이다. 센 강과 루아르 강 사이에 터를 잡고 있던 로베르 강건백이나 그보다 더 남쪽에 자리하고 있던 툴루즈 백작의 조상들이 그러하였다.

그러한 백령의 양도가 이루어질 때에는 대개 이에 덧붙여 그 지방의 주요한 왕립수도원의 양도도 이루어졌다. 지방의 대수장(大首長)들은 이들 수도원의 보호자가 되거나 또는 속인 신분 그대로인 채 '수도원장'이 되어, 재화와 인력이라는 두 가지 점 모두에서 막대한 자원을 수도원으로부터 이끌어내었다. 그들은 이미 그 지방에 자기 토지를 가지고 있으면서도 그곳에서 다시 새로운 봉토나 자유토지를 획득하는 경우도 종종 있었다.

그리고 이들 대수장들은 그 지방에서—특히 국왕의 가신들한테서 강제로 신종선서를 받아냄으로써—막강한 피보호자 집단을 구성하기도 하였다. 이들은 법적으로 자기 지배권 아래 있는 지역들이라고 해서 그 전역에 걸쳐 직접 권위를 행사할 수는 없었기 때문에 결과적으로 그 중 몇몇 지역에는 하급 백작 또는 그저 단순한 부백작(副伯爵, 글자 그대로 백작의 대리인)을 앉히거나 아니면 그런 사람이 이미 있는 경우에는 이를 인정하거나 하지 않을 수 없는 실정이었는데, 어쨌든 대수장들은 신종선서의 유대를 이용하여 이들 부하들을 자기에게 묶어두고 있었다.

옛 관용어에는 여러 곳의 백령을 휘하에 모아쥐고 있던 사람을 지칭하는 정확한 명칭이 전혀 존재하지 않았다. 그들은 거의 무차별적으로 '대(大)백작', '주(主)백작', '변경백'(邊境伯, marquis)'[1]—즉 내국 행정기구에 대한 본보기를 제공하고 있던 변경의 행정기구인 마르카 (marca, marche, Mark)의 통치자에 빗대어 붙여진 명칭——그리고 마지막으로 메로빙거 시대와 로마 시대의 용어에서 빌려온 이름인 '공' (ducs) 등등의 명칭으로 불렸으며 또 스스로를 그렇게 부르고 있었다. 그러나 이 맨 나중의 호칭인 '공'은 옛날부터 존재해온 지방적 단위나 또는 종족적 단위의 뒷받침을 받아 새로운 권력이 유지되는 고장을 제외하고는 거의 쓰이지 않았다. 개별적인 풍조에 따라 이들 경합하는 명칭들은 어떤 것은 여기에서 또 어떤 것은 저기에서 하는 식으로 서서히 우위를 확보해가게 되었으나, 때로는 툴루즈나 플랑드르처럼 그저 단순한 백작이라는 명칭이 끝내 승리를 거둔 곳도 있었다.

말할 나위도 없는 일이겠지만 이들 권력의 집결체는——주지하다시피 서프랑크에서는 아주 일찍, 신성로마 제국에서는 좀더 늦게—— '명예봉'이 일반적으로 세습적인 것이 되기 시작하면서부터 비로소 참된 안정성을 얻게 되었다. 그전까지는 때아닌 백작의 죽음이라든가, 어쩌다가 자기 권위를 효과적으로 인식시킬 만한 능력을 가진 국왕의 변덕스러운 계획이라든가, 권세가 있거나 또는 능란한 수단을 가진 이웃사람의 적대감이라든가 하는 것 때문에 번번이 이 조직체가 무너져버리곤 했던 것이다. '플랑드르 변경백'들이 브뤼주의 성채를 근거지로 삼아 자기네의 사업을 성공적으로 이끌어간 예가 있기도 하지만, 그전에도 프랑스 북부에서 각기 다른 두 가문이 여러 백령을 통합하고자 적어도 두 차례에 걸쳐서 시도한 적이 있었다. 한마디로, 성공이든 실패이든 간에 거기에는 우연이라는 요소가 확실히 큰몫을 차지하였다. 그러나 우연의 작용만으로 모든 것이 설명될 수는 없다.

영역제후령의 개창 시조들은 분명히 그리 예민한 지리학자들은 아니었다. 그러나 거의 어떠한 경우를 보더라도 그들의 야심이 지형 때문에 역경에 처하지 않는 곳이어야만 그들의 사업이 유효하게 이루어질 수

---

*1 이 말은 오늘날 후작이라고 번역된다.

있었다. 그들로 하여금 상호교류가 아주 수월하거나 또는 전통적으로
교류가 빈번했던 지역들을 서로 한데 연결할 수 있게 해주는 곳이 적합
한 도읍지였고, 특히, 이미 왕국에 관한 고찰에서 우리가 그 중요성을
지적한 바 있듯이, 결정적인 군사적 요충인 동시에 통행세 징수라는 수
단을 제공함으로써 막대한 수입의 원천도 되어주는 그러한 통과지점을
그들이 스스로 지배할 수 있게 해주는 곳이 훌륭한 입지였다.

　만약 부르고뉴 공국의 공작들이 고지대의 험준한 인적미답 지역[*2]을
가로질러 프랑스 본토와 론 강 유역의 분지들을 한데 이어주는 통로를
오툉(Autun)에서 우슈(Ouche)에 이르기까지 장악하고 있지 않았더라
면, 수많은 불리한 상황에 부딪쳐 위협받고 있던 이 부르고뉴 공작의
지위가 과연 지속되어 번영을 누릴 수 있었을까. "그는 디종의 성채를
손아귀에 쥐게 되는 날부터 부르고뉴의 대부분을 자기의 법 아래 복속
시킬 수 있다고 생각하고 있었기 때문에 그 성을 차지하기를 정말 애타
게 바랐다"고, 어느 공작위(公爵位) 권리요구자에 관해 수도사 리셰
(Richer)[*3]는 적고 있다. 아펜니노 산맥 지방의 영주인 카노사의 영주
들은 지체하지 않고 산지의 고지대부터 아르노(Arno) 강을 향해, 그리
고 포(Pô) 강을 향해 인근 저지대로 자기네 세력을 뻗쳐갔다.

　해당지역 사람들이 예부터 공유해온 생활관습 덕분에 이러한 과제의
실현을 위한 준비가 쉽게 이루어지는 경우도 빈번하였다. 새로이 출현
한 수많은 우두머리의 칭호에 옛 민족의 이름이 다시 나타났던 것도 이
유가 없지 않았다. 사실은 이렇게 민족의 명칭으로 지칭된 집단이 너무
광범하게 퍼져 있는 경우에는 이 명칭은 결국은 전체 가운데 한 부분에
아주 제멋대로 적용된 표딱지 노릇밖에 하지 못하였다.

　프랑크 국가의 전통적인 대(大)구획지역들, 곧 몇 번인가 독립된 왕

────────────

*2 코트 도르(Côte d'Or) 준령을 말한다.
*3 10세기 프랑스 생 레미 수도원의 수도사. 그가 남긴 『연대기』(888~995)는
　당시의 가장 중요한 사료이다.

국을 형성한 일도 있던 그런 지역들 가운데 아우스트라시아는 거의 전부가 로렌에 흡수되어버렸다. 그에 반해 다른 세 개의 지역——아키텐·부르고뉴·네우스트리아를 말하는데, 이 네우스트리아는 차츰 그냥 간단히 프랑스라고 불리게 되었다——에 대한 추억은 900년 무렵에만 하더라도 아직 사람들의 기억에서 지워지지 않고 있었다.

따라서 광대한 지역적 지배권의 우두머리 자리에 있던 갖가지 인물들은 각기 아키텐인의 공(公), 부르고뉴인의 공 또는 프랑크인의 공이라고 불리게 되었다. 이들 세 영역제후령을 합치면 왕국 전체의 범위와 똑같을 만큼 잘 일치한다고 생각되었기 때문에 국왕 스스로가 때로는 '프랑크인·아키텐인·부르고뉴인의 왕'이라고 일컫고 있었다. 또한 로베르 가문 출신으로서 왕국 전체를 지배하고자 갈망하였던 위그 대공(大公)[*4]은 그 목적을 달성하는 데에는 자기 아버지[*5]한테서 물려받은 프랑스 공국에다가 다른 두 공국을 접수하여 덧붙이는 것보다 더 확실한 방법이 없다고 생각하였다. 그러나 한편, 이같은 영토의 집중은 너무나도 광대한 것이었기 때문에 기껏해야 한순간밖에 지속하지 못하였다.[1]

---

*4 카페 왕조의 시조인 위그 카페의 아버지.

*5 로베르 1세를 말한다.

1) 로베르 1세 이래 로베르 가문(카페 가문)의 사람들이 지니고 있던 일 드 프랑스 공이라는 칭호는 전(全)왕국에 대한 일종의 부왕(父王)의 지위를 나타내고 있었다고 종종 이야기되어왔다. 사료상으로는 전혀 명백한 표현을 찾아볼 수 없지만, 당대인 가운데 몇몇이 그런 생각을 품을 수 있었다는 것은 가능한 일이다(Richer, Ⅱ, 2에서 쓰이고 있는 갈리아 공[dux Galliarum]이라는 용어는 프랑크 공[dux Franciae]을 현학적으로 바꾸어 표현한 것에 지나지 않는다. 또한 Richer, Ⅱ, 39의 "갈리아 전체의 공작직위를 설치하였다"[omnium Galliarum ducem constituit]는 구절은 위그 대공이 프랑스 공국과 함께 부르고뉴 공국을 수여받은 것을 가리키고 있다). 그러나 원래의 뜻이 영역적 권력을 가리키는 것이었다는 데에는 의심의 여지가 없다. 이와 반대되는 가설을 세울 경우, 위그가 꾀했던 세 공국의 통합을 어떻게 이해해야 되겠는가.

그러나 사실상 프랑스의 공작들은 나중에 카페 왕조의 국왕이 되었어도 그들이 직접 수중에 장악하고 있던 백령들을 제외한 다른 부분에는 실질적인 권위를 결코 한번도 행사하지 못하였다. 그나마 그들이 직접 수중에 장악한 이들 백령도——루아르 강 하류지역의 백령은 다름아닌 그들 자신의 부(副)백작에게 찬탈당하고 있었기 때문에——987년 무렵에는 파리와 오를레앙 주변에 있는 여섯 또는 여덟 개 관구 정도로 줄어들어버렸다.

부르고뉴라는 이름은 부르군트족의 옛 영토에서 취해온 것인데, 봉건시대에는 마침내 루돌프 계(系)의 왕국도, 이 국왕들이 내려준 봉토로서 보유되고 있던 하나의 대규모 봉토(즉 부르고뉴 '백령'으로서 오늘날의 프랑슈콩테 지방이다)도, 또 프랑스의 한 공국도 각기 저마다 이 이름을 갖다붙여 쓰고 있었다. 더구나 이 맨 나중에 지칭된 지역은 손 강부터 오퇭 지역과 아발롱 지방까지 펼쳐져 있었기 때문에, 서프랑크에서만 하더라도 계속해서 '부르고뉴에' 속해 있다고들 이야기되어 온 여러 지방, 예를 들면 상스(Sens)*6 지방과 트루아 지방 같은 곳을 다 포함한다는 것은 어림도 없는 일이었다.

아키텐 왕국은 북쪽으로는 루아르 강까지 뻗쳐 있었는데 그뒤를 이은 아키텐 공국의 중심(重心)은 오랫동안 루아르 강 줄기 가까이에 머물러 있었다. 아키텐 공인 기욤 경건공(敬虔公)이 910년 클뤼니 수도원의 창건증서에 날짜를 적어넣었던 곳은 부르주였다. 그러나 이 아키

아마도 독일에서와 마찬가지로, 독일에서와 같은 방향을 따라, 궁정백(官廷伯, comte du palais) 직위는 분할되고, 각 공국은 그때부터 제각기 궁정백을 거느리게 되었을 것이다. '프랑스' 공국에서는 플랑드르 백작이, 부르고뉴에서는 트루아 백작(나중에 샹파뉴 백작이라고 불렸다)이, 아키텐에서는 툴루즈 백작이 팔라틴 백작이라는 칭호를 요구한 것은 이상의 사실로써 설명이 될 것이다. 삼분된 국왕의 칭호에 관해서는 Rec. des Hist. de France, t. IX, pp.578, 580(933년과 935년)을 참조하라.

*6 파리 남동쪽 100킬로미터쯤에 자리한다.

텐 공의 칭호는 서로 경쟁하는 여러 가문에서 다투어 내세우고자 했던 것이어서, 현실적으로 이 칭호를 지니고 있던 가문도 처음에는 고작해야 푸아투 평야와 마시프 상트랄(Massif Central)*7의 서부에서밖에 실질적인 권리를 지니고 있지 못했다는 것이 당시의 형편이었다.

그후 이 가문은 1060년 무렵 운수대통한 상속을 하게 되었는데, 그 덕분에 보르도와 피레네 산맥 사이에 토착의 한 지배자 가문이 창건했던 영역제후령을 원래의 세습재산에 덧붙일 수 있었다. 이들 토착 가문은——이 지역이 그 얼마 전에는 우스카라어(語)를 말하는 침입자들에 의해 그 일부를 점령당하고 있었던 까닭에——바스크인 또는 가스코뉴인의 공(公)이라고 불리고 있었다. 이 합병의 결과로 태어난 봉건국가는 확실히 대단한 것이었다. 그렇지만 원래의 아키텐 땅 대부분은 그 지배권의 바깥에 머무르고 있었다.

다른 곳에서는 종족적 기반(la base ethnique)이 더욱 뚜렷하였다. 여기에서 종족적 기반이라는 말은 이른바 인종적(racial)*8 요소를 전혀 고려하지 않고, 하나의 집단이 일정한 통합을 이룬 전통적인 문명을 지니면서 한 사회의 기층으로서 존재하고 있다는 의미로 이해하는 것이 좋겠다.

수많은 장애가 있기는 하였으나, 브르타뉴 공국은 아르모리카(Armorica)*9 지방의 켈트어 사용 종족의 우두머리들이 카롤링거 왕조의 혼란을 이용해서——멀리 떨어진 곳에서 북쪽의 스코트인들의 왕이 그러했던 것처럼——켈트어계(語系)의 주민이 살고 있는 지역에다 다른

---

*7 프랑스 중남부의 고원.

*8 혈연관계를 주된 고려 대상으로 하여 피부·골격 따위의 공통성을 따지는 것을 말한다.

*9 아레모리카(Aremorica)라고도 쓴다. 갈리아 서북단(지금의 브르타뉴)에 대한 라틴어식 명칭. 켈트·로마·프랑크 시대에는 노르망디의 서부지역 일부분도 포함하고 있었다. 로마 제국 시대에도 제국에 완전히 동화되지 않고, 브리태니아 섬에서 이주해온 많은 켈트인들을 받아들여 독자적인 사회를 구성하였다.

언어가 쓰이고 있는 변두리 지방(이는 옛 변경백령으로서 로망스어를 쓰고 있던 곳인 렌과 낭트를 말한다)을 합쳐서 창건한 '왕국'을 계승하였다. 노르망디 지방은 스칸디나비아의 '해적들'에서 비롯되었다. 잉글랜드의 경우 가지각색의 게르만계 주민들이 정주함으로써 이 섬나라에 구획이 지어졌는데, 이 옛 구획은 10세기 이후로 국왕들이 몇몇 권문세가를 위해 관례적으로 설정하곤 하였던 대(大)행정구의 대체적인 테두리가 되어주었다. 그러나 이러한 특징은 다른 어느 곳에서보다 독일 여러 공국에서 가장 두드러지게 나타났다.

　독일의 공국들의 기원과 관련하여 우리는 서프랑크나 이탈리아의 경우와 같은 사실을 다시 한번 찾아볼 수 있다. 즉 이들 공국은 여러 백령이 군사적 관구에 통합됨으로써 이루어졌으며, 처음에는 그 칭호가 확정되지 않았던 것이다.

　그렇지만 독일에서는 칭호가 다른 지역보다도 훨씬 일찍부터, 또 훨씬 균일하게 고정되었다. 로렌 공국으로 말하자면 이곳의 공작은 원래부터 있던 국왕의 지위를 마치 축소판과 같은 형태로 계승한 존재 바로 그 자체였기 때문에 고려에서 제외한다 하더라도, 그밖에는 놀랄 정도로 짧은 기간 동안에—대충 905년에서 915년 사이에—알레마니아 또는 슈바벤 공국, 바이에른 공국, 작센 공국, 프랑켄 공국(라인 강 좌안의 리푸아리인들이 살고 있던 여러 주교구와 마인 강 하류의 프랑크족 식민지역) 등의 여러 공국이 출현하였다.

　이들 이름들은 많은 것을 시사해준다. 옛 로마 제국의 지배영역과는 달리 이민족 침입에 의한 주민 혼융(混融)현상을 겪지 않았던 동프랑크에서는 아주 최근에 형성된 국가가 통일의 원리를 제시하고는 있었지만 그 아래에서는 게르만의 여러 종족이 형성한 옛날부터의 구획이 여전히 지속되고 있었다. 국왕 선거에 권문세가가 모습을 보였다 안 보였다 했던 것도 그들이 이러한 종족적 친연(親緣)관계에 따라 떼지어 행동했던 것 때문이 아니었을까. 분파주의적 감정은 각각의 부족에 고유한, 아니 사실상 각각의 지역에 고유한 성문화한 관습법의 사용에 의해 유지되었으며, 가까운 과거에 대한 추억을 양분으로 삼아서 자라났다. 알레마니아, 바이에른 그리고 작센은 8세기 후반에 가서야 비로소 차례로 카롤링거 국가에 병합되었는데 봉건적 군주가 부활시킨 공작이라는 칭호 자체도 단속적으로 이어져간 프랑크족의 패권 아래에서 알레마니아와 바이에른 두 지방의 세습적 통치자들이 오랫동안 지녀왔던 이름을 재생시킨 것이었다.

이와 대조되는 지역으로서 튀링겐이 겪었던 극도로 부정적인 경험을 살펴보자. 튀링겐에서는 토착의 왕국이 일찍이 534년에 무너진 이래 사람들이 종족으로서의 독립적 존재를 누리지 못하고 있었으므로 어떠한 지속적인 공작의 권력도 여기에 확립되지 못하였다. 공작은 지방관구의 단순한 행정관이라기보다는 오히려 당당한 한 부족의 우두머리로 여겨지고 있기 때문에, 공국의 귀족들은 즐겨 공작의 선출을 요구하였으며, 바이에른에서는 그들이 종종, 공작의 지명에 참여할—최소한 공작을 지명하는 데에는 이들 귀족의 동의가 있어야 한다는 형태로나마—권리를 국왕에게서 인정받고 있었다.

그러나 독일에서는 카롤링거 국가의 전통이 아직도 너무나 강하게 남아 있었기 때문에 국왕들은 그와 같이 커다란 통치권을 가진 인물을 무엇보다도 자기네의 권리대행자로 취급하는 태도를 포기하지 못하였다. 주지하다시피 국왕들은 오랫동안 공작의 세습권을 인정하기를 거부하였다.

그런데 공작의 권력이 이처럼 공적인 직책으로서의 성격을 간직하고 있었을 뿐만 아니라 여기에다 종족집단의 끈질긴 감정까지 가세하였기 때문에, 10세기 독일의 공국은 프랑스의 영역제후령과는 크게 다른 것이 되었다. 말하자면 독일의 공국은 봉건적인 성격이 훨씬 덜한 존재였으며, 따라서 권력자들 사이에서 가신관계를 제외하고는 어떠한 다른 형태의 명령과 복종의 효율적인 체계도 거의 인정되지 못하다시피 하였던 프랑스처럼 심한 지경에까지 이르지는 않았던 그러한 나라의 특징을 아주 잘 보여주고 있었다.

프랑스에서는 프랑크인, 아키텐인 또는 부르고뉴인의 초기 공작들의 노력이 있었음에도 불구하고 공작, 후작 그리고 대(大)백작은 자기네가 직접적으로 소유한 백령이라든가 또 자기네들이 봉토로서 (봉신에게—옮긴이) 수여한 백령 이외의 것에 대해서는 실질적인 권력을 행사할 수 없게 되었는데, 이러한 사태는 아주 급속하게 진행되었다. 이에 반해 독일의 공작은 권력의 대부분을 분명히 다름아닌 자기 자신의 '명예봉'에서 끌어내고 있었던 것은 사실이지만, 그러면서도 자기의 관직봉보다 훨씬 더 광대한 영토를 관장하는 최고의 우두머리라는 위치를 고수했던 것이다.

백작들 가운데 공작령의 경계 안에 자기 관할구가 놓여 있기는 하면서도 국왕에게 직접 신종선서를 바쳐야 하는 사람이 몇 명 있었던 것은 얼마든지 있을 수 있는 일이었다. 그럼에도 불구하고 그들은 어느 정도로는 공작에게 복종하고 있었다. 너무나도 시대착오적임이 분명한 비유를 다시 한번 감히 들어본다면, 마치 오늘날 군수가 중앙권력에 의해서 임명되지만 그럼에도 불구하고 여전히 지사의 부하인 것과 약간 비슷하다. 공작은 자신의 정식 궁정회의에 그 공국 내의 모든 권세가를 소집하고, 군대를 지휘하며, 또한 영내의 평화를 유지할 책임을 지고 있기 때문에 영내에서 재판권을 행사한다. 이 재판권은 윤곽이 매우 불명확하기는 하지만 그래도 무력한 것은 아니다.

하지만 독일의 역사가들이 말하는 이들 '종족적' 대공국(Stammes-herzogtümer)은 위로는 왕권—공국은 왕권을 아주 크게 제한하고 있었다—의 위협을 받고, 아래로는 세분화한 모든 권력—이들 권력은 옛 부족의 기원에서도 또 그 기억에서도 점점 멀어져가면서 점차적인 봉건화의 길을 걷고 있던 한 사회에서 더욱더 활기를 띠어가고 있었다—의 위협을 받고 있었다. 이들 공국은 때로는 국왕에 의해 이것저것 생각할 것도 없이 아예 무조건 폐(廢)함을 당하기도 했고—일찍이 939년의 프랑켄 공국의 경우가 그러하였다—, 또 대부분의 경우 국왕에 의해서 세분화를 겪고 있었을 뿐만 아니라, 주요한 교회령이나 이들 교회령에 귀속되어 있던 백령에 대해서도 아무런 권한을 행사하지 못하게 되어 있었던 까닭에 점점 갈수록 그 원래의 성격을 잃어버리게 되었다.

바스 로렌, 즉 '로티에르'(Lothier)의 공작 칭호가 1106년에 루뱅(Louvain) 가문으로 넘어간 이후 85년이 지났을 때 이 지위의 보유자가 자신의 권리를 확대하여 옛 공국 전역에서 효력을 가지게끔 하려고 꾀한 적이 있었다. 이에 대해 제국재판소가 그에게 내린 회답은, 정식으로 확정된 관례에 따라서 "그는 자기가 직접 지니고 있는 백령이나 또는 자기가 타인에게 보유지로 수여한 백령들 이외의 지역에서는 공작의 권력을 행사할 수 없다"는 것이었다. 이것을 두고 당시의 한 연대기 작가는 이 가문의 공작들은 "그들 자신의 고유한 영토를 벗어나서는 결코 재판권을 행사한 적이 없었다"는 말로 풀이해서 옮기고 있다.[2] 사태 진전의 새로운 방향을 이보다 더 여실히 표현하기도 불가능하다.

맨 처음과 같은 종류의 공국에서 남은 것은 몇몇 칭호 정도였으며, 가끔씩 단순한 칭호보다는 나은 것이 남아 있기도 하였다. 그러나 이렇게 공국이라 일컬어졌던 몇몇 제후령은 한 무리의 '영역적' 권력 (puissances 'territoriales'), 즉 왕권이 점점 더 약화되어가는 것을 기화로 하여 12세기 말과 특히 13세기 독일에서 그렇게도 확고하게 형성되어서 마침내 20세기까지도 여전히 그 모습을 보이고 있던 연합된 영방국가(領邦國家)들을 탄생시키게 되었던 이들 권력과 더 이상 거의 구별할 수 없게 되었다.

이들 영역적 권력은 프랑스의 유형에 훨씬 더 가까운 정치적 조직체였다. 왜냐하면 이들 역시 전체적으로 보면 백작의 권력에다 본질적으로 다종다양한 성격을 가진 다른 권력들을 한데 합친 집적체였기 때문이다. 우리가 이미 익히 알고 있는 바와 같이 독일은 사태의 진전에서

---

2) Gislebert de Mons, éd. Pertz, pp.223~24, 258.

이처럼 뒤처짐으로써 약 2세기의 간격을 두고, 자기네 서쪽의 이웃나라(프랑스—옮긴이)는 이미 벗어난 것으로 보이는 길에 뒤미처 들어가고 있었던 것이다.

2. 백령과 성주령

백령은 조만간 세습적인 것이 되어가고 있었는데 카롤링거 제국에서 파생된 여러 국가에서 이들 백작영토가 모두 대영역제후령에 흡수되었던 것은 아니다. 몇몇 백령은 오랫동안 계속해서 독립적인 존재를 영위해갔다. 이를테면 멘(Maine) 지방의 백령은 그 이웃에 위치한 앙주라든가 노르망디로부터 끊임없는 위협을 받으면서도 1110년까지 독립을 지켜갔다.

그러나 영토 분할의 작용과 수많은 불수불입권 설정 그리고 찬탈로 인해 마침내 백작의 권리는 세분화하기에 이르렀다. 그 결과, 프랑크 시대 관리의 정당한 계승자들과 자기 수중에 수많은 장원과 재판권을 끌어모아 줄 만큼 상당한 행운을 누렸던 또는 상당한 재주를 가졌던 단순한 '유력자들', 이 양자 사이의 차이는 점점 갈수록, 단지 백작이라는 칭호를 쓰느냐 아니면 이를 가지지 못했느냐의 문제로 떨어져버렸다—그나마 이 백작이라는 칭호 자체도 때로는, 속인이면서 교회의 대리인 노릇을 하던 몇몇 사람들에게 찬탈당하기도 했고(생 리키에 수도원의 옹호자가 퐁티외 백작이 된 것도 그같은 경우이다), 심지어는 독일의 경우 몇몇 부유한 자유토지 소유자에게 찬탈당하기도 하였다. 그럴 정도로 공직이라는 관념은 사실상의 권력에 대한 적나라한 승인 앞에서 무너져가고 있었다.

이들 지배권은 그 칭호와 범위는 가지각색이었으나, 그것들이 성립되거나 또는 강화되어가는 과정에서는 하나의 공통점이 뚜렷이 드러난다. 그것은 이들 지배권이 확고한 형태로 형성되어가는 과정에서 성채(城砦)가 그 초점으로서의 역할을 담당했다는 사실이다. 오르데리쿠스 비탈리스(Ordericus Vitalis)[10]는 몽포르의 영주[11]에 관하여, "그는 강한 수비대가 지키는 강한 성을 가진 사람처럼 권세가 있었다"고 말하고 있다. 여기서는, 앞에서 살펴본 것처럼 수많은 기사들이 만족을 느끼며 살고 있던 것과 같은 그런 단순한 요새화한 저택의 모습을 독자들의 머릿속에 떠올리게 하려는 것이 필자의 의도가 아니다.

이 시기 권문세가들의 성채는 그야말로 참호로 둘러싸인 작은 야영진지였다. 거기에도 여전히 영주의 거처이자 방어를 위한 최후의 거점인 탑이 있기는 하였다. 하지만 그 주위에는 하나나 여러 겹의 성벽으로 둘러싸인 꽤 넓은 땅이 있어서, 이곳에는 군대나 하인, 수공업 장인 등의 숙소로 쓰이거나 또는 공조(貢租)라든가 군수용 식량 등을 넣어두는 창고로 쓰이거나 하는 건물들이 몰려 있었다. 10세기에 지어진 와르크 쉬르 뫼즈(Warcq-sur-Meuse) 백작의 성채도 이미 이러한 모습을 하고 있었던 것으로 생각되며, 또 2세기 뒤에 세워진 브뤼주나 아르드르(Ardres)[12]의 성채도 그러해서 이들 건축물은 와르크 쉬르 뫼즈의 성보다 훨씬 더 완성된 구조를 가지고 있었음에는 틀림없지만, 그 평면도의 기본적인 선에서는 거의 마찬가지였다.

이들 성채 가운데 초기의 것들은 노르만인들이나 헝가리인들이 침입해왔을 때 국왕이라든가 군사적 대관구의 우두머리들에 의해 세워졌다. 또한 그뒤에도 성채 축조의 권리가 본질적으로 공권력에 속한다는 관념은 결코 완전히 사라지지는 않았다. 국왕이나 영역제후에게 허가받지 않은 채 세워진 성채는 대대로 비합법적인 것, 또는 앵글로 노르만식 표현에 따르면 '부정(不正)한' 것이라고 일컬어졌다. 그러나 이 규정은 이것을 적용하는 데에 관심을 가진 권위의 효력이 없다면 실질

---

*10 프랑스식 이름은 오르데리크 비탈(Orderic Vital). 1075~1143년경에 생존한 프랑스의 역사가이자 수도사.

*11 툴루즈 백(伯)인 시몽 드 몽포르를 가리킨다.

*12 프랑스 북부의 지명.

적인 힘을 지니지 못했으며, 12세기 이후 국왕의 권력이나 영방권력이
강화되면서부터 비로소 다시 구체적인 내용을 가지게 되었다.

　게다가 더욱 중요한 사실이 있었다. 즉 국왕이나 영역제후들은 새로
운 요새의 축조를 막을 힘이 없었을 뿐만 아니라, 그들 자신이 성채를
건립한 다음 충성서약자들에게 이를 봉토로 넘겨주어 지키게끔 한 경
우에도 이들 성채에 대한 통제권을 유지하는 데에 별로 더 성공적이지
못했던 것이다. 공작이나 권세 큰 백작들에 맞서서 다름아닌 그들 자신
의 부하인 성주들이 세력을 구축하는 경우도 있었는데, 이들 성주는 기
회만 닿았다 하면 자기네도 관리 또는 가신의 지위에서 하나의 지배자
문벌을 이루는 지위로 올라가려는 생각에 차 있는 사람들이었다.

　그런데 이들 성채는 영주들에게, 그리고 때로는 영주의 종속민들에
게도 단지 안전한 피난처 구실을 해주는 데에만 그치지 않았다. 성채
는 또한 그 지방 일대 전역의 행정 중심지를 이루고 있었을 뿐만 아니
라 종속관계의 그물의 중심이기도 하였다. 농민들은 이곳에서 요새 구
축의 부역을 수행하였으며 또 이곳에 그들의 공조를 가져다 바쳤다.
주변의 가신들은 이곳에서 수비대로 복무하였으며, 다름아닌 성채 자
체로부터——이를테면 베리(Berry)[*13] 지방에서는 이수됭(Issoudun)의
'큰 탑'으로부터——그들의 봉토가 수여되어 이 토지가 봉으로서 보유
된다고 이야기되는 경우도 흔하였다. 성채에서 재판권이 행사되었고,
권위를 과시하는 일체의 표명이 비롯되는 것도 성채로부터였다.

　그 결과, 독일에서는 11세기 말 이래 수많은 백작들이 이제 돌이킬
수 없을 만큼 세분화한 관할구 전역에 대하여 자신의 명령권을 행사할
수 없게 되자, 구역의 이름, 즉 관구의 이름 대신 자기네의 가산인 주
요한 성채의 이름을 따서 스스로의 칭호로 삼는 버릇이 생겨나게 되었
다. 이런 방식으로 호칭하는 관례는 때때로 지체가 더 높은 인물들에
게까지 확대되었다. 프리드리히 1세는 슈바벤 공작을 슈타우펜 공작

─────────────

*13 프랑스 중부의 부르주와 라샤트르를 중심으로 한 지방.

으로 취급하고 있지 않았던가.[3]

프랑스에서 상급 재판권이 행사되는 영역을 성주령(城主領, châtellenie)이라 부르는 버릇이 붙은 것은 이와 대략 같은 무렵의 일이었다. 그러나 부르봉 라르샹보(Bourbon-l'Archambault) 성이라는 아키텐 지방의 한 성채를 둘러싼 변전(變轉)은 더욱 걸출한 예가 아닐 수 없었다. 이 성채의 소유자는 백작 반열에 올라 있지 않았으나, 이 성채로 하여 마침내는 진정한 영역제후령이 태어나게 되었으며, 그 이름은 프랑스의 한 주(州) 명칭으로도——즉 부르보네(le Bourbonnais)로도——살아남았을 뿐 아니라 한 명문의 성씨(姓氏)로도 살아남았다. 권력의 가시적(可視的) 원천이었던 탑과 성벽이 이 권력의 이름표가 되었으며, 또 이 권력을 정당화시켜주었던 셈이다.

3. 교회령

카롤링거 왕조는 메로빙거 왕조와 로마의 전통을 이어받아, 주교가 자기 교구의 세속적 행정에 참여하는 것을 언제나 정상적인 것으로 또 바람직한 것으로 여기고 있었다. 하지만 그렇게 주교가 행정에 참여하는 것은 국왕의 권한대행자, 다시 말해 백작의 협력자라는 자격으로서이거나 또 때로는 백작의 감독자라는 자격으로서였다. 봉건시대 제1기의 왕권은 한 걸음 더 나아가서 주교를 동시에 백작으로 삼는 일까지 나타나게 되었다.

이러한 사태 진전에는 두 가지 국면이 있었다. 주교구 대성당이 솟아올라 있는 도시는 주교구의 다른 지역보다도 더 철저하게 사목자(司牧者)의 특별한 보호와 권위 아래 놓여 있는 것으로 보였다. 백작은 농촌을 돌아다닐 기회가 수없이 많았음에 반해 주교는 자기의 '주교도시'

---

3) *Monumenta Boica*, t. XXIX, 1, nᵒ CCCCXCI, *Württemberger Urkundenbuch*, t. II, nᵒ CCCLXXXIII.

(主教都市)에 머물러 있기를 더 좋아하였다. 위험이 닥쳐오면 그의 종속민들이 성채──이는 흔히 주교의 비용으로 건설되거나 수리된 것들이다──의 수비에 힘을 합하였고, 포위당한 사람들에게 식량을 제공하기 위해 그의 곡창이 개방되었으며, 그런 한편 주교 자신도 흔히 스스로 명령권을 행사해야만 하는 상황에 놓이곤 하였다.

국왕들은 이와 같은 사실상의 상태를 방위에 유리하다고 여겨서 이들 도시의 요새와 그 바로 인접한 근교지역에 대한 백작의 권리를 주교에게 인정해주었는데, 이러한 백작의 권리는 대개의 경우 화폐주조권이라든가 성벽의 소유권 같은 다른 권리와 합쳐져 있었다. 일찍이 887년 랑그르(Langres)의 경우가 그러하였고, 904년 베르가모(Bergamo)의 경우도 의심할 바 없이 그러하였으며, 927년 툴의 경우와 946년 슈파이어의 경우도 또한 그러하였다. 각 나라마다 현재 알려져 있는 가장 오래된 사례들만을 들어보더라도 그렇다는 이야기이다. 백작은 그 주변지역에 대한 통치권을 유지하고 있었다.

이러한 세력분할은 때로는 지속적인 것이 되기까지 하였다. 투르네시(市)는 그곳 주교나 대성당 참사회를 백작으로 모시지만 주변 일대투르네지 지방(Tournaisis)의 백작 자리는 플랑드르 백이 맡는 식의 현상이 몇 세기 동안이나 계속되었다. 다른 곳에서는 마침내는 지역 전체를 기꺼이 주교의 수중에 넘겨주는 일도 있었다. 이리하여 랑그르 내도시에서 백작권이 양도된 지 60년이 지난 뒤 랑그르 전체의 백작권이주교에게 양도되었다. 이어서 백령 전체를 주교에게 넘겨준다는 관례가 일단 도입되자, 그 단계를 훌쩍 뛰어넘는 것이 버릇이 되었다. 그전에는 랭스 시(市) 자체만의 백작이 되어본 적도 없는 것으로 보이는 랭스의 대주교가 940년에는 랭스 시와 레무아 지방(Rémois)의 백작이되었던 것이다.

국왕이 이러한 양도를 하지 않을 수 없었던 이유는 명백하다. 국왕은하늘과 지상에 양다리를 걸치고 있었다. 하늘 저 높은 곳에서는, 성인들께서 그들의 여러 종(성직자─옮긴이)이 수지맞는 수입원을 쥐게 되는 동시에 성가신 이웃한테서 풀려나게 된 것을 보고 기뻐할 것임에 틀림없었다. 이 낮은 곳 땅 위에서는 백작의 자리를 주교에게 수여한다는 일은 가장 믿을 만하다고 판단된 사람의 수중에 명령권을 맡기는 것을 뜻하였다. 왜냐하면 고위 성직자들이야 자기 관직을 세습적인 가산으로 전환시킬 염려도 거의 없었겠다. 그 성직에 임명되려면 국왕의 동의가 반드시 있어야만 했겠다——설령 그 임명이 순전히 국왕에 의해 결정되는 것은 아니었다고 하더라도——, 끝으로 또 한 가지 들자면 그 교양과 이해상관 때문에라도 기꺼이 왕당파 쪽에 기울어지고 있었던 사람들이겠다 하니, 무질서가 판을 치던 봉건국가 안에서는 모든 면에 비추어 주교가 가장 고분고분 말 잘 듣는 관리라고 여겨지지 않았겠는가.

독일의 국왕들이 주교에게 맡긴 최초의 몇 백령이, 주교구 대성당이 있는 도시에서 멀리 떨어진 알프스 지방의 몇몇 관구였다는 사실은 시사하는 바가 크다. 왜냐하면 이 지방을 잃는다는 것은 알프스 산악의 통로가 막히게 됨을 뜻하는 것이었고, 이는 제국의 정책을 심각한 위기로 몰아넣는 일이 될 터였기 때문이다.

그러나 이 제도는 어디에서나 마찬가지의 필요에 부응하여 생겨났지만, 나라에 따라 크게 다른 방향으로 진전되어갔다.

프랑스 왕국의 경우에는 수많은 주교구가 10세기에 이미 영역제후의 지배나 또는 그저 단순한 백작의 지배 아래 들어가 있었다. 그 결과, 주교로서 백작의 권한을 스스로 손에 쥐게 된 사람은 프랑스 본토와 부르고뉴 지방에 주로 몰려 있던 극소수 인물에 지나지 않게 되었다. 그들 가운데 적어도 랭스와 랑그르의 두 주교는 그들이 직접 통치하고 있던 중심 관구지역의 주변에 가신이 보유하는 백령의 집합체를 모아놓음으로써 한때는 바야흐로 명실상부한 영역제후령을 형성하려 하고 있는 듯 보였다. 10세기의 전투에서 '랭스 교회의 기사들'만큼 자주 언급되고 그만큼 존중받은 군대세력도 달리 없었다.

그러나 이들 광대한 교회령도 이웃한 세속의 영역제후령 틈에 갑갑하게 끼여들어 있는데다가 다름아닌 그들 휘하 봉신들의 불충행위에 희생됨으로써 급격하게 쇠퇴해간 것으로 보인다. 11세기 이후로는 어떤 범주에 속하는 '주교 겸임 백작'(évêque-comte)이라 하더라도 적대세력과 대결하는 상황에서는 더욱 긴밀하게 왕권에 결부되는 외에 달리 비벼댈 구석이 없었다.

프랑크 시대의 전통에 충실하였던 독일 통치자들은 옛 백령의 조직에 손대는 일을 꽤 오랫동안 망설인 것으로 보인다. 그렇지만 10세기말 무렵에는 그들이 백령 전체를, 심지어는 몇 개의 백령을 무더기로 주교를 위해 양도하는 일이 급격히 늘어났다. 그 결과 주교에 대한 이같은 백작권 증여에다 불수불입의 여러 특권과 온갖 종류의 권리 양도가 보태짐으로써, 몇 년 안 되는 사이에 대단한 영역적 교회권력이 형성되었다.

분명히, 국왕들은 다루기 힘든 권문세가들이나 특히 공작들이 지방적 권력을 독점하는 것에 맞서 싸우기 위해서는, 고위 성직자가 세속적 권한을 지니는 것보다 더 좋은 무기가 없다는 생각을 마지못해서일망정 받아들였던 것이다. 이들 교회령이 유별나게 수효도 많고 또 세력도 강했던 곳은 프랑켄 공국의 경우처럼 공국이 지도상에서 아예 사라져버렸든가 또는 옛 라인·로렌 지방이나 서부 작센 지방에서처럼 공국의 권력이 자기네 옛 영역의 일부에 대해 유효한 지배권을 송두리째 빼앗겨버린 지방이었다는 점은 특기할 만하다.

그러나 실제로 일어난 일을 볼 때 결국 왕들의 계산은 잘못된 것임이 드러나게 되었다. 교황과 황제 사이에 벌어졌던 그 오랜 싸움의 영향도 있었겠지만, 여기에 덧붙여 교회개혁이 적어도 부분적으로나마 승리를 거두게 되자 12세기 이후 독일의 주교들 사이에서는 자기네가 '국왕의 관리'라고 생각하는 경향이 점점 줄어들게 되었다. 그들은 기껏해야 '국왕의 가신'이라고 자처할 뿐이었다. 독일에서 교회제후령은 마침내, 그야말로 국민적 국가를 해체시키는 요소들 가운데 하나로 자리하게 되었다.

이탈리아를 살펴볼 때 롬바르디아 지방과——비록 그만큼 정도가 심

하지는 않았지만——토스카나 지방에서는 황제의 정책이 처음에는 독일
에서와 똑같은 노선을 따라 실시되었다. 하지만 이들 지방에서는 여러
개의 백령이 단 하나의 교회의 수중에 집중되는 일 같은 것은 독일에서
보다 훨씬 드물었으며 또 그 진전의 방향도 아주 다른 결과를 낳기에
이르렀다. 주교 겸임 백작의 배후에서는 도시 코뮌 세력이라는 하나의
새로운 세력이 빠른 속도로 떠올랐던 것이다.

이 도시 코뮌은 많은 점에 비추어 주교 겸임 백작과 맞서는 세력이었
지만, 결국은 주교도시의 옛 영주가 마련한 무기를 다름아닌 자기네의
야심을 채우기 위해 이용할 줄 아는 세력이기도 하였다. 12세기 이래
롬바르디아의 여러 도시에서 과두적인 성격을 지닌 대(大)공화정 세력
이 스스로의 독립을 확립하며 그 지배권을 평원의 농촌에까지 확대한
것은 흔히 주교의 계승자라는 자격으로서이거나 아니면 주교의 이름
뒤에 숨어서였다.

그런 한편, 어떤 나라에서든 백령의 권한을 가진 교회라는 한 집단
과, 그러한 종류의 권한은 전혀 양도받고 있지 못하지만 그래도 백작의
권력과 거의 마찬가지 자격으로 진정한 영역적 권력의 역할을 하기에
충분할 만큼 불수불입권이 딸린 많은 영주지와 많은 가신, 많은 농노,
많은 재판관할구민 등을 보유하고 있던 교회라는 또 한 집단 사이에 지
나치게 엄밀한 구분을 설정하는 것은 법률을 지나치게 정밀하게 만들
어버리는 일이 될 것이다. 서유럽 땅에는 어느 곳을 막론하고 다 이러
한 교회의 대규모 '의무면제 토지'의 경계선이 그어져 있었다. 종종
십자가가 늘어선 선이 교회령의 범위를 표시하고 있었는데, 쉬제의 표
현에 따르면 그것들은 바로 '헤라클레스의 기둥'인 양 세속인들은 넘
어갈 수 없는 것이었다.[4] 적어도 원칙적으로는 넘어갈 수 없었다는 뜻
이다.

그러나 실제로는 사정이 상당히 달랐다. 속인 귀족들은 성인들과 가

---

4) Suger, *Vie de Louis VI*, éd. Waquet, p.228.

난한 사람들의 가산을, 부와 권력을 향한 자기네의 욕망을 채워줄 안성
맞춤의 먹이 가운데 하나로 생각하고 있었다. 그것은 협박에 의해 강제
로 쥐어짜낸, 또는 지나치게 사람이 좋은 친구에게 비위를 맞추어 얻어
낸 사봉(賜封)이라는 수단을 통해 이루어졌으며 때로는 이것저것 따질
것 없이 그냥 폭력적인 강탈에 의해 귀족의 손에 들어가기도 하였다.
끝으로——적어도 옛 카롤링거 국가의 판도 내에서는——재속 대리인
제라는 완곡한 방법을 써서 그렇게 하는 수도 있었다.[5]

　불수불입권의 운영이 카롤링거 왕조에 의해 최초로 입법화됨으로써
정규적인 것이 되자 불수불입권자인 각 교회에 속인 신분의 대리인을
두어야 할 필요성이 절실한 것으로 여겨졌다. 이 대리인은 그 교회령
자체 내에서 위임받은 재판집회를 열 임무를 띠고 있었을 뿐만 아니라,
그때부터는 관리 출입을 면제받은 토지에서 국왕의 관리가 직접 교회
령의 종속민을 뒤쫓을 수는 없게 된 상황이었던 만큼 종속민이 백작재
판소에 출정하라는 요구를 받았을 때 이 사람을 재판소에 데리고 가야
할 의무를 지고 있었다.

　이러한 대리인 제도의 설치는 이중의 의도에 따른 것이었으며, 이 의
도는 바로 그 이중성을 지님으로써, 자기 목적을 강하게 의식하고 있는
통치자의 정책의 기본방향에 부합되는 것이었다. 즉 한편으로는 세속
적인 의무 때문에 성직자, 그 중에서도 특히 수도사가 그들 직분의 의
무에서 벗어나는 것을 막으려는 의도였으며, 다른 한편으로는 교회의
영주재판권을 공식적으로 인정해주는 대신에 그 보상으로, 명확히 규
정된 여러 재판권의 체계, 곧 정규적이고도 통제된 그 체계 내에 이를

---

5) 프랑스에서는 카롤링거 왕조 이후의 재속 대리인제에 관해 자세한 연구가 이
　루어지지 않았다. 이것은 중세 연구의 가장 중요한 결함 가운데 하나이기는
　하지만, 메우기도 아주 쉬운 결함의 하나이다. 독일에서는 이 제도가 특히
　사법제도와 관련하여 검토되고 있다——때때로 이론의 남용도 없지 않기는
　하지만.

편입시키려는 의도였다.

따라서 불수불입권을 부여받은 모든 교회는 한 사람 또는 복수의 '재속 대리인'을 두어야만 했다. 뿐만 아니라 이 대리인의 선출은 공권력에 의해 엄중하게 감시받고 있었다. 한마디로 카롤링거 시대의 재속 대리인은 주교나 수도원을 위해 봉사한다고는 하지만 그래도 역시 성직자에 대해서 일종의 왕권대행자 같은 역할을 하고 있었던 셈이다.

샤를마뉴가 수립한 행정기구가 무너졌다고 해서 이 제도가 없어졌던 것은 아니다. 그러나 이 제도는 그로 인하여 심대한 변화를 겪게 되었다. 분명히 옹호자는 출발 당시에는 교회의 가산에서 떼어낸 '은대지'를 수여받는 형태로 보수를 받고 있었다. 그런데 개인적 종속관계의 유대가 승리를 거두게 되면서 관직이라는 관념이 빛 바랜 것이 되자, 재속 대리인은 국왕에게 신종선서를 바치고 있지 않았으므로, 일반적으로 국왕에게 결부된 존재로 여겨진 것이 아니라 그저 주교라든가 수도사의 가신 정도로밖에 생각되지 않게 되었다. 이제부터는 주교나 수도사의 선택에 따라 옹호자의 임명이 자유로이 결정되었다. 이러한 사태는 적어도 재속 대리인의 봉토가 권리 측면에서 약간의 유보를 당하기는 하면서도 다른 봉토와 마찬가지로 아주 급격히 그 직무와 함께 실제로 세습적인 것이 될 때까지 계속되었다.

동시에 재속 대리인의 역할은 유례없이 증대하였다. 우선 들 수 있는 것이 재판관으로서의 그의 역할이었다. 불수불입권자가 유혈재판권을 독점하고 있었으므로, 이제부터는 범죄자를 백작의 재판집회에 데려가는 대신 재속 대리인 스스로가 상급 재판권이라는 어마어마한 무기를 휘두르게 되었다. 특히 재속 대리인은 이제 단순한 재판관에만 그치지 않게 되었다.

주변에 소란스러운 사태가 벌어지면 교회로서는 성인의 기치 아래 교회의 종속민들을 데리고 전쟁터로 나아갈 전쟁지휘관이 필요하였다. 국가가 더 이상 유효한 보호자가 되어주지 못하는 상황이었으므로, 교회는 끊임없이 위협받고 있는 재산을 확고하게 지키기 위해 아주 가까이에서 자기네를 지켜줄 사람도 확보할 필요가 있었다. 교회는 이 두 가지 모두를 충족시켜줄 사람을 저 위대한 황제(샤를마뉴—옮긴이)의 법률에 따라 교회가 받아들이게 된 속인 신분의 대리인들에게서 찾아낼 수 있다고 생각하였다. 또 이들 직업적 전사 스스로도, 명예와 이익을 풍요롭게 누릴 것을 약속해주는 이 직책에 자기네의 봉사를 제공하려고 열의를 보였을 것이며 때로는 이를 강요하기까지 했을 것이다.

그로 말미암아 이 직책이 가지고 있던 중심(重心)이 정말로 변해버렸다. 사람들이 문헌 속에서 재속 대리인의 본래의 성질을 규정하려고 노력하거나 또는 재속 대리인이 요구하는 보수를 정당한 것으로 인정하려고 노력할 때 더욱더 강조된 것은 보호라는 관념이었다. 이에 대응하여 재속 대리인의 충원 방식도 변하였다. 카롤링거 시대의 재속 대리인은 꽤나 미미한 직책이었다. 그러나 10세기에 들어와서는 '유력자들' 중에서도 으뜸가는 위치에 있는 사람들이나 백작 가문 출신자들까지 예전에는 자기네보다 훨씬 하급이라 여겨온 이 재속 대리인이라는 칭호를 서슴지 않고 구하게 되었던 것이다.

하지만 그 무렵 그렇게도 수많은 권리들이 공통적으로 겪은 운명이었던 세분화라는 현상을 재속 대리인제라고 해서 면할 수는 없었다. 광대한 면적의 땅을 차지하고 있던 (교회)기관에 대하여 카롤링거 왕조의 법률은 백령마다 한 사람의 재속 대리인을 두도록 규정하고 있었던 것으로 보인다. 그러나 곧 그들의 수효는 불어났다.

독일과 로타링기아는 이 제도가 당초의 성격에서 이탈한 정도가 다른 곳에 비해 어쨌든 가장 낮았던 곳인데, 사실 이곳에서 국지적 재속 대리인은 흔히 하급 재속 대리인(sous-avoués)이라고 불리고 있었다. 이들은 교회의 총(總) 재속 대리인이라든가 또는 교회의 재산을 각기 나누어서 관장하고 있던 두세 사람의 총 재속 대리인 가운데 어느 한 사람이든가의 대리인—원칙상으로는 그러하였다—이라는 지위에, 또는 대개의 경우에는 그같은 인물의 가신이라는 지위에 머무르고 있었다. 예상할 수 있던 바와 같이 프랑스에서는 세분화가 더 심하게 이루어졌다. 그로 말미암아 결국 웬만큼 규모가 큰 영지나 일군(一群)의 영지들로 말하자면 인근에 있는 중간급 권세가들 가운데에서 선임된 독자적인 '방어자'를 두지 않은 경우가 거의 없었다.

그러나 여기에서도 역시 주교구나 수도원을 지키도록 임명된 일반적으로 더 높은 지위에 있는 인물이 있었는데, 이들은 그러한 자격을 앞세워 국지적인 군소(群小) 보호자를 수입과 권세 면에서 크게 앞지르고 있었다. 더구나 이 권문세가들은 종교단체의 재속 대리인인 동시에 종교단체의 '소유자'——이는 무엇보다도, 그 수도원의 원장을 임명하는 것이 그였다는 뜻으로 이해하는 것이 좋겠다——였으며, 심지어는 속인 신분임에도 불구하고 자기 스스로가 수도원장 칭호를 지니고 있기도 하였다. 이는 법률적인 미묘한 구분보다는 사실상의 세력관계에 더욱 민감하게 반응했던 한 시대의 특징을 아주 잘 나타내주는 현상, 곧 개념의 혼동에서 비롯된 일이었다.

재속 대리인은 자신의 직무에 부수되어 있던 봉토——흔히 아주 막대한 규모였다——를 가지고 있었을 뿐만 아니라, 이 직무 자체를 이용해서 자신의 여러 명령권을 교회령에까지 확대하여 적용시킬 수 있었으며, 또 이곳에서 수익이 많은 공조를 거두어들일 수도 있었다. 독일의 경우에 다른 지방에서보다 더 철저하게 나타난 현상으로는 재속 대리인이 교회령의 보호자이면서 동시에 재판관 직책을 계속 지키고 있었던 것을 들 수 있다. 독일의 많은 포그트(Vogt, 즉 재속 대리인)들은 성직자들은 피를 흘리게 하는 일을 해서는 안 된다는 오랜 원리를 논거로 내세우면서 수도원 영지에서 상급 재판권의 행사를 거의 독점하는 데에 성공하였다.

이 나라에서는 왕권이 비교적 강력할 뿐 아니라 카롤링거 시대의 전통을 충실히 지키고 있기까지 하다는 사실이 이러한 횡령을 부채질하는 데에 한몫 하였다. 왜냐하면 독일에서도 국왕이 재속 대리인을 임명하는 일은 역시 단념될 수밖에 없었지만, 그래도 국왕은 적어도 자기가 재속 대리인에게 '금령 행사권'(禁令行使權, ban), 즉 타인에게 강제력을 행사할 수 있는 권리를 서임해준다는 원칙은 계속 지키고 있었기 때문이다. 이렇게 해서 이 권리가 통치자한테서 그들의 가신(재속 대리인―옮긴이)에게 직접 이양되었으니, 이 권리를 위임받을 수 없었던 성직자들이야 어떠한 자격으로 상급 재판권 소유자로서 행세할 수 있었겠는가. 그들은 극도로 긴밀한 유대관계에 따라 자기네들에게 결속되어 있던 종속민들, 즉 가내하인과 농노를 처벌하는 권한을 가까스로 유지하게 되었음이 고작이었다.

왕권과 재속 대리인 사이의 일체의 유대가 끊어져버린 프랑스에서는 재판권 분할은 더 여러 갈래의 길을 따라 이루어졌다. 그리고 이러한 무질서는 독일에서의 질서정연한 상태에 비해 교회의 이익에 더 큰 보탬을 주는 것임이 분명하였다. 그 대신 어느 곳에서나 실제상의 또는 자칭의 교회 '방어자'들에 의해 교회의 토지 보유 농민들에게 부과된 '강제징수'(exaction)――증서에 씌어진 대로 표현하자면 말이다――는 그 얼마나 심했던지. 사실대로 말하자면, 한몫 보려는 생각에 특히 몸달아 있던 무수한 농촌지역의 조무래기 폭군들 손아귀에 재속 대리인 자리가 떨어져 있던 프랑스에서조차도 이 재속 대리인의 보호가 교회 쪽의 역사 서술이 뭇 사람들에게 믿게 하려고 원했던 만큼 그렇게 언제나 헛되기만 했던 것은 아마도 아니었을 것이다. 루이 6세의 한 국왕증서는 어느 모로 보나 한 수도원에서 작성된 것으로 보이는데도, 보호가 "몹시 필요했으며 전적으로 유용하였다"는 것을 스스로 인정하고 있지 않은가 말이다.[6)]

그러나 보호의 대가는 논란의 여지도 없을 정도로 극히 비쌌다. 농업상의 부역에서 숙소 제공에 이르기까지, 군복무에서 요새 구축의 노역에 이르기까지 온갖 형태의 조력봉사가 요구되었으며, 귀리·포도주·닭·데나리우스화(貨)로 징수되는 지대(地代)가 부과되었다. 지대는 농

6) *Mém. Soc. archéol. Eure-et-Loir*, t. X, p.36과 *Gallia christiana*, t. VIII, instr., col. 323.

경지마다 징수되기도 했지만 그보다는 (왜냐하면 방어해야 할 필요가
있었던 것은 무엇보다도 촌락이었기 때문에) 농민의 초가집마다 징수
되는 경우가 더 흔하였다. 재속 대리인이 자기가 직접영주로서 거느리
지도 않는 농민들한테서, 재주를 짜내 끌어낼 수 있었던 징수사항들을
모두 목록으로 만든다면 끝이 없을 것이다. 사실 쉬제의 저술에 씌어
있는 말마따나, 재속 대리인은 이들 농민을 "한 입 가득" 탐욕스럽게
삼키고 있었던 것이다.[7)

  10세기와 11세기 전반은 재속 대리인 제도의 황금기였다(물론 이는
대륙에 관한 이야기로 받아들여야 한다. 왜냐하면 잉글랜드는 카롤링
거 시대의 본보기를 따르지 않았던지라, 이 제도가 설치된 적이 한번도
없었기 때문이다). 그 다음에는 그레고리우스파(派)의 노력에 의해 다
시 활기를 되찾은 교회가 공세로 옮아갔다. 교회는 협정에 의해, 재판
상의 결정에 의해, 되사들이기에 의해, 또한 참회의 심정이나 경건한
마음에 이끌린 사람이 교회에 무상으로 해준 양도에 의해 재속 대리인
의 권한 행사를 점점 더 엄격히 법적으로 규정하게 되었으며, 또 그 권
한 행사의 범위를 점점 갈수록 축소시키게 되었다.

  사실대로 말하자면 교회는 그 옛 가산 가운데 커다란 몫을 재속 대리
인에게 넘겨주지 않을 수 없었음이 분명하다. 이들 재속 대리인은 여러
교회영지에서 계속하여 자신의 재판권을 행사했으며, 점점 갈수록 그
기원을 알 수 없게 된 몇몇 공조를 그곳에서 계속하여 거두어들이고 있
었음도 분명하다. 그런가 하면 농민들이라고 해서 그들의 영주인 성직
자들의 끈질긴 사업에서 반드시 커다란 이익을 본 것도 아니었다. 왜냐
하면 교회가 재속 대리인한테서 지대를 되사들였다고 해서 이 지대가
농민들에게서 더 이상 징수되지 않게 된 것은 아니었기 때문이다. 그
저, 지대는 이웃의 몇몇 시골뜨기 귀족들을 살찌게 하는 것을 그만두고
이제부터는 주교인 영주나 수도사인 영주에게 지불되게 되었다는 것뿐

---

7) *De rebus*, éd. Lecoy de La Marche, p.168.

이었다. 그러나 불가피한 희생을 치르는 데에 일단 동의하고 나면 교회
영주권은 자기들을 위협하고 있던 가장 조마조마한 하나의 위험에서
벗어날 수 있었던 것이다.

그런데 그레고리우스의 개혁으로 말미암아 누구보다도 가장 심한 출
혈을 당하게 된 것은 중소 영주가문이었다. 그것은 그들이 그전까지만
해도 거의 무한정하게 자기네 앞에 열려 있던 자원의 이용을 단념하지
않을 수 없었기 때문인데, 과거의 여러 기사가문들의 경우를 볼 때 이
자원의 이용 없이는 자기네의 원래 보잘것없는 처지에서 벗어나는 데
에 결코 성공하지 못했던 것이다. 봉건시대 제2기가 끝나갈 무렵, 국지
적 재속 대리인들은 거의 무해한 존재가 되어 있었다.

총 재속 대리인은 살아남았다. 이 총 재속 대리인 칭호 가운데 주요
한 것을 손에 쥐고 있는 것은 언제나 국왕이라든가 아주 지체 높은 제
후들이었다. 그리고 국왕은 이미 자기 국가 내 모든 교회에 대하여 보
편적인 '보호'를 스스로 담당하겠다고 요구하기 시작하였다. 사실 주
교, 주교좌 성당참사회 또는 수도원이 그 수많은 조무래기 방어자들의
성가신 봉사를 감히 거절했던 것은 이제부터는 그들이 자기네의 안전
을 보장하는 문제에 관한 한, 다시 효과를 미치기 시작한 국왕이나 영
역제후로부터의 뒷받침에 만족할 수 있게 되었기 때문이다.

그런데 이 보호에 대해서도 어떤 명목으로 불리든 간에 언제나 아주
힘에 겨운 봉사와 끊임없이 더 무거워져만 가고 있던 현금기부를 통해
대가를 지불하지 않으면 안 되었다. "교회는 윤택해야 함이 합당하다.
왜냐하면 더 많이 맡겨지면 더 많이 거두어낼 수 있기 때문이다"라고,
12세기의 한 문서위조 작가는 독일의 하인리히 2세[*14]가 말한 것인 양
순진하게도 적고 있다.[8] 교회령은 원칙적으로 다른 사람에게 양도할

---

*14 재위 1002~24. 열렬한 기독교 신자로, 클뤼니 수도원의 교회개혁운동을
  지지하였다.

8) *Diplom. regum et imperatorum*, t. III, n° 509.

수 없는 것이며, 그 성질로 보아 상속에 따른 분할이라는 끝없는 위험
에서 미리 지켜질 수 있는 것이었던 만큼 불안정한 세계에서는 처음부
터 두드러지게 안정된 요소였다. 그런 까닭에 세력의 전반적인 재편성
이 이루어지고 있던 시기에는 이같은 교회령이 대권력의 수중에서 더
욱더 값진 도구 노릇을 하지 않을 수 없었다.

제4장

무질서와 이에 맞선 싸움

1. 권력권(權力圈)의 한계

우리는 즐겨 봉건국가라는 말을 입에 올린다. 분명히 이 국가라는 관념은 중세 학자들의 지적(知的)인 저작에서도 낯설지 않았다. 문헌들을 보면 때때로 레푸블리카(republica, 국가)라는 옛 용어가 사용되고 있기 때문이다. 정치윤리는 측근의 주인에 대한 여러 의무와 나란히, 더 높은 차원에 있는 이 권위를 위하여 바치도록 부과된 여러 의무도 인정하고 있었다. 기사는 "자기 영주의 생명을 지키기 위해서는 목숨을 아끼지 말아야 하며, 국가를 위해서라면 죽을 때까지 싸워야 한다"고 보니종 드 쉬트리는 말하고 있다.[1]

그러나 이렇게 해서 사람들의 머릿속에 떠오른 국가의 이미지는 오늘날의 이미지와는 전혀 다른 것이었다. 무엇보다도 중세의 국가 관념은 그 내용이 오늘날의 국가 관념보다 훨씬 더 엷었다.

오늘날 우리가 보기에는 국가라는 관념과 떼어놓을 수 없는 듯한데도 봉건국가에 의해서는 근본적으로 무시당해버렸던 활동의 목록을

---

1) Bonizo, *Liber de vita christiana*, éd. Perels, 1930(*Texte zur Geschichte des römischen und kanonischen Rechts*), VII, p.248.

적는다면 매우 긴 것이 될 것이다. 교육은 교회의 소관업무였다. 빈민
구호도 자선과 혼동되어, 마찬가지로 교회의 일거리에 속하였다. 공
공사업은 이용자나 국지적인 군소 세력가들이 주도하게 내버려두고 있
었다. 이러한 현상은 로마의 전통이 무엇보다도 명백히 단절되었음을
의미하며, 나아가 샤를마뉴의 전통도 또한 그렇게 단절되었음을 의미
한다.

12세기 이전에는 통치자들이 이러한 문제에 다시 배려를 기울이기
시작하는 경우가 거의 없었다. 그나마 이 시기(12세기—옮긴이)에도
루아르 강에 제방을 쌓았던 헨리 플랜태저넷 치하의 앙주 지방이라든
가, 그 통치자인 필리프 알자스 백작 덕택에 몇 개인가의 운하를 파게
되었던 플랑드르 지방 등처럼 일찍부터 진화를 이루고 있던 몇몇 영역
제후령에 비한다면, 왕국에서의 그같은 활동은 뒤지고 있었다. 카롤링
거 왕조의 군주들이 행한 것처럼 국왕이나 영역제후들이 물가 안정을
위해 개입한다거나 마지못해서일망정 경제정책의 개요를 마련한다거나
하는 일을 보려면 다음 세기까지 기다려야만 하였다.

사실대로 말하자면, 봉건시대 제2기 이래 공공의 복지를 위해 입법
을 유지했던 진정한 존재는 국가에 비해 범위가 훨씬 좁은 지역을 관장
하는 세력이자 그 본성에 비추어볼 때 본래 의미에서의 봉건제와는 전
혀 무관한 세력이었던 도시뿐이었다고 해도 과언이 아니다. 도시는 자
치적인 공동체로 형성되었던 거의 그 당초부터 학교에, 병원에 그리고
경제의 규제에 전념하고 있었다.

사실 국왕이나 상급제후들은 세 가지 기본적인 의무를 지고 있었으
며, 그밖에는 거의 아무런 의무도 지지 않았다. 세 가지 의무란 첫째,
종교적인 시설을 세워주고 참된 신앙을 보호함으로써 자기 백성의 영
적인 구원을 보장하는 것, 둘째, 외부의 적에게서 백성들을 보호하는
것—통치자의 이 후견적 구실에는, 경우에 따라서는 권력욕과 아울러
명예에 관한 욕심에서 촉발되어 저질러지는 (대외)정복이 합세하였
다—, 그리고 끝으로 영내에 정의와 평화를 유지하는 일이었다. 따라

서 국왕은 무엇보다도 침략자와 악인을 단칼에 내치는 것을 자신의 사명으로 삼고 있었기 때문에, 행정을 한다기보다는 오히려 전쟁을 하고 벌을 주고 소요를 진압하는 사람이었던 셈이다.

더구나 이런 식으로 이해된 과업만 하더라도 이미 아주 중대한 것이라고 할 만하였다. 왜냐하면 모든 통치권력에 공통된 특징 가운데 하나는—권력의 허약함이라고 말하면 완전히 정확한 평가는 아니겠지만—적어도 권력의 효과가 언제나 간헐적인 성격을 띠고 있다는 점이기 때문이다. 그런데 이같은 결함은 야심이 더 크고, 스스로 내건 행동반경이 더 광범한 경우일수록 언제나 가장 두드러지게 나타나고 있었다.

1127년 브르타뉴 공 한 사람이 휘하 기사들에 맞서서 자신의 수도원 가운데 하나를 지켜줄 수도 없노라고 스스로 고백했던 일은 어떻게 이해해야 될까. 그 사람이야 보잘것없는 한 영역제후령의 무력함을 드러낸 데 지나지 않는다고도 할 수 있다. 그러나 연대기 작가들에 의해 그 권세를 드높이 찬양받았던 통치자들 중에서도 반도들을 진압하는 데 오랜 세월이 걸릴 필요가 없었던 사람은 단 하나도 찾아볼 수 없다. 극히 조그마한 모래알갱이라도 때로는 기계를 고장나게 하기에 충분하다. 반란을 일으킨 한 조무래기 백작이 자기 소굴에 틀어박혀 세력을 굳히자, 황제 하인리히 2세도 석 달 동안이나 꼼짝 못하고 말지 않았던가.[2]

우리는 이미 이러한 호흡 중단상태의 주요한 이유들을 살펴본 바 있다. 즉 연락하는 데에 시간이 오래 걸리고 또 연락하기가 어렵다는 점, 비축해둔 화폐가 없었다는 점, 진정한 권위를 행사하기 위해서는 사람들과 직접 접촉해야만 되었다는 점 등이다. 1157년 오토 폰 프라이징은 프리드리히 바르바로사에 대해서 "그는 알프스 북쪽으로 되돌아왔다. 그가 이곳에 있는 한 프랑크인들—독일인들이라는 뜻이다—에게

2) *Cartulaire de Redon*, éd. de Courson, p.298, nᵒ CCCXLVII. p.449를 참조하라 ; Siegfried Hirsch, *Jahrbücher des Deutschen Reiches unter Heinrich II*, t. III, p.174.

는 평화가 회복되고, 그가 없음으로 해서 이탈리아인들은 평화를 빼앗겼다"고 쓰고 있는데, 그는 순진하게도 이렇게 말함으로써 자기 주인공을 찬양한 셈이라고 믿고 있었다.

또한 당연한 일이겠지만, 위에서 말한 이유들에 덧붙여 개인적인 유대관계가 국가에 대한 의무 이행을 가로막는 집요한 경쟁상대자 노릇을 하고 있었다는 점을 지적하기로 하자. 13세기 중엽이 되어서까지도 프랑스의 한 관습법은 여전히, 어떤 제후에게 최우선 신종선서를 맹세한 가신이 자기 영주의 입장을 지지하여 국왕에 적대해서 싸워도 합당하다고 여겨질 수 있는 경우가 몇 가지 있다는 것을 인정하고 있었다.[3]

가장 뛰어난 사람들은 국가의 항구성을 분명히 인정하고 있었다. 독일 콘라트 2세의 전속성당 주교는 "선장이 죽은 배와 마찬가지로 국왕이 사망했을 때에도 왕국은 남는다"라는 말을 이 콘라트 2세가 남겼다고 전해주고 있다. 그러나 파비아 사람들——위에서 말한 훈계는 이 사람들을 향해 내려진 것이었다——이 자신들이 황제궁(皇帝宮)을 파괴한 것은 제위(帝位) 공백기간 동안의 일이었기 때문에 자기네에게는 황제궁 파괴의 죄가 씌워질 수 없다고 주장했을 때 그들의 주장이야말로 일반적인 견해에 훨씬 더 가까운 것이었음에 틀림이 없다. 그들은 이렇게 말하고 있었다. "우리는 황제가 살아 계시는 동안 황제를 섬겼다. 하지만 그가 승하하시자 우리에게는 더 이상 왕이 계시지 않게 되었다."

신중한 사람들은 선왕(先王)이 부여해준 여러 특권을 새로운 통치자에게서 확인받는 일을 빼놓지 않았으며 또 12세기 중엽에도 잉글랜드의 수도사들은 국왕법정에서, 어떤 칙령이 옛 관습에 어긋나는 경우에는 이 칙령은 이를 포고한 왕의 생존기간 동안에 한해서만 효력을 가질 수 있다고 거리낌없이 주장하고 있었다.[4] 바꾸어 말해 권력이라는 추

---

3) *Et. de Saint Louis*, I, 53.
4) Bigelow, *Placita Anglo-Normannica*, p.145.

상적인 관념과 우두머리라는 구체적인 이미지가 제대로 구별되지 않고
있었던 것이다.

　국왕들 자신도 좁게 한정된 가족적 감정을 넘어서기가 그리 쉽지 않
았다. 필리프 오귀스트 왕이 십자군 원정을 위해 출발하면서, 성지(聖
地)를 향한 여행 도중에 자신이 사망하는 경우, 모든 왕권의 불가결한
기초인 자기 국고를 어떻게 사용해야 한다고 어떤 식의 말투로 규정했
던가 한번 살펴보기로 하자. 그는 만약 왕자가 살아남는다면 궁정재산
가운데 절반만이 교회에 대한 연보로 분배되겠지만, 반대로 왕자가 아
버지인 자기보다 먼저 죽는 경우에는 전부가 연보로 분배될 것이라고
말하고 있다.

　그러나 법률상으로나 사실상으로나 이것이 개인적 절대주의 체제였
다고는 결코 생각하지 말기로 하자. 그 무렵 일반적으로 받아들여지고
있던 훌륭한 통치에 관한 규범에 따르면, 어떠한 우두머리이건 간에 먼
저 조언을 듣지 않고서는 결코 중대사를 결정할 수 없었다. 그러나 이
조언이 백성들한테서 구해지지 않았음은 물론이다. 백성에게서 직접,
또는 백성 사이에서 선출된 사람에게서 그러한 의견을 구해야 한다고
생각한 사람은 아무도 없었다. 백성은 신의 계획에 따라 힘있는 자라든
가 돈 많은 자들을 천부의 대표로서 가지고 있지 않았던가.

　따라서 국왕이나 영역제후가 의견을 구하는 것은 자신의 주요한 신
하와 개별적인 충성서약자한테서, 한마디로 말해 가신제(家臣制)적인
의미에서의 자기 정신(廷臣)들한테서였을 것이다. 가장 자부심 강한 국
왕들조차도 자기네의 국왕증서를 작성할 때 이 필수적인 협의의 이야
기를 상기시키는 것을 결코 잊어버리지 않았다. 오토 1세 황제만 하더
라도 어떤 정해진 집회를 위해 반포되기로 예정된 한 법률이 "몇몇 공
경대부가 결석했다는 이유로" 공포될 수 없었다는 것을 스스로 인정하
지 않았던가.[5] 이러한 규칙이 얼마나 엄격하게 적용되는가 하는 것은

5) *Constitutiones regum et imp.*, t. I, n° XIII, pp.28~29.

세력의 균형에 달려 있었다.

그러나 지나치게 노골적으로 이 규칙을 어긴다는 것은 결코 분별 있는 짓이 아니었을 것이다. 왜냐하면 조금이라도 신분이 높은 신하가 정말 준수하지 않으면 안 된다고 믿었던 유일한 명령이란, 설령 반드시 그들의 동의를 거친 것은 아니라고 할지라도 적어도 그들의 임석 아래 내려진 명령이었기 때문이다. 개인적으로 직접 얼굴을 마주 대하는 형태를 취하지 않고서는 정치적 유대를 생각할 수 없었던 점이 봉건적 세분화의 뿌리깊은 원인 가운데 하나였다는 사실을 다시 한번 인식해야 하겠다.

2. 폭력과 이에 맞서 평화를 구하는 갈망

만일 서술자의 마음이 오로지 법적인 제도를 묘사하는 데에만 기울어진다면, 그래서 봉건사회, 특히 제1기 동안의 봉건사회의 모습을 그려내겠다고 하면서 정작 그 시대 사람들이 끊임없고도 고통스러운 불안의 상태 속에서 살고 있었다는 사실을 잊어버리게 된다면, 이는 현실에 대해 아주 불충실한 이미지를 던져주는 데 그치고 말 것이다. 그것은 오늘날처럼 무장한 여러 국민의 세계가 내포하고 있는 끔찍하고도 집단적인, 그러나 간헐적인 위험으로 인한 극도의 괴로움은 아니었다. 또한 그것은 약자라든가 불운한 이를 짓누르는 경제적 세력의 공포도 아니었다──적어도 그것이 주된 것은 아니었다.

오히려 그 당시에는 매일매일 닥치는 위험이 각 개인의 운명을 짓누르고 있었다. 이 위협은 재산뿐 아니라 바로 신체 자체에도 침범해들어오고 있었다. 게다가 전쟁·살인·권력의 남용이 판을 치고 있었으니, 우리가 분석한 것 가운데 이미 이러한 것들의 그림자가 비치지 않았던 페이지는 거의 하나도 없었다. 폭력이 정말로 한 시대와 한 사회체제의 특징이 될 수밖에 없었던 원인들을 모아보는 데에는 몇 마디 말로 충분할 것이다.

"프랑크족의 로마 제국이 멸망한 뒤 가지각색의 국왕들이 존엄한 옥좌에 오를 때에는 각자에게는 칼자루밖에 의지할 것이 없으리라"고 9세기 중엽 라벤나의 한 성직자는 카롤링거 제국의 위대한 꿈이 사라져가는 것을 보고 개탄하면서 예언자적인 풍으로 말하고 있었다.[6] 이것을 보더라도 그 시절 사람들은 제국의 붕괴로 인해 초래될 해악을 명명백백히 인식하고 있었다. 국가가 무력(無力)한 상태에 있음은 그 자체가 대체로 보아 억누를 수 없는 무질서한 관습에서 비롯된 결과였거니와, 바로 이같은 국가의 무력상태가 이번에는 다시 악의 광포한 발호를 부채질하였다. 이민족의 침입도 이와 마찬가지로, 어디에서나 살인과 약탈을 만연하게 했을 뿐 아니라 더 나아가 권력의 옛 테두리를 부수어버리는 데에도 매우 큰 효력을 발휘하였다. 그러나 폭력은 또한 그 시대의 사회구조와 심성에 아주 뿌리깊이 깃들여 있는 것이기도 하였다.

폭력은 경제의 한 부분으로도 깃들여 있었다. 교역이 드물고 또 곤란하던 시대에 부자가 되는 데 전리품을 빼앗거나 또는 다른 사람을 억압하는 것보다 더 확실한 방법이 있었을까. 지배자와 전사의 한 계급 전체가 주로 이런 방식으로 생활하였거니와, 한 수도사가 태연자약하게 기록한 바에 따르면 어떤 소(小)영주 한 사람은 어느 증서에서 이렇게 말하고 있었다. 나는 "일체의 공조(貢租), 일체의 강제징수나 타유, 일체의 부역이……그리고 기사들이 폭력을 써서 가난한 사람들에게서 습관적으로 빼앗아오곤 하던 그 모든 것 일체가 면제된" 이 토지를 주노라고.[7]

폭력은 법의 영역 안에도 깃들여 있었다. 그 원인 가운데 하나는 장기간에 걸쳐 거의 모든 찬탈을 정당한 것으로 인정해주기에 이르렀던 관습적 원칙에 있었지만, 또 다른 원인은 그때까지 내려오던 뿌리깊은

---

6) *SS. rer.*, *Langob. Saec.* VI~IX(Mon. Germ.), p.385, c.166.
7) *Cartulaire de Saint-Aubin d'Angers*, éd. Broussillon, t. II, nº DCCX(1138. 9. 17).

전통에 따라, 개인이나 소규모 집단이 (살상을 당한 경우에−옮긴이) 스스로 판결하여 상대방에게 복수하는 권능을 인정받고 있었을 뿐만 아니라 심지어는 그렇게 해야 된다는 것이 의무로써 부과되기까지 하였다는 데에 있었다.

집안 단위의 '근친복수'만 하더라도 무한정하게 계속되는 피비린내 나는 참극을 초래하였지만, 공공질서를 끊임없이 위험에 빠뜨리고 있던 개인적 형벌 집행의 형태는 단지 이 근친복수만이 아니었다. 실제상의 것이건 허구적인 것이건 간에 물질적 손해를 입은 희생자는 가해자의 재산 가운데 일부를 빼앗음으로써 직접 손해를 보상받고자 하였는데, 만약 평화집회가 이 권리를 금지하기라도 하는 날에는 오히려 그로 인해 더욱 빈번하게 난리법석을 불러일으키는 계기들 가운데 하나가 새로 터져나오는 것밖에 안 되리라는 것을 사람들은 충분히 알고 있었다.

마지막으로, 폭력은 풍속 안에도 스며들어 있었다. 중세 사람들은 즉각적인 충동을 그리 잘 억누르지 못했고, 고통스러운 광경을 보고도 안절부절못하며 민감하게 반응하는 일이 거의 없었으며, 이 세상에서의 삶을 영원에 이르기 전의 역려건곤(逆旅乾坤)에 불과한 것으로 여기면서 거의 조금도 존중하지 않은데다가 더구나 육체적인 힘을 거의 동물적으로 과시하는 것을 자기네 명예로 여기는 경향이 강했기 때문이다. "성 베드로 교회의 종속민들 사이에서는 날마다 야수와도 같은 참상으로 살인이 저질러지고 있다. 술에 곤드레가 된 탓에, 또는 자기 잘난 맛에, 아니면 도대체 전혀 아무런 이유도 없이 그들은 서로서로에게 덮치고 있다. 1년 동안 35명이나 되는 성 베드로 교회 소속 농노들이 전혀 무고한데도 같은 교회 소속의 다른 농노들에게 죽임을 당하였다. 그런데 살인자들은 회개하기는커녕 자기네들의 범죄를 자랑스럽게 여기고 있다"고 1024년 무렵 보름스의 주교 부르하르트(Burchard)는 기록하고 있다.

약 1세기 후에, 잉글랜드의 한 연대기 작가는 윌리엄 정복왕이 그의 왕국 안에 확립해놓은 위대한 평화를 찬미하면서, 이 평화의 전모를 표현하는 데에는 다음 두 가지의 특징을 드는 것보다 더 나은 일이 있을 수 없다고 생각하고 있었다. 즉 이제부터는 어떠한 사람도 자기가 상대방에게서 어떤 손해를 입었건 간에 다른 사람을 죽여서는 안 되게 되었다는 점과, 누구든 허리춤에 금을 가득 넣어 차고도 위험한 꼴을 당하지 않고 잉글랜드 안을 어디든지 돌아다닐 수 있게 되었다는 점이었다.[8] 이 이야기는 그 당시 가장 흔하였던 악의 두 근원을 소박하게 보여주고 있다. 곧 그 하나는 당시의 사고방식에 따르면 윤리적으로 정당성을 논증받을 수 있는 행위였던 복수이고, 다른 하나는 적나라한 모습 그대로의 산적행위이다.

그러나 이러한 야만적인 사태는 결국 모든 사람을 괴롭히는 것이었으며 우두머리들은 그 어느 누구보다도 심각하게 이같은 야만적인 사태에 의하여 초래되는 재앙에 신경을 곤두세우고 있었다. 그리하여 이 어지러운 시대의 밑바닥 깊숙한 곳으로부터, '신의 선물' 중에서도 가장 값지면서도 또 가장 얻기 어려운 그 무엇인가를 향한 혼신의 힘을 다한 뜨거운 갈망, 곧 평화를 갈구하는 오랜 절규가 솟아올랐다.

여기에서 말하는 평화란 무엇보다도 국내의 평화를 의미한다. 국왕에게도 영역제후에게도 '화평하게 하는 이'라는 칭호보다 더 빛나는 찬사는 없었다. 이 낱말은 그 가장 적극적인 의미로 이해되어야 한다. 즉 평화를 받아들이는 사람이라는 의미가 아니라 평화를 확고하게 수립하

---

8) *Constitutiones*, t. I, p.643, c.30 ; *Two of the Saxon Chronicles*, éd. Plummer, t. I, p.220 ; 이와 관련된 일화를 여럿 모으기는 불가능하다. 그러나 이 시대의 진정한 풍조를 파악하기 위해서는 일화가 필요할 것이다. 예를 들어 잉글랜드의 헨리 1세는 적어도 야수라는 평판을 남기지는 않은 인물이다. 하지만 오르데리쿠스 비탈리스의 저작을 보면, 바로 이 헨리 1세는 서출인 자기 딸의 남편이 국왕 직속 성주의 젊은 아들의 눈알을 도려냈다고 해서 그 벌로 자기 외손녀를 장님으로 만들고 불구가 되도록 하라는 명령을 내렸다고 기록되어 있다.

는 사람이라는 의미이다. "왕국 내에 평화가 깃들여지이다"라고, 국왕
의 성별식이 거행되는 날 기도가 올려진다. "혼란을 가라앉히는 이에게
축복 있을진저"라고 루이 성왕은 선언하게 되리라.

모든 권력자가 공통으로 기울이고 있던 평화에 대한 이같은 배려는
때때로 감동적일 만큼 솔직한 말로 표현되고 있다. 한 궁정시인의 시구
(詩句) 속에서 "폐하께오선 아직 매우 젊으셨나니, 오 군왕이시여, 병
정에 앞서 나아가시매 인가(人家)가 당장 불길에 휩싸여 타올랐던 그때
에만 하여도"라고 읊어진 바 있던 바로 저 크누트 왕이 자신의 슬기로
운 법령에서는 무어라고 말하고 있는지 귀기울여 들어보자. "짐은 누
구나 12세를 넘으면, 결코 도적질을 하지 않겠으며 도적의 공범자가
되지도 않을 것임을 맹세하기 바라노라"고 그는 말하고 있다.[9] 그러나
세속의 대권력은 효력을 가지지 못하고 있었으며, 바로 그 이유 때문
에, 그토록 간절히 갈구되던 이 질서의 기구를 만들어내기 위한 자연발
생적인 노력은 정규적인 권위의 테두리 밖에서 그리고 교회의 격려에
힘입어서 펼쳐지게 되었다.

3. 신의 평화와 신의 휴전[10]

평화의 결사가 태어난 것은 주교들의 집회에서였다. 성직자들 사이
에서는 기독교권 전체를 구세주의 상징적 신체로 여기는 관념에 따라

9) M. Ashdown, *English and Norse documents relating to the Reign of Ethelred the Unready*, 1930, p.137 ; Knut, *Lois*, II, 21.
10) '신의 평화'의 역사에 관한 여러 저작들. 특히 L. Huberti, *Studien zur Rechtsgeschichte der Gottesfrieden und Landesfrieden* : I, *Die Friedensordnungen in Frankreich*, Ansbach, 1892 ; G. C. W. Görris, *De denkbeelden over oorlog en de bemoeeiingen voor vrede in de elfde eeuw*(『11세기의 전쟁과 평화를 위한 노력에 관한 성찰』), Nimègue, 1912 (Diss. Leyde)에는 쉽게 찾아볼 수 있는 참조인용문이 포함되어 있으므로

인류의 연대성이라는 감정이 자라나고 있었다. "어떠한 기독교도도 다른 기독교도를 죽여서는 안 된다. 왜냐하면 기독교도 한 사람을 죽인다는 것은 그리스도의 피를 흘리게 하는 일임에 틀림없기 때문이다"라고 1054년에 나르본 대주교구의 주교들은 말하고 있다. 실제로 교회는 자기네가 유별나게 침해당하기 쉬운 존재라는 사실을 알고 있었다. 그리고 끝으로 교회는 자기네의 직접적인 구성원과 모든 나약한 사람들, 곧 교회법에 따라 교회의 후견 아래 놓여 있던 저 불쌍한 사람들을 보호하는 일을 자기네의 특별한 임무로 여기고 있었다.

그러나 이 운동의 모체였던 제도가 기독교 세계 전체를 포괄하는 성격을 띠고 있기는 했지만, 또 비록 개혁된 교황권이 나중에 지원을 제공해주기는 했지만, 이 사실을 일단 옆으로 밀어놓고 생각할 때 이 운동은 그 기원으로 보아 유별나게 프랑스적인 것이었고 그 중에서도 다시 꼬집어 말한다면 특히 아키텐 지방의 것이었다. 이 운동은 989년 무렵에 푸아티에 근처에 있는 샤루(Charroux)의 종교회의에서 태어난 것으로 보이는데, 곧 이어서 에스파냐 접경의 마르슈(Marche)부터 베리 지방 또는 론 강 유역에 이르기까지 수많은 종교회의들이 잇따라 개최되기에 이르렀다

부르고뉴 지방과 프랑스 왕국 북부지방에서는 겨우 1020년대에나 이르러서야 이 운동이 퍼져나아갔다. 아를 왕국의 몇몇 고위 성직자들과 클뤼니 수도원의 수도원장은 1040년과 1041년에 이탈리아의 주교들에게 이 운동을 선전하는 일을 하였다. 그러나 큰 성공을 거둔 것으로 보이지는 않는다.[11] 로렌 지방과 독일은 11세기 말에 이르러서야 비로소

___

앞으로 이 책에서 출전을 밝히지 않고 사료를 인용하더라도 독자께서는 그리 알아주기 바란다.

11) 반도 남쪽에서 프랑스인 교황(우르바누스 2세)과 노르망디의 귀족이 '신의 휴전'을 도입하였다. Jamison, *Papers of the British School at Rome*, 1913, p.240 참조.

이 운동의 영향을 본격적으로 받게 되었으며 잉글랜드는 전혀 영향을 받지 않았다.

이같은 사태 전개의 특수성은 정치구조의 차이로써 손쉽게 설명할 수 있다. 1023년에 수아송과 보베의 주교들이 평화의 결사를 형성하고 캉브레 교구의 동료 주교들에게도 여기에 가입하라고 권유하였을 때, 캉브레의 고위 성직자는 그들 수아송과 보베의 주교들처럼 프랑스 내에 위치한 랭스 대주교의 보좌주교이기도 했지만 또 아울러 신성로마 제국의 신민이기도 했던 까닭에, 주교가 국왕들에 관한 사항에 개입하는 것은 "온당치 못하리라"고 말하면서 이를 거절하였다. 신성로마 제국에서는, 그 중에서도 특히 제국 주교들 사이에서는 국가 관념이 아직도 매우 생생하게 살아남아 있었고 또 국가 자체만 하더라도 그 과업을 완수하는 데에 전적으로 무능한 것 같아 보이지는 않았다. 이와 마찬가지로 카스티야와 레온 왕국에서도 비록 콤포스텔라(Compostela)의 위대한 대주교 디에고 헬미레스(Diego Gelmirez)가 '로마인들과 프랑크인들'을 본받은 종교회의의 결정을 받아들일 것을 허용하기는 했지만, 이것은 어디까지나 왕국을 적지 않게 약화시키게 되었던 저 1124년의 왕위계승 위기를 겪고 나서야 비로소 이루어진 일이었다.

이에 반해 프랑스의 경우 왕권의 무력함은 어디에서나 불 보듯 환히 볼 수 있었다. 그 중에서도 이같은 공권력 부재현상은 오랜 세월 동안 거의 독립적인 존재를 관습적으로 누려오면서 무정부상태에 놓여 있던 남부지방과 중부지방에서 가장 심하였다. 더구나 이들 지방에서는 예를 들어 플랑드르 공국이나 노르망디 공국처럼 견고하게 구축된 영역제후령이 성공적으로 확립되는 일도 전혀 없었다. 따라서 자립자조를 하거나 그렇지 않으면 무질서 속에서 사라져버리거나 하는 수밖에 없었다.

폭력을 완전무결하게 진압한다는 것은 꿈조차 꿀 수 없는 일이었다. 다만 최소한, 폭력을 어떤 한계 안에 묶어두는 것 정도는 바랄 수 있었다. 우선 어떤 종류의 사람이나 어떤 종류의 대상을 특별한 보호 아래 놓아둠으로써 폭력에 한계를 그으려고 하는 노력이 이루어졌다. 그리고 이것이야말로 원래 '신의 평화'라고 불렸던 것이다.

샤루의 종교회의에서 작성된 금지사항의 목록은 아직도 무척이나 초보적인 것이었다. 즉 우격다짐으로 교회 안에 침입하거나 교회에서 약탈하는 짓, 농민들에게서 가축을 빼앗는 짓, 무장하지 않은 상태의 성직자를 공격하는 짓 따위가 금지되었던 것이다. 이어서 이러한 금지항목은 발전되었으며, 또 명확하게 규정되었다. 그 본질상 보호받을 필요가 있는 사람들 축에 상인이 끼게 되었다. 이것이 맨 처음 결정된 것은 990년 르 퓌(Le Puy)에서 열린 종교회의에서의 일이었던 것으로 생각된다. 금지된 행위의 목록은 이어 더욱 세밀한 형태를 띠면서 그 내용이 다듬어져갔다. 이를테면 물레방아를 부순다든가, 포도나무를 뿌리째 뽑는다든가, 또는 교회에 가거나 교회에서 돌아오는 사람을 공격한다든가 하는 일 등이 금지되었다.

하지만 여기에도 여전히 몇 가지 예외가 대비책으로 마련되어 있었다. 그 가운데 몇몇 조항은 전쟁 때의 필요 때문에 억지로 마련된 것으로 보인다. 1023년에 행해진 '보베의 맹세'에서는 자기 자신이나 자기 수행원의 식량으로 삼기 위해서라면 농민의 가축을 죽여도 괜찮다고 인정하고 있다. 또 다른 예외조항들은 그 당시 어떠한 명령권을 행사하는 데에도 반드시 따라다닐 수밖에 없다고 여겨져서 정당한 것으로 인정받았던 강제적 행위 또는 폭력적 행위를 존중한 결과 마련된 것들이라고 설명할 수 있다. 이를테면 "나는 농노들을 약탈하지 않을 것이다. 나는 그들의 가축을 죽이지 않을 것이다. 나 자신의 영지 안에서의 경우는 제외하고"라고, 1025년 손 강 기슭의 앙스(Anse)에서 모임을 가졌던 영주들은 약속하고 있다.

끝으로, 어떤 종류의 예외조항들은 일반적으로 준수되던 법적·도덕적 전통에 따라 불가피한 것이 되어 있던 그러한 것들이었다. 살인이 행해진 뒤 이에 대해 '근친복수'를 할 권리는 거의 언제나 명시적으로 확보되어 있거나 아니면 아예 언급되지 않음으로써 암암리에 확보되어 있거나 하였다. 무고한 사람들과 힘없는 사람들이 유력자들의 싸움에 휘말려드는 것을 막는 일이나, 나르본의 종교회의에서 언명된 것처럼 토지에 얽힌 또는 채무에 얽힌 분쟁이라는 이유 외에 달리 정당한 이유가 없는 경우에 복수가 행해지는 것을 피하는 일, 특히 산적행위를 단속하는 일 따위의 야심적인 기획만 하더라도 이미 상당히 원대한 목표 설정이라고 여겨지고 있었다.

그러나 특별히 존중되어야 할 사람이나 물체가 있었다고 한다면, 폭력이 금지되는 날도 또한 존재하지 않았겠는가. 이미 카롤링거 왕조의 한 칙령집에서만 하더라도 일요일에 '근친복수'를 행하는 것을 금지하고 있었다. 이 규정은 1027년 루시용(Roussillon)[*1] 지방 '툴롱주 (Toulonges)의 목초지'에서 개최된 그리 크지 않은 규모의 주교회의에서 처음으로 되살아난 것으로 보이는데——되살아났다고는 하지만, 세상에 그리 잘 알려져 있지 않았던 저 프랑크 시대 칙령집에서 그 규정을 직접 이끌어낸 것이라고 굳이 말할 수는 없겠고, 다만 그 규정의 정신만은 살아남아 있었다고 하겠다——, 이 규정은 대체로 다른 형태의 금지령과 한데 어울려 급속히 퍼져나아갔다.

더구나 사람들은 이제 곧 단 하루 동안의 휴전에만 만족해하고자 하지 않게 되었다. 즉 이미 주일(主日)의 복수에 대한 금지령과 나란히 부활제 기간 동안의 복수에 대한 금지령이 나타났는데, 이번에는 북부 지방에서였다(1023년 보베에서의 일). '신의 휴전'——이 정기적인 휴전은 이렇게 일컬어지고 있었다——은 대축제일에 적용된 것은 물론이고, 이와 아울러, 일요일에 앞서오며 또 일요일을 준비하는 기간으로 여겨지고 있던 (수요일 밤 이후) 사흘간의 평일에도 차츰 확대되어갔다. 그리하여 마침내 평화를 위한 날보다 싸움을 위한 날이 더 적어졌다. 여기에서는 원칙적으로 거의 어떠한 예외도 용납되지 않았던 까닭에 어떠한 법이라 할지라도 이보다 더 유익하지는 않았을 것이다. 만약

---

*1 남프랑스 피레네 산맥 기슭의 지명.

지나친 요구조건 때문에 이러한 규칙들이 대부분 사문화한 채 팽개쳐
져버리지만 않았더라면 말이다.

　샤루에서 열렸던 종교회의처럼 아주 초기의 종교회의는 종교적 징벌
로써 제재를 가한다는 극히 평범한 방식으로 규정을 내리는 데 그치고
있었다. 그러나 990년 무렵 르 퓌의 주교 기(Guy)는 그의 주교구에 사
는 기사들과 예농들을 어떤 목장에 모아놓고 "평화를 준수할 것이며,
교회나 가난한 사람들을 억압하여 재화를 빼앗는 일을 하지 않을 것이
고, 이미 빼앗은 것이 있다면 이를 되돌려줄 것임을 선서로써 약속하라
고 그들에게 간곡히 권유하였다⋯⋯. 그들은 거절하였다." 사태가 이
렇게 되자 이 고위 성직자는 자기가 남몰래 모아두었던 군대를 어두운
밤을 틈타 불러들였다. "아침이 되자 그는 고집세게 버티는 사람들로
하여금 강제로 평화를 맹세하게 하고 그 보증으로 볼모들을 내놓게 하
고자 하였다. 하느님의 도우심으로 이 일은 이루어졌다."[12] 이 지방의
구전에 따르면 이상과 같은 것이 최초의 '평화협약'의 기원이었거니와,
이것을 두고 순수히 자발적인 것이었다고 말할 수는 없을 것이다.

　이것말고도 다른 평화협약들이 뒤이어 맺어졌다. 이제 얼마 있지 않
아서, 폭력을 제한하는 데에 마음을 쓰고 있던 (종교적—옮긴이) 회합
들에서는 거의 예외 없이 화해와 선행에 대한 이런 식의 대규모 집단서
약이 치러지게 되었다. 동시에 종교회의에서의 결정으로 고취된 이 선
서는 더욱 정밀해져갔다. 때때로 이 선서에는 볼모를 인도한다는 내용
이 따라붙어 있었다. 평화를 위한 사업에 주민 전체—당연한 일이겠
지만 무엇보다도 대소의 수장들이 주민을 대표하고 있었다—를 참여
시키고자 노력했던 이들 선서결사에야말로 평화운동의 진정한 독창성
이 깃들여 있었다.

　선서를 하지 않은 사람들이라든가 또는 선서는 했는데 이 약속을 어
겨버린 사람들 등에게 강요하거나 벌을 내리는 일이 남아 있었다. 왜냐

12) *Histoire de Languedoc*, t. V, col. 15.

하면 정신적인 징벌에서 기대할 수 있는 효과라는 것은 어느 모로 보나
지극히 간헐적인 것에 불과하였기 때문이다. 종교적 회합에서도 세속
적인 형벌을 제정하고자 애를 쓰기는 하였지만—그것은 특히 피해자
에 대한 배상금 지불과 벌금 납부라는 형태를 띠고 있었다—, 이들
형벌로 말하자면 이를 강요할 수 있는 권력이 존재하는 한에서만 그 자
체로서 얼마간의 중요성이나마 지닐 수 있는 것이었다.

  애초에는 사람들이 기존의 여러 권력에 이 일을 맡기고 있었던 것으
로 보인다. 평화를 깨뜨린 죄는 계속 '지방영주'의 재판관할권 아래 있
었는데, 영주는 자기가 행한 서약에 의하여 정식으로 이 의무를 지고
있었으며, 1000년 푸아티에서 열린 종교회의에서 볼 수 있었듯이 영
주의 이같은 책임 또한 볼모를 붙잡아둔다는 수단에 의해 쉴틈없이 머
릿속에 주입될 수 있었다. 그러나 이는 이미 무력한 것으로 밝혀진 바
로 그전의 제도로 되돌아감을 뜻하는 것이 아니었던가.

  이들 서약결사는 원래 사람들로 하여금 덕행을 행하겠다는 것을 포
괄적으로 선서하게 함으로써 이 사람들을 한데 결합시켜준다는 목적밖
에 가지고 있지 않았는데, 거의 숙명적이라 할 만큼 피하기 어려웠던
사태 진전에 따라 이들 결사는 집행기관으로 변모하는 경향을 보이게
되었다. 경우에 따라서는—적어도 랑그도크 지방에서는 그러하였
다—이들 서약결사가 통상적 재판권의 테두리 밖에서이기는 하되, 순
량(順良)한 질서를 어지럽히는 위반행위를 벌주는 임무를 지닌 특별재
판관을 임명하기도 했던 것 같다.

  어쨌거나 이들 결사 가운데 다수가 명실상부한 민병대를 조직하고
있었음은 확실하다. 이는 요컨대 위협당하고 있는 공동체는 비적을 습
격할 권리가 있다고 인정해주던 오랜 원리를 정규적인 규칙으로 만든
것에 지나지 않았다. 처음에는 여기에서도 역시 기성의 권위를 존중하
려는 배려가 눈에 두드러지게 드러나 보였다. 푸아티에 종교회의에서
결정된 바에 따르면, 죄지은 사람의 본래 영주가 그를 회개시키는 일에
끝내 성공하지 못했을 때 이 임무를 맡게 된 세력은 공동서약에 참여했

던 다른 영주들이었다.

그러나 곧 새로운 유형의 연맹이 결성되어 전통적 테두리를 단호하게 뛰어넘고 있었다. 1038년에 부르주의 대주교 에몽(Aimon)이 결성하였던 동맹에 관한 추억이 우연히 보존된 한 문헌에 담겨 우리에게 전해져오고 있다. 대주교구의 주민 가운데 열다섯 살 이상 된 사람들은 모두 서약을 맺을 것을 강경하게 요구받았는데, 여기에서 중개 역할을 한 것은 교구 주임신부들이었다. 주임신부들은 자기네 교회의 기치를 높이 펴올리고는 소집된 교구민들의 앞장을 서서 행진하였다. 이 민중의 군대는 다수의 성채를 파괴하고 불사르면서 나아갔다. 무장도 형편없는데다가, 또한 사람들 말을 들어볼진대 기병대를 당나귀 등에 태우지 않으면 안 될 지경이었던 이 민중군이 데올(Déols)*²의 영주에 의해 셰르 강 기슭에서 학살당할 때까지, 이 행군은 계속되었다.

어쨌거나 이러한 종류의 결사에 대해서는 필연적으로 열렬한 적개심이 불타오르지 않을 수 없었다. 이같은 적개심은 단지 무질서가 영속화되는 데에 자기네의 가장 직접적인 이해관계를 걸고 있던 사람들의 테두리 안에서만 생긴 것이 아니었다. 왜냐하면 이들 결사에는 의심할 바 없이 위계서열에 상충되는 요소가 내포되어 있었기 때문이다. 즉 이러한 결사는 약탈적인 영주들에 맞서서 예농들을 대항시키려고 했을 뿐만 아니라, 또한—아마도 이것이 주된 이유가 될 것이다—사람들에게 정규적인 권력으로부터 보호받기를 기다리는 대신에 자기 자신을 스스로 지키라고 가르쳤기 때문인 것이다.

카롤링거 왕조의 전성기에 샤를마뉴가 설령 비적의 진압을 목적으로 하는 경우라 할지라도 '길드'나 '형제단'(兄弟團)은 허용할 수 없노라고 금지하였던 때에서 그리 오랜 시일이 지나지는 않았다. 그 당시 이같은 금지령이 내려지게 된 데에는 이들 결사 속에 분명히 게르만인들의 이교도적인 의식이 유풍으로서 살아남아 있었다는 사실도 원인이

*2 프랑스 앵드르 주의 소읍.

되었지만, 그것만이 유일한 동기로 작용하였던 것은 아니다.

그 당시 국가는 공직이라는 관념에 바탕을 두는 것과 아울러, 왕국에 유용하게 쓸 목적으로 채택한 개인적 종속의 여러 관계에도 바탕을 두고 스스로를 확립시키고자 하고 있었는데, 이같은 입장에서 볼 때 경찰권이 국가 자체에서 위임받지도 않은 채 여러 집단의 수중에, 그것도 칙령집에 기록된 것을 보면 일반적으로 농민들로 구성되었다고 이미 알려져 있던 그러한 집단의 수중에 넘어가 있는 것을 묵인할 수 없었던 것이다. 봉건시대의 제후며 영주들도 자기네들의 권리에 대해 이에 못지 않은 집착을 보이고 있었다. 이미 거의 2세기나 지난 뒤 아키텐 지방에서 이 운동의 최후의 분출로서 이루어진 한 삽화적인 사건에서는 이들 제후며 영주들의 반응이 특히 두드러지게 나타나 있다.

1182년에 르 퓌의 한 목수가 환상을 보고 교시를 얻어 평화의 형제단을 창시하였다. 이 형제단은 재빨리 랑그도크 지방 전역, 베리 지방과 오세루아 지방(Auxerrois)*3에까지 퍼져나아갔다. 그들의 표지는 일종의 스카프가 달린 흰 두건이었으며 그 앞쪽에 달린 띠가 가슴 위까지 드리워져 있었는데, 이 띠에는 동정녀 마리아의 상이 그려져 있고 그 둘레에 "이 세상의 죄를 씻어주시는 하느님의 어린 양이시여, 우리에게 평화를 주시옵소서"라는 명문(銘文)이 씌어 있었다. 다름아닌 성모 자신이 목수 앞에 나타나 명문이 씌어 있는 표지를 건네주었다고 이야기되고 있었던 것이다.

이 형제단에서는 일체의 '근친복수'가 명백히 금지되어 있었다. 형제단원 가운데 한 사람이 살인을 저지른 경우에는 어떻게 될까. 죽은 사람의 형제는 자기가 이 카퓌쇼네(Capuchonnés)*4단에 속해 있는 경우, 살인자에게 평화의 입맞춤을 해주고 그를 자기 집으로 데려가 모든 것을 잊어버리겠다는 증거로서 그에게 식사를 대접하는 식이 될 것이

---

*3 지금의 욘 주 오세르 시를 중심으로 하는 지방의 옛 이름.
*4 '두건을 쓴 사람들'이라는 뜻.

다. 그러나 다른 한편으로 볼 때 이들 평화애호자들——그들은 스스로 이렇게 불리기를 좋아하였다——은 결코 톨스토이주의자 같은 사람들은 아니었다. 그들은 야인기사(野人騎士)들에 맞서서 혹독한 싸움을 치르고는 승리를 거두었다.

그러나 이들의 자연발생적인 법의 집행은 오래 지나지 않아 영주층의 불안을 불러일으키게 되었다. 어떤 의미심장한 태도 표변의 예를 들어보자면, 1183년에는 오세르에서 한 수도사가 이 형제단의 선(善)한 봉사자들에게 아낌없이 찬사를 퍼부었는데, 이어 그 다음해에는 바로 이 동일한 수도사가 이들 고분고분하지 않은 '파당'(派黨)에 관하여 비방을 늘어놓고 있었다. 또 다른 한 연대기 작가의 말을 빌리면 사람들은 이 형제단이 "하느님의 의지에 의해 그리고 이 세상의 유력한 사람들의 직무에 의해 우리를 다스리는 여러 제도를 파괴"하려 획책한다고 해서 이들을 비난하고 있었다.

그뿐 아니라 계시를 받은 속인(俗人), 따라서 무식한 인물로 생각되는 이같은 사람들——그것이 목수인 뒤랑이건 또는 잔 다르크이건 간에——의 걷잡을 수 없는 영감은 신앙의 옹호자들에게는 언제나 정통성에 대한 위협을 내포한 것으로 비쳤으며, 또한 이러한 우려에는 그 나름대로의 이유가 없지 않았다는 사실을 덧붙여두기로 하자. 르 퓌의 '서약자들'과 그 동맹자들은 제후, 주교 그리고 야인기사들의 연합군에게 격파당함으로써 그 앞 세기(11세기—옮긴이)에 베리의 민중군이 그러했던 것과 마찬가지로 비참하게 최후를 마치고 말았다.

이같은 파국은 더욱 광범위한 평화운동 전반의 좌절을 알려주는 징후——징후치고는 유달리 웅변적이라 하겠지만——일 따름이었다. 종교회의도 동맹도 평화가 깃들일 수 있게 되려면 결코 빠져서는 안 될 요소인 효율적인 경찰력과 공정한 재판권을 창출하는 데에 전혀 힘을 발휘하지 못했던 까닭에 혼란을 지속적으로 억제하는 일에는 결코 성공하지 못하였다. "인간이라는 종족은 똑같은 잘못을 거듭 저질러대는 개와도 같았다. 약속은 했더라도 이 약속을 지키지는 않았던 것이다"라고 라울 르 글라브르(Raoul le Glabre)[*5]는 적고 있다. 그러나 이 사라져 버린 장대한 꿈은 다른 사회환경 속에 가지각색의 형태로 그 깊고도 깊은 흔적을 남겨놓게 되었다.

1070년에 르 망(le Mans)[*6]에서는 프랑스의 코뮌 운동이 처음으로 전개되었는데, 그 실마리를 이룬 것은 약탈적인 영주를 징벌할 목적으로 그의 성채에 대하여 교회의 기치를 바람결에 휘날리면서 감행한 공격들이었다. 이 르 망의 새로 형성된 단체가 자기네의 포고를 내거는 데에 쓰고 있던 '성스러운 제도들'이라는 어휘에 이르기까지, 이 사건은 모든 면에 걸쳐 '평화' 운동을 연구하는 역사가들에게 잘 알려져 있는 요소들을 갖추고 있었다. 물론 이 도시의 부르주아들은 평화운동과는 그 성질이 아주 다른 여러 가지 필요에 따라 단결할 것을 마음먹게 된 것이 사실이다.

그러나 결사에 가입한 회원들 사이에서 근친복수를 억제하거나 또는 진압하고, 또한 밖으로는 비적들에 대해 싸움을 하는 것이 원래부터 도시의 '우호선린단'(amitié)——시민들 가운데 몇몇 집단은 스스로 이 미명(美名)으로 일컬어지는 것을 즐겨하고 있었다——을 형성시킨 주된 구실 가운데 하나였다는 사실을 어찌 잊어버릴 수 있겠는가. 그 중에서도 특히, 평화협약에서 코뮌 협약에 이르기까지 두 종류의 협약에 모두 깃들여 있음으로써 이들 두 종류의 협약 사이에 친연관계를 맺어주는 특징, 우리가 이미 살펴본 바대로 혁명적인 짙은 색채를 담고 있던 그 특징, 곧 평등한 사람끼리의 서약이라는 요소를 어찌 상기하지 않을 수 있겠는가.

하지만 종교회의나 고위 성직자의 후원 아래 창설된 대규모 형제단의 경우와 달리 코뮌은 단 하나의 도시 내에서, 강력한 계급적 연대감

---

*5 ?~1050. 부르고뉴 출신의 연대기 작가. 그가 작성한 『연대기 900~1046』은 중세의 가장 흥미로운 사료 가운데 하나이다.
*6 프랑스 북서부 루아르 분지 북쪽의 지명.

으로 뭉쳐 있고 더구나 이미 어깨를 나란히 맞대고 함께 어울려 살아온 그러한 사람들을 한데 결집시키는 일에 그치고 있었다. 범위를 이렇게 좁혔다는 사실이야말로 코뮌 운동이 힘을 발휘할 수 있었던 주된 이유 가운데 하나였다.

그러는 동안 국왕이니 영역제후니 하는 사람들 자신도 사명감에서 또는 이해관계에서, 영내의 질서를 추구하고 있었다. 1226년에 한 프로방스 백작이 스스로를 칭하는 데에 채택하였던 칭호가 명백하게 가리키고 있듯이, 그들이 자기들 나름대로 각기 자신의 영역 안에서 "위대한 평화수립자"[13]가 되고자 할 때, 원래는 자기네와 무관하게 출현한 이 평화운동을 자기네에게 유리하게 이용하고자 하는 일을 어찌 오랫동안 망설일 수가 있었겠는가.

이미 에몽 대주교는 주교 관할구의 진정한 통치권을 세우고자 노력하면서 저 유명한 베리 민병대를 자신의 이익을 위한 수단으로 이용할 것을 꿈꾸고 있었던 것으로 보인다. 카탈루냐의 경우 백작들이 처음에는 종교회의에 참석하는 것으로 그치고 있었으나, 얼마 있지 않아서 종교회의의 결정사항을 자기 자신의 포고문 안에 짜넣었으며, 또한 이렇게 내용을 빌려오면서 이를 변형시키기도 했고, 이를 통하여 교회의 평화를 차츰 군주의 평화로 전환시키게 됨을 목격할 수 있었다.

랑그도크 지방과 특히 마시프 상트랄의 주교구에서는 12세기에 화폐의 유통이 진전됨으로써 평화의 결사들이 정규적인 재정을 갖출 수 있게 되었다. 혼란으로 인하여 희생당한 사람들에게 보상을 해주고 아울러 군사작전의 비용을 마련할 목적에서, '평화공동기금' 또는 '프자드' (pezade)라는 이름으로 원조금이 징수되었다. 교구의 조직이 이 원조금의 징수에 이용되었으며, 주교가 금고를 관리하였다.

그러나 이 기부금은 아주 급격하게 그 원래의 성격에서 빗나가게 되

---

13) R. Busquet, *Les Bouches-du-Rhône*, *Encyclopédie départementale*, Première partie, t. II, *Antiquité et moyen âge*, 1924, p.563.

었다. 권문세가들——그 중에서도 특히 툴루즈의 백작들, 여러 백령을 거느린 봉건적인 주군 또는 영주들——은 주교들에게 원조금으로 들어오는 수입을 자기네와 나누어 가지자고 윽박질렀다. 또 주교들 스스로도 이 원조금의 원래 목적을 잊어버리고 말았다. 그리하여 결국은, 자연발생적으로 이루어졌던 자기방어를 위한 이 위대한 노력이 이곳 프랑스에서는 놀랄 만큼 이른 시기부터 속지세(屬地稅)의 창설에 한몫 기여했다고 하는 가장 영속적인 결과——왜냐하면 '프자드'는 구체제(Ancien Régime)가 존속하는 동안 끝까지 살아남아 있었으므로——를 낳게 되었던 셈이다.

평화를 서약하게 하려는 목적으로 대규모 집회를 소집한 로베르 경건왕*7을 제외한다면, 카페 왕조의 국왕들은 그들 생각에 아마도 재판관으로서의 자기네 임무를 침해하는 것으로 여겨졌다고 할 수 있는 제도인 평화운동에 그리 배려를 기울인 것 같지 않다. 루이 6세 치하에서는 교구에서 징집된 사람들이 영주의 요새를 습격하는 것을 목격할 수 있었는데, 이는 국왕에 대한 직접적인 봉사로서 수행된 것이었다. 1155년에 루이 6세를 뒤이은 국왕(루이 7세—옮긴이)이 10년간을 기한으로 설정하여 공포한 정식 평화선언으로 말하자면, 일반적인 종교회의의 결정에서 받은 영향도 물론 아주 두드러지기는 했지만 그래도 이는 그 자체로서 국왕의 권위에 입각한 법령이라는 성격을 모두 갖추고 있었다.

이와는 반대로 북부 프랑스에서 가장 강력한 영역제후령들, 다시 말해 노르망디 공국과 플랑드르 백령의 경우 그 군주들은 처음에는 서약으로 맺어진 평화결사의 사업에 스스로 참여하는 편이 유용하다고 생각하였다. 1030년에 이미 플랑드르의 보두앵 4세 백작은 누아용-투르네(Noyon-Tournai)의 주교와 한데 협력하여 집회를 개최하고, 여기

---

*7 그는 기근과 반란이 자주 발생하자 '신의 평화·휴전' 정책으로 반란을 진압하였다.

에 모인 사람들에게 대규모의 집단적 선서를 시켰다. 1047년에 캉(Caen)에서 열린 한 종교회의는—아마도 플랑드르의 평화령 문서에서 영향을 받은 때문이겠지만—신의 휴전을 선언하였다.

그러나 무장동맹은 전혀 결성되지 않았다. 그러한 것은 허용되지도 않았을 테지만 또 형성될 필요도 없다고 보았을 것이다. 이어서 백작이나 공작 등은 아주 급속하게—노르망디의 경우, 공작이 스칸디나비아 법에 고유한 몇 가지 전통에 힘입어서—종래에 교회가 차지하고 있던 순량한 질서의 입법자, 재판자 또는 감독자라는 자리를 대신 떠맡게 되었다.

평화운동이 가장 지속적인 영향을 미쳤으면서도 동시에 가장 기이한 일탈을 겪게 된 것은 신성로마 제국에서였다. 우리는 이 운동이 처음에 신성로마 제국에서 부딪쳤던 심한 거부반응에 관해서 익히 알고 있다. 하긴 이 나라에서도 11세기 초엽 이래 대규모 집회가 개최되는 동안에 수많은 사람들이 전반적인 화해를 나눌 것과 일체의 폭력행위를 자제할 것을 권유받았음을 분명 목격할 수 있다. 하지만 그러한 조치가 취해진 것은 국왕의 의회에서, 그리고 국왕의 포고를 통해서였다. 평화운동은 적어도 하인리히 4세와 그레고리우스 7세 사이에 일대 접전이 벌어지던 시기까지는 계속 이러한 상태에 머무르고 있었다.

그후 1082년에 처음으로 리에주(Liège)에서 신의 휴전이 선포되었는데, 이는 교구 내 제후들의 협조를 얻은 주교에 의하여 이루어졌다. 선포 장소와 시기는 모두 주목받을 만하다. 즉 장소로 볼 때 독일 본토보다도 이 로타링기아 지방은 서부 유럽에서 여러 가지 영향을 받기가 더 쉬웠다. 다른 한편, 시기로 볼 때 그것은 하인리히 4세에 맞서는 최초의 대립국왕이 옹립된 지 겨우 5년이 경과한 때였다. 더욱이 한 황제파 주교의 발의에 따라 이루어진 이 신의 휴전 문서는 결코 그 칼날을 왕권에 맞서서 겨누고 있는 것이 아니었다. 하인리히 4세는 그것을 추인하였다.

그러나 그것은 저 아득한 아래쪽 이탈리아에서였다. 거의 같은 무렵,

독일 내에서도 황제의 권위가 더 이상 인정되지 않고 있던 지방에서는 제후들이 무질서와 맞서 싸우기 위하여 한데 결합할 필요를 느끼고 있었다. 교회와 국지적 권력은 분명히 국왕의 임무를 손아귀에 잡으려는 경향을 보이고 있었던 것이다.

하지만 황제권은 이러한 무기를 포기하기에는 아직도 너무나 강력하였다. 이탈리아에서 돌아오자마자 하인리히 4세는 자기가 직접 나서서 폭력행위에 맞서는 법률을 제정하기 시작하였으며, 이때부터 여러 세기에 걸쳐 때때로 황제나 국왕들이 또는 이러저러한 특정 지방에, 또는——이런 경우가 훨씬 흔하기는 했는데——제국 전역에 적용되는 광범위한 평화령을 반포하는 것을 목격할 수 있었다. 이것은 예전 관행으로 그냥 그대로 되돌아가는 것을 의미하지는 않았다. 로렌 지방을 통하여 전파된 프랑스 평화운동의 영향으로 독일 왕권도 그전과 같은 아주 포괄적인 법령들 대신에 더욱더 세부에 이르기까지 꼼꼼하게 내용이 정해진 방대한 규정을 제정하는 것을 배우게 되었으니 말이다.

그러한 경향이 아주 심해짐에 따라서 이제 그 원래의 목적과는 별로 밀접한 연관성을 가지지 않는 온갖 종류의 규정들도 이들 법령문 안에 점차 끼여드는 관행이 생겼다. "평화령(Friedesbriefe)은 독일인들이 이용하고 있는 유일한 법령이다"[14]라고 13세기 초엽에 슈바벤 지방의 한 연대기 작가는 말하고 있거니와 이는 올바른 지적이다. 종교회의와 서약결사에 의하여 시도된 위대한 노력은 결과적으로 랑그도크 지방에서 영역제후의 조세를 창출하는 데에 한몫 기여했을 뿐만 아니라 독일에서 국왕의 입법이 되살아나는 데에도 이바지하였으니, 이러한 사실은 적잖이 역설적인 일이었다.

10세기와 11세기의 잉글랜드에도 그 나름대로의 평화동맹, 평화의

---

14) *SS.*, t. XXIII, p.361. 또한 Frensdorff(*Nachr. von der Kgl. Gesellsch. zu Göttingen, Phil. hist. Kl.*, 1894). 카탈루냐와 아라곤에서도 마찬가지의 변화가 일어났다.

'길드'가 존재하고 있었다. 930년과 940년에 문서로 작성된 런던 평화 길드의 규약은 불안정과 폭력에 관한 것을 알려주는 드물게 보는 기록 문서이다. 약식으로 처리되는 재판, 가축도둑의 꽁무니를 열나게 쫓아 가는 추적자들의 모습, 이런 것을 볼 때 우리는 마치 영웅적인 '프런티 어' 시대의 미국 서부의 개척자들 사이에서 살고 있는 것처럼 착각하게 되지 않겠는가. 그러나 여기에서 평화 길드라는 것은 대충대충 형성된 한 공동체가 이룩하고 있던 전혀 세속적인 치안제도였으며 민중이 만 들어낸 형사법전이었는데, 그 피비린내 풍기는 가혹성——규약문서 본 문에 추가된 조항이 바로 그 증거이다——은 국왕이나 주교들에게 충격 을 주고도 남음이 있었다.

'길드'라고 이름할 때, 게르만법에서는 혈연적인 유대의 테두리 밖 에서 형성되어 어느 정도는 이 혈연적 유대를 대신하여 들어서게끔 되 어 있던 그러한 자유인의 결사를 뜻하고 있었다. 이같은 길드의 주된 특징을 이루는 것으로는 서약이 행해진다는 것, 이교(異敎)를 믿던 시 대에는 종교적인 헌주(獻酒)제사에 곁들여 베풀어지곤 하던 정기적인 술잔치, 경우에 따라 조성되는 공동의 기금 그리고 무엇보다도 상호부 조의 의무 등을 들 수 있다. "우호선린을 위해서도, 또 복수를 위해서 도, 무슨 일이 일어나더라도 우리는 결속된 채로 있을 것이다"라고 런 던 길드의 규약에서는 말하고 있다.

개인적인 종속관계가 생활의 모든 측면에 퍼지는 것이 대륙보다 훨 씬 더 느렸던 잉글랜드의 경우에는 이들 결사가 카롤링거 왕조 국가에 서처럼 금지령에 부딪치기는커녕, 질서 유지를 위해 이들 결사에 의지 하기를 바라고 있던 국왕들이 자진해서 이를 인정해주었다. 혈족의 책 임 또는 영주의 책임이 질서 유지라는 기능을 발휘할 수 없었던 경우 에는 어떻게 될까. 그때에는 구성원에 대한 길드의 책임이 이를 대신해 주었다.

노르만 정복 후에 아주 강력한 왕권이 수립되었을 때 왕권 쪽에서는 앵글로색슨의 전통으로부터 이 상호보증의 관행을 물려받았다. 하지만 그것은 결국은 이를——우리가 이미 그 역사를 개관한 바 있는 '자유인의 상호보증'(frankpledge)이라는 이름으로[15]——새로운 영주체제의 톱니바퀴 가운데 하나로 삼기 위한 것이었다. 잉글랜드는 수장의 권력이 자유인의 집단적 행동을 완전히 굴복시키지는 못하고 있던 하나의 체제에서 곧바로 엄격한 왕국체제로 넘어간 독특한 역사적 전개과정을 보여주던 사회였으며, 이로 인하여 이곳에서는 프랑스적 유형의 평화제도들이 끼어들 여지를 찾아볼 수 없게 되었다.

유럽 대륙 자체에서도, 적어도 평화를 향한 열렬한 갈망을 표명한 것은 종교회의나 맹약이었으나, 마침내 이를 구체적으로 실현시키는 일은 여러 세력의 재편성이라는 불가결한 작업의 수행과정에서 왕권과 영역제후의 권력이 담당한 몫이었다.

---

15) 이 책 제1권의 p.602 이하를 보라.

제5장

국가의 재건을 향하여 : 국민적 진전

1. 세력 재편성의 이유

봉건시대 제2기가 경과해가는 과정에서, 그때까지 극도로 세분되어 있던 인간에 대한 지배권력이 곳곳마다 더욱 광대한 유기적 조직체에 집중되기 시작하는 것이 눈에 띄었다. 물론 이들 유기적 조직체는 결코 새로운 성격의 것은 아니었으나, 활동 능력이라는 면에서는 정말로 쇄신되어 있었다. 독일처럼 얼핏 보기에는 예외라고 여겨지는 곳도, 국가를 오로지 왕권이라는 색안경을 끼고서만 바라보는 일을 그만두게 되는 순간 당장 예외가 아니게 된다. 이렇게까지 전반적인 현상은 서유럽 전체에 한결같이 공통되게 깃들여 있던 원인들로 말미암아 생겨난 결과였을 따름이리라. 이러한 여러 원인을 낱낱이 들려면 일찍이 권력의 세분화를 이끌었던 원인들의 일람표를 거꾸로 해서 더듬어가는 것으로 대충은 충분할 것이다.

이민족의 침입이 중지되자 왕권과 영역제후의 권력은 그때까지 그들의 힘을 소모시켜온 하나의 과제에서 벗어나게 되었다. 동시에 이민족의 침입이 중지됨에 따라 인구가 엄청나게 비약적으로 늘어날 수 있게 되었는데, 이는 11세기 중엽부터 시작된 토지개간작업의 진전이 여실히 증명해주고 있다.

인구밀도가 증가함으로써 질서의 유지가 더욱 손쉬워졌을 뿐만 아니라, 덕분에 도시, 수공업자층 그리고 교역 등등의 부활 또한 용이해졌다. 그리고 또 화폐의 유통이 더욱 풍부해지고 더욱 활발해짐에 힘입어 조세가 다시 모습을 보이게 되었다. 그와 더불어 급료를 지불받는 관료층이 형성되었고, 세습되는 계약적 봉사라는 비효율적인 제도를 대신하여 들어선 용병부대가 출현하였다. 중소 영주들도 이러한 경제적 전환에서 어김없이 이득을 이끌어내고 있었음이 분명하다. 즉 이미 살펴보았듯이 그들도 자기들 나름대로 '타유'를 거둬들이고 있었던 것이다.

그러한 가운데서도 국왕이나 영역제후들이 거의 언제나 그 어느 누구보다도 더 많은 땅을 가지고 있었고 또한 더 많은 가신들을 거느리고 있었다. 게다가 그들은 자신들의 권위의 바로 그 성격으로 해서 세금을—특히 교회나 도시에서—거두어들일 기회를 많이 가질 수 있었다. 필리프 오귀스트 왕이 사망할 무렵 왕의 하루 수입은 그 수량의 면에서 따져볼 때, 아주 굉장한 부자 축에는 들지 못한다고 생각되지만 그래도 유례없이 번창하고 있는 지방에 상당히 광대한 토지재산을 가지고 있던 한 수도원 영주가 조금 나중에 보고한 1년 수입의 절반과 대략 일치하였다.[1] 이렇게 하여 국가는 그때부터 스스로의 우위를 확보하는 데에 본질적으로 필요한 요소, 곧 어떠한 개인이나 사적인 집단과도 비교가 안 될 만큼 막대한 재원을 획득하기 시작하였다.

---

1) 코농 드 로잔(Conon de Lausanne)의 증언에 따르면 필리프 오귀스트 왕이 승하했을 때의 하루 수입은 1,200파리 리브르였다(*SS.*, t. XXIV, p.782). 파리의 생트 주느비에브 수도원의 연간수입은 1246년 '십일조'의 계산에 따르면 1,810파리 리브르였다(*Bibliothèque Sainte-Geneviève*, ms., 356, p.271). 아마도 처음의 수치는 너무 높게, 나중의 수치는 너무 낮게 제시된 듯하다. 그러나 이 편차를 바로잡기 위해, 두 시점 사이에는 물가의 등귀가 있었던 것 같다는 점을 덧붙이기로 하자. 어쨌든 이러한 대조적인 수치는 눈여겨둘 만하다.

정신적인 성향의 변화도 같은 방향으로 이루어지고 있었다. 11세기 말엽부터 비롯된 문화적 '르네상스'에 힘입어 사람들은 공권력에 대한 개인의 종속을 뜻하는, 또 그 성질상 언제나 어느 정도 추상적이게 마련인 사회적 유대라는 개념을 그전보다 좀더 잘 이해할 수 있게 되었다. 이 문화적 르네상스는 치안이 잘 유지되었으며 왕권이 확립되어 있었던 그 옛날의 위대한 국가들, 곧 법전이나 역사서들을 보아도 알 수 있다시피 절대군주 아래에서 장엄한 영화를 누리고 있었다는 로마 제국이라든가 전설숭상벽(傳說崇尙癖)에 의해 미화된 카롤링거 제국 등에 관한 기억도 아울러 되살려내고 있었기 때문이다.

물론 이러한 여러 가지 영향들에 의해서 변화를 일으킬 수 있을 만큼 높은 교양을 지닌 사람들은 수적으로 보아 압도적인 일반 대중에 비한다면 여전히 한줌밖에 되지 않았다. 그러나 이들 엘리트 자체만을 놓고 본다면 그 수효가 종전보다 훨씬 늘어나 있었다. 무엇보다도 특히 교육은 속인들 사이에서 지체 높은 귀족들뿐만 아니라 기사계급에 이르기까지 보급되어 있었다.

이들 장티욤은 어떠한 행정관이라고 할지라도 동시에 전투 지휘관을 겸해야 하게 되어 있던 이 시기에 그런 점에서 성직자보다 한결 쓸모가 있었으며, 세속적인 권력들과는 거리가 먼 관심사에 신경을 쓰는 일도 성직자들에 비해 한결 적었을 뿐 아니라, 더 나아가 법의 실무 분야에서 오랜 세월 동안 능숙하게 일해왔으면서도 재산은 별로 변변하지 못한 사람들이었다. 그런데 바로 이들이 부르주아지보다 훨씬 앞선 시기에 플랜태저넷 왕조 헨리 2세 치하의 잉글랜드라든가 필리프 오귀스트 왕이나 루이 성왕 치하의 프랑스 등, 면모를 쇄신한 왕국의 참모부를 형성하게 되었다.

문서 작성의 관례, 문서 작성에 대한 애호 그리고 그것이 가진 가능성 등으로 해서 국가는 행정상의 문서보관소를 창설할 수 있게 되었다. 이같은 행정 문서보관소가 없었다면 국가가 진정으로 존속될 수는 없었을 것이다. 이들 문서는 봉(封)마다 의무로 부과되어 있는 봉건적 봉사의 일람표, 정기적으로 기입된 부기(簿記), 발송했거나 수령한 문서의 등록부 등이었다. 또한 12세기 중엽부터는 앵글로 노르만 국가와 시칠리아 왕국——이 역시 노르만인이 세운 국가이다——에서, 그리고 12세기 말 무렵부터 13세기 전반에 걸쳐 프랑스 왕국과 프랑스의 대영역제후령 대부분에서 수많은 각서들이 출현하였다. 이러한 문서의 출현은 관료제라는 새로운 세력, 또는 새롭지는 않다고 하더라도 적어도 그때까지는 대교회와 교황청에만 한정되어 있던 이 세력이 지평선 위에 그 모습을 일으켜 세우고 있었음을 예고하는 징후였던 셈이다.

이 관료제의 발전은 기본적인 특징을 볼 때 거의 보편성을 띠고 있었지만, 그럼에도 불구하고 각 나라마다 서로 아주 다른 노선을 따라 진행되었다. 여기에서는 일종의 실험 삼아서 세 유형의 국가를 간단히 살펴보는 것으로 그치기로 하겠다.

2. 새로운 왕국 : 카페 왕조

전성시대의 카롤링거 왕국은 그 힘을——하기야 이 힘도 다른 것과 비교하면 전혀 상대적이기는 하지만——몇 가지 일반적인 원칙의 적용에 의하여 이끌어내고 있었다. 일반적인 원칙이란 모든 신민에 대하여 군사적 봉사를 요구하는 것, 국왕재판소가 우위를 차지하는 것, 당시에는 명실상부한 관직자였던 백작에게 복종을 요구하는 것, 도처에 국왕의 가신들로 이루어지는 그물과도 같은 조직을 형성하는 것, 교회에 대하여 지배권을 가지는 것 등이었다.

이 모든 원칙 가운데 10세기 말엽의 프랑스 왕권에 남아 있는 것은 무엇이었던가. 실로 거의 아무것도 없었다. 물론——그 중에서도 로베르 가문의 공작들이 왕위에 오름에 따라 자기네들의 충성서약자들을 휘하에 거느리게 된 때부터는 특히 더——꽤 많은 수의 중소 기사들이 여전히 국왕에게 직접 신종선서를 바치고 있었던 것은 사실이다. 하지만 그때 이후로 이러한 기사를 찾아볼 수 있는 지역이란 왕조 스스로가

백작의 권한을 행사하고 있던 북부 프랑스의 아주 좁은 지역뿐이었다
고 해도 과언이 아니다.

이제 그밖의 지방에서 왕조가 상급제후들 외에 거느리고 있던 신하
들이라고는 사실상 배신(陪臣)들밖에 없었다. 이러한 것은 신변 가까
이에 있는 영주만이 윤리적으로 결부되어 있는 유일한 영주라고 느끼
던 그 시절로서는 국왕에게 엄청나게 불리한 사태였다. 백작들 또는 여
러 백령을 수중에 장악하고 있던 사람들은 이리하여 수많은 가신관계
의 사슬을 이어주는 중간고리가 되어 있었는데, 물론 그들이 자기네의
높은 지위를 국왕한테서 받아 지닌다는 사실을 부정한 것은 결코 아니
었다. 그러나 관직은 특별한 유형의 의무를 짊어진 세습재산이 되어
있었다.

"나는 국왕의 이익에 맞서는 행동을 결코 한 적이 없다. 국왕의 입장
에서 볼 때에는 봉토를 이런 사람이 차지하건 또는 저런 사람이 차지하
건 문제가 아니니 말이다"[2]라고 외드 드 블루아(Eude de Blois)가 말
한 것으로 당대의 한 기록자는 전하고 있는데, 이 외드는 그때 위그 카
페의 다른 어느 가신한테서 믈룅(Melun)에 있는 백작의 성채를 빼앗으
려 꾀하고 있었다. 외드가 했다는 이 말은, 가신관계 자체가 존속하고
있는 한 그러하다는 의미를 담고 있었다. 마치 소작인이 "지대만 지불
된다면 나 개인이 누구인가 하는 문제는 상관없다"고 말하는 것쯤으로
나 여겨질 노릇이다. 그런데도 이 충성과 봉사라는 임대료는 이 경우에
는 흔히 제대로 지불되지 않곤 하였다.

당시의 실태로는 국왕이 군대를 이용하려고 할 때 의존할 수 있었던
것을 모두 들어보더라도, 얼마 안 되는 자기 휘하의 가신들과 국왕 권
력이 여전히 행사될 수 있었던 대상인 교회의 '기사들', 그리고 자기
자신의 촌락과 바로 그 교회의 영지에서 징집한 농민병들뿐이었다. 때
로는 공작이나 세력 큰 백작들 몇 명이 자기네에게 분담된 병력을 국왕

2) Richer, IV, 80.

에게 제공하기도 하였다. 그런데 이는 국왕의 신하로서라기보다는 오히려 동맹자로서 행하는 일이었다.

변함없이 국왕의 재판소에 자기네의 송사를 제기해오는 소송인들도 있기는 했지만, 우리는 여기에서도 또한 동일한 부류의 사람들을 목격하게 된다. 곧 그들은 고작해야. 직접적인 신종선서에 의하여 국왕과 결부되어 있는 소영주들이나 국왕교회들뿐이었던 것이다. 1023년에는 블루아(Blois) 백작이라는 권문세가의 일원이 궁정의 판결에 복종하는 척하는 일도 있기는 했지만, 이것은 소송 대상이 되고 있던 바로 그 봉토들이 우선 자기에게 넘어온다는 것을 조건으로 내세운 상황에서의 일이었다.

주교구 가운데 3분의 2 이상은——루앙, 돌, 보르도 그리고 나르본 등의 4대 교구 전역도 이와 마찬가지이다——영역세력인 문벌들의 지배 아래 들어 있었으므로 왕권의 수중에서 완전히 벗어나 있었다. 사실대로 말하자면 계속해서 왕권 휘하에 직접 복속하고 있던 주교구는 아직도 많았다. 그러한 몇몇 주교구 덕분에 왕권은 르 퓌를 포함한 아키텐의 중심부에까지도, 또는 누아용-투르네를 통하여 플랑드르 백작의 지배권 아래 놓여 있던 지방의 바로 한복판에까지도 어느 정도는 그 존재를 계속 과시하고 있었다. 그러나 국왕 휘하에 있던 이들 주교구 자체도 대부분은 루아르 강과 신성로마 제국 국경 사이에 집중되어 있었다. '국왕' 수도원의 경우도 마찬가지로 그러하여서, 이러한 수도원의 대종을 이루는 것은 로베르 가문(카페 가문-옮긴이)이 아직 공작이던 시절에 수도원의 파렴치한 찬탈자로서 손에 넣어 유산으로 물려준 것이었다. 이같은 교회는 왕권을 버티어주는 힘의 최대 원천 가운데 하나가 되었다.

그럼에도 불구하고 카페 왕조의 초기 국왕들이 너무나도 나약해 보였기 때문에, 이들 국왕이 나누어줄 수 있는 떡고물의 근원이 되는 특권들에 대해서는 다름아닌 국왕수도원의 성직자들마저도 그리 큰 가치를 부여하지 않았다. 위그 카페 치세 10년 동안에 나온 국왕증서는 12

개가 알려져 있는데, 그와 동시대인인 독일의 오토 3세로부터는 20년
도 안되는 치세 동안에——그 가운데 초기의 몇 년은 미성년 기간이었
다——400개 이상의 국왕증서가 나왔던 것이다.

서프랑크에서 빚어진 왕권의 쇠약과 그 이웃의 대국(신성로마 제
국—옮긴이)에서 목격할 수 있었던 왕권의 비교적 강한 광채 사이의 이
러한 대조는 그 시대 사람들에게 아주 깊은 인상을 심어주지 않을 수
없었다. 로타링기아에서는 케를링거(Kerlinger), 즉 샤를 대머리왕이
다스리던 옛 왕국의 주민들의 '막되어먹은 풍속'이 즐겨 사람들의 입에
오르곤 하였다.[3]

그런데 이러한 대조를 확인하기는 쉽지만 그 대조의 이유를 설명하
기는 그리 쉽지 않다. 카롤링거 왕조에서 수립된 여러 제도가 동·서
프랑크 가운데 어느 한쪽에서 다른 한쪽에 비해 원래부터 그 세력을 덜
발휘하고 있었다든가 하는 것은 아니었다. 아마도 사회구조의 심층에
가로놓인 여러 사실들 속에서 그 설명을 찾아내야만 할 것이다. 봉건적
인 권력세분화를 초래한 커다란 원동력이 된 것은 언제나, 한정된 지역
의 우두머리 또는 사적(私的) 개인들의 우두머리가 소규모 집단에 대해
권력을 행사하였으며 이리하여 이들 소집단이 더욱 강대한 그 어떤 권
위에서도 벗어나게 되었다는 바로 그 점이었다.

그런데 전통적으로 고분고분하게 복종하지 않는 지역이었던 아키텐
을 일단 옆으로 밀어두고 생각한다면, 엄밀히 말해서 프랑스 왕국의 중
심부를 이루고 있던 지역이란 바로 농촌영주제가 가장 오래 전 시대부
터 나타났으며 또 사람에 대한 사람의 '탁신(託身)제'가 가장 성행한
곳이었던 루아르 강과 뫼즈 강 사이의 지방이었다. 토지재산의 대부분
이 농민 보유지이거나 또는 봉토였던 지방, 일찍부터 어떤 사람을 '자
유인'이라고 지칭할 때 이는 영주가 없는 사람이 아니라 자기 주인을

---

3) *Gesta ep. Cameracensium*, III, 2(*SS.*, t. XVII, p.466) ; 또한 III, 40,
p.481도 참조하라.

선택할 권리를 유일한 특권으로서 여전히 지니고 있는 사람을 뜻하게 되어 있던 이 지방에서 진정한 국가가 발붙일 여지란 이제 거의 없었던 것이다.

그렇지만 이렇게 옛 공법(公法)이 무너졌다는 사실 자체가 결국은 카페 왕조의 운명에 유리한 방향으로 작용하게 되었다. 분명히, 새로운 왕조가 카롤링거 왕조의 전통과 손을 끊으려고 생각한 적은 결코 없었다. 새 왕조는 스스로의 정신적인 힘 가운데 최량의 부분을 그 전통으로부터 이끌어내었으니 말이다. 그러나 카페 왕조는 필요에 쫓겨 프랑크 국가의 케케묵은 구닥다리 조직체들을 다른 권력기구들로 대체하지 않을 수 없었다. 지난날의 국왕들은 백작을 자기네의 권한대행자로 여겼던 까닭에, 이들 관리의 중개를 통하지 않은 다른 방법으로는 상당한 규모에 이르는 그 어떤 영역도 다스릴 수 없다고 믿고 있었다. 위그 카페가 카롤링거 왕조의 마지막 국왕들한테서 물려받은 유산들 중에는 국왕의 직접통제 아래 놓여 있는 백령이라는 것은 전혀 없었다. 그와 반대로, 백작의 '명예봉'을 축적함으로써 영화를 이룩하게 된 한 가문의 후예들이었던 카페 왕조의 왕들은 지극히 당연하게도 왕위에 오르고 난 뒤에도 바로 그러한 영지증식(領地增殖)정책을 계속 추진해갔다.

바른 대로 말하자면 이 정책에는 무엇인가 불확실한 요소가 없지 않았다. 우리 프랑스의 국왕들은 때때로, 밭뙈기를 한 뼘 한 뼘씩 불려나아가는 농민에 비유되곤 하였다. 그런데 이러한 이미지는 이중으로 착오를 불러일으킨다. 그것은 도유식을 받은 자인 동시에 위대한 전사였으며, 또한 언제나——감수성으로 보아 그들과 같은 것을 공유하고 있던 기사계급과 마찬가지로——모험이 지닌 매력에 위험스러울 정도로 온몸을 바치고 있던 국왕들의 심성을 표현하는 것으로서는 아주 형편없다. 또한 이러한 이미지는 일련의 연속성이 여러 국왕들의 계획 속에 깃들여 있었던 것으로 상정할 때 생겨날 수 있는 것이지만, 역사가가 조금만 더 가까이에서 고찰해보더라도 이같은 연속성은 좀처럼 확인해낼 길이 없다.

위그 카페가 파리, 코르베유(Corbeil) 그리고 믈룅의 백작으로 책봉해주었던 부샤르 드 방돔(Bouchard de Vendôme)에게 이미 수도원에 들어간 지 오래된 아들 한 명말고는 다른 직계상속인이 아무도 없었다는 사태가 벌어지지 않았더라면 영역제후령들 가운데 가장 두려워할 만한 곳에 위치한 제후령이 일 드 프랑스 지방의 바로 심장부에 세워졌을 것이다. 앙리 1세는 한술 더 떴으니, 그는 어느 국왕증서 안에서 파리의 사봉(賜封)조차 전혀 있음직하지 않은 일은 아니라고 여기고 있었다.[4] 분명히, 카롤링거 왕조의 여러 관행으로부터 빠져나오기란 쉬운 일이 아니었던 것이다.

그러나 11세기 초엽 이래로 국왕들은 일련의 백령을 차례차례 손에 넣고서 여기에 새로운 백작을 아무도 임명하지 않게 되었다. 바꾸어 말하자면 통치자들은 충분한 이유가 있어서 이들 권문세가를 더 이상 관직자로 여기지 않게 되었으며, 이에 따라서 점점 거리낌없이 스스로가 자기네 백령의 백작 행세를 하게 된 것이다.

선조한테서 상속받은 것이건 최근에 합병한 것이건 간에 국왕의 영지에는 이리하여 중간권력이라는 차단막이 제거되어 있었으며, 그로 인해 이제는 제각기 꽤나 협소한 관할구의 우두머리 자리에 앉은 꽤나 자잘한 인물들이 왕권의 유일한 대표자 노릇을 하게 되었다. 이들 '프레보'(prévôt)[*1]는 그 대수롭지 않은 지위로 말미암아 거의 위험성이 없는 존재로 여겨졌는데, 이들 가운데 몇몇이 초기에 아버지에서 아들로 대를 이어가며 그 직책을 물려받았던 것으로 보이는 것도 사실이기는 하다.

---

4) Tardif, *Cartons des rois*, n° 264.

*1 이 어휘는 프랑스에서 여러 가지 의미를 가지고 있으며, 일반적으로 어떤 부서의 우두머리로서 재판권을 가진 사람을 말한다. 11세기 이래 국왕이 봉토화하지 않은 부(副)백작 관할구에 임명한 프레보는 국왕에 관한 업무를 집행하는 존재로, 국왕수입의 징수권, 군사적 임무와 약간의 재판권을 가지고 있었다.

하지만 그들의 주군인 국왕들은 12세기가 경과하는 동안 그리 큰 수고도 들이지 않은 채 그들 거의 전원을 기한부의 권리청부인으로 전환시켜버렸다. 이어서 필리프 오귀스트 왕 이래로 행정적 위계서열의 상층부에 바이이(baillis)*2니 세네샬이니 하는 진정한 봉급제 관리가 출현하게 되었다. 프랑스의 왕권은 새로운 사회적 조건에 적응하여 별로 광대하지 않은 인간집단을 직접 지배하는 데에 바탕을 두고 자기네 권력을 신중하게 수립하고 있었기 때문에, 상황이 호전되어 세력의 재편성이 용이해졌을 때에는 이 상황을 이용하여 대단히 오래된 이념과 감정—왕권은 이들 이념과 감정을 계속해서 구현해오고 있었다—에 유리한 방향으로 커다란 이득을 이끌어낼 수 있었다.

그러나 이런 식으로 상황의 덕을 본 것은 왕권만이 아니었다. 왜냐하면 아직도 존속하고 있던 대영역제후령의 내부에서도 똑같은 현상이 발생했기 때문이다. 외드 드 블루아는 1022년 무렵에 가문의 연고관계를 약삭빠르게 이용하여 트루아에서 모(Meaux) 그리고 프로방스에까지 걸치는 모자이크 조각 같은 백령들을 손에 넣는 데에 성공하였다. 반면에 13세기 초엽의 샹파뉴 영방은 장자상속법을 기초로 삼음으로써 이후로는 영토의 분할을 배제하게 된 상속법을 구비하였으며, 훌륭하게 규정된 행정관구와 자체의 관리 및 문서보관소를 가지고 있었다. 바로 이 샹파뉴 (영방)국가와 위에서 말한 대로 외드 드 블루아가 손에 넣었던 조각조각난 백령들 사이에는 로베르 경건왕이 다스리던 당시의 프랑스 왕국과 루이 8세*3 치하 프랑스 왕국 사이에서 볼 수 있던 것에 못지 않게 심한 차이가 났다.

이렇게 하여 형성된 대영역제후령의 통치조직은 정말로 탄탄한 것이어서, 왕권에 의해 최종적으로 합병되었을 때조차도 그 틀이 무너지지

---

*2 왕의 이름으로 재판하던 대법관.

*3 재위 1223~26. 남프랑스를 정복하고 이단자 처벌법을 공포했으며, 세 왕자에게 영지를 나누어주어 왕족영지제를 채택하였다.

않았다. 아무튼 프랑스 국왕들은 프랑스를 통일했다기보다는 오히려 한데 긁어모았다고 말할 수 있겠다.

잉글랜드에는 (하나의—옮긴이) '마그나 카르타'(대헌장)가 있었음에 반해 프랑스에는 1314년과 1315년에 걸쳐 노르망디인(人), 랑그도크인, 브르타뉴인, 부르고뉴인, 피카르디인, 샹파뉴인, 오베르뉴인, 서부의 '바스 마르슈'(Basses-Marches)인, 베리인, 니베르네인(Nivernais)*4 등등에게 각각의 카르타가 주어지고 있었다. 잉글랜드에는 하나의 의회가 있었음에 반해 프랑스에서는 지방삼부회(États provinciaux)가 전국삼부회(États Généraux)보다도 언제나 훨씬 더 빈번히 열리고 요컨대 이보다 더 적극적으로 활동하고 있었다. 잉글랜드에는 지역적인 예외의 영향을 거의 받지 않는 하나의 '보통법'(common law)이 있었음에 반해 프랑스에는 헤아릴 수도 없을 만큼 많은 잡동사니 지역적 보통법이 있었다.

이만큼이나 되는 대조가 프랑스의 국민적 진전에 무겁디무거운 짐을 얹어놓게 되었다. 사실 프랑스의 왕권은 그 기본적인 권력을 아주 '봉건적인 방식으로', 즉 백령과 성주령, 교회에 대한 여러 권리 등의 집적에서 이끌어내었던 까닭에, 일단 국가가 되살아난 후에조차 그같은 잡다한 집적의 흔적을 영구히 지니게 된 것처럼 보인다.

3. 고풍스러운 왕국 : 독일

몽테스키외는 "봉(封)의 영속성은 독일에서보다도 오히려 프랑스에서 일찍 확립되었다"고 확인하면서 그 원인은 "독일 민족의 점액질적인 기질, 감히 말하자면, 정신의 요지부동한 성격"에 있다고 파악하였다.[5] 이러한 견해는 몽테스키외가 '아마도'라는 말로써 누그러뜨렸다고는

---

*4 중심 도시는 네베르(Nevers). 프랑스 중부의 지방.

5) *Esprit des Lois*, XXXI, 30.

하지만 확실히 대담하기 짝이 없는 심리 분석이다. 그러나 이것이 유례 없이 예리한 직관이라는 점에는 변함이 없다. 우리는 '점액질적인 기 질'이라는 표현 대신에 온건하게 '고풍스러움'(archaïsme)이라는 말을 쓰기로 하자. 이 고풍스러움이라는 낱말은 중세 독일 사회를 시대 시대 마다 프랑스 사회와 비교해볼 때 그 어떤 연구작업에서도 여지없이 머 릿속에 떠올리지 않을 수 없게 되는 말이다.

그런데 이미 살펴보았듯이 이러한 관찰은 가신제 · 봉 · 영주제 · 서사 시에도 들어맞는 것이며——서사시는 전설에서 따온 그 주제와, 또 그 불가사의한 내용에서 풍기는 이교적인 분위기로 하여 정녕 고풍스러운 것이었다——경제분야에서도 이에 못지 않게 정확히 적용되는 것이었는 데(독일에서는 '도시의 부흥'이 이탈리아 · 프랑스 · 플랑드르 등에 비 해 1세기 또는 2세기 뒤처져 이루어졌다), 국가의 진화 쪽으로 눈길을 옮겨보아도 이 고찰의 진가는 고스란히 유지된다. 사회구조와 정치구 조 사이에서 이루어진 이같은 일치, 우리가 다시 한번 확인하게 된 이 일치보다 더 결정적인 경험도 없다. 독일은 '봉건화하고' 또 '영주제화 (領主制化)하는' 것을 기준으로 볼 때 프랑스보다 그 심도(深度)가 훨 씬 얕았고 그 보급의 정도 또한 크게 못 미쳤던 반면에, 이 나라의 왕 권은 프랑스보다도 훨씬 더 오랫동안 카롤링거 왕조식의 유형에 충실 하게 매달려 있었으니 말이다.

독일 국왕은 백작들의 보필로 나라를 다스리고 있었는데, 백작들은 자기네의 세습성을 서서히 뒤늦게 인정받게 되었을 뿐이며 또 이를 일 단 확인받은 다음이라고 하더라도 백작은 여전히 봉토의 보유자라기보 다는 관직의 보유자로 여겨졌다. 이들 백작은 통치자와 직접적으로 가 신관계를 맺고 있지 않은 경우라고 하더라도 명령을 내리고 벌을 내리 는 그들의 권리, 즉 '금령 행사권'을 원칙적으로 다름아닌 통치자의 특 별위탁에 의하여 보유하고 있었는데, 이 점에서는 불수불입권을 누리 는 교회의 '재속 대리인'이나 마찬가지였다.

물론 여기서도 왕권이 영역제후령과의 경쟁, 그 가운데에서도 특히 앞

에서 우리가 살펴본 대로 독특한 구조를 가진 저 공국(公國, duché)이
라는 형태로 존재하고 있던 제후령과의 경쟁에 부딪친 것은 사실이다.
공작들은 오토 왕조의 군주들에 의하여 억압당하거나 (영토를—옮긴이)
분할당하기는 했지만 그럼에도 불구하고 여전히 위험스러울 만큼 강력
했고 또 고분고분하지 않았다. 그러나 국왕들은 그들에 맞서서 교회를
이용하는 술수를 깨우치고 있었다. 왜냐하면 카페 왕조의 경우와는 달
리, 샤를마뉴에게서 독일을 물려받은 후계자들은 왕국 내 거의 모든 주
교구의 지배자로서의 위치를 고수하는 데에 성공하였기 때문이다.

　하인리히 1세가 바이에른 공작에게 바이에른 지방의 주교구들을 넘
겨주는 데에 동의할 수밖에 없었던 것은 사실이다. 그러나 이는 임기응
변의 조치에 지나지 않았으며 곧 취소되었다. 또 그 나중에 프리드리히
바르바로사 황제가 엘베 강 동쪽 사제구(可祭區)들을 작센 공작에게 넘
겨준 것도 선교 대상인 지방에 관련하여 이루어진 일이었을 뿐이며, 더
욱이 이 양도 또한 별로 더 오래 지속되지 않았다. 알프스 지방의 작은
주교구들도 사제서품을 자기네 수석대주교인 잘츠부르크 대주교에게
위임하고 있었던 것은 사실이지만 이 예외적인 경우는 별로 커다란 의
미가 없는 것이었다.

　왕궁의 예배당은 제국의 고위 성직자를 양성하는 신학교였는데, 무
엇보다도 왕권 이념의 연속성을 유지해준 것은 교양있고 야심적이며
정무에 능통했던 이들 성직자 신분의 요원들이었다. 엘베 강에서 뫼즈
강에 이르는, 그리고 알프스에서 북해에 이르는 여러 주교구와 국왕수
도원은 화폐나 현물의 공납, 군주나 그 수행원들에 대한 숙박편의의 제
공 그리고 무엇보다도 군사적 의무라는 그들의 '봉사'를 통치자 마음대
로 이용할 수 있게 제공하였다. 교회가 제공하는 분담병력은 국왕군 가
운데 가장 중요하고도 가장 안정된 부분을 이루고 있었다.

　그러나 이것만이 전부가 아니었다. 왜냐하면 국왕은 자신의 모든 신
민들에게 계속해서 원조를 요구하였으며, 또 비록 원래 의미에서의 국
민총동원령인 '전국소집령'(clamor patriae)이 실제로는 이민족의 침입

때 국경지방에 한해서 적용되는 것에 불과하였다고 하더라도, 왕국 전역의 공작들과 백작들에게는 자신들의 기사를 거느리고 국왕에게 봉사할 의무가 부과되어 있었으며, 실상 이 의무는 그런 대로 꽤 효과적으로 수행되고 있었기 때문이다.

하지만 이 전통적인 체제는 한번도 완벽하게 기능을 발휘한 적이 없었다. 확실히 이 체제는 '로마 원정'이라는 장대한 계획을 가능하게 해주는 것이었다. 그러나 바로 그렇기 때문에, 이 체제는 지나치게 광대하며 그 자체 시대착오적인 야망을 부채질함으로써 이미 위험수위에 다다르고 있었다. 왜냐하면 국내적으로 볼 때 체제의 골격은 실제로 그와 같은 부담을 감당해낼 만큼 충분히 튼튼한 것이 되지 못하였기 때문이다.

교회가 제공하는 약간의 재정적 '봉사' 말고는 조세라는 것을 거두어들이는 법도 없고 봉급을 받는 관료도 없으며 상비군도 갖추지 못한 이러한 정부, 편리한 의사소통 수단을 가지지도 못했으며 사람들이 느끼기에 물리적으로나 정신적으로나 정말로 멀리 떨어져 있는 존재였던 이 유랑하는 정부가 어떻게 신민들의 한결같은 복종을 얻어내는 데에 성공할 수 있었겠는가. 어느 국왕의 치세에서도 반란을 면할 수가 없었던 것이다.

결국, 프랑스에 비해 시간적으로 약간 늦게 시작되고 또 그 양상에서도 많은 차이가 있기는 했지만, 공권력이 세분되어서 개인적인 명령이 통용되는 소집단으로 갈라지게 되었다는 사태 진전은 프랑스와 마찬가지로 독일에서도 지배적이었다. 그 중에서도 특히 백령의 해체는 이 독일이라는 건축물로부터 필수적인 기반을 조금씩 빼앗아가고 있었다.

그런데 다른 한편으로 독일의 국왕들은 영역제후 따위보다는 훨씬 더 우월한 존재였기 때문에, 프랑스의 국왕이 된 로베르 가의 공작들이 차지해온 것처럼 좁기는 하지만 지리적으로 훌륭한 위치에 있던 영지와 비슷한 것은 전혀 가지고 있지 않았다. 하인리히 1세가 즉위 이전에

보유하고 있던 작센 공국조차 결국은——비록 면적이 조금 줄어든 상태
로이기는 하지만——왕권의 수중으로부터 떨어져나가고 말았다. 이는
관습이 점차 법률로서의 효력을 지니게 되었던 초기의 실례들 가운데
하나였다.

　고관대작의 봉(封) 가운데, 몰수되거나 또는 보유자의 공석으로 인하
여 국왕의 수중에 일시적으로 들어온 것이 있다고 하더라도 이는 거의
조금도 지체없이 다시 봉토로 수여되지 않을 수 없었다. 신성로마 제국
의 왕권이 띠고 있는 특징이었던 이 원칙[*5]은 무엇보다도 왕권의 진전
에 치명적이었다. 이것이 프랑스에도 적용되었더라면 필리프 오귀스트
왕은 노르망디를 보유하지 못하였을 것이다. 마치 그보다 30년쯤 전에
독일에서 프리드리히 바르바로사 황제가 하인리히 사자공[*6]한테서 빼앗
은 두 공국을 왕령에 합병하려다 이를 실제로 저지당해버린 것처럼 말
이다.

　확실하게 말하자면 제후층의 압력 아래에서 이 원칙이 정말로 엄격
하게 규정된 것은 12세기에 와서의 일이기는 하였다. 하지만 이 원칙
이 독일에서는 백작이나 공작이라는 '명예봉'에 한사코 따라다니던 관
직으로서의 성격에서 비롯된 것이라는 점에는 전혀 의심의 여지가 없
다. 군주가 자기 자신을 스스로의 권한대행자로 세운다는 역설적인 일
이야 일어날 수 없지 않았겠는가. 물론 독일 국왕은 수많은 촌락의 직
접영주였으며, 자기 자신의 가신, 자기 자신의 미니스테리알레스 그리
고 자신의 성을 거느리고 있었다.

　하지만 그 모든 것은 넓디넓은 지역에 흩어져 있었다. 하인리히 4세
는 뒤늦게나마 이것이 내포한 위험성을 깨닫게 되었다. 1070년 이래

---

*5 이것이 이른바 강제사봉(强制賜封, Lehnzwang)의 원칙이다.
*6 하인리히 사자공은 작센 공과 바이에른 공을 겸했는데, 하노버 남쪽 고슬라
　르 지역의 영유를 둘러싸고 프리드리히 바르바로사와 불화를 일으켜 1180년
　에 대역죄로 몰림으로써 영지를 몰수당하고 잉글랜드로 망명하였다.

그는 작센에다 철저하게 요새로 둘러싸인 명실상부한 일 드 프랑스 같은 것을 만들어내려고 애쓰게 되었다. 이 일은 실패로 돌아갔다. 왜냐하면 교황과의 싸움이라는 중대한 위기, 그렇게도 숱한 취약점의 싹을 온 세상에 드러내보이게 된 바로 그 위기가 이미 눈앞에 닥쳐와 있었기 때문이다.

여기서도 또다시 감히 시대착오라는 낱말을 쓰지 않으면 안 되겠다. 몇 년 전부터 독일의 하인리히 4세와 그레고리우스 7세 교황을 서로 맞서게 하고 있던, 얼핏 보면 진부한 갈등이 1076년에 갑자기 걷잡을 수 없는 격렬한 싸움으로 돌입하게 된 원인은 보름스에서 일어난 그 극적인 사건에 있었다. 다시 말해 아직 파문당하지 않고 있던 국왕이 독일의 종교회의와 협의한 다음 교황의 폐위를 선언해버렸던 것이다.

그런데 이러한 거동은 일찍이 일어났던 일을 되풀이한 것에 지나지 않았다. 오토 1세는 한 명의 교황(요하네스 12세—옮긴이)을 폐위시킨 적이 있었다. 하인리히 4세 자신의 부친인 그의 선대(先代) 국왕(하인리히 3세—옮긴이)은 한꺼번에 세 명의 교황을 폐위시켰다. 다만 그때 이후로 세계가 변해 있었다. 바로 황제들 자신에 의해 개혁된 교황권은 그 도덕적 권위를 되찾고 있었으며, 또 종교적 각성을 위한 일대 운동에 힘입어 교황권은 정신적인 가치의 지고한 상징이 되어 있었던 것이다.

우리는 앞에서 이미 이 장기간에 걸친 싸움이 독일에서 세습의 원칙을 어떻게 결정적으로 파괴시켜버렸던가를 살펴보았다. 교황과의 이 싸움으로 인하여 독일의 통치자는 이탈리아라는 구렁텅이, 끝도 없이 되살아나는 이 구렁텅이에 철저하게 빠져들어버리고 말았다. 이 싸움은 모든 반란을 결정적으로 태어나게 하는 초점 구실을 하였다. 무엇보다도 특히 이 싸움은 교회에 대한 황제의 권력에 깊은 타격을 주었다. 물론 그렇다고는 하지만 13세기에도 국왕들이 주교나 수도원장의 임명에 영향력을 전혀 미치지 못하게 된 것은 아직 아니었으며, 이 영향력은 치세에 따라 또 시기에 따라 극히 다양하게 차이나 나기는 했지만 그래도 전체적으로 볼 때에는 아직도 상당히 강력한 것이었음이 사실이다.

그러나 고위 성직자는 이때부터 봉(封)의 상징인 홀(笏)을 건네받음으로써 서품되었다. 따라서 그는 더 이상 관직의 보유자로는 여겨지지 않게 되었으며 앞으로는 단순한 봉건영주로나 생각되게 될 터였다. 더욱이 종교적인 의식의 진화에 따라 국왕이라는 존귀한 자리가 신성한 가치를 지니고 있다고 하는 그때까지의 관념이 뒤흔들리게 되면서, 성직자들은 초자연적인 것의 우위성에 관한 의식——성직자들 사이에서는 이 의식이 그전보다 한층 강력하게 느껴지고 있었다——과 충돌을 일으키고 있던 지배의 기도에 대하여 명백히 덜 순종적인 태도를 보이게 되었다.

이와 나란히, 지방으로 내려가보면 그전에는 왕권의 대리인이었던 사람들이 사회의 변화로 말미암아 이제는 세분된 영지의 세습영주로 결정적으로 탈바꿈하게 되었고, 그 원래 의미에서의 자유인의 수효가 줄어들고 있었으며, 마지막으로 한 가지 더 말하자면, 재판소가 점점 더 영주제적인 것이 되어가면서 그 공적인 성격을 크게 상실해버리고 있었다. 확실히 12세기에만 하더라도 프리드리히 바르바로사 황제는 아직도 대단히 강력한 국왕으로서의 면모를 보여주고 있었다. 더욱 풍요로운 교양, 더욱 높은 자각을 바탕으로 쌓아올린 교양에 의해 배양된 제국 이념이 그의 치세에서만큼, 또 그의 측근들 사이에서만큼 강력하게 표명된 적은 결코 없었다. 그러나 버팀벽이 허술했고, 또 당대의 여러 세력에 제대로 적응하지도 못하고 있던 이 구조물은 이때 벌써 조금만 거친 충격을 받아도 대번에 마구 뒤흔들리는 상태에 빠져 있었다.

그러는 동안 왕권의 폐허 위에, 그리고 낡은 종족적 대공국의 폐허 위에, 이와는 다른 성격의 권력들이 태어날 채비를 하고 있었다. 12세기 말에서 13세기로의 전환기 무렵부터는 그때까지만 하더라도 비교적 느슨하게 결합되어 있던 영역제후령들이 차츰 관료제를 갖추고 치안상태가 비교적 좋으며 조세제도를 실시하고 대표제(代表制) 의회를 갖춘 영방국가로 탈바꿈해가는 것을 보게 된다. 가신조직 가운데 살아남은 요소들은 이들 영방에서는 영방군주에게 유리한 방향으로 이용되었으며, 교회조차도 영방군주에게 복종하였다.

정치적인 측면에서 말하자면 하나의 독일이라는 것은 이미 존재하지 않다시피 하였다. 그 대신 프랑스에서 말하고 있던 것처럼, 존재하는 것은 '여러 독일 국가들'이었다. 한편으로는 독일에 특유한 사회적 진화의 지체(遲滯)가 있었다. 그리고 다른 한편으로는 거의 유럽 전역에 공통된 현상으로서 공권력의 집중에 유리한 안성맞춤의 조건들이 출현하고 있었다. 이들 두 계열의 인과관계의 사슬이 한데 마주침으로써 독일에서는 세력의 재편성이 곧 옛 국가의 장기간에 걸친 분열이라는 대가를 치르면서 이루어질 수밖에 없었던 것이다.

4. 앵글로 노르만 왕국 : 정복에서 비롯된 사항들과 게르만의 유제

앵글로 노르만 국가는 롤로에 의한 서부 네우스트리아 정복과 윌리엄 정복왕(기욤 서자공)에 의한 잉글랜드 정복이라는 이중의 정복을 출발점으로 하여 태어났다. 잉글랜드의 구조가 조금씩 땅조각을 모아붙여서 세워진 영역제후령의 구조나, 오랜 세월에 걸친 그리고 때로는 혼란에 싸여 있던 전통을 걸머져야 했던 왕국들의 구조에 비해 훨씬 더 정연하였던 것은 바로 이러한 기원 때문이었다.

더욱이 제2의 정복, 즉 잉글랜드 정복은 때마침 경제적·정신적 조건들의 변화에 힘입어 서유럽 전역에서 권력 세분화에 대한 투쟁이 유리하게 전개되기 시작하던 바로 그 시기에 이루어졌다는 사실을 덧붙이기로 하자. 행운의 결과를 빚은 전쟁에서 태어난 이 왕국이 거의 처음부터 문서에 바탕을 두고 세워진 것으로 보이며, 그리고 마찬가지로 아주 일찍부터 이미 교육받은 요원을 구비하고 관료제적인 관습을 지니고 있었던 것으로 보인다는 점은 시사하는 바가 크다.

앵글로색슨 시대 말기에 잉글랜드에서는 고전적인 유형을 따라 백령을 집적함으로써 형성된 명실상부한 영역제후령이 앵글로색슨 출신 백작(earl)의 손으로 세워지고 있음을 볼 수 있었다. 정복전쟁과 그에 이은 몇몇 반란, 그리고 이 반란의 무자비한 진압의 결과로 토착 대수장들이 정치무대에서 사라져버렸기 때문에, 그런 면에서는 국가의 통일을 가로막는 위험은 완전히 제거된 것으로 보일 수도 있었다.

그러나 한 사람의 국왕이 왕국 전체를 직접 다스릴 수도 있다는 생각은 이것대로 사람들에게 너무나도 생소하게 여겨지고 있었던 까닭에 윌리엄 정복왕 자신도 비슷한 유형의 복수(複數)의 지배권(支配圈)을 설정하지 않으면 안 되겠다고 믿었다. 왕권의 입장에서 볼 때 다행스러웠던 것은, 왕권에 반항적인 사람들에게 맡겨져 있던 두려울 만큼 강한 정치적 형성체들이 바로 이들 상급 제후들의 불충실로 인해——웨일스 쪽 변경지대에 자리잡은 체스터 백령과 스코틀랜드 쪽 변경지대에 위치한 더럼(Durham) 교회제후령 등지만 빼놓고——아주 일찌감치 폐지되기에 이르렀다는 점이었다.

국왕들은 여전히 때때로 백작 직위를 신설하곤 하였다. 그러나 비록 유력인사들이 백작 칭호를 지니고 백령(伯領)[7]을 다스린다고 하더라도 이제부터 그들이 이 백령에서 행할 수 있는 일이라고는 단지 재판수입 가운데 일부만을 받는 것밖에 없도록 되어 있었다. 재판권의 행사 자체, 군대의 소집, 재정수입의 징수 등은 영어로 셰리프(sheriff)라고 불리는 국왕의 직접적인 대리인의 수중에 장악되어 있었다. 이들 셰리프는 관리였을까. 완전히 그렇다고는 할 수 없다. 왜냐하면 우선 그들은 국고에 일정한 금액을 납부한다는 조건으로 자신들의 직책을 청부받고 있었기 때문이다. 경제적인 조건들 때문에 아직 봉급제가 허용되지 않고 있던 시대에는 이 청부제야말로 봉토 지급을 원하지 않는 경우에 제공될 수 있는 유일한 해결책이었다. 셰리프가 엄밀한 의미의 관직자가

---

[7] 주(州, county)를 말한다.

아니었던 두번째 이유로는, 초기에는 그들 가운데 꽤 많은 수의 사람들이 이 직책을 세습화하는 데에 성공하였던 점을 들 수 있다.

그러나 이러한 위험스러운 사태 전개는 플랜태저넷 왕조 통치자들의 강력한 손아귀에 걸려 갑자기 저지당하게 되었다. 1170년에 헨리 2세가 한꺼번에 왕국 내의 셰리프 모두를 해임하고 그 행정실적을 조사했으며 그들 가운데 단지 몇 명만을 다시 임명하였을 때, 이제는 잉글랜드 전체를 통해서 국왕이야말로 그의 이름으로 명령을 내리는 사람들의 주군이라는 사실이 어느 누구의 눈에도 분명해졌다. 잉글랜드에서는 관직이 봉과 완전히 혼동되는 일은 결코 없었으며, 그러한 까닭에 잉글랜드는 유럽 대륙의 그 어느 왕국보다 훨씬 더 일찍부터 진정으로 통일된 국가를 이루고 있었다.

그런데 봉건적이라 할 때 또 어떤 면에서 보면 그 어느 나라도 잉글랜드보다 더 완벽하게 봉건적이었다고 할 수 없다. 그렇기는 하지만 잉글랜드의 경우에는 결국, 왕권이 봉건제로부터 위광의 증대를 이끌어내는 그런 식으로 봉건제가 이루어져 있었다. 땅덩어리 전부가 (봉건적—옮긴이) 보유지였던 이 나라에서 국왕은 문자 그대로 모든 영주들의 영주가 아니었던가 말이다.

그 중에서도 특히 군사적 의무가 뒤따르는 봉토제도가 잉글랜드만큼 조직적으로 적용된 곳은 아무 데도 없었다. 이렇게 하여 징모된 군대에서 본질적인 문제는 주지하다시피, 국왕 또는 영역제후를 직접 섬기는 가신으로 하여금 배신들—어쩔 수 없이 그들이 군대의 대부분을 구성하게 되어 있었다—을 수적으로 충분할 만큼 거느리고 봉건소집군에 참여하게 할 수 있는가였다.

그런데 이 직속가신이 제공해야 할 기사의 수는 다른 곳의 경우에 아주 흔히 볼 수 있었던 것처럼 각양각색의 관습에 맡겨진다거나 또는 개별적인 협약—이는 제대로 존중되지 않는 경향이 다소 있었다—에 맡겨져버린다거나 한 것이 아니라, 각 배런령(領)에 대하여 중앙권력이 확고하게, 적어도 최저 몇 명이라는 형태로 규정해놓고 있었다(이러한 방식은 우선은 노르망디 공국에서 나타났으며, 이어서 잉글랜드에서는 이보다 훨씬 더 넓은 범위로 실시되었다). 그리고 거의 어떠한 실행의 의무도 그에 해당되는 금액만큼의 화폐로 대체될 수 있다는 것이 원칙으로 받아들여졌기 때문에 국왕들은 이미 12세기 초엽부터 때때로, 병력 대신 기사의 수효에 비례하여 책정된, 또는 당시에 흔히 쓰이던 표현에 따르면 직속가신들이 반드시 제공해야만 했던 '방패'의 수효에 비례하여 책정된 부과금을 그들에게서 거두어들이는 관례를 가지게 되었다.

그러나 경탄할 만큼 잘 정비된 이같은 봉건적 조직은 더 오래된 과거에서 빌려온 전통과 결부되어 있었다. 네우스트리아의 여러 백령이 점령된 때부터 '해적공작들'은 탄탄하게 다져진 평화를 확립하고 있었거니와 이러한 평화를 유지하는 일에는 숙영(宿營)의 군율(軍律), 곧 데인족 출신 역사가인 삭소 그람마티쿠스(Saxo Grammaticus)*8에 따르면 전설상의 정복자인 프루드(Frode) 왕이 제정했다는 저 법률과 비슷한 그러한 군율이 기반을 이루고 있었다는 것을 어찌 인정하지 않을 수 있겠는가.

그 중에서도 특히 앵글로색슨의 유산이 차지하고 있던 몫을 과소평가하지 않도록 주의하자. 1086년에 윌리엄 정복왕이 "누구를 영주로 섬기는 신하인가를 막론하고" 잉글랜드에서 권위를 가진 모든 사람들에게 요구하였던 충성의 서약,*9 그리고 윌리엄을 곧바로 뒤이은 두 국왕들도 모든 사람들에게 재차 행하라고 요구하였던 충성서약──모든 가신제의 유대관계를 초월하며 이것에 우선하는 그 선서──은 요컨대, 모든 만족 국가에서 익히 찾아볼 수 있었으며 카롤링거 왕조뿐만 아니라 웨식스 왕조의 여러 통치자들도 실시했던 옛 신민서약(臣民誓約)과

---

*8 12세기 중엽~13세기 중엽에 생존하였으며, 덴마크 초기 역사의 중요한 사료인 『데인인 사적록(事蹟錄)』을 집필했다고 알려져 있다.
*9 이른바 솔즈베리의 서약.

전혀 다를 바 없었지 않은가.

앵글로색슨 왕국은 아무리 그 말기에 들어서서 무력하게 보였다고 할지라도 그래도 역시 그 당시의 모든 국가들 가운데 유일하게 조세제도를 유지할 수 있던 나라였다. 이 조세는 처음에는 데인족 침입자들에게 대상금(代償金)을 지불하는 데에 쓰였으며 그 다음에는 이들과 싸우는 데에 쓰였으므로 여기에서 '데인세(稅)'라는 이름을 가지게 되었다. 이 굉장한 유산이 존속하고 있었던 것을 볼 때 잉글랜드 섬에서는 다른 나라보다 화폐 유통상태가 더 양호했다는 점을 상정할 수 있는 것으로 생각되는데, 노르만 왕조의 국왕들은 바로 이 유제에서 유례없이 효과적인 통치수단을 찾아내게 되었다.

끝으로, 잉글랜드에는 그토록 여러 가지 측면에서 공공질서 유지와 결부되어 있던 옛 자유인의 법정——이것은 존재했다 하면 무조건 게르만적인 제도였다——이 끈질기게 존속하고 있었는데, 이는 국왕재판과 국왕 행정력의 유지 그리고 이것의 뒤이은 확대에 크게 이바지하였다.

그러나 이 복합적인 왕권의 힘은 전적으로 상대적인 것에 지나지 않았다. 여기에서도 역시 왕권을 해체시키는 요소들이 계속 작용하고 있었다. 국왕 정부는 직속봉신에게는 어느 정도 강제적인 조치를 행사할 수 있었으나 이들 직속봉신을 거쳐서 군소 봉신들——이들은 종종 반항적인 태도를 취하곤 하였다——에게까지 행정력을 미치기란 훨씬 힘들었으므로, 국왕이 봉토에 수반되는 봉사를 얻어내기는 더욱더 어려워졌다.

배런층(層)은 거의 끊임없이 반항적인 태도를 보였다. 1135년부터 1154년까지 스티븐 왕의 치세 때 일어난 오랜 왕실싸움 기간 동안 '부정한' 성채가 수없이 많이 세워졌고, 셰리프들——이들은 이따금 자기 지배하에 여러 백령을 결집시켜 다스리고 있었으며, 스스로 백작 칭호를 지니고 있었다——에게 세습제가 인정되었다는 사실은 권력 세분화를 향한 추세가 불가항력적인 것임을 알려주는 현상으로 보였다. 그렇지만 헨리 2세의 치세를 특징짓고 있던 왕권 재정비가 이루어진 뒤에는, 설령 권문세가들이 반란을 일으키는 경우가 있었다 하더라도 이들은 이제 왕국을 해체시키려 한다기보다는 오히려 이를 지배하려는 의도를 훨씬 강력하게 지니고 있었다.

한편 기사계급은 그들 나름대로 주(州)의 법정을 거점으로 삼아 무리를 짓고 자기네들의 대표를 선출할 기회를 찾아내고 있었다. 정복자의 왕권이 아무리 강력하다고 하더라도 이 때문에 다른 모든 권력이 전멸되어버리지는 않았다. 그러나 왕권은 이들 권력으로 하여금, 심지어는 왕권에 대항하는 경우에조차 어디까지나 국가의 테두리 안에서만 움직일 수밖에 없도록 만들어놓았던 것이다.

5. 국민

이들 국가는 어느 정도까지 또한 국민이기도 하였던 것일까, 혹은 국민이 되어갔던 것일까. 집단심리의 문제가 모두 그러하듯, 이 문제는 단지 시대뿐만 아니라 환경 또한 면밀하게 구분하기를 요구한다.

국민감정이 태어날 수 있었던 것은 결코 가장 높은 교양을 쌓은 사람들 사이에서의 일만은 아니다. 조금이라도 심층적인 의미를 지니는 문화로서 존속되어온 것들은 12세기까지는 모두 일부 성직자들 사이에 숨어 있었다. 그런데 많은 이유가 작용함으로써 이들 인텔리겐차는 그들이 기꺼이 편견이라고 딱지붙였을 기성관념들을 멀리하고 있었다.

그 이유란 국제어인 라틴어가 사용되고 있었다는 것, 이 덕분에 지적 교류의 편의(便宜)가 제공되고 있었다는 것, 그리고 특히 이 인간세상에서 기독교와 제국이라는 한 쌍의 이미지로 구현된 듯이 보이고 있던 평화·경건·통일 등의 위대한 이념이 숭배되고 있었다는 것 따위였다. 제르베르는 아키텐 지방 출신인데다가 랭스 교회에서 일찍이 고위직에 앉아 있기도 했기 때문에 자격으로 볼 때는 이중으로 프랑스 국왕의 신하였건만 작센 사람*[10]이 샤를마뉴의 후계자로 앉아 있을 때 스스로 '카이사르 진영의 병사'가 되었는데, 그러면서도 그는 스스로 자신의 본질적인 의무를 저버렸다고는 분명히 믿지 않고 있었다.[6]

국민이라는 것의 어렴풋한 전조를 찾아내려면 성직자보다는 오히려, 더욱 투박한 심성을 지니고 현세의 삶에 더욱 밀착되어 사는 경향을 가진 사람들의 집단 쪽으로 눈길을 돌리지 않으면 안 된다. 그 중에서도 문헌사료가 전혀 남아 있지 않기 때문에 우리로서는 그 정신상태를 알 길이 없는 민중 쪽보다는 오히려 기사계급과, 성직자이면서도 교육을 엉성하게밖에 받지 못한 까닭에 자기네가 작성하는 문서 속에서 자기 주변 사람들의 여론을 좀더 명확하게 반영시키는 일 정도밖에 하지 못하고 있던 그런 부류의 사람들, 이 양쪽으로 눈길을 돌리는 편이 물론 낫겠다.

낭만주의적인 역사 서술에 대한 반발로서 좀더 최근의 몇몇 역사가들 사이에서는 중세 초기의 몇 세기에 대해서는 국민적인 것이든 인종적인 것이든 간에 어떠한 집단적인 의식도 인정하지 않으려는 태도가 유행하고 있었다. 하지만 그러한 태도는 이러한 집단감정이 낯선 사람, 곧 '생면부지'를 향한 적대감이라는 소박하리 만큼 노골적인 형태를 띠고 나타나는 데에는 그리 대단한 정신적 세련이 필요하지 않았다는 사실을 잊어버리는 데에서 비롯된다.

오늘날 우리는 게르만족 침입의 시대에 이러한 집단감정이, 예를 들면 퓌스텔 드 쿨랑주(Fustel de Coulanges)[*11]가 믿었던 것보다 훨씬 더 강력하게 나타났다는 것을 알고 있다. 봉건시대에 찾아볼 수 있는 중대한 정복체험으로서는 유일했던 노르만족의 잉글랜드 정복에서도 그러한 감정은 분명히 작용하고 있었음을 알 수 있다. 윌리엄 정복왕의 막내아들인 헨리 1세가 그 특유의 언동으로 옛 웨식스 왕조——캔터베

---

*10 신성로마 제국의 오토 3세.

6) *Lettres*, éd. Havet, nᵒˢ 12, 37.

*11 1830~89. 프랑스의 고대사 연구가.

리의 한 수도사의 말을 빌리면 "잉글랜드의 정통왕조"인—출신의 한 공주와 결혼하는 것이 적합하겠다고 판단했을 때, 노르만족 출신 기사들은 이것을 비웃어 국왕 부부에게 색슨어로 된 별명을 붙여 웃음거리로 삼으면서 흥겨워하였다.

그러나 이때부터 약 반세기 후, 헨리 1세와 에디스(Edith) 왕비의 외손자[*12] 치세가 되자 한 성인전 작가는 바로 이들의 결혼을 칭송하면서 다음과 같이 쓰고 있었다. "이제 잉글랜드는 잉글랜드인 국왕을 섬기게 되었다. 주교, 수도원장, 배런, 용감한 기사 등도 부모 가운데 어느 쪽을 통해서이건 바로 이 잉글랜드족의 일원이다."[7]

이러한 동화(同化)의 역사가 곧 그대로 잉글랜드 국민의 역사인데, 이 책에서는 지면이 너무나도 제한되어 있는 까닭에 이를 개관하는 것조차 할 수 없을 것이다. 정복이라는 사실을 전혀 별개로 한다면, 우리는 알프스 북쪽 옛 프랑크 제국의 판도 안에서 이루어진 국민적 실체의 형성을, 그러니까 말하자면 프랑스와 독일이라는 한 쌍의 국가 탄생을 살펴보는 것으로 그쳐야 할 것이다.[8]

이들 나라에서 전통이라는 것은 물론 통일을 의미하는 것이었다. 바른 대로 말해서 카롤링거 제국 전체로 보자면 그것은 비교적 새롭고 또 조금은 인위적인 전통이었다. 이에 반해 옛 프랑크 왕국(regnum Francorum)에만 한정지어 말한다면, 통일의 전통은 이미 여러 세기의

<hr/>

*12 두 사람 사이의 딸 마틸다와 앙주 백작 조프루아 사이에서 태어난 헨리 2세를 말한다.

7) Marc Bloch, *La vie de S. Edouard le Confesseur par Osbert*(*Analecta Bollandiana*, t. XLI, 1923, pp.22, 38).

8) 제2권의 참고문헌에 소개된 것(7. 국민의식, p.383) 이외에 Lot, *Les derniers carolingiens*, p.308 et suiv. ; Lapotre, *L'Europe et le Saint-Siège*, 1895, p.330 et suiv. ; F. Kern, *Die Anfänge der französischen Ausdehnungspolitik*, 1910, p.124 et suiv. ; M. L. Bulst-Thiele, *Kaiserin Agnes*, 1933, p.3, n.3을 보라.

연륜을 쌓은 것이고 또한 현실적으로 존재한 문명공동체에 바탕을 둔 것이었다고 할 수 있다.

　일단 민중이라는 심층부에까지 이르면 풍습이나 언어상의 차이가 뚜렷하게 느껴질 수도 있겠지만, 그럼에도 불구하고 카롤링거 왕조의 국왕들로 하여금 엘베 강에서 대서양에 이르는 이 광대한 국가를 통치할 수 있게 보필해준 것은 단일한 성격을 지닌 귀족층이요, 단일한 성격을 지닌 성직자 집단이었다. 더 나아가, 서로 통혼하여 인척관계를 맺고 있던 이들 대문벌(大門閥)은 888년 이후[13] 카롤링거 국가의 분할의 결과로 발생한 여러 왕국과 영역제후령에 각기 우두머리를 제공하고 있었으며, 이 우두머리들은 단지 표면상으로만 국민적인 성격을 띠고 있었다.

　같은 프랑크족 출신 사람들끼리 이탈리아 왕관을 차지하려고 다투었다. 한 바이에른 사람이 부르고뉴 왕국의 왕관을 썼다. 아마도 작센족 출신이리라 짐작되는 한 인물—외드의 경우가 그러하다—이 서프랑크의 왕관을 썼다. 권문세가들은 명예봉의 분배자인 국왕의 정책 때문에 또는 그들 자신의 야망 때문에 그들이 감수하지 않으면 안 되었던 방랑생활 가운데서도 그들 나름대로 일단(一團)의 피보호민들을 거느리고 있었으며, 가신계급 자체도 감히 말하자면 이 초지방적이라 할 수 있는 성격을 나누어 가지고 있었다. 당연한 일이겠지만, 840년에서 843년에 이르는 제국의 소란[14]을 보고 그 당시 사람들은 이것이 하나의 내란이라는 느낌을 받고 있었다.

　그렇지만 이러한 통일 아래에서도 더욱 유서 깊은 여러 집단에 관한 기억이 남아 있었다. 이 분열된 유럽에서 집단들 사이에 서로 경멸과 증오가 오갔을 때 그러한 단위로서는 처음으로 다시 확고하게 존재를

---

[13] 888년은 카롤링거 국가가 다시 동·서 프랑크로 갈라진 시기를 말한다.
[14] 루트비히 경건왕의 죽음부터, 베르됭 조약으로 프랑크 왕국이 셋으로 갈라질 때까지 계속된 내분상태를 말한다.

드러낸 것은 이들 옛 집단이었음을 알 수 있다.

'세계에서 가장 고귀한 지방'에서 산다는 생각이 불러일으킨 자존심으로 우쭐해져 있던 네우스트리아 사람들은 기를 쓰고 아키텐인들을 '배반자', 부르고뉴인들을 '겁쟁이'라고 불렀으며, 이를 되받아 아키텐 사람들은 '프랑크인'의 '패륜'을 비난했고, 뫼즈 지방 사람들은 슈바벤 사람들의 '기만'을 욕해대었다. 자기네는 온통 훌륭한 사람들뿐이어서 적을 눈앞에 두고 도망친 일이 결코 없다고 자부하는 작센 사람들은 튀링겐 지방 사람들은 겁쟁이이고, 알레만 사람들은 날강도이며, 바이에른 사람들은 탐욕스럽다는 식으로 암울한 모습을 그려내고 있었다. 9세기 말엽부터 11세기 초까지 활동한 저작자들로부터 예를 빌려와서 이 험담 문집의 내용을 증보하기란 그리 곤란한 일이 아닐 것이다.[9]

이미 잘 알려져 있는 이유들로 인해 이러한 유형의 대립은 독일에서 유달리 끈질기게 지속되고 있었다. 이같은 대립은 왕국의 수립에 보탬을 주기는커녕 오히려 왕국의 통합을 위협하고 있었다. 오토 1세 치하에서 활동한 수도사이자 연대기 작가였던 비두킨트(Widukind)의 애국심에는 분명히 열정도, 비타협적인 철저함도 결여되어 있지 않았다. 하지만 그것은 작센을 향한 애국심이었지 독일을 향한 애국심이 아니었다. 이러한 상태로부터 새로운 정치적 골격에 적응한 국민의식으로 옮겨가는 과정은 과연 어떻게 이루어진 것일까.

이름도 없는 조국의 모습을 마음속에 뚜렷이 그려내기란 그리 쉬운 일이 아닐 것이다. 이 점에 관해서는 분할로 말미암아 프랑크 왕국에서 갈라져나온 두 주요한 국가에 이름을 붙이려고 하던 그때 사람들이 그토록 오랫동안 부딪쳤던 어려움만큼이나 많은 것을 시사해주는 예도

9) Abbo, *De bello Parisiaco*, éd. Pertz, I, v. 618 ; II, v. 344, 452 ; Adémar de Chabannes, *Chronique*, éd. Chabanon, p. 151 ; *Gesta ep. Leodensium*, II, 26(*SS.*, t. VII, p. 204) ; Widukind, éd. P. Hirsch, I, 9, 11 ; II, 3 ; Thietmar de Mersebourg, éd. R. Holtzmann, V, 12, 19.

없다. 둘 다 '프랑크인'의 국가(Frances)였으니 말이다.

사람들은 이들 두 나라를 오랫동안 '동'과 '서'라는 형용사를 붙여 구분하는 것으로 만족해왔지만, 이같은 형용사는 민족의식을 여실히 환기하여 지탱해줄 만한 것은 되지 못하였다. 몇몇 저작가들은 일찍부터 갈리아와 게르마니아라는 호칭을 되살려내려고 애썼지만, 이들 호칭으로 말하자면 학식있는 사람들의 마음에밖에는 와닿지 않고 있었다. 게다가 이들 명칭은 새로운 국경에는 제대로 들어맞지 않는 것이었다. 독일의 연대기 작가들은 일찍이 카이사르가 갈리아의 경계를 라인 강으로 삼았던 것을 상기해내서, 라인 강 좌안(서쪽)에 있는 독일 고유의 여러 지방도 이 갈리아라는 이름으로 즐겨 부르곤 하였다.

사람들은 때때로, 이들 국경에는 본디 인위적인 것이 담겨 있다는 점을 무의식적으로 강조하면서, 일찍이 왕국이 갈라져나왔을 때의 첫 국왕들——분할은 이 사람들을 위해 이루어진 것이었으니까——에 대한 기억에 매달리기도 하였다. 그들의 이웃인 로렌 지방 사람들이나 그 너머 사람들의 입장에서 볼 때 서프랑크 사람들은 여전히 샤를 대머리왕의 백성(Kerlinger, Carlenses)이었으며, 이와 전혀 마찬가지로 로렌 지방 사람들 자신은 세상에 별로 알려지지 않았던 저 로타르 2세의 백성들이었다. 독일의 문헌은 이러한 호칭을 오랫동안 충실히 고수하게 되었는데, 이는 아마도 카롤링거 왕조 국가를 계승한 국가들이 모두 합법적인 권리를 가지고 쓸 수 있는 것으로 여겨지던 프랑크인(즉 아무런 형용사도 붙지 않은)이나 프랑스인이라는 호칭——『롤랑의 노래』에서는 이 두 명칭이 아직도 구별 없이 쓰이고 있다——이 서쪽 사람들에게만 독점되는 것을 인정하고 싶어하지 않았기 때문일 것이다.

그러나 이런 식으로 의미를 한정해서 쓰는 일이 결국은 일어나고야 말았다는 사실은 누구나 다 아는 대로이다. 다름아닌 『롤랑의 노래』가 나온 그 시대에조차 로렌 지방의 연대기 작가였던 시주베르 드 장블루 (Sigebert de Gembloux)*15는 이러한 제한된 의미의 호칭이 일반적으로 받아들여지고 있다고 여기고 있었다.[10] 이같은 일은 어떻게 일어났을까. 이것이 프랑스의 국민 명칭이 품고 있는 커다란 수수께끼인데, 이에 관한 연구는 아직도 너무나 불충분하다.

작센인이 지배하고 있던 동프랑크 왕국에 맞서서 서프랑크 왕국이 진짜 프랑크 왕조, 즉 카롤링거 왕조 일족의 수중에 들어온 적이 있는 데, 서프랑크를 그냥 프랑크(프랑스—옮긴이)라고 부르는 관습은 아마 도 이때 뿌리를 내린 것으로 보인다. 이 관습을 뒷받침해준 것은 다름 아닌 국왕의 칭호 바로 그것이었다. 국왕증서 안에서 스스로를 그냥 국왕이라고만 칭하던 경쟁자들과는 대조적으로 샤를 단순왕은 로렌 지방을 정복한 후에 다른 것은 그만두고 바로 자기가 샤를마뉴의 후 계자라는 영예를 찬란하게 드러내 보이기 위해서만이라도, 프랑크인 의 왕(rex Francorum)이라는 옛 칭호를 다시 내세웠다. 그의 후계자 들은 이제 단지 오늘날의 프랑스만을 다스리게 되었음에도 불구하고, 그리고 그들이 더 이상 이 옛 가계(카롤링거 왕가—옮긴이)에 속하지 않게 되었을 때조차, 계속해서 이 프랑크인의 왕이라는 칭호로 스스로 를 장식하는 관습을 점점 일반화시켜갔다.

더욱이 독일에서는 다른 종족집단과 대비되는 것으로서의 이 프랑크 인이라는 호칭은 거의 불가피할 만큼 분파주의적인 성격을 띠고 있었 다. 사실 이 프랑크인이라는 호칭은 독일에서는 리푸아리아 지방의 여 러 주교구와 마인 강 유역—오늘날 프랑켄이라 불리는 지역이다—에 사는 사람들을 가리키는 데 흔히 쓰이고 있어서, 예를 들어 작센 사람 같으면 스스로 프랑크인이라고 불리는 것을 거의 용납하지 않았을 것 이다. 이에 반해 국경 서쪽에서는 프랑크인이라는 명칭이 이 왕국의 모 든 주민에게는 아니라고 할지라도, 최소한 그 관습이며 제도에서 프랑 크적인 흔적을 여전히 정말 깊이 새겨 간직하고 있던 루아르 강과 뫼즈 강 사이 지방의 주민들에게는 별 어려움 없이 적용되고 있었다. 끝으

---

*15 1030~1112. 벨기에 태생으로 『연대기 381~1110』 『성인전』 등을 썼다.
10) *SS.*, t. VI, pp.339, 341~42.

로, 또 하나의 프랑크 왕국(동프랑크 왕국—옮긴이)은 유달리 현저한 하나의 실체로부터 태어난 전혀 다른 종류의 이름(도이치—옮긴이)을 스스로 채택해가는 과정에 있었던지라 서프랑크 왕국이 이 프랑크(프랑스—옮긴이)라는 명칭을 독점하기란 그만큼 더 쉬웠던 것이다.

'샤를의 백성들'과 동쪽 왕국의 사람들 사이에는 정말 두드러진 대조가 눈에 띄고 있었다. 그것은——각각의 집단 내부에 또 그 나름대로 여러 가지 사투리가 있었다는 점을 별개로 하고서 하는 말인데——언어상의 대조였다. 한편에는 '로망스어'를 쓰는 프랑크인들이 있었고, 다른 한편에는 '티외스'(thiois, 독일어)를 쓰는 프랑크인들이 있었다.

내가 중세의 용법을 충실히 따라서 '티외스'라는 말로 번역한 이 형용사는 현대 독일어의 도이치(deutsch)라는 말이 파생되어나온 어원이었으며, 그 시대 성직자들은 고전에 관한 회상이 가득 들어찬 그들의 라틴어 문장 속에서 어원을 전적으로 무시한 채 이 형용사를 '테우톤'(튜튼, teuton)이라는 낱말로 즐겨 표현하고 있었다. 이 낱말의 어원에 대해서는 의심의 여지가 없다. 카롤링거 왕조 시대의 선교사들이 언급하고 있던 테오티스카 링구아(theotisca lingua)는 그 원래의 의미로 볼 때 교회의 라틴어에 대립되는 민중, 곧 튜다(thiuda)의 언어 바로 그것이었다. 아마도 그것은 또한 이교도의, 다시 말해 '겐틸레스'gentiles)의 말이기도 했을 것이다.

그런데 다른 한편, 민중에 의해서라기보다는 오히려 학자들에 의해 쓰이고 있던 게르만이라는 용어는 일반인들의 의식 속에는 언제나 별로 깊게 뿌리내리지 못하고 있었던 까닭에, 이렇게 언어의 한 양식을 지칭하기 위해서 만들어졌던 호칭이 아주 급속하게도 하나의 종족을 가리키는 명칭으로까지 격상하게 되었다. 루트비히 경건왕의 치세에 쓰어졌으며 이 언어로 된 것 중에서는 가장 오래된 시편에 속하는 어느 시(詩)의 머리말에는 이미 "티외스어를 말하는 사람들"이라는 구절이 있다.

이러한 표현에서 출발하여 이를 하나의 정치적 형성체를 가리키는 명칭으로 쓰기 위해 한 발을 내딛기란 손쉬운 일이었다. 이 용법은 아마도, 저작가들이 전통적인 역사 서술에 별로 잘 들어맞지 않는 그러한 표현법에 대하여 감히 시민권을 부여해주려고 들기 훨씬 이전에 벌써 결정적인 자리를 굳혀버린 것으로 추정된다. 그런 중에 920년이 되면 이미 잘츠부르크의 연대기에 티외스 사람(Thiois 또는 튜튼 사람, Teutons)의 왕국에 관한 언급이 나타나고 있다.[11]

언어적인 사실들에 대한 집착을 최근에 들끓어오른 민족의식의 한 조짐으로 여기고 싶어하는 사람들은 이러한 의미론적 변천을 보고 놀라움을 금할 길이 없을 것이다. 그러나 정치가들의 손바닥 안에서 언어학적 논의가 이루어지는 것은 어제오늘의 일이 아니었다. 10세기에 한 롬바르디아의 주교는 비잔티움인들이 아풀리아에 대한 권리를 주장하고 나서는 데——이는 역사적으로 충분히 근거가 있었다——에 분개하여, "이 지방이 이탈리아 왕국에 속한다는 것은 그곳 주민들의 언어가 증명해준다"고 쓰고 있지 않았던가.[12]

공통된 표현수단을 쓴다는 것은 언제나 사람들 서로를 훨씬 친근하게 만들어줄 뿐만 아니라, 정신적 전통의 동일성을 표명해주는 동시에 새로운 공통의 정신적 전통 또한 형성해준다. 언어의 대립은 아직 조야한 사람들의 마음에도 다른 것보다 더 뚜렷한 느낌을 심어주는 것이었기 때문에, 이 언어상의 대립은 위화감을 낳고 또 그 자체 적대감의 원천이 되고 있었다. 9세기에 이미 슈바벤의 한 수도사는 '라틴인들'이 게르만어의 낱말을 조롱거리로 삼고 있었다고 적었으며, 또 920년에 샤를 단순왕의 수행원들과 하인리히 1세의 수행원들 사이에 몹시 피비린내나는 난투가 벌어지는 바람에 두 군주의 회견이 중단되지 않을 수

---

11) *Heliand*(éd. E. Sievers)의 Prologue, p.3. 국왕의 가신 *Teutisci quam et Langobardi*에 대한 구별은 845년 이탈리아의 한 문서에서 이루어졌다 (Muratori, *Ant.*, t. II, col. 971) ; *Annales Juvavenses maximi*(*SS.*, t. XXX, 2, p.738).

12) Liudprand, *Legatio*, c.7.

없게 된 것도 그 발단을 따지면 그들 서로의 고유언어에 대한 조롱에서 비롯되었던 것이다.[13]

더욱이 서프랑크 왕국 내부에서도 아직 제대로 설명할 수 없는 기이한 흐름의 진화가 일어나 갈로·로망어(gallo-roman) 속에 두 개의 서로 다른 언어집단이 형성됨으로써 '프로방스인', 즉 랑그도크 지방 사람들은 자기네들 사이에 아무런 정치적 통일이 없었는데도 여러 세기에 걸쳐 그들이 독자적인 하나의 집단을 이루고 있다는 감정을 명백히 지니게 되었다. 이와 마찬가지로 우리는 제2차 십자군 원정 때 로렌 지방의 기사들이 신성로마 제국의 신민이면서도 프랑스 사람들의 말을 이해하고 또 이를 사용하였던 덕분에 프랑스 사람들과 가까워졌음을 목격할 수 있다.[14]

언어와 민족을 혼동하는 것처럼 터무니없는 일은 없다. 그러나 국민의식이 확고하게 형성되는 과정에서 언어가 담당하는 역할을 부인한다는 것도 이에 못지 않게 어리석은 노릇일 것이다.

프랑스와 독일에 관한 한, 국민의식은 1100년 무렵에 이미 무척이나 명백하게 나타나 있었다는 것은 여러 문헌들을 볼 때 의심할 여지가 없다. 고드프루아 드 부용(Godefroi de Bouillon)[*16]은 로타링기아의 대영주로서 운좋게도 두 나라 말을 할 수 있었는데, 제1차 십자군 원정 기간 동안 프랑스어를 말하는 기사들과 티외스어를 말하는 기사들 사이에 그때 이미 전통적으로 발생하고 있던—우리는 그렇게 알고 있다—적대감정을 가라앉히느라 분주하게 애썼다.[15]

---

13) Walafrid Strabo, *De exordiis*, c.7(*Capitularia reg. Francorum*, t. II, p.481) ; Richer, I, 20

14) Eudes de Deuil(*SS.*, t. XXVI, p.65).

*16 십자군 원정군이 세운 예루살렘 왕국의 국왕. 원래는 바스 로렌 공으로, 제1차 십자군 원정 때 종군하여 왕으로 뽑혔으며 '성묘(聖墓)의 수호자'를 자칭하였다.

15) Ekkehard d'Aura(*SS.*, t. VI, p.218).

『롤랑의 노래』에서 이야기된 '우미(優美)한 나라 프랑스'에 대한 생각은 모든 사람들의 기억 속에 깃들여 있었다. 프랑스는 아직도 그 국경이 좀 불확실해서 저 전설상의 샤를마뉴의 거대한 제국과 쉽게 혼동되곤 하였으나, 이제 그 중심부는 틀림없이 카페 왕조의 왕국 안에 있었다. 더욱이, 말하자면 이렇게 카롤링거 왕조의 추억으로 치장됨에 따라──프랑스라는 이름이 채택됨으로써 제국과 프랑스가 쉽게 동일시되었으며, 또 한편으로는 전설에 힘입어 이 프랑스라는 이름이 고정될 수 있었으므로──그렇지 않아도 즐겨 정복에 도취되곤 하는 이 사람들이 품고 있던 국민적 자부심은 더욱 커다란 활력을 얻고 있었다.

그런가 하면 독일인들은 자기네가 변함없이 황제의 백성이라는 것을 커다란 자랑거리로 여기고 있었다. 국왕을 향한 충성심이 이러한 감정들을 지니게 하는 데에 이바지하였다. '로렌 가문의 무훈'을 읊은 일련의 무훈시들처럼 순전히 제후층한테서 발상을 얻은 서사시에는 이러한 감정의 표현이 거의 완전히 결여되어 있다시피 한데, 이 점이야말로 의미심장하다.

그러나 국왕에 대한 충성심과 국민감정과의 완전한 동일시가 이루어졌다고는 결코 생각하지 말기로 하자. 수도사 기베르(Guibert)는 열렬한 애국자로서 루이 6세 치하에서 십자군에 관해 쓴 자신의 저술에 '프랑크인이 이룬 신의 위업'(Gesta Dei per Francos)이라는 유명한 표제를 붙인 바 있었으나, 이에 반해 카페 왕조에 찬사를 보낼 때 그가 취한 태도는 아주 미온적인 것에 지나지 않았다.

국민의식은 그보다는 한층 복잡한 여러 요소가 한데 쌓임으로써 배양되고 있었다. 그것은 해당집단이 언어·전통과 어느 정도 충분하게 이해된 역사적 기억을 공유한 공동체라는 점, 그리고 그들이 하나의 동일한 정치적 테두리──다시 말해 비록 애초에는 아주 우연히 구획된 것이었다고 하더라도, 그래도 전체적으로 보았을 때 이제는 이미 오랜 연륜까지 쌓인 심층적 친연관계의 체계를 각각의 내부에 나름대로 형성해두게 된 그러한 정치적 테두리──안에 위치하게 됨으로써 걸머지게 되었던 공동운명에 대한 의식 등이었다.

이 모든 것이 애국심에 의하여 형성되었던 것은 아니다. 그러나 봉건시대 제2기는 사람들이 한층 규모가 큰 집단으로 통합될 필요가 있음을 절감하게 되었다는 사실, 그리고 어쨌든 사회가 사회 자체를 더욱 명확하게 자각하게 되었다는 사실을 특징으로 하는 시기였다. 그런 만큼 이 봉건시대 제2기가 경과하는 동안, 애국심은 말하자면 잠재적이었던 현실이 드디어 밖으로 명확히 드러난 것이라는 성격을 띠게 되었으며, 이를 통해 애국심은 이번에는 다시 새로운 현실의 창조자가 되었다. 『롤랑의 노래』보다 조금 나중에 씌어진 한 편의 시에서 이미 시인은 특별히 칭송받을 만한 한 기사를 기리기 위해 "그 어떤 프랑스 사람도 이분보다 더 훌륭하지는 않나니"라는 표현을 쓰고 있다.[16]

이 봉건시대 제2기(우리는 바로 이 시대의 심층적인 역사를 더듬어 보고자 애쓰고 있는 것이 아닌가)는 단지 국가의 형성을 보는 것으로만 그치지 않았다. 이것은 또한——비록 아직도 수많은 변전을 겪어야 할 운명에 있기는 했으나——조국이 확인되고 또는 세워진 시대이기도 하였던 것이다.

---

16) *Girart de Roussillon*, trad. P. Meyer, §631 : éd. Foerster(*Romanische Studien*, V) v.9324

제3책

사회형으로서의 봉건제와 그 영향

제1장 사회형으로서의 봉건제

제2장 유럽 봉건제의 연장

사회형으로서의 봉건제

1. 단일한 봉건제인가, 복수의 봉건제인가

몽테스키외의 눈에는 유럽에서 '봉건법'의 확립은 하나의 독특한 현상, "이 세상에서 단 한 번 일어났으며 아마도 앞으로 다시는 일어나지 않을 사건"으로 비치고 있었다. 법학적인 정의의 정밀성이라는 면에서는 분명 몽테스키외만큼 정통해 있지 못했으나 더 넓은 지평을 향한 호기심으로 가득 찬 인물이었던 볼테르는 이에 맞서서 "봉건제는 결코 하나의 사건이 아니다. 행정의 양상이라는 면에서는 여러 가지 차이를 보이기는 하지만 그것은 오늘날에도 북반구의 4분의 3을 차지하는 지역에서 존속하고 있는 하나의 대단히 오래된 형태이다"라고 주장하였다.[1] 오늘날의 학문은 대체로 볼테르 편을 들고 있다.

이집트의 봉건제, 아카이아(Achaea)[*1]의 봉건제, 중국의 봉건제, 일본의 봉건제, 이 수많은 연어(連語)는——아직도 더 있지만 생략하기로 하고——이제는 낯익은 말들이다. 이러한 어휘들은 서유럽의 역사가들

---

1) *Esprit des Lois*, XXX, I ; Voltaire, *Fragments sur quelques révolutions dans l'Inde*, II(éd. Garnier, t. XXIX, p.91).
*1 옛 그리스의 지방 이름.

에게 때때로 은근한 불안을 안겨주지 않을 수 없다. 왜냐하면 그들은 이 유명한 명칭이 태어난 고향땅에서조차 이 명칭에 주어진 정의가 얼마나 다양한지를 무시할 수 없을 것이기 때문이다.

"봉건사회의 기반은 토지이다"라고 벵자맹 게라르(Benjamin Guérard)[2]는 말하고 있다. 자크 플라크(Jacques Flach)는 그것은 "인간의 집단이다"라고 되받고 있다. 오늘날의 관점에서 볼 때 세계사의 이곳저곳을 온통 뒤덮었던 것으로 여겨지는 이들 비유럽 지역의 봉건제는 게라르의 정의에 따른 것일까 아니면 플라크식의 것일까. 이러한 모호한 점들을 바로잡기 위해서는 이 문제를 출발점으로 되돌려보내는 수밖에 없다.

시간적으로도 또 공간적으로도 떨어져 있는 수많은 사회가 봉건적이라는 이름으로 불리는 것은 오로지 이들 사회의 모습이 유럽의 봉건제와 진정으로 닮았기 때문이거나 또는 닮았다고 추정되기 때문이지 다른 이유에서가 아님이 분명한 이상, 이렇게 광범한 준거체계의 중심으로 자리하고 있는 셈인 이 전형적인 사례(곧 유럽의 봉건제—옮긴이)의 특징들부터 밝히는 것이 무엇보다 중요하다. 하지만 이 용어가 너무나도 떠들썩한 논의의 대상이 되는 바람에 여러 가지 의미의 일탈을 겪지 않을 수 없었던 터이고 하니, 이 표현에 덧붙여진 명백히 잘못된 몇 가지 용법은 미리 제거해두지 않으면 안 되겠다.

봉건제라는 명칭을 부여받게 된 제도를 고찰하면서 봉건제의 첫 명명자(命名者)들이 무엇보다 먼저 알아차린 것은, 주지하다시피, 이 제도가 중앙집권적 국가라는 관념과는 대립된다는 점이었다. 그런 만큼, 사람에 대한 지배권력이 세분되어 있는 체제를 모두 봉건제라고 이름하기란 손쉬운 일이었다. 사실의 단순한 확인에 덧붙여 대개 가치 판단까지 이루어지기 때문에 더욱 그러하였다. 통치권은 상당히 광대한 국가와 결부되어 있는 것이 원칙이라고 여겨졌던 까닭에 이 원칙에 어긋

*2 1797~1854. 중세 프랑스 사회에 관한 많은 연구를 발표하였다.

나는 현상은 모두가 비정상적인 것의 부류에 넣어져버린 듯하다. 그렇지 않아도 견딜 수 없는 혼란만을 초래할 뿐인 이 용법을 비난하는 데에는 이같은 사실 하나만으로도 충분할 것이다.

사실대로 말하면, 때때로 좀더 정확한 용어 구사도 엿보이기는 한다. 1783년에 이미, 발랑시엔(Valenciennes)의 시장(市場) 담당관이던 한 하급 지방관리는 식료품 값을 올라가게 하는 원흉으로서 "농촌 대토지 소유자의 봉건제"를 비난하고 있었다.[2] 그 이래로 얼마나 많은 논객들이 은행가의 '봉건제'라든가 산업가의 '봉건제'를 공공연히 비난해왔던가. 이 봉건제라는 낱말은 다소 막연한 역사적 회상을 담고 있었기 때문에, 어떤 저술가들의 붓에 걸리면 잔인한 지배권을 환기시키는 말 이외의 아무것도 아닌 양 그려지곤 한다.

그러나 또 이 말은 그보다는 덜 초보적인 파악방식으로, 경제적인 여러 세력이 공적 생활을 잠식한다는 관념을 불러일으키는 때도 흔히 있다. 그런데 사실 부(富)――그 시대에는 주로 토지로 이루어져 있었다――와 권력을 동일시하는 것이 중세 봉건제의 두드러진 특징 가운데 하나였다는 것은 아주 온당한 이야기이다. 하지만 그것은 이 사회가 지니고 있던 본래적 의미에서의 봉건적인 특징들로 인해 야기된 것이라기보다는 오히려, 그 사회가 동시에 장원이라는 바탕 위에 형성되어 있었던 데에서 말미암은 일이었다.

봉건제는 곧 장원제(영주제)이다――라는 혼동은 유래가 훨씬 오래된 것으로서 무엇보다도 '바살'이라는 낱말의 사용에서 생겨난 것이다. 이 용어에는 귀족적인 특징이 새겨지기도 했지만 그러한 특징은 요컨대 부차적인 진화의 결과일 뿐이어서 그리 뚜렷하지 못하였다. 그렇기 때문에 바살이라는 용어는 이미 중세 때부터 때로는 농노를 가리키는 데에도 쓰였으며――농노는 그 종속관계의 개인적 성격 때문에 원초적으로는 엄밀한 의미에서의 가신(바살)에 아주 가까운 존재였다――, 또

2) G. Lefebvre, *Les paysans du Nord*, 1924, p.309.

때로는 단순한 토지 보유농을 가리키는 데에조차 쓰였다.

그 당시에는 단지 일종의 의미론적인 일탈에 지나지 않았던 것이—이러한 일탈은 가스코뉴 지방이나 레온 지방처럼 봉건화가 몹시 불완전했던 지역에서 특히 빈번하였다—진정한 가신제적 유대의식이 사라져감에 따라 점점 더 일반적으로 널리 퍼진 용법이 되었다. 1786년에 페르쇼(Perreciot)는 다음과 같이 쓰고 있었다. "프랑스에서는 일반적으로 영주의 종속민이 그 영주의 바살이라고 불린다는 사실은 온 세상이 다 아는 일이다."[3] 이것과 병행하여 사람들은 어원을 무시한 채, 농민 보유지에 부과되는 여러 부담도 '봉건세'(封建稅)라는 이름으로 부르는 버릇을 가지게 되었다. 그렇기 때문에 프랑스혁명의 사람들이 봉건제를 타파하겠다는 의도를 선언하면서 무엇보다 우선하여 공격하려 했던 것은 농촌 장원제였다.

그러나 여기에서 다시 역사가가 한마디 하고 나서야겠다. 장원제는 봉건사회의 본질적 요소이기는 했지만 그 자체로서는 봉건제보다 기원이 더 오랜 제도였으며 또한 봉건제보다 훨씬 오랫동안 유지되었다. 전문용어의 건전성을 지키기 위해서는 이들 두 가지 개념을 계속해서 분명히 구별하여 사용하는 것이 중요하다.

따라서, 그 역사를 살펴봄으로써 우리가 알게 된 바대로, 올바른 의미에서의 유럽 봉건제의 커다란 특징들을 한데 모아보기로 하자.

2. 유럽 봉건제의 기본 성격

가장 간단한 방법은 분명, 무엇이 봉건사회가 아니었던가를 이야기

---

3) 예를 들어 E. Lodge, *Serfdom in the Pyrenees*(*Vierteljahrschr. für Soz. und WG.*, 1905, p.31) ; Sanchez-Albornoz, *Estampas de la vida en León*, 2ᵉ éd., p.86, n. 37 ; Perreciot, *De l'état civil des personnes*, t. II, 1786, p.193, n.9 등을 보라.

하는 것에서 시작하는 것이리라. 봉건사회에서도 친족관계로부터 생기는 여러 의무가 아주 강력한 것으로 여겨지고 있기는 하였지만, 그런데도 이 사회는 전적으로 혈족관계에만 바탕을 두고 세워지지는 않았다. 좀더 정확하게 말한다면, 엄밀한 의미에서의 봉건적인 유대는 바로 혈연적 유대가 충분하지 못하다는 점 때문에 그 존재이유를 가지는 것 외에 아무것도 아니었다. 한편 우후죽순처럼 형성된 군소권력 위에 포개져 놓인 공권력이라는 관념이 끈질기게 지속되고 있었음에도 불구하고 봉건제는 국가의 심각한 쇠약화, 특히 국가의 보호기능의 쇠약화라는 현상과 때를 같이하여 일어났다.

그러나 봉건사회는 친족제 사회와도, 국가권력에 의해 지배되는 사회와도 다르기는 하였지만, 다른 한편으로는 이렇게 구성된 사회들(친족제 사회와 국가 권력의 지배를 받는 사회―옮긴이)의 뒤를 이어 나타난 것이었으며 또한 그러한 사회들의 특질을 뚜렷이 지니고 있었던 것도 사실이다. 봉건사회의 특징을 이루고 있던 개인적 종속의 여러 관계는 여러 가지 점에서, 본연의 종사제(從士制)에서 찾아볼 수 있던 인위적 친족관계라는 성격을 어느 정도 지니고 있었으며, 수많은 소(小)수장들이 행사하고 있던 명령권 가운데 상당 부분은 '국왕의' 권력으로부터 찬탈한 전리품이라는 양상을 띠고 있었다.

그렇기 때문에 유럽 봉건제는 말하자면 더 오래된 사회들이 격렬하게 무너져버린 결과로서 생겨난 셈이다. 이 봉건제는 실제로 게르만 민족의 침입으로 빚어진 일대 혼란을 도외시하고는 이해하기 어려울 것이다. 게르만족의 침입은 본디 매우 다른 진화의 단계에 놓여 있던 두 종류의 사회를 억지로 융합시켜, 이로써 두 사회의 골격을 모두 갈기갈기 찢어버리고, 유달리 원시적인 성격을 지닌 수많은 사고양식과 사회관습을 다시 표면에 떠오르게 하였던 것이다.

유럽 봉건제는 만족의 마지막 쇄도라는 분위기 속에서 결정적으로 성립되었다. 이 유럽 봉건제는 사람들 사이의 교류생활의 심각한 침체, 화폐유통이 너무나 위축되어 봉급제 관료층이 형성될 수 없었던 상황,

직접 오관으로 감지할 수 있는 것들과 자기 주변 가까이에 있는 것들에만 집착하는 심성 따위를 전제로 하고 있었다. 이러한 조건들이 바뀌기 시작하자 봉건제의 시대는 이제 과거의 것이 되려 하고 있었다.

유럽의 봉건사회는 위계제(位階制) 사회라기보다는 불평등 사회였고, 귀족의 사회라기보다는 수장의 사회였으며, 노예제 사회가 아니라 농노제 사회였다. 만일 노예가 봉건제 사회에서 이토록 미약한 구실만 하지 않았더라도 하층계급들에게 적용된 것과 같은 진정한 봉건적 종속의 형태들은 존재할 이유가 없었을 것이다. 전반적인 무질서의 와중에서 모험가들이 차지하는 지위가 너무나 크고, 사람들의 기억이 너무나 짧으며, 사회계층의 규칙성은 너무나도 불확실했던 까닭에 정규적인 카스트가 엄밀하게 형성되는 것은 허용되지 않았던 것이다.

그런데도 봉건체제는 신분이 낮은 사람들의 무리가 몇몇 권력자에 대하여 경제적으로 엄격한 종속관계에 놓이는 것을 전제로 하고 있었다. 봉건체제는 선행한 시대로부터 로마 세계의 빌라——이는 이미 영주제적인 성격을 띠고 있었다——와 게르만의 촌락수장제를 이어받아, 인간에 의한 인간의 이같은 착취양식들을 확대하고 공고히 하였으며, 또 지대의 징수권과 명령권을 풀어놓을 수 없을 만큼 단단하게 상호 결합시킴으로써, 이 모든 것들로부터 진정한 장원을 형성해내었던 것이다. 이 제도는 하늘을 달래는 임무를 진 고위 성직자나 수도사에 의한 과두정에 이로웠고, 특히 전사(戰士)에 의한 과두정에 이로웠다.

실제로 봉건사회의 두드러진 특징 가운데 하나로 반드시 넣어야 될 사항은, 그때로서는 유일하게 효과적이라고 여겨지는 군무형태였던 중무장 기병으로 복무하던 직업적 전사의 계급과 수장(首長)계급이라는 양자 사이에 거의 일치가 이루어지고 있었다는 점이다. 이 사실을 증명하는 데에는 지극히 간결한 비교연구를 해보는 것만으로도 충분하다.

이미 살펴보았듯이 무장(武裝) 농민층이 존속하고 있던 사회는 가신제도 장원제도 알지 못했거나, 또는 알았더라도 극히 불완전한 형태로밖에는 경험하지 못하였다. 예를 들면 스칸디나비아라든가 아스투리아스·레온의 여러 왕국의 경우가 그러하였다. 비잔티움 제국의 경우는 아마도 더욱 의미심장한 것이 될 것이다. 왜냐하면 여러 제도가 이곳에서는 훨씬 더 강렬하게 의식된 지도이념으로서의 특징을 지니고 있었기 때문이다.

비잔티움의 경우를 볼 때, 로마 시대의 위대한 행정적 전통을 유지해왔을 뿐 아니라 강고한 군대를 갖추어야 할 필요에 사로잡혀 있던 제국 정부는 7세기의 반(反)귀족적인 반동을 겪은 이래, 국가에 대하여 군사적 의무를 지는 보유지를 창출해내었다. 이것은 어떤 의미에서는 진정한 봉토였다. 하지만 서유럽의 경우와는 달리 이들 보유지는 각각 규모가 별로 크지 않은 농업 경영단위로 구성된 '농민의 봉토'였다. 이때부터 비잔티움의 통치자들은 이들 '병사의 재산'을, 그리고 이와 아울러 소토지 보유자 일반을 부유한 자나 권세있는 자의 독점으로부터 보호하는 일에 무엇보다도 더 열성적인 배려를 기울이게 될 터였다.

그러나 11세기 말 무렵에 이르자 농민들이 끊임없이 빚에 쪼들려 자립하기가 점점 더 힘들어지는 그러한 경제적 조건에 휩싸이게 되었고 거기에다 내분으로 말미암아 국가 자체가 약체화해버렸으니, 이로 인하여 비잔티움 제국도 더 이상 자유경작자들에게 유용한 보호의 손길을 뻗치지 못하는 때가 찾아왔다. 이렇게 하여 제국은 귀중한 재정적 원천을 잃어버리게 되었을 뿐만 아니라 이와 동시에 이제는 제국 자체가 권문세가들, 곧 이때부터는 종속민들 사이에서 필요한 군대를 징집할 수 있는 유일한 존재가 된 이 사람들의 손아귀에 굴러떨어지고 말았다.

봉건사회에 특유한 인간적 유대는 자신의 바로 주변에 있는 우두머리에게 종속자가 결속되어 있는 그러한 종류였다. 한 단계 한 단계 이렇게 형성된 이음매는 마치 그 이음매 수효만큼 많은 고리를 이루며 끝없이 뻗쳐진 사슬을 통해 하나씩 하나씩을 연결시키는 듯한 양상으로 가장 미미한 사람들을 가장 권세 높은 사람들에게 결부시키고 있었다.

토지 자체가 그렇게 귀중한 부로 여겨진 것도 바로 토지가 사람들에게 보수를 마련해줌으로써 '복속인'을 확보할 수 있게 해주었기 때문이지 달리 그런 것이 아니었다. 자기네 공작이 선물로 내놓은 보석, 무기 그리고 말을 사양했던 노르망디의 영주들은 요컨대, 우리는 토지를 원합니다라는 내용의 말을 하고 있다. 그러면서 그들은 자기들끼리 다음과 같이 덧붙여 말하고 있다. "그렇게 되면 우리는 수많은 기사를 급양할 수 있는데, 공작은 그럴 수 없게 될 것이다."[4]

봉사에 대한 보상으로 적합하면서도 또 헌신적인 봉사의 기간 자체와 부합되는 기간에 한해서만 누릴 수 있게 되어 있는 그러한 '토지에 대한 권리'의 형태를 만들어내는 일이 남아 있었다. 서유럽의 봉건제가 지닌 가장 독특한 특징들 가운데 하나는 바로 이 문제에 대하여 봉건제가 발견해낼 수 있었던 해결방법에서 생겨난 것이었다.

슬라브족 군주들의 둘레에 무리지어 모여 있던 '봉사인'(les gens de service)은 군주한테서 순전한 증여물로서 그들의 영지를 받는다는 점에 변함이 없었음에 반해,[*3] 프랑크족의 가신은 얼마간의 암중모색 끝

---

4) Dudon de Saint-Quentin, éd. Lair, *Mém. Soc. Antiquaires Normandie*, t. XXIII, III, 43~44(1933).

*3 마르크 블로크는 여기에서 러시아어로 슬루쥘르이에 류지(служилые люди)라고 불리는 계층을 염두에 두고 있는 것으로 보이는데, 하지만 그의 서술은 부분적으로만 타당하다. 적어도 러시아의 경우, 군주의 무장가신인 드루쥐나(druzhina)층을 근원 중의 하나로 하여 형성된 보야례층은 실제로 군주에 대한 봉사 여부와는 무관하게 토지를 가산으로 소유할 수 있었다. 이들은 '세습봉사인'이라고 분류되기도 한다. 그러나 예를 들어 러시아 역사에서 몽골-타타르족의 지배 말기부터 형성되어, 특히 그 지배가 종료된 뒤 널리 보급되기 시작한 이른바 포메스치예(pomest'e) 소유에 이르면 이 토지의 보유자는 원래 서유럽의 봉토 보유자와 마찬가지로 오로지 군주(서유럽에서는 상급영주)에 봉사하는 기간에 한해서만 토지를 보유할 수 있었다. 이들은 '계약봉사인'이라고 칭할 수 있는데, 엄밀한 의미에서는 이들 포메스치예 보유자들이야말로 전형적인 봉사인이라고 할 수 있으며, 이 점에서 이들 계약봉사인들의 토

에 이제 원칙적으로 당대에 한(限)하는 봉을 수여받는 데에 지나지 않게 되었다. 왜냐하면 무장을 한다는 명예로운 본분을 지녔음을 특색으로 삼고 있던 최상층 계급들 내에서는 종속관계라는 것은 원래 직접 얼굴을 마주 대하는 살아 있는 두 사람 사이에서 자유로이 맺어진 계약이라는 형태를 띠고 있었기 때문이다. 이렇듯 이 종속관계의 수립에는 개인적 접촉이 필요했다는 사실, 바로 이로부터 서유럽 봉건제의 종속관계는 언제나 그 최량의 도덕적 가치를 이끌어내었다.

그러나 일찍부터 다양한 요소들이 이 의무의 순수성을 흐려놓게 되었다. 그러한 요소들로는 첫번째로 친족집단이 여전히 그렇게도 강인하게 형성되어 있던 사회에서는 당연한 현상이던 세습제를 들 수 있고, 다음으로는 경제적 조건에 의하여 어쩔 수 없이 출현하기는 했지만 결국은 인간에게 충성의무를 부과하기보다는 오히려 토지에 대해 봉사의무를 부과하기에 이르렀던 '토지 지급'의 관행을 말할 수 있으며, 끝으로, 그리고 무엇보다도 특히, 신종선서의 중복성(重複性)을 언급하지 않을 수 없다. 탁신한 사람의 충성은 많은 경우에 여전히 커다란 힘이기는 하였다. 하지만 충성심은 위에서 아래에 이르기까지 각양각색의 집단을 한데 맺어주고, (권력의-옮긴이) 세분화를 막아주며, 무질서를 저지하기 위해 구상된 걸출한 사회적 접합제 노릇을 하기에는 결정적으로 쓸모없는 것임이 드러나고 말았다.

사실대로 말하자면, 이러한 유대가 크나큰 중요성을 부여받게 된 데에는 처음부터 어딘지 부자연스러운 구석이 있었다. 봉건시대에 이러한 유대가 일반화한 것은 다 죽어가는 국가—카롤링거 왕조 국가—의 유산이었다. 곧 이 국가는 사회가 산산조각 나는 데 대한 대책으로서 바로 이 산산조각 나는 과정 자체로부터 태어난 제도 가운데 하나를

지 소유의 성격은 서유럽 중세의 전형적인 봉토 소유와 다를 바 없었다. 포메스치예는 18세기 후반에 가서야 봉사 조건부 보유지라는 성격을 완전히 벗어나게 된다.

맞세우려고 생각하였던 것이다.

이 유대관계는 사실 그 자체로는 국가의 응집성을 유지하는 데에 도움을 주지 못할 만한 것도 아니었음에 틀림없다. 앵글로 노르만 왕조의 왕국이 이를 증명하고 있다. 하지만 그러기 위해서는 잉글랜드에서처럼 정복이라는 요인에 의해 도움을 받을 뿐만 아니라 이와 더불어 물질적인 조건들과 새로운 정신적 조건들의 일치에 따라 오히려 더욱 큰 도움을 받는 중앙권력이 필요하였다. 그러나 9세기에는 권력의 분산화를 향해 밀어붙이는 압력이 너무나도 강하였다.

서유럽 문명의 영역 안에서도 봉건제의 지도 위에는 스칸디나비아 반도, 프리슬란트, 아일랜드 같은 몇 개인가의 광대한 공백지대가 나타나 있다. 봉건 유럽이 모두 같은 정도로, 같은 리듬으로 봉건화하지도 않았고, 또 특히 어느 곳에서도 봉건제가 완전히 실현된 적이 없었다는 점을 확인하는 편이 아마도 더욱더 중요할 것이다.

어떤 지방에서이건 간에, 농촌인구가 개인적이고 세습적인 종속의 유대관계 속으로 완전히 떨어져버린 것은 아니었다. 지역에 따라 수효가 극심하게 차이를 보이기는 했지만, 거의 어느 곳에서도 크건 작건 간에 자유토지가 존속하고 있었다. 국가의 관념은 결코 완전히 사라져버린 것이 아니어서, 국가 관념이 가장 강력하게 힘을 유지하고 있던 곳에서는 사람들은 여전히 스스로를 유서깊은 의미에서의 '자유인'이라고 부르고 있었다. 왜냐하면 그들은 인민의 우두머리 또는 그 대리인에게만 종속하고 있었기 때문이다.

노르망디라든가 데인인 지배하의 잉글랜드 그리고 에스파냐 등에는 농민전사의 집단도 남아 있었다. 복종의 서약과는 양립할 수 없는 상호서약이 평화의 제도들 가운데 살아 있었으며, 코뮌에서 승리를 거두었다. 하기야 무릇 사람이 만들어낸 제도의 모든 체계라는 것이 다 결국은 불완전하게 실현될 수밖에 없는 운명을 짊어지고 있음에 틀림없다. 이의의 여지가 없을 정도로 자본주의의 지배 아래 있던 20세기 초엽의 유럽 경제에서도, 변함없이 그 테두리를 벗어나 있는 기업은 하나둘이 아니었지 않은가.

봉건제의 지도를 다시 살펴볼 때, 원래는 루아르 강과 라인 강 사이에 낀 지역 그리고 손 강 양쪽 기슭의 부르고뉴 지방에 봉건적인 색채로 아주 진하게 칠해진 지역이 있었는데, 이처럼 봉건적 색채가 짙은 지역은 11세기에 들어오면서 노르망디 사람들의 정복에 의해 갑자기 잉글랜드와 남부 이탈리아로 넓혀지게 되었다. 이 중앙의 핵심지역을 둘러싼 주변지대 전역에서는 거의 규칙적이라고 할 정도로 차츰차츰 봉건제의 색깔이 엷어져가서 마침내는 작센처럼, 그리고 무엇보다도 특히 레온과 카스티야처럼 봉건적인 특징이 극도로 드물게밖에는 나타나지 않은 지역에 이르게 된다.

이상과 같이 하여, 어떠한 양상을 띠고 나타났을까 하고 우리가 이제 막 머릿속에 그려보기 시작한 봉건제의 지도가, 공백으로 남겨진 주변부에 둘러싸인 채 거의 완성되게 된다. 가장 짙은 빛깔로 칠해진 지역이야말로 카롤링거 왕조에 의한 규제의 영향이 가장 깊숙이 미치고 있던 고장들이었으며 또한 로마적인 요소들과 게르만적인 요소들이 다른 어느 지방보다도 더욱 철저하게 한데 뒤섞임으로써 이들 두 사회의 골격이 가장 완전하게 산산조각 나버렸음에 틀림없을 뿐만 아니라, 또 이 뒤섞임에 힘입어 토지영주제와 개인적 종속관계라는 유별나게 오래 전부터 뿌려져 있던 씨앗이 바야흐로 싹터서 자랄 수 있게 된 고장들이었다는 것을 인정하기는 어려운 일이 아니다.

3. 비교사적 단면도

농민층의 종속 ; 일반적으로 불가능해져 있던 봉급제 대신에 봉사 보유지, 다시 말해 정확한 의미에서의 봉토제도가 널리 채택되고 있었다는 점 ; 전문적 전사계급이 차지하고 있던 우월한 위치 ; 인간과 인간을 서로 결속시켜주는 관계로서, 위에서 말한 전사계급 내에서는 가신제라는 유달리 순수한 형태를 띠고 나타났던 복종과 보호의 유대관계 ;

무질서를 발생시킨 장본인이었던 권력의 세분화 ; 그러나 이러한 모든 것의 와중에서도 또 다른 양식의 인적 집단, 곧 친족집단과 국가가 계속 살아남았으며, 그 중에서도 국가는 봉건시대 제2기 동안 새로운 활력을 되찾게 되었다는 점—그러니까 이상과 같은 것이 유럽 봉건제의 기본적인 특징들이라고 생각된다. 역사라는, 이 영원한 변화를 다루는 학문에 의해 밝혀지는 모든 현상과 마찬가지로, 앞에서 말한 것처럼 특징지어지는 사회구조도 분명히 어떤 시대, 어떤 환경의 독자적인 특징의 흔적을 뚜렷이 지니고 있었다.

그러나 아주 각양각색인 여러 문명들 사이에서 모계 씨족이나 부계 씨족이, 또는 경제적 기업의 어떤 형태가 거의 비슷한 모습으로 발견되는 것과 꼭 같이, 우리 유럽 문명과는 다른 성격의 문명도 우리가 지금 막 정의를 내린 단계와 거의 비슷한 단계를 거쳐올 수 있었다는 것은 그 자체로서는 불가능한 이야기가 아니다. 만일 그렇다면 그 단계에 머물러 있는 동안 이들 문명은 봉건적이라는 이름으로 불려 마땅할 것이다.

하지만 이런 의미의 비교작업은 분명히 단 한 사람의 능력으로는 감당할 수 없는 것이다. 따라서 나는, 좀더 믿을 만한 사람들에 의해 이러한 연구가 수행될 때 제시될 수 있는 결과가 무엇이겠는지, 최소한 그 개념이나마 시사해줄 수 있을 만한 하나의 실례를 서술하는 데에 그치기로 하겠다. 가장 건전한 비교방법의 특징을 이미 뚜렷이 보여주는 훌륭한 연구들이 나와 있기 때문에 이 작업은 손쉬운 일이 될 것이다.

일본사의 먼 옛날을 살펴볼 때 우리 눈에 띄는 것은 혈족집단으로 이루어진, 또는 혈족집단이라고 여겨지는 집단으로 이루어진 사회이다. 그러다가 7세기 말 무렵에는 중국의 영향을 받아서, 유럽의 카롤링거 왕조가 그러했던 것과 꼭 마찬가지로 신민을 일종의 정신적 보호권 아래 두려고 노력하는 하나의 국가체제가 새로이 세워졌다. 마지막으로 11세기 또는 이를 전후한 시기부터, 관례적으로 봉건적이라고 불려오는 한 시기가 시작되었다. 이 시기의 도래는—우리에게 이미 낯익은 도식에 따른다면——십중팔구 경제적 교환이 어느 정도 쇠퇴한 것과 때를 같이하고 있었던 것으로 보인다.

따라서 유럽에서와 마찬가지로 일본에서도 '봉건제' 이전에 아주 다른 두 유형의 사회구조가 선행하였던 듯하다. 그리고 유럽의 경우와 꼭 마찬가지로 일본의 봉건제 또한 이들 두 사회 모두로부터 깊디깊은 영향을 받아서 이를 간직하게 되었다. 군주제는 주지하다시피 유럽에 비하여 엄밀한 의미에서의 봉건적 구축물과는 거리가 먼 것이기는 했지만——왜냐하면 신종선서의 연결선이 황제에게까지 이르기 전에 끊어져 있었으므로——법적으로는 여전히 모든 권력의 이론적 원천으로서 존속하였다. 그리고 여기에서도 또다시, 아주 오랜 관습에 의하여 조장되고 있던 명령권의 세분화가 공적으로는 국가에 대한 일련의 잠식이라는 모습을 띠었다.

농민층의 위쪽에 직업적 전사의 계급이 솟아올랐다. 무장한 종자(從者)와 그 주인과의 관계를 본보기로 하여 개인적인 종속관계가 발전해간 것은 바로 이러한 환경 속에서였으며, 그렇기 때문에 일본에서 개인적 종속관계는 처음부터 유럽의 '탁신제'보다 훨씬 더 두드러진 계급적 성격을 띠고 있었던 것으로 보인다. 이들 개인적 종속관계는 유럽에서와 마찬가지로 위계서열화되어 있었다.

그러나 일본의 가신제는 유럽의 가신제와 비교해볼 때 복종의 행위라는 성격을 훨씬 더 많이, 계약이라는 성격을 훨씬 더 적게 지니고 있었다. 또한 일본의 가신제는 복수의 영주를 섬기는 것을 허용하지 않았으므로 유럽의 가신제보다 훨씬 더 엄격하였다. 이들 전사를 부양할 필요가 있었기 때문에 유럽의 봉토에 아주 흡사한 보유지가 이들에게 분배되었다. 때로는 유럽에서 '재취득' 봉토의 경우가 그런 것처럼, 현실적으로는 명목상 수혜자(受惠者)라고 일컬어지는 사람의 가산에 원래 속해 있던 토지인데도, 순전히 의제적(擬制的)으로 바로 이 토지를 증여자가 수혜자에게 증여한 양 처리하는 경우도 있었다.

당연한 일이겠지만 이들 무사들은 스스로 나서서 토지를 경작하는 일을 점점 꺼려하게 되었다. 물론 일본에도 농민적 '배신'(陪臣)이라는 예외적 사례가 끝내 존재하고 있었기 때문에 약간의 예외가 있기는 했지만 말이다. 따라서 가신들은 주로 그들 자신의 토지 보유농들이 바치는 지대를 가지고 생활하였다.

그러나 가신들의 수효가 너무나도 많았기 때문에——얼핏 보아 유럽의 경우보다 훨씬 더 많았다——종속민에게 막강한 권력을 행사하는 진정한 장원을 이들 무사들을 주인공으로 하여 형성하는 것은 가능하지 않았다. 진정한 장원은 거의 제후층과 사찰의 수중에서밖에 형성되지 않았다. 더욱이 이들 장원은 꽤 여기저기 흩어져 있었고 직접 경영되는 영주직영지를 결여하고 있었기 때문에, 서유럽 가운데서도 진정으로 영주제화해 있던 지역의 장원보다는 오히려 앵글로색슨 시대의 잉글랜드에서 목격할 수 있었던 맹아적인 장원을 연상시키는 정도의 것이었다. 그런데다가 이 땅에서는 물을 대어 쌀농사를 짓는 논이 지배적인 농경방식을 이루고 있어서 기술적인 조건들이 유럽의 관행과는 너무나도 크게 달랐기 때문에 농민의 예속도 이에 따라 독특한 형태를 띠지 않을 수 없었다.

이상과 같은 개관은 지나치게 간략한 것임에 틀림없고 또 두 사회 사이의 대조점을 평가하는 데에서도 그 미묘한 차이를 지적하기에 불충분하지만, 그래도 이 개관만으로도 꽤 확실한 결론을 이끌어낼 수 있다고 생각된다. 즉 봉건제는 '이 세상에서 단 한 번 일어난 사건'은 아니었던 것이다. 물론 유럽과 비교할 때 불가피하고도 심층적인 차이점이 있기는 했지만 그래도 유럽과 마찬가지로 일본도 이 단계를 거쳤다. 다른 여러 사회도 마찬가지로 이 단계를 경과하였을까. 만약 그렇다면 그것은 어떠한 원인들——어쩌면 그 모든 사회에 공통된 것일 수도 있는——의 작용에 의해서였을까. 이것은 앞으로의 연구를 통해 풀어야 할 비밀이다. 이 책이 연구자들에게 문제를 제기함으로써 이 책을 훨씬 뛰어넘어 나아가는 탐구의 길을 열어줄 수 있다면 다행이겠다.

제2장

유럽 봉건제의 연장

1. 봉건제의 유제(遺制)와 재생

13세기 중엽 이래 유럽의 여러 사회는 봉건적인 유형에서 결정적으로 벗어났다. 그러나 하나의 사회체제란, 기억을 지닌 인간집단의 태내에서 계속적으로 이루어지는 진화의 한 시점을 포착해서 말하는 것일 따름이어서, 이러한 사회체제가 한꺼번에 완전히 죽어 없어져버릴 수는 없는 법이다. 봉건제는 꼬리를 길게 늘어뜨리고 있었다.

장원제는 봉건제의 특징을 뚜렷이 새겨 지니고 있었지만 봉건제보다 오래 살아남았다. 그러면서도 한편 장원제는 수많은 변화—여기에서 우리가 직접 다룰 대상은 아니다—를 겪기도 하였다. 그러나 이제 장원제가 더 이상 그 자체와 밀접하게 결부되어 있던 봉건적 지배제도의 그물코 가운데 한 부분으로 짜여들어가 있지 않게 되었을 때, 종속민들의 눈에는 장원제가 점점 더 이해할 수 없고 따라서 점점 더 가증스러운 것으로 비칠 수밖에 없었음을 어찌 간과할 수 있겠는가.

장원 내부에 존재하고 있던 모든 종속관계의 형태들 중에서도 가장 진정하게 봉건적인 성격을 지녔던 것은 농노제였다. 이 제도는 깊디깊은 변화를 겪어, 인간에 관한 것이라기보다는 오히려 토지에 관한 제도가 되어 있기는 하였지만 그럼에도 불구하고 프랑스에서는 대혁명 전

야까지 존속하였다. '재산상속 불능 농노'(mainmortable) 가운데에는
보호자에게 자진해서 '탁신'한 사람의 후손도 분명히 있었다는 사실을
그 당시 어느 누가 기억하고 있었겠는가. 그리고 설령 이 까마득한 기
억이 살아 있다고 하더라도, 그 덕택에 이 시대착오적인 상태가 좀더
견디기 수월한 것으로 바뀌기라도 했단 말인가.

17세기에 일어난 첫 혁명(청교도혁명―옮긴이)에 의하여 기사의 봉
토와 그밖의 토지 보유형태와의 구별이 전적으로 폐지된 잉글랜드를
빼놓는다면 토지에 뿌리박고 있던 가신적·봉건적 의무는 프랑스의 경
우처럼 장원제가 지속되는 그때까지 존속하기도 하였고, 또는 18세기
에 봉토의 전반적인 '자유토지화'를 행한 프로이센에서처럼 장원제가
소멸되기 조금 전까지 존속하기도 하였다.

국가는 그때 이후로 종속관계의 위계서열을 활용할 수 있는 능력을
가진 유일한 존재였던 터라, 이 종속관계 덕택에 국가의 수중에 장악할
수 있는 것으로 여겨지고 있던 군사적 수단의 이용을 그리 빨리 포기하
려 들지 않았다. 루이 14세는 아직도 몇 번씩이나 가신에 대한 '배신
(陪臣) 포함 소집령'을 내렸다. 하지만 그것은 이제 병력부족에 시달리
는 정부가 취한 궁여지책에 지나지 않았으며, 더군다나 벌금과 (군무에
의 종사 대신에 바치는―옮긴이) 면제금을 거두어내서 재원을 확보하
려는 단순한 재정적 미봉책이기조차 하였다.

봉토의 여러 특징들 가운데 중세 말기 이후에도 진정으로 실제적인
가치를 유지하고 있었던 것은 봉토에 부과되는 여러 금전적 부담과 봉
토의 상속에 적용되는 고유한 규정들뿐이었다. 이제 더 이상 영주의 솔
거가신은 존재하지 않았으므로 이때 이후로 신종선서는 일제히 토지
보유와 결부되었다. 신종선서의 의례적인 측면은 새로운 시대의 합리
주의의 세례를 받으면서 양성된 법학자들 눈에야 지극히 '헛된 것'으
로 비쳤겠지만,[1] 그래도 예법에 당연히 신경쓰고 있던 귀족계급의 입

---

1) P. Hévin, *Consultations et observations sur la coutume de Bretagne*,

장에서 보면 이는 무심히 넘길 수 없는 문제였다. 그러나 일찍이 그토
록 깊은 인간적 의미를 지니고 있던 이 의식 자체도——때때로 이것이
화폐 징수의 기회를 제공하고 있었다는 점을 별개로 치더라도——이제
는, 관습에 따라 좀더 수지맞고 좀 덜 수지맞는 차이는 있었겠으나 어
쨌든 이익을 낳는 권리의 원천인 재산의 소유권을 확인해주는 구실밖
에는 거의 아무것도 하지 못하고 있었다.

봉건사항(封建事項)이란 본질적으로 소송쟁의에 관한 것이었으며 법
학이 다루던 대상이었다. 봉건사항은 법학 이론가와 실무자의 방대한
문헌에 포함될 훌륭한 논문 주제를 제공해주었다. 그러나 이 구조물은
몹시 심하게 썩어 있었고, 수익자들이 이것으로부터 기대하고 있던 이
익도 요컨대 아주 보잘것없는 것이었으니, 이 점을 그 무엇보다도 잘
보여주는 것은 프랑스에서 이 구조물이 맥없이 무너지고 말았다는 사
실이다. 하긴 장원제의 소멸은 수많은 저항을 겪으면서 겨우 실현되었
으며, 이때 재산의 분배상태를 크게 혼란시켜놓은 면도 없지는 않았다.
요컨대 봉(封)과 가신제의 소멸은 오랜 단말마의 고통 끝에 다다른 피
할 길 없으면서도 별로 보잘것없는 결말인 것으로 보였다.

그러나 변함없이 수많은 혼란에 휩싸여 있던 한 사회에서 종사제라
는 옛 관행을, 그리고 이에 이어 가신제라는 옛 관행을 태어나게 하였
던 필요성은 효력을 계속 발휘하고 있어서, 사람들은 끊임없이 그 필
요성을 느끼고 있었다. 14, 15세기에 그토록 수많은 기사단(騎士團)
이 창설된 데에는 갖가지 이유가 작용하고 있었지만, 군주들이 특별
히 강력한 유대에 의하여 고위의 충성서약자 집단을 자기 둘레에 단
단히 결속시켜놓아야겠다는 욕구를 느끼고 있었다는 점이야말로 가장
결정적인 이유 가운데 하나였음에 틀림없다. 루이 11세가 제정한 규
약에 따르면 생 미셸 기사단은 국왕에게 '훌륭하고 참된 사랑'을 바
치겠으며, 정의의 전쟁에서는 국왕에게 충성을 바쳐 봉사하겠다고 약

_____

1724, p.343.

속하고 있었다.

그러나 이 시도는 일찍이 카롤링거 왕조가 해보았던 시도와 마찬가지로 헛된 일이었다. 유명한 목걸이 훈장을 차는 명예스러운 사람들의 이름을 적은 가장 오래된 명단에서는 바로 그렇게도 비열하게 자기 주인을 배반한 생 폴(Saint-Pol) 원수[*1]가 세번째 자리를 차지하고 있었으니 말이다.

중세 말기의 무질서한 기간 동안 더욱 효과적이었으며 더욱 위험했던 것은 메로빙거 왕조의 저작가들에 의해 그 산적과 같은 행위를 비난받은 바 있는 '측근' 가신과 아주 비슷한 사병(私兵)부대가 다시 편성되는 일이었다. 이들은 흔히 자기네 영주의 고유색(固有色)을 빛깔로 하거나 영주의 문장(紋章)이 그려진 의복을 입어 자기네의 종속을 표시하였다.

이러한 사병부대를 편성하는 관례는 플랑드르 지방에서는 필리프 대담공(大膽公, Philippe le Hardi)에 의해 불법화되었으나,[2] 플랜태저넷 왕조 말기, 랭커스터 가와 요크 가가 상쟁하던 시기의 잉글랜드에서는 유달리 광범하게 보급되어 있었던 것으로 보인다. 그 결과 상급제후의 측근에 이런 식으로 형성된 집단을 잉글랜드에서는 '제복 착용자' (livery)[*2]라고 불렀다. 이러한 집단은 그전의 '토지를 지급받지 않은' 가신들처럼 한결같이 미천한 출신 모험가들로만 구성되어 있었던 것은 아니었다. 이들 구성원의 대부분은 '향신층'(gentry)으로 충원되었음에 틀림없다.

만일 부하가 소송에 휘말리게 되면 어떻게 되었을까. 그때에는 주인

*1 1418~75. 귀족연합을 맺고 루이 11세에 대항한 부르고뉴 공국 최후의 군주 샤를 무모공(無謀公)과 내통했기 때문에 계급과 백작 작위를 박탈당하였다.
2) P. Thomas, *Textes historiques sur Lille et le Nord*, t. II, 1936, p.285(1385년과 1397년) : p.218(nº 68)도 참조하라.
*2 livery는 프랑스어로는 livrée이다. '하인의 제복'이라는 뜻.

이 재판정에서 자기 권위를 걸고 부하를 비호하였다. 이 '소송 지원' 관행은 불법적인 것이면서도, 의회의 금지령이 되풀이해서 내려지곤 하였던 데서 증명되듯이 엄청나게 끈질겼는데, 이 관행은 프랑크 시대의 갈리아에서 '유력자'가 자기의 충성서약자에게 뻗쳐주고 있던 옛날의 미티움(mithium)을 거의 모든 특징 그대로 간직한 채 되살리고 있는 것이었다. 그리고 통치자 역시 이 새로운 형태의 개인적 결속관계를 이용하는 편이 유리하다고 생각하고 있었기 때문에, 리처드 2세는 자기 종신(從臣)들의 제복에 '하얀 심장'을 문장으로 수놓아 다른 사람과 식별되게 하고는, 말하자면 그들을 그 수효만큼의 국왕가신으로 삼아 왕국 안에 널리 배치해두려고 힘썼던 것이다.[3]

부르봉 왕조 초기의 프랑스에서도, 출세하기 위해 고관대작의 집안 심부름꾼이 되어 있던 장티욤의 모습은 당초의 가신제와 두드러지게 닮은 상태를 보여주고 있지 않았던가. 옛 봉건용어에 어울리는 당당한 무게를 가지고 사람들은 이러저러한 사람이 왕세자(Monsieur le Prince) 또는 추기경 아무개에게 '속해 있는' 사람이라고 말하고 있었다. 사실은, 의식[*3]은 거행되지 않았다. 하지만 그 대신 이따금씩 서면으로 계약이 이루어졌다. 왜냐하면 중세말 이래로, 사라져가고 있던 신종선서의 관습을 대신하여 '친우의 약속'이 오갔기 때문이다. 1658년 6월 2일에 대장(隊長) 들랑드(Delandes)라는 사람이 푸케(Fouquet)[*4]에게 바친 '짤막한 편지'를 예로 들어보자.

소생은 재무총감 각하께 소생의 충성을 약속드리오며……소생이 몸을 바치고, 또 소생이 할 수 있는 한 끝까지 충성하여 모실 분인

---

3) T. F. Toot, *Chapters in the Administrative History of Mediaeval England*, t. IV, 1928, p.62.

*3 신종선서 의식을 말한다.

*4 1615~80. 프랑스의 재무총감을 역임한 관리.

각하 이외에는 어느 누구에게도 결코 속하지 않을 것임을 맹세하나
이다. 그리고 소생은 누구를 적으로 삼는 경우라도 예외없이 시종일
관 각하를 섬기며 각하 이외의 아무에게도 복종하지 않으며 각하께
서 금지한 자와는 어떠한 교제도 하지 않겠다는 것도 약속드리오니
다……. 소생은 각하께오서 바라시는 바대로 어느 누구를 적으로 삼
더라도……이 세상에서 단 하나의 예외도 없이……각하를 위해 소
생의 목숨을 바칠 것을 약속드리옵니다.[4]

마치 시대를 가로질러 "당신의 친구는 나의 친구가, 당신의 적은 나
의 적이 될 것입니다"라는, 탁신의 문구 중에서도 가장 철저한 구절의
메아리를 듣고 있는 것 같지 않은가. 여기에는 국왕을 위한 유보조건조
차 들어 있지 않았다!

요컨대, 비록 진정한 가신제는 헛되이 의식만 차리는 손짓·몸짓과
영구히 침체해버린 법률적 제도들의 잡동사니로밖에 살아남지 않았다
고 하더라도, 진정한 가신제에 생명을 불어넣어주고 있던 정신은 그 유
해 속에서 끊임없이 되살아나고 있었다. 또한 지금의 우리 쪽에 좀더
가까운 여러 사회에서조차 거의 마찬가지 감정과 요청이 머리 들고 있
는 것을 어렵지 않게 찾아볼 수 있을 것이다. 그러나 이제 이 가신제는
산발적이며 어떤 특정한 환경에만 특유하게 나타나는 관행, 국가를 위
협하는 것으로 여겨지자마자 국가에 의해 금지되어버린 관행, 한마디
로 말해 단단하게 결속된 하나의 체계 안에 통합되거나 사회구조 전체
를 그 색조로 물들일 힘은 가지지 못한 그런 관행에 지나지 않았다.

---

4) Colbert, *Lettres*, éd. P. Clément, t. II, p.XXX. '친우의 약속'의 오랜 예
  로는 J. Quicherat, *Rodrigue de Villandrando*, 1879, p. just, n° XIX을
  들 수 있다.

2. 전사의 이념과 계약의 이념

봉건시대는 그뒤를 이은 여러 사회에, 귀족계급으로 결정(結晶)을 이루게 된 기사제도를 유산으로 물려주었다. 이러한 유래 때문에 지배계급은 자신의 군사적 소명에 대한 자부심을 지켜왔으며, 검을 차는 권리가 이를 상징하고 있었다. 프랑스처럼 이 군사적 소명을 구실 삼아서 귀중한 재정적 이권을 이끌어내는 것을 정당화하고 있던 곳의 경우, 지배계급은 군무에 특히 완강하게 집착하였다. 1380년 무렵, 바렌 앙 아르곤(Varennes-en-Argonne)*5에 살던 두 명의 에퀴예(ecuyer)는 귀족은 타유를 물 필요가 없다고 설명하고 있다. 왜냐하면 "귀족 신분이라는 이유로 해서 귀족은 자신의 신체와 소유물을 전쟁의 위험에 노출시켜야만 하기 때문"이었다.[5]

구체제 아래에서, 유서 깊은 가계 출신의 귀족층은 관직귀족계급에 맞서서 스스로 '대검'(帶劍)귀족이라 칭할 것을 고집하였다. 조국을 위해 목숨을 바친다는 것이 더 이상 결코 어느 한 계급이나 한 직종의 독점물이 아니게 된 오늘날의 사회에서조차, 직업군인이라는 직무에는 일종의 정신적 우월성이 결부되어 있다는 감정이——이는 중국 문명과 같은 그밖의 문명에서는 전혀 찾아볼 수 없는 편견이다——봉건시대 초엽에 행해진 병농분리(兵農分離)에 대한 기억으로서 끈질기게 살아남아 있다.

가신의 신종선서는 진정한 계약이었으며 또 쌍무적이었다. 영주는 자신의 계약상 의무를 위반하는 경우에는 자기의 권리를 잃었다. 이러한 사고방식은 당연히 그리 될 수밖에 없기도 했겠지만 정치의 영역으로도 옮겨졌다. 왜냐하면 국왕의 주요한 신민은 동시에 국왕의 가신이기도 했기 때문이다. 또 한편으로는, 인민의 우두머리에게는 신민의 복

---

*5 프랑스 북동부의 지명.
5) Ch. Aimond, *Histoire de la ville de Varennes*, 1925, p.50.

지를 책임져야 할 신비스러운 사명이 있다고 간주하여 공적인 불행이
닥치는 경우에는 인민의 우두머리를 징벌에 처해야 한다는 아주 오래
된 관념이 이 정치적 영역에 덧붙여졌다. 이와 같은 전이(轉移)와 부가
(附加)를 통하여 이 사고방식은 심층적인 영향을 미치게 되었다.

이러한 유서 깊은 사조가 교회에서 그레고리우스의 개혁으로 생겨난
새로운 사조, 즉 초자연적이면서도 신성한 왕권이라는 신화에 맞서 저
항하였던 새로운 사고의 원천과 이 시점에서 한데 합쳐지게 된 만큼,
그 영향은 더욱 깊었다. 1080년 무렵에 알자스 지방의 한 수도사가 썼
듯이 통치자와 그의 신민을 잇는 계약의 관념을 "돼지치기가 그를 부
리는 주인에게 결부되듯"이라고 처음으로, 그리고 오랫동안 버금가는
것이 없을 만큼 강한 설득력을 가지고 표현한 것은 바로 본질적으로 이
종교적인 성격을 띤 집단에 속하는 저술가들이었다. 이 말은 무척이나
온건한 어느 왕권옹호파 사람이 내지른 "도유식을 받은 분이 촌장처럼
해직당할 수는 없다"는 분개의 외침과 일단 견주어볼 때 그 뜻하는 바
가 더욱 온전해지는 것으로 보인다. 그러나 이러한 성직자 신분의 이론
가들 자신도 "못된 임금은 폐위시켜버린다"는 그들 주장의 합당한 구실
한 가지를 사실은 가신에게 일반적으로 인정되고 있던 권리로부터 잊
지 않고 끄집어내온 것에 지나지 않았으니, 그것은 바로 못된 영주는
버릴 수 있는 가신의 권리였던 것이다.[6]

특히 이러한 여러 이념이 행동으로 옮겨진 것은 자기네들의 심성을
형성시키고 있던 여러 제도의 영향을 받은 가신들 집단에 의해서였다.
그런 뜻에서 우선 얼핏 보기에는 그저 무질서밖에 아닌 것처럼 여겨졌
던 수많은 반란의 뒤에는 그 나름대로 풍부한 원리가 숨겨져 있었다.
"자신의 국왕이나 재판관이 법에 어긋난 행동을 하면 누구라도 국왕과

---

6) Manegold de Lautenbach, *Libelli de lite*(*Mon. Germ.*). t. I, p.365 ;
　　Wenrich, Ibid., p.289 ; Paul de Bernried, *Vita Gregorii*, c.97(Watterich,
　　Romanorum pontificum vitae, t. I, p.532).

재판관에게 저항할 수 있고, 또 그들에 대항하는 싸움을 도울 수도 있다……. 그렇다고 그러한 저항이 충성의 의무를 어기는 것은 아니다"라고 『작센슈피겔』에서는 규정하고 있다.[7]

이 유명한 '저항권'은 843년에 체결된 스트라스부르의 서약과 856년에 샤를 대머리왕이 그의 고관대작들과 맺은 협약 속에 이미 싹터 있었던 것으로, 13, 14세기에는 서유럽 세계의 끝에서 끝까지 널리 퍼져 한아름이나 되는 문서에서 메아리치게 되었다. 이들 문서는 대부분이 귀족들의 반동이나 부르주아지의 이기주의에서 태어나기는 했지만 양양한 미래를 약속받고 있었다. 1215년의 잉글랜드의 '대헌장', 1222년의 헝가리의 '황금문서', 예루살렘의 '관습법', 브란덴부르크의 귀족의 '특권', 1287년의 아라곤의 '통합령', 브라반트(Brabant)의 '코르텐베르크(Cortenberg)의 증서', 1341년의 '도피네(Dauphiné)령', 1356년의 랑그도크 지방 코뮌들의 선언 등이 그같은 문서이다.

잉글랜드의 의회, 프랑스의 '삼부회', 독일의 '신분제 의회', 에스파냐의 코르테스(Cortés) 등등 아주 귀족적인 형태를 띤 대의제가 봉건적 단계를 막 벗어나고 있던, 그리고 아직도 그 흔적을 뚜렷이 지니고 있던 나라들에서 태어난 것은 분명 우연이 아니었다. 또 한편, 가신의 복종이 훨씬 더 일방적이었고 게다가 천황의 신적 권력을 신종선서에 의해 구축된 체제의 바깥쪽에 두었던 일본에서는 비록 많은 점에서 서유럽 봉건제에 아주 흡사한 체제가 존속하고 있었다고는 하지만, 이 체제에서 위에서 말한 것과 닮은 제도가 생겨난 것은 결코 아니었는데, 이것도 우연이 아니었다.

이렇듯 권력에 대해 구속력을 행사할 수 있는 협약이라는 관념을 강

---

7) *Landr.* III, 78, 2. 이 대목의 뜻에 관해서는 초이머(Zeumer)가 *Zeitschrift der Savigny-Stiftung*, G. A., 1914, pp.68~75에서 이의를 제기했으나, F. Kern, *Gottesgnadentum und Widerstandsrecht im früheren Mittelalter*(Leipzig, 1914)에서 이 뜻이 충분히 입증되고 있다.

조하는 데에 서유럽 봉건제의 독자성이 있다. 따라서 서유럽 봉건제가 비록 약한 사람들에게는 가혹한 것이었다고 하더라도, 우리가 오늘날에도 존속시키고자 열렬히 바라는 그 무엇을 서유럽 문명에 남겨주었음은 분명한 사실이다.

참고문헌

일러두기

　이 참고문헌 목록을 작성하는 데 지침이 된 일반적인 원칙은 '인적 종속관계의 형성'이라는 제목을 가진 이 책 제1권의 참고문헌 첫머리에 제시하였다. 극소수의 예외를 빼놓고는, 앞의 문헌 목록에서 이미 검토한 저작들의 제목은 여기에서는 되풀이하지 않았다. 특히 봉건사회에 관한 일반적 연구업적은 모두 제1권의 참고문헌에 실려 있으니 독자들께서는 이를 참조하는 편이 좋겠다. 목록 작성이 끝난 시기는 이 책의 작성 종료와 마찬가지로 1939년 2월이다.

1. 계급 일반과 귀족층
1) 계급과 귀족층의 역사에 대한 개관

Bloch(Marc), "Sur le passé de la noblesse française : quelques jalons de recherche" dans *Annales d'histoire économique et sociale*, 1936.

Denholm-Young(N.), "En remontant le passé de l'aristocratie anglaise : le moyen âge" dans *Annales d'histoire économique et sociale*, 1937.

Desbrousses(X.), *Condition personnelle de la noblesse au moyen âge*, Bordeaux, 1901.

Du Cange, "Des chevaliers bannerets. Des gentilshommes de nom et d'armes"(*Dissertations sur l'histoire de saint Louis*, IX et X) dans *Glossarium*, éd. Henschel, t. VII.

Dungern(O. v.), "Comes, liber, nobilis in Urkunden des 11. bis. 13. Jahrhundert" dans *Archiv für Urkundenforschung*, 1932.

_____ , *Der Herrenstand im Mittelalter*, T. I. Papiermühle, 1908.

_____ , *Die Entstehung der Landeshoheit in Österreich*, Vienne, 1930.

Ernst(Viktor), *Die Entstehung des niederen Adels*, Stuttgart, 1916.

_____ , *Mittelfreie, ein Beitrag zur schwäbischen Standesgeschichte*, 1920.

Fehr(Hans), "Das Waffenrecht der Bauern im Mittelalter" dans *Zeitschrift der Savigny Stiftung, G. A.*, 1914 et 1917.

Ficker(Julius), *Vom Heerschilde*, Innsbruck, 1862.

Forst-Battaglia(O.), *Vom Herrenstande*, Leipzig, 1916.

Frensdorff(F.), "Die Lehnsfähigkeit der Bürger" dans *Nachrichten der K. Gessellschaft der Wissensch. zu Göttingen, Phil.-hist. Kl.*, 1894.

Garcia Rives(A.), "Classes sociales en León y Castilla(Siglos X~XIII)" dans *Revista de Archivos*, t. XLI et XLII, 1921 et 1922.

Guilhiermoz(A.), *Essai sur les origines de la noblesse en France au moyen âge*, 1902.

Heck(Philipp), *Beiträge zur Geschichte der Stände im Mittelalter*, 2 vols., Halle, 1900~1905.

_____ , *Die Standesgliederung der Sachsen im frühen Mittelalter*, Tubingue, 1927.

_____ , *Uebersetzungsprobleme im früheren Mittelalter*, Tubingue, 1931.

Langlois(Ch.-V.), "Les origines de la noblesse en France" dans *Revue de Paris*, 1904, V(Guilhiermoz의 책에 관해서는 위를 참조하라).

La Roque(de), *Traité de la noblesse*, 1761.

Lintzel(M.), "Die ständigen Ehehindernisse in Sachsen" dans *Zeitschr. der Savigny-Stiftung, G. A.*, 1932.

Marsay(de), *De l' âge des privilèges au temps des vanités*, 1934 et *Supplément*, 1933.

Minnigerode(H. v.), *Ebenburt und Echtheit. Untersuchungen zur Lehre von der adeligen Heiratsebenburt vor dem 13. Jahrhundert*, Heidelberg, 1932(*Deutschrechtliche Beiträge*, VIII, 1).

Neckel(Gustav.), "Adel und Gefolgschaft" dans *Beiträge zur Gesch. der deutschen Sprache*, t. XVLI, 1916.

Neufbourg(de), "Les origines de la noblesse" dans Marsay, *Supplément*.

Otto(Eberhard F.), *Adel und Freiheit im deutschen Staat des frühen Mittelalters*, Berlin, 1937.*

Plotho(V.), "Die Stände des deutschen Reiches im 12. Jahrhundert und ihre Fortentwicklung" dans *Vierteljahrschrift für Wappen-Siegel und Familienkunde*, t. XLV, 1917.

Reid(R. R.), "Barony and Thanage" dans *English Historical Review*, t. XXXV, 1920.

Round(J. A.), "Barons' and 'knights' in the Great Charter" dans *Magna Carta : Commemoration Essays*, Londres, 1917.

_____, "Barons and peers" dans *English Historicl Review*, 1918.

Santifaller(Leo), "Üeber die Nobiles" dans Santifaller, *Das Brixner Domkapitel in seiner persönlichen Zusammensetzung*, t. I, pp.59~64, Innsbruck, 1924(Schleiern-Schriften, 7).

Schnettler(Otto), *Westfalens Adel und seine Führerrolle in der Geschichte*, Dortmund, 1926.

_____, *Westfalens alter Adel*, Dortmund, 1928.

Schulte(Aloys), *Der Adel und die deutsche Kirche im Mittelalter*, 2^c éd., Stuttgart.

Vogt(Friedrich), *Der Bedeutungswandel des Wortes edel*, Marbourg, 1909(Mrburger Akademische Reden, n° 20).

Werminghoff(Albert), "Ständische Probleme in der Geschichte der deutschen Kirche des Mittelalters" dans *Zeitschrift der Savigny-Stiftung*, G. A., 1911.

Westerblad(C. A.), *Baro et ses dérivés dans les langues romanes*, Upsal, 1910.

---

* 내세우고 있는 명제 가운데 몇몇 개는 물론 논란의 여지가 있지만 그러면서도 아주 풍부한 사실과 발상을 담고 있는 책인데, 나는 귀족층에 관한 장(章)이 인쇄에 넘겨진 뒤에야 이 책을 알게 되었다.

2) 기사 서임 : 전례문서

Andrieu(Michel), *Les ordines romani du haut moyen âge : I, Les manuscrits*, Louvain, 1931(Spicilegium sacrum lovaniense, 11).

Bénédiction de l' épée : Pontifical de Besançon : cf. Andrieu, p. 445. Éd : Martène, De antiquis eccl. ritibus, t. II, 1788, p. 239 ; Franz, t. II, p. 294.

Benedictio ensis noviter succincti, Pontifical mayençais : ms. et éd. cf. Andrieu, p. 178 et table mot ensis ; facsimilé Monaci, Archivio paleografico, t. II, n° 73.

Franz(Ad.), *Die kirchlichen Benediktionen des Mittelalters*, 2 vols. Fribourg en B., 1909.

Liturgie de l' adoubement : Pontifical rémois ; cf. Andrieu, p. 112. Éd. Hittorp, *De divinis catholicae ecclesiae officiis*, 1719, col. 178 ; Franz, t. II, p. 295.

Liturgie de l' adoubement : Pontifical de Guill. Durant. Éd. J. Catalani, *Pontificale romanum*, t. I, 1738, p. 424.

Liturgie de l' adoubement : *pontifical romain*. Éd.(entre autres) Catalani, t. I, p. 419.

3) 기사도에 관한 개론

Bonizo, *Liber de vita christiana*, éd. Perels, 1930(Texte zur Geschichte des römischen und kanonischen Rechts I), VII, 28.

Chrétien de Troyes, *Perceval le Gallois*, éd. Potvin t. II, v. 2831 suiv.

Der Meissner, "Swer ritters name will empfan······" dans F. H. von der Hagen, *Minnesinger*, t. III, p. 107, n° 10.

Lancelot dans H. O. Sommer, *The vulgate version of the Arthurian romances*, t. III, 1, pp. 113~15.

L' Ordene de Chevalerie dans Barbazan, *Fabliaux*, 2ᶜ éd. par Méon, t. I, 1808, pp. 59~79.

Navone(G.), *Le rime di Folgore da San Gemignano*, Bologne, 1880, pp. 45~49(Scelta di curiosità letterarie, CLXXII).

Raimon Lull, *Libro de la orden de Caballeria*, éd. J. R. de Luanco, Barcelone, R. Academia de Buenos Letras, 1901. Traduction française dans P. Allut, *Étude biographique et historique sur Symphorien Champier*, Lyon, 1859, p. 266 et suiv. Traduction anglaise, *The Book of the Ordre of Chivalry*, translated and printed by W. Caxton, éd. Byles, 1926(Early English Texts Soc., t. CLXVIII).

4) 기사도와 기사 서임에 관한 연구

Barthélemy(Anatole de), "De la qualification de chevalier" dans *Revue nobiliaire*, 1868.

Erben(Wilhelm), "Schwertleite und Ritterschlag : Beiträge zu einer Rechtsgeschichte der Waffen" dans *Zeitschrift für historische Waffenkunde*, t. VIII, 1918~1920.

Gautier(Léon), *La chevalerie*, 3ᶜ éd., S. d.

Massmann(Ernst heinrich), *Schwertleite und Ritterschlag, dargestellt auf Grund der mittelhochdeutschen literarischen Quellen*, Hambourg, 1932.

Pivano(Silvio), "Lineamenti storici e giuridici della cavalleria medioevale" dans *Memorie della r. Accad. delle scienze di Torino*, Série II, t. LV, 1905, Scienze Morali.

Prestage(Edgar), *Chivalry : A Series of studies to Illustrate its Historical Significance and Civilizing Influence*, by members of King' s College, London, Londres, 1928.

Roth von Schreckenstein(K. H.), *Die Ritterwürde und der Ritterstand. Historisch-politische Studien über deutsch-mittelalterliche Standesverhältnisse auf dem Lande und in der Stadt*, Fribourg-en-Brisgau, 1886.

Salvemini(Gaetano), *La dignita cavalleresca nel Comune di Firenze*, Florence, 1896.

Treis(K.), *Die Formalitäten des Ritterschlags in der altfranzösischen Epik*, Berlin, 887.

5) 귀족 서훈

Arbaumont(J.), "Des anoblissements en Bourgogne" dans *Revue nobiliaire*, 1866.

Barthélemy(Anatole de), "Étude sur les lettres d' anoblissement" dans *Revue nobiliaire*, 1869.

Klüber(J. L.), "De nobilitate codicillari" dans Klüber, *Kleine juristische Bibliothek*, t. VII, Erlangen, 1793.

Thomas(Paul), "Comment Guy de Dampierre, comte de Flandre, anoblissait les roturiers" dans *Commission histor. du Nord*, 1933 ; cf. P. Thomas, *Textes historiques sur Lille et le Nord*, t. II, 1936, p. 229.

6) 귀족과 기사의 생활

Appel(Carl), *Bertran von Born*, Halle, 1931.

Bormann(Ernst), *Die Jagd in den altfranzösischen Artus-und Abenteuerromanen*, Marbourg, 1887(Ausg. und Abh. aus dem Gebiete der roman. Philologie, 68).

Du Cange, "De l' origine et de l' usage des tournois. Des armes à outrance, des joustes, de la Table Ronde, des behourds et de la quintaine"(Dissertations sur l' histoire de saint Louis, VI et VII) dans *Glossarium*, éd. Henschel, t. VII.

Dupin(Henri), *La courtoisie au moyen âge(d' après les textes du XIIe et du XIIIe siècle)*, 1931.

Ehrismann(G.), "Die Grundlagen des ritterlichen Tugendsystems" dans *Zeitschrift für deutsches Altertum*, t. LVI, 1919.

Erdmann(Carl), *Die Entstehung des Kreuzzugsgedankens*, Stuttgart, 1935(Forschungen zur Kirchen-und Geistesgeschichte, VI).

George(Robert H.), "The Contribution of Flanders to the Conquest of England" dans *Revue Belge de philologie*, 1926.

Gilson(Étienne), "L' amour courtois" dans Gilson, *La Théologie Mystique de saint Bernard*, 1934, pp.192~215.

Janin(R.), "Les 'Francs' au service des Byzantins" dans *Échos d' Orient*, t. XXXIX, 1930.

Jeanroy, Alfred, *La poésie lyrique des troubadours*, 2 vols., 1934.

Ch.-V. Langlois, "Un mémoire inédit de Pierre du Bois, 1313 : De torneamentis et justis" dans *Revue Historique*, t. XLI, 1889.

Naumann(Hans), "Ritterliche Standeskultur um 1200" dans Naumann(H.) et Müller(Gunther), *Höfische Kultur*, Halle, 1929(Deutsche Vierteljahrschrift für Literaturwissenschaft und Geistesgeschichte, Buchreihe, t. XVII).

―――――, *Der staufische Ritter*, Leipzig, 1936.

Niedner(Felix), *Das deutsche Turnier im XII. und XIII. Jahrhundert*, Berlin, 1881.

Painter(Sidney), *William Marshal, Knight-Errant, Baron and Regent of England*, Baltimore, 1933(The Johns Hopkins Historical Publications).

Rust(Ernst), *Die Erziehung des Ritters in der altfranzösischen Epik*, Berlin, 1888.

Schrader(Werner), *Studien über das Wort 'höfisch' in der mittelhochdeutschen Dichtung*, Bonn, 1935.

Schulte(Aloys), "Die Standesverhältnisse der Minnesänger" dans *Zeitschrift für deutsches Altertum*, t. XXXIX, 1895.

Schultz(Alwin), *Das höfische Leben zur Zeit der Minnesinger*, 2ᶜ éd., 2 vols., 1889.

Seiler(Friedrich), *Die Entwicklung der deutschen Kultur im Spiegel des deutschen Lehnworts*, II. *Von der Einführung des Christentums bis zum Beginn der neueren Zeit*, 2ᶜ éd., Halle, 1907.

Whitney(Maria P.), "Queen of Medieval Virtues : Largesse" dans *Vassar Mediaeval Studies……*, edited by, C. F. Fiske, New Haven, 1923.

7) 문장(紋章)

Barthélemy(A. de), "Essai sur l' origine des armoiries féodales" dans *Mém*.

374

soc. antiquaires de l' Ouest, t. XXXV, 1870~71.

Ilgen(Th.), "Zur Entstehung und Entwicklungsgeschichte der Wappen" dans *Korrespondenzblatt des Gesamtvereins der d. Geschichts-und Altertumsvereine*, t. LXIX, 1921.

Ulmenstein(Chr. U. v.), *Üeber Ursprung und Entstehung des Wappenwesens*, Weimar, 1935(Forsche. zum deutschen Recht, I, 2.).

8) 하사와 하사층

(1925년 이전에 나온 독일어와 프랑스어 문헌에 관해서는 다음에 나온 Ganshof 의 책을 보라.)

Bloch(Marc), "Un problème d' histoire comparée : la ministérialité en France et en Angleterre" dans *Revue historique du droit*, 1928.

Blum(E.), "De la patrimonialité des sergenteries fieffées dans l' ancienne Normandie" dans *Revue générale de droit*, 1926.

Ganshof(F. L.), "Étude sur les ministeriales en Flandre et en Lotharingie" dans *Mém. Acad. royale Belgique, Cl. Lettres*, in-8°, 2ᶜ série, XX, 1926.

Gladiss(D. v.), *Beiträge zur Geschichte der staufischen Ministerialität.*, Berlin, 1934(Ebering' s Histor. Studien, 249).

Haendle(Otto), *Die Dienstmannen Heinrichs des Löwen*, Stuttgart, 1930(Arbeiten zur d. Rechts-und Verfassungsgeschichte, 8).

Kimball(E. G.), *Serjeanty Tenure in Mediaeval England*, New York, 1936(Yale Historical Publications, Miscellany, XXX).

Le Foyer(Jean), *L' office héréditaire de Focarius regis Angliae*, 1931 (Biblioth. d' histoire du droit normand, 2ᶜ série, 4).

Stengel(Edmund E.), "Über den Ursprung der Ministerialität" dans *Papsttum und Kaisertum : Forsch ⋯⋯ P. Kehr dargebracht*, Munich, 1925.

2. 봉건사회에서의 교회 : 아드보카투스제(制)

여기에서 전체 교회에 대한 역사적 개괄이나 각국 교회사 개설 또는 엄밀한 의 미에서의 교회사 자체의 다양한 문제에 관한 저작들을 열거해야 된다고 생각되지는 않는다. 봉건사회를 연구하는 역사가들은 이 문제에 관해 A. Hauck의 대작 *Kirchengeschichte Deutschlands*, 5 vols., Leipzig, 1914~20 및 P. Fournier와 G. Le Bras의 훌륭한 저작 *Histoire des collections canoniques en Occident depuis les Fausses Décrétales jusqu'au Décret de Gratien*, 2 vols., 1931~1932를 참조하면 큰 도움을 얻으리라는 점을 지적하는 것으로 그치기로 한다. 아드보카투스에 대해서는 ─ 아드보카투스와 재판권 일반과는 물론 밀접하게 관련되어 있는데도, 특히 독일의 많은 저작들에서는 이 양자를 제대로 구분하지 않고 있다 ─ 이 참고문헌의 3. 재판제도도 참조하라.

Génestal(R.), "La patrimonialité de l'archidiaconat dans la province ecclésiastique de Rouen" dans *Mélanges Paul Fournier*, 1929.

Laprat(R.), "Avoué" dans *Dictionnaire d'histoire et de géographie ecclésiatique*, t. V, 1931.

Lesne(Em.), Histoire de la propriété ecclésiastique en France, 4 vols., Lille, 1910~1938.

Merk(C. J.), *Anschauungen über die Lehre und das Leben der Kirche im altfranzösischen Heldenepos*, Halle, 1914(Zeitschrift für romanische Philologie, Beiheft, 41).

Otto(Ebehard F.), *Die Entwicklung der deutschen Kirchenvogtei im 10. Jahrhundert*, Berlin, 1933(Abhandl. zur mittleren und neueren Geschichte, 72).

Pergameni(Ch.), *L'avouerie ecclésiastique belge*, Gand, 1907. cf. Bonenfant(P.), Notice sur le faux diplôme d'Otton Ier dans *Bulletin Commission royale histoire*, 1936.

Senn(Félix), *L'institution des avoueries ecclésiastiques en France*, 1903. W. Sickel의 서평 *Göttingische Gelehrte Anzeigen*, t. CLVI, 1904 참조.

────────, *L'institution des vidamies en France*, 1907.

Waas(Ad.), *Vogtei und Bede in der deutschen Kaiserzeit*, 2 vols., Berlin, 1919~1923.

3. 재판제도

Ault(W. O.), *Private Juridiction in England*, New Haven, 1923(Yale Historical Publications. Miscellany, X).

Beaudoin(Ad.), "Étude sur les origines du régime féodal : la recommandation et la justice seigneuriale" dans *Annales de l' enseignement supérieur de Grenoble*, I, 1889.

Beautemps-Beaupré, *Recherches sur les juridictions de l' Anjou et du Maine*, 1890.

Cam(Helen M.), "Suitors and Scabini" dans *Speculum*, 1935.

Champeaux(Ernest), "Nouvelles théories sur les justices du moyen âge" dans *Revue historique du droit*, 1935, pp. 101~111.

Esmein(Ad.), "Quelques renseignements sur l' origine des juridictions privées" dans *Mélanges d' archéologie et d' histoire*, 1886.

Ferrand(N.), "Origines des justices féodales" dans *Le Moyen Âge*, 1921.

Fréville(R. de), "L' organisation judiciaire en Normandie aux XII^c et XIII^c siècles" dans *Nouv. Revue historique de droit*, 1912.

Ganshof(François L.), "Notes sur la compétence des cours féodales en France" dans *Mélanges d' histoire offerts à Henri Pirenne*, 1926

_____, "Contribution à l' étude des origines des cours féodales en France" dans *Revue historique de droit*, 1928.

_____, "La juridiction du seigneur sur son vassal à l' époque carolingienne" dans *Revue de l' Université de Bruxelles*, t. XXVIII, 1921~22.

_____, "Recherches sur les tribunaux de châtellenie en Flandre, avant le milieu du XIII^c siècle," 1932(Universiteit de Gent, Werken uitgg. door de Faculteit der Wijsbegeerte en Letteren, 68).

_____, "Die Rechtssprechung des gräflichen Hofgerichtes in Flandern" dans *Zeitschrift der Savigny Stiftung, G. A.*, 1938.

Garaud(Marcel), *Essai sur les institutions judiciaires du Poitou sous le gouvernement des comtes indépendants : 902~1137*, Poitiers, 1910.

Garcia de Diego(Vicenze), "Historia judicial de Aragon en los siglos VIII al XII" dans *Anuario de historia del derecho español*, t. XI, 1934.

Glitsch(Heinrich), "Der alamannische Zentenar und sein Gericht" dans *Berichte über die Verhandlungen der k. sächsischen Ges. der Wissenschaften, Phil-histor. Kl.*, t. LXIX, 1917.

_____, *Untersuchungen zur mittelalterlichen Vogtgerichtsbarkeit*, Bonn, 1912.

Halphen(L.), "Les institutions judiciaires en France au XIe siècle : région angevine" dans Le Moyen Age, 1902.

Hirsch(Hans), *Die hohe Gerichtsbarkeit im deutschen Mittelalter*, Prague, 1922.

_____, *Die Klosterimmunität seit dem Investiturstreit*, Weimar, 1913.

Kroell(Maurice), *L' immunité franque*, 1910.

Lot(Ferdinand), "La 'vicaria' et le 'vicarius'" dans *Nouvelle Revue historique de droit*, 1893.

Massiet du Biest(J.), "A propos des plaids généraux" dans *Revue du Nord*, 1923.

Morris(W.-A.), *The Frankpledge System*, New York, 1910(Harvard Historical Studies, XIV).

Perrin(Ch.-Edmond), "Sur le sens du mot 'centena' dans les chartes lorraines du moyen âge" dans *Bulletin Du Cange*, t. V, 1929~30.

Salvioli(Giuseppe), "L' immunità et le giustizie delle chiese in Italia" dans *Atti e memorie delle R. R. Deputazioni di Storia Patria per le provincie Modenesi e Parmesi*, Série III, vols. V et VI, 1888~1890.

_____, *Storia della procedura civile e criminale*, Milan, 1925(Storia del diritto italiano pubblicata sotto la direzione di Pasquale del Giudice, vol. III, Parte prima).

Stengel(Edmund E.), *Die Immunität in Deutschland bis zum Ende des 11. Jahrhunderts*, Teil I, *Diplomatik der deutschen Immunitäts-Privilegien*, Innsbruck, 1910.

Thirion(Paul), "Les échevinages ruraux aux XII^c et XIII^c siècles dans les possessions des églises de Reims" dans *Études d'histoire du moyen âge dédiées à G. Monod*, 1896.

4. 평화운동

Erdmann(C.), *Zur Ueberlieferung der Gottesfrieden-Konzilien* dans Erdmann, op.cit(p.373).

Görris(G.-C.-W.), *De denkbeelden over oorlog en de bemoeeiingen voor vrede in de elfde eeuw*(Les idées sur la guerre et les efforts en faveur de la paix au xi^c siècle). Nimègue, 1912(Diss. Leyde).

Hertzberg-Frankel(S.), "Die ältesten Land-und Gottesfrieden in Deutschland" dans *Forschungen zur deutschen Geschichte*, t. XXIII, 1883.

Huberti(Ludwig), *Studien zur Rechtsgeschichte der Gottesfrieden und Landesfrieden* : I, *Die Friedensordnungen in Frankreich, Ansbach*, 1892.

Kluckhohn(A.), *Geschichte des Gottesfriedens*, Leipzig, 1857.

Manteyer(G. de), "Les origines de la maison de Savoie······La paix en Viennois(Anse, 17? juin 1025)" dans *Bulletin de la Soc. de statistique de l'Isère*, 4^c série, t. VII, 1904.

Molinié(Georges), *L'organisation judiciaire, militaire et financière des associations de la paix : étude sur la Paix et la Trêve de Dieu dans le Midi et le Centre de la France*, Toulouse, 1912.

Prentout(H.), "La trêve de Dieu en Normandie" dans *Mémoires de l'Acad. de Caen*, Nouv. Série, t. VI, 1931.

Quidde(L.), *Histoire de la paix publique en Allemagne au moyen âge*, 1929.

Schnelbögl(Wolfgang), *Die innere Entwicklung des bayerischen Landfriedens des 13. Jahrhunderts*, Heidelberg, 1932(Deutschrechtliche Beiträge, XIII, 2).

Sémichon(E.), *La Paix et la Trêve de Dieu*, 2ᶜ éd., 2 vols., 1869.

Wohlhaupter(Eugen), *Studien zur Rechtsgeschichte der Gottes-und Landfrieden in Spanien*, Heidelberg, 1933(Deutschrechtliche Beiträge XIV, 2).

Yver(J.), *L'interdiction de la guerre privée dans le très ancien droit normand(Extrait des travaux de la semaine d'histoire du droit normand*······mai 1927), 1928.

5. 왕국의 제도

Becker(Franz), *Das Königtum des Nachfolgers im deutschen Reich des Mittelalters*, 1913(Quellen und Studien zur Verfassung des d. Reiches, V, 3).

Bloch(Marc), L'Empire et l'idée d'Empire sous les Hohenstaufen" dans *Revue des Cours et Conférences*, t. XXX, 2, 1928~1929.

_____, *Les rois thaumaturges : étude sur le caractère surnaturel attribué à la puissance royale, particulièrement en France et en Angleterre*, Strasbourg, 1924(Biblioth. de la Faculté des Lettres de l'Univ. de Strasbourg, XIX).

Euler(A.), *Das Königtum im altfranzösischen Karls-Epos*, Marbourg, 1886(Ausgaben und Abhandl. aus dem Gebiete der romanischen Philologie, 65).

Halphen(Louis), "La place de la royauté dans le système féodal" dans *Revue historique*, t. CLXXII, 1933.

Kampers(Fr.), "Rex und sacerdos" dans *Histor. Jahrbuch*, 1925.

_____, *Vom Werdegang der abendländischen Kaisermystik*, Leipzig, 1924.

Kern(Fritz), *Gottesgnadentum und Widerstandsrecht im früheren Mittelalter*, Leipzig, 1914.

Mitteis(Heinrich), *Die deutsche Königswahl : ihre Rechtsgrundlagen bis zur Goldenen Bulle*, Baden bei Wien, 1938.

Naumann(Hans), "Die magischen Seite des altgermanischen Königtums und ihr Fortwirken" dans *Wirtschaft und Kultur. Festschrift zum 70. Geburtstag von A. Dopsch*, Vienne, 1938.

Perels(Ernst), *Der Erbreichsplan Heinrichs VI.*, Berlin, 1927.

Rosenstock(Eugen), *Königshaus und Stämme in Deutschland zwischen 911 und 950*, Leipzig, 1914.

Schramm(Percy E.), *Die deutschen Kaiser und Könige in Bildern ihrer Zeit, I, 751~1152*, 2 vols., Leipzig, 1928(Veröffentlichungen der Forschungsinstitute an der Univ. Leipzig, Institut für Kultur-und Universalgesch., I).

_____, *Geschichte des englischen Königtums im Lichte der krönung*, Weimar, 1937. 영역본 *A History of the English Coronation*(유럽에서의 국왕의 축성에 관한 전반적인 참고문헌 소개 첨부).

_____, *Kaiser, Rom und Renovatio*, 2 vols., Leipzig, 1929(Studien der Bibliothek Warburg, XVII).

Schulte(Aloys), "Anläufe zu einer festen Residenz der deutschen Könige im Mittelalter" dans *Historisches Jahrbuch*, 1935.

Schultze(Albert), *Kaiserpolitik und Einheitsgedanken in den Karolingischen Nachfolgestaaten(876~962)*, Berlin, 1926.

Viollet(Paul), "La question de la légitimité à l'avènement de Hugues Capet" dans *Mém. Académie Inscriptions*, t. XXXIV, 1, 1892.

6. 영역제후령

Arbois de Jubainville(d'), *Histoire des ducs et comtes de Champagne*, 7 vols., 1859~1866.

Auzias(Léonce), *L'Aquitaine carolingienne(778~897)*, 1937.

Barthélemy(Anatole de), "Les origines de la maison de France" dans *Revue des questions historiques*, t. XIII, 1873.

Boussard(J.), *Le comté d'Anjou sous Henri Plantagenet et ses fils*

(1151~1204), 1938(Biblioth. Éc. Hautes-Études, Sc. histor., 271).

Chartrou(Josèphe), *L'Anjou de 1109 à 1151*, 1928.

Chaume(M.), *Les origines du duché de Bourbogne*, 2 vols., Dijon. 1925~31.

Fazy(Max.), *Les origines du Bourbonnais*, 2 vols., Moulins, 1924.

Ficker(J.) et Puntschart(P.), *Vom Reichsfürstenstande*, 4 vols., Innsbruck, Graz et Leipzig, 1861~1923.

Grimaldi(Natale), *La contessa Matilde e la sua stirpe feudale*, Florence, 1928.

Grosdidier de Matons(M.), *Le comté de Bar des origines au traité de Bruges(vers 750~1301)*, Bar-le-Duc, 1922.

Halbedel(A.), *Die Pfalzgrafen und ihr Amt : ein Ueberblick dans Halbedel, Fränkische Studien*, Berlin, 1915(Ebering's Histor. Studien, 132).

Halphen(Louis), *Le comté d'Anjou au XI⁵ siècle*, 1906.

Hofmeister(Adolf), "Markgrafen und Markgrafschaften im italienischen Königreich in der Zeit von Karl dem Grossen bis auf Otto den Grossen (774~962)" dans *Mitteilungen des Instituts für œsterreichische Geschichtsforschung*, VII, Ergänzungsband, 1906.

Jaurgain(J. de), *La Vasconie*, 2 vols., Pau, 1898.

Jeulin(Paul), "L'hommage de le Bretagne en droit et dans les faits" dans *Annales de Bretagne*, 1934.

Kiener(Fritz), *Verfassungsgeschichte der Provence seit der Ostgothenherrschaft bis zur Errichtung der Konsulate(510~1200)*, Leipzig, 1900.

La Borderie(A. Le Moyne de), *Histoire de Bretagne*, t. II et III, 1898~99.

Lapsley(G. Th.), *The County Palatine of Durham*, Cambridge, Mass., 1924(Harvard Historical Studies, VIII).

Latouche(Robert), *Histoire du comté du Maine*, 1910(Biblioth. Éc. Hautes Études, Sc. histor., 183).

Läwen(Gerhard), *Stammesherzog und Stammesherzogtum*, Berlin, 1935.

Les Bouches du Rhône, Encyclopédie départementale, Première partie, t. II. Antiquité et moyen âge, 1924.

Lex(Léonce), *Eudes, comte de Blois·······(995~1007) et Thibaud, son frère (995~1004)*, Troyes, 1892.

Lintzel(Martin), "Der Ursprung der deutschen Pfalzgrafschaften" dans *Zeitschrift der Savigny Stiftung, G. A.*, 199.

Lot(Ferdinand), *Fidèles ou vassaux?*, 1904.

Manteyer(G.), *La Provence du Ier au XIIe siècle*, 1908.

Parisot(Robert), *Les origines de la Haute-Lorraine et sa première maison ducale*, 1908.

Powicke(F. M.), *The Loss of Normandy(1189~1204)*, 1913(Publications of the University of Manchester, Historical Series, XVI).

Previté-Orton(C. W.), *The Early History of the House of Savoy(1000~1223)*, Cambridge, 1912.

Rosenstock(Eugen), *Herzogsgewalt und Friedensschutz : deutsche Provinzialversammlungen des 9~12. Jahrhunderts*, Breslau, 1910 (Untersuchungen zur deutschen Staats-und Rechtsgeschichte, H., 104).

Schmidt(Günther), *Das würzburgische Herzogtum und die Grafen und Herren von Ostfranken vom 11. bis zum 17. Jahrhundert*, Weimar, 1913 (Quellen und Studien zur Verfassungsgeschichte des deutschen Reiches, V, 2).

Sproemberg(Heinrich), *Die Entstehung der Grafschaft Flandern. Teil I : die ursprüngliche Grafschaft Flandern(864~892)*, Berlin, 1935. cf. F. L. Gan-shof, Les origines du comté de Flandre dans Revue belge de philologie, 1937.

Tournadre(Guy de), *Histoire du comté de Forcalquier(XIIe siècle)*, 1930.

Vaccari(Pietro), *Dall' unità romana al particolarismo giuridico del Medio evo*, Pavie, 1936.

Valin(L.), *Le duc de Normandie et sa cour*, 1909.

Valls-Taberner(F.), "La cour comtale barcelonaise" dans *Revue historique du droit*, 1935.

Werneburg(Rudolf), *Gau, Grafschaft und Herrschaft in Sachsen bis zum*

Uebergang in das Landesfürstentum Hannover, 1910(Forschungen zur Geschichte Niedersachsens, III, 1).

7. 국민의식

Chaume(M.), "Le sentiment national bourguignon de Gondebaud à Charles le Téméraire" dans *Mém. Acad. Sciences Dijon*, 1922.

Coulton(G. G.), "Nationalism in the Middle Ages" dans *Cambridge Historical Journal*, 1935.

Hugelmann(K. G.), "Die deutsche Nation und der deutsche Nationalstaat im Mittelalter" dans *Histor. Jahrbuch*, 1931.

Kurth(G.), "Francia et Francus" dans *Études franques*, 1919, t. I.

Monod(G.), "Du rôle de l'opposition des races et des nationalités dans la dissolution de l'Empire carolingien" dans *Annuaire de l'Éc. des Hautes Études*, 1896.

Remppis(Max), *Die Vorstellungen von Deutschland im altfranzösischen Heldenepos und Roman und ihre Quellen*, Halle, 1911(Beihefte zur Zeitschrift für roman. Philologie, 234).

Schultheiss(Franz Guntram), *Geschichte des deutschen Nationalgefühls*, t. I, Munich, 1893.

Vigener(Fritz), *Bezeichnungen für Volk und Land der Deutschen vom 10. bis zum 13. Jahrhundert*, Heidelberg, 1901.

Zimmerman(K. L.), "Die Beurteilung der Deutschen in der französischen Literatur des Mittelalters mit besonderer Berücksichtigung der Chansons de geste" dans *Romanische Forschungen*, t. XIX, 1911.

8. 봉건제에 대한 비교사적 고찰

Asakawa(K.), "The Origin of Feudal Land-Tenure in Japan" dans *American Historical Review*, XXX, 1915.

_____, *The Documents of Iriki Illustrative of the Development of the Feudal Institutions of Japan*, New Haven, 1929(Yale Historical Publ., Manuscripts and edited texts, X). 훌륭한 서론 첨부.

_____, "The Early Sho and the Early Manor : a Comparative Study" dans *Journal of Economic and Business History*, t. I, 1929.

Becker(C. H.), "Steuerpacht und Lehnwesen : eine historische Studie über die Enstehung des islamischen Lehnwesens" dans *Islam*, t. V, 1914.

Belin, "Du régime des fiefs militaires dans l' Islamisme et principalement en Turquie" dans *Journal Asiatique*, 6ᵉ série, t. XV, 1870.

Dölger(F.), "Die Frage des Grundeigentums in Byzanz" dans *Bulletin of the International Commission of Historical Sciences*, t. V, 1933.

Eck(Al.), *Le moyen âge russe*, 1933.

Erslev(Kr.), "Europäisk Feudalisme og dansk Lensvaesen" dans *Historisk Tidsskrift*, Copenhague, 7ᵉ série, t. II, 1899.

Franke(O.), "Feudalism : Chinese" dans *Encyclopaedia of the Social Sciences*, t. VI, 1931.

_____, "Zur Beurteilung des chinesischen Lehnwesens" dans *Sitzungsber. der preussischen Akad., Phil.-histor. Kl.*, 1927.

Fukuda(Tokusa), "Die gesellschaftliche und wirtschaftliche Entwickelung in Japan", Stuttgart, 1900(*Münchner volkswirtschaftliche Studien*, 42).

Hintze(O.), "Wesen und Verbreitung des Feudalismus" dans *Sitzungsber. der preussischen Akad., Phil.-histor. Kl.*, 1929.

Hötzch(C. V.), "Adel und Lehnwesen in Russland und Polen" dans *Historische Zeitschrift*, 1912.

Lévi(Sylvain), *Le Népal*, 2 vols., 1905(Annales du Musée Guimet, Bibliothèque, t. XVII et XVIII).

Lybyer(A. H.), "Feudalism : Sarracen and Ottoman" dans *Encyclopaedia of the Social Sciences*, t. VI, 1931.

Ostrogorsky(Georg), "Die wirtschaftlichen und sozialen Entwicklungs-grundlagen des byzantinischen Reiches" dans *Vierteljahrschrift für*

Sozial-und Wirtschaftsgeschichte, 1929.

Ruffini Avondo(Ed.), "Il feudalismo giapponese visto da un giurista europeo" dans *Rivista di storia del diritto italiano*, t. III, 1930.

Sansom(J. B.), *Le Japon : histoire de la civilisation japonaise*, 1938.

Stein(Ernst), "Untersuchungen zur spätbyzantinischen Verfassungs-und Wirtschaftsgeschichte" dans *Mitteilungen zur osmanischen Geschichte*, t. II, 1923~25.

Thurneyssen(R.), "Das unfreie Lehen" dans *Zeitschrift für keltische Philologie*, 1923 ; Das freie Lehen, ibid., 1924.

Uyehara(Senroku), "Gefolgschaft und Vasallität im fränkischen Reiche und in Japan" dans *Wirtschaft und Kultur. Festschrift zum 70. Geburstag von A. Dopsch*, Vienne, 1938.

Wojciechowski(Z.), "La condition des nobles et le problème de la féodalité en Pologne au moyen âge" dans *Revue historique du droit*, 1936 et 1937(참고문헌 목록 포함).

마르크 블로크 연보

1886년 7월 6일 리옹에서 알자스계 유대인인 귀스타브 블로크와 사라 엡스탱 블로크 사이의 둘째 아들로 태어남.

1888년 1월 귀스타브 블로크가 파리 고등사범학교 교수로 임명되면서 가족이 파리에 정착.

1894~1906년 드레퓌스 사건.

1904년 파리 루이 르 그랑 고등학교 졸업. 파리 고등사범학교 입학. 역사학 · 지리학 공부.

1908년 파리 고등사범학교 졸업. 역사학 · 지리학 교수자격시험 합격.

1908년 독일 유학(베를린 대학과 라이프치히 대학).

1909년 파리 티에르 재단 장학생. 3년 동안 농업사와 인구를 연구함.

1912년 몽펠리에 고등학교, 아미앵 고등학교 교사.

1913년 『일 드 프랑스 : 파리 주변 지역』(L'Ile-de-France : le pays autour de Paris).

1914~18년 제1차 세계대전 일어남. 입대. 아르곤 · 알제리 · 보주 등지에서 복무.

1919년 3월 육군 대위로 전역. 레지옹 도뇌르 훈장 받음.

1919년 7월 시몬 비달과 결혼. 6명의 자녀를 둠.

1919년 10월 스트라스부르 대학 교수로 임명.

1920년 소르본 대학 학위 수여. 논문「왕과 농노」(Rois et Serfs) 제출.

1923년 귀스타브 블로크 사망.

1924년 『기적을 행하는 왕』(Les Rois thaumaturges)

1929년 뤼시앵 페브르와 함께 스트라스부르에서 『아날』(*Annales*)지 창간.

1931년 『프랑스 농촌사의 기본 성격』(*Les Caractères originaux de l'histoire rurale française*)

1936년 소르본 대학 경제사 교수로 임명.

1939~40년 『봉건사회』(*La société féodale*, 전2권)

1939~45년 제2차 세계대전 시작.

1939~40년 참전. 서부 전선에 배치됨. 패전 후 '피점령 지역'(독일이 점령하지 않았던 프랑스 지역)으로 망명. 『기이한 패배』(*L'Etrange Défaite*) 집필.

1940년 유대인 신분에 관한 법령 발표.

1940년 클레르몽페랑으로 옮긴 스트라스부르 대학 교수로 임명.

1941년 유서 작성. 어머니 사라 블로크 사망. 블로크의 이름이 『아날』지 표지에서 삭제됨. 그의 가족을 미국으로 망명시키려 했으나 실패.

1941년 미국 제2차 세계대전 참전.

1941~42년 몽펠리에 대학 교수. 『역사를 위한 변명』(*Apologie pour l'histoire*) 집필.

1942년 독일군, 프랑스 '피점령 지역'에 침입.

1943년 3월 레지스탕스 참여. 의용 유격대(Franc-Tireur) 대원으로 활동.

1944년 비시 정부의 친독 의용대(Milice)에 체포된 뒤 게슈타포에 넘겨짐. 몽뤼크 감옥에 투옥.

1944년 6월 16일 생 디디에 드 포르망 근처의 벌판에서 독일에 저항한 26명의 프랑스인과 함께 총살당함.

1944년 부인 시몬 블로크 사망.

1946년 『기이한 패배』 출간.

1949년 『역사를 위한 변명』 출간.

1956년 뤼시앵 페브르 사망.

1963년 『역사 논문집』(*Mélanges historiques*) 출간.

1969년 『전쟁에 대한 기억』(*Souvenirs de guerre 1914~1915*) 출간.

1998년 스트라스부르 대학 인문과학대학을 마르크 블로크 대학으로 개칭.

옮긴이의 말

이 책은 마르크 블로크의 대표작인 『봉건사회』(*La société féodale*)의 개정 번역판이다. 첫 번역본이 한길사의 오늘의 사상신서 총서 88·89권으로 출판된 것이 1986년 초였으니까 꼭 15년 전의 일이다. 서양 중세사 전공자도 아니고 프랑스어 전공자도 아닌 옮긴이가 이 책을 번역하게 된 사정은 옛 번역판에서 밝힌 바 있다. 그 동안 적지 않은 독자들이 이 번역본을 읽은 것으로 알고 있지만, 서너 군데 오역도 발견되었고 문체가 어색하거나 표현이 불명확하다고 생각되는 부분도 눈에 띄어서 새로 번역할 필요성을 진작부터 느끼고 있었다.

게다가 제1쇄에서는 당시 편집 담당자의 실수로 제2권 제2책의 제목이 '인민의 정부'라고 인쇄되어 나가는 바람에 당황하기도 했었다. 이는 원어가 'gouvernement du peuple'로서, '사람들을 다스리기' '통치' 정도의 의미를 가진 것인데, 옮긴이가 '통치'라고 번역한 것을 편집하던 분이 선의에서, 옮긴이와는 전혀 상의하지 않고 이렇게 바꾼 채 그대로 인쇄에 넘겨버렸던 것이다. 이 역어는 중세 봉건사회에는 전혀 어울리지 않는 것인데, 이 오역이 겉표지와 목차에 실려 있었을 뿐 아니라 제2책 전체(약 120쪽)에 걸쳐 각 면의 머리 부분에까지 올라 있는 바람에, 그야말로 번역이 아니라 반역이 되었구나 하는 심란한 마음을 금할 길이 없었고, 그래서 이같은 사정을 언젠가는 꼭 밝히고 싶다는 생각도 하게 되었다. 그러던 중에 『봉건사회』를 한길 그레이트 북스의 하나로 출간하자는 한길사 김언호 사장님의 제안이 있었고, 이 기회에 전면적인 개정 번역판을 내는 데 합의가 이루어진 것이다.

새로 번역하겠다고 나선 것도 벌써 5년 전의 일인데, 이런저런 사정으로 작업을 늦추다가 지금에야 황급하게 개정판을 내놓게 되었다. 한국에서는 번역이 학술적 업적으로 인정받지 못하기 때문에(예를 들면 이른바 취업 또는 교수 재임용, 승진 등을 위한 연구업적 평가에서 거의 아무 점수도 받지 못한다), 옮긴이도 이 책을 다시 번역하면서 다른 사람들이 "아직도 번역을 하느냐"는 거의 놀라움에 가까운 반응을 보이는 것을 경험하였다. 또한 이렇게 작업을 마쳤다고 하더라도 혹시라도 잘못된 부분은 없을까 하는 옮긴이 자신의 속앓이는 계속되고 해서, 주관적으로나 객관적으로나 번역은 시쳇말로 그리 '남는 장사'가 아닌 셈이다.

그런 한편으로는 한국 사회처럼 지적 젖줄의 상당 부분을 외국의 학술 연구에 대고 있는 사회에서 번역의 필요성은 엄존하기에 '그래도 번역은 계속되는데', 날림번역이 행해져도 이를 검증하고 견제할 장치가 존재하지 않아서, 옮긴이 자신도 번역서들이 오히려 한국어 문장의 '날림 번역문투화'에나 기여하는 것이 아닌가 하는 의구심까지 가진 적이 있다. 그래도 최근에는 좋은 번역서들이 많이 출판되었다. 인문사회 분야만 보더라도 예전에는 대학의 대부분 학과에서 이른바 '원서' 복사본 몇 페이지에 의존해서 수업이 진행되었으나 이제는 웬만한 주제마다 여러 권의 번역서를 참고문헌으로 이용하는 것이 가능해졌고, 이것이 눈에 당장 띄지는 않지만 한국 학계의 지적인 토양을 두텁게 해주고 있음은 분명히 인정해야 할 것이다.

그럴수록 좋은 번역에 대한 요구는 더없이 높아가고 있다. 옮긴이의 이 번역이 그러한 소임에 얼마나 충실하게 부응하고 있는 것인지, 여전히 두려운 마음이다. 개정판 작업에서 옮긴이가 특히 염두에 둔 것 가운데 하나는 개성적인 문체를 중시하는 프랑스 지식인답게 독특한 표현법을 구사하고 있는 블로크의 원문을 가능하면 이해하기 쉬운 한국어로 옮겨보자는 목표였다. 번역 일반과 관련해 보더라도, 번역용어의 한국화를 어떻게 실현할 것인가는 늘 옮긴이의 관심을 끌고 있는 문제이다. 그러나 다른 한편으로, 블로크가 다루고 있는 중세 서구 봉건제와 유사한 봉건제를 일본 사회도 경험한 바 있기 때문에 한자문화권에서는 서양 봉건제에 관한 용어를 번역할 때 일본의 용어를 빌려오는 일이 적지 않은데, 이 번역서에서도 몇 가지 차용은 불가피하였다. 혹시 이같은 일본식 용어에 대해 이의를 달 분이 계실지도 모르겠다. 생산적인 비판이 제기된다면 이를 두고 함께 공개적으로 논의함으로써 문제를 해결해가는 일이 얼마든지 가능할 것이다.

용어 번역의 중요성을 누누이 이야기하면서도 끝내 적당한 역어를 찾지 못해 원어를 그대로 둔 경우도 있다. '미니스테리알레스' 같은 것이 그러하다. 그밖에 봉건시대 유럽의 복잡한 관직명 일부도 번역하지 않고 간단한 역주를 달아 그 의미를 설명하였다. 다른 몇 가지 용어는 손을 보았다. 이 책에서 아주 빈번하게 사용되고 있는 'homme'이라는 말을 '속민'(屬民)에서 '복속인'(服屬人)으로 바꾸고, 'avoué'를 '아드보카투스'라는 라틴어식 표기에서 '재속 대리인'으로 바꾼 것 등이 그 예이다. 역주에는 중복되는 것은 삭제하고 새로운 사항을 추가하는 방향으로 변화를 주었다. 일러둘 것은 한국어 번역본은 제1권과 제2권이 따로 출판되는 만큼, 중요한 사항인 경우 제1권의 역주 내용을 제2권에서도 그대로 되풀이하여 수록했다는 점이다. 독자들의 편의를 위하여 시도해본 것인데, 어떻게 받아들여질지 알 수 없다. 그리고 이번 개정 번역본에서는 화보를 새로 추가하였다. 원서에는 화보가 없어서 봉건사회의 모습을 이해하는 데 도움을 주는 화보들을 임의로 선정하여 수록한 것이다.

이 번역의 저본으로 사용한 것은 옛 번역 때와 마찬가지로 알뱅 미셸(Albin Michel) 출판사 간(刊) 1968년판이다. 영국 R&KP 출판사에서 펴낸 매니언(Manyon)의 영역 *Feudal Society*는 이번에도 역시 참조하였다. 옛 번역에서는 용어·역주 등에서 일역본인 新村猛 外 譯, 『封建社會』 1·2, みすず書房(1973, 1977)도 좋은 참고가 되었는데, 오역이

적지 않았던 것으로 기억한다. 그후 새로운 일역본이 출판되었다고 들었으나 참고하지는 못하였다.

번역도 혼자서만 하는 작업은 아닌 것 같다. 한길사 편집부의 김경애 과장은 이 번역본 출판의 실무를 담당하여 화보 선정, 일정 조정 등의 일에서 여러모로 애써주었다. 꼼꼼한 글읽기의 모범 그 자체인 김미경 씨가 이 책의 편집을 맡아주었다는 것은 옮긴이에게 큰 행운이었다. 김미경 씨는 프랑스어 전공자답게 오역이 될 뻔한 문장을 정확하게 짚어내어 수정할 수 있게 해주었을 뿐 아니라, 좀더 이해하기 쉬운 문장을 만들기 위해 애쓰게끔 자극제가 되어준 분이기도 하다. 같은 과의 주경철 교수에게 몇 가지 프랑스어 용어를 들고 찾아가 귀찮게 군 적이 있는데 상의의 결과 안심할 만한 해답을 얻을 수 있었다. 이 모든 분들에게 "그대들의 도움은 헛일이 아니었답니다"라고 말할 수 있었으면 좋겠다.

20세기의 대표적인 지행합일의 지식인이요 양심적 지성의 사표라고 할 수 있는 블로크의 저서를 번역할 기회를 가질 수 있었다는 것은 옮긴이 개인에게는 크나큰 영광이었다. 그의 삶과 학문을 접한 사람이면 누구나 그렇겠지만, 옮긴이도 그의 글을 한 자 한 자 옮길 때마다, 특히 해제 가운데 그의 생애에 관한 부분을 한 줄 한 줄 쓸 때마다, 앉는 자세를 함부로 해서도 안 될 것 같은 숙연한 느낌을 금할 길 없었다. 이 번역이 그의 명성에 누가 되지 않기를 간절히 바라는 마음이다.

2001년 4월
한정숙

찾아보기

HANGIL GREAT BOOKS 5o

봉건사회 II

지은이 마르크 블로크
옮긴이 한정숙
펴낸이 김언호

펴낸곳 (주)도서출판 한길사
등록 1976년 12월 24일
주소 10881 경기도 파주시 광인사길 37
홈페이지 www.hangilsa.co.kr
전자우편 hangilsa@hangilsa.co.kr
전화 031-955-2000~3 **팩스** 031-955-2005

출력 블루엔 **인쇄** 오색프린팅 **제책** 경일제책사

제1판 제1쇄 2001년 5월 20일
제1판 제7쇄 2022년 11월 25일

값 28,000원

ISBN 978-89-356-5289-1 94920
ISBN 978-89-356-5290-7 (전2권)

한길그레이트북스 인류의 위대한 지적 유산을 집대성한다